AI 혁명과 비판적 사고 학습

일러두기

• 이 책은 『Critical Thinking at the Forefront of the AI Revolution: A User's Guide』(Wry Reflective Publications LLC, 2024)을 번역한 것입니다.
• 외래어 표기는 현행 어문규정의 외래어표기법을 따랐습니다.
• 본문의 각주는 역자 주입니다.

AI 혁명과 비판적 사고 학습

: 교사와 학생을 위한 실천 가이드

우르비 고시 지음
김익현 옮김
최지향 감수

한국언론진흥재단
Korea Press Foundation

AI 혁명과 비판적 사고 학습: 교사와 학생을 위한 실천 가이드

지은이 우르비 고시
옮긴이 김익현
발행인 김효재
편집인 남정호

초판 1쇄 펴낸날 2025년 12월 15일

한국언론진흥재단
04520 서울특별시 중구 세종대로 124 프레스센터 12~15층
04518 서울특별시 중구 정동길 21-15 정동빌딩 2층 미디어교육원
전화 (02) 2001-7245/ 팩스 (02) 2001-7220
www.kpf.or.kr / www.meca.or.kr

커뮤니케이션북스(주) / 편집·유통 대행
출판 등록 2007년 8월 17일 제313-2007-000166호
02880 서울시 성북구 성북로 5-11 (성북동1가 35-38)
전화(02) 7474 001, 팩스(02) 736 5047
commbooks@eeel.net
www.commbooks.com

ISBN 978-89-5711-050-8 93070

책값은 뒤표지에 표시돼 있습니다.

들어가며

인공지능(AI)은 점차 교육의 지형을 바꾸는 중요한 동력이 되고 있다. AI는 처음엔 주로 기능적인 역할을 하는 데, 이를테면 출석 확인이나 채점, 교육 과정 관리 같은 간단한 반복 작업을 자동화하고 관리하는 수준에 머물렀다. 하지만 시간이 흐르면서 AI는 이런 초보적인 기능에서 벗어나 교육 방법, 학생과의 소통, 교육 결과물에 직접 영향을 미치는 강력한 도구로 발전했다.

교육에서 AI 사용의 역사는 반복 작업을 자동화해서 교사들을 도와주도록 설계된 초기 규칙 기반 시스템으로 거슬러 올라갈 수 있다. 단순했던 이런 시스템은 미리 정의된 질문에 답을 내놓거나 객관식 문제를 채점하는 데 사용됐다. 기술이 발달함에 따라 기능이 좀 더 복잡해지면서, AI는 학생들의 학습 속도에 맞춰서 학습관리시스템(LMS)과 교육시스템을 통해 콘텐츠 전달을 도와줄 수 있게 됐다. 하지만 그래도 여전히 교사와 학생들이 입력한 것들에 대해 답변하도록 설계된 반응형 시스템에 머물렀다.

오늘날로 건너뛰어 보면, AI는 교육의 모든 영역 속으로 스며들어 있다. 작성한 글을 분석해 채점을 자동화하는 시스템부터 실시간으로 도움을 주는 AI 가정교사에 이르기까지, 교육에서 AI의 역할은 점점 더 확장되고 있다. 이젠 교사들이 학생들의 진도 관리를 도와주고, 학생 개개인의 수준과 요구에 맞춰 학습 자료를 조정하며, 행정 업무를 간소화하는 역할까지 담당해 준다. 덕분에 이런 업무에서 해방된 교사들은 좀 더 상호작용적인 교수법에 주력할 소중한 시간을 확보할 수 있다. 이런 변화 덕분에 우리는 교육 기술에서 중요한 다음 단계로 도약할 수 있는 기반을 마련할 수 있게 됐다. 바로 생성형 AI(generative AI)이다.

생성형 AI로의 전환: 새로운 전선

생성형 AI는 교육 분야에 AI가 적용되는 방식이 크게 진화했다는 것을 잘 보여 준다. 미리 정의된 규칙에 따라 작업을 자동화하도록 설계된 전통 AI와 달리 생성형 AI는 학습 패턴을 토대로 완전히 새로운 콘텐츠를 만들어 낼 수도 있다. 이는 교육에 많은 가능성을 열어 준다. 교사들의 수업이나 학생 평가 방식, 그리고 학습 경험을 개인화하는 방법 등에서 특히 그렇다.

본질적으로 생성형 AI란 새로운 텍스트, 이미지, 오디오, 비디오를 만들어 낼 수 있는 일종의 AI 시스템을 말한다. 이러한 시스템은 단순히 규칙을 따르기만 하는 것은 아니다. 학습 데이터(training data)[1)]를 기반으로 창의적인 해결책을 생성한다. 간단한 프롬프트(prompt)[2)]를 입력하면 에세이나 학업 계획, 퀴즈를 만들어 내는 GPT-4 같은 플랫폼이나, 복잡한 개념을 시각적으로 재현해 낼 수 있는 달리(DALL-E) 같은 이미지 기반 AI를 떠올려 보라. 이런 능력은 특히 다양한 학습 방법으로 인해 좀 더 개인화되고 참여를 유발하는 콘텐츠가 필요한 교실을 완전히 바꿔 놓

---

1) 인공지능 모델이 학습을 수행하기 위해 입력과 출력을 반복 학습하며 예측 능력을 키우는 데 사용되는 데이터 세트.

2) 흔히 프롬프트는 'AI에게 입력하는 명령이나 지시문'을 의미한다. 하지만 이 책에서는 특별한 경우가 아닌 한 교사들이 수업에서 활용할 수 있는 '사고를 유도하는 질문이나 과제 제시문'이라는 의미로 이 단어를 사용하고 있다.

을 정도로 위력적이다.

생성형 AI는 단순히 어떤 일을 자동화하는 수준을 넘어 새로운 것을 창작할 능력이 있다는 점에서 도드라진다. 규칙에 따라 작동하도록 돼 있는 전통적인 AI 시스템은 시험을 채점하거나 데이터를 조직하는 등의 특정 과업을 완성하도록 설계돼 있다. 반면 생성형 AI는 교육 자료를 실시간으로 개발하거나, 학생들의 요구에 역동적으로 반응한다. 심지어 창의적으로 문제 해결 작업을 도와줄 수도 있다. 예를 들어 생성형 AI는 에세이를 단순 평가하는 대신 개선된 답변을 제안하거나, 대안적인 관점을 제시할 수도 있다. 혹은 좀 더 깊이 있는 사고를 하도록 장려하는 에세이 프롬프트를 생성할 수도 있다.

전통적인 AI에서 생성형 AI로 전환되면서 교육 분야에는 새로운 장이 열렸다. 생성형 AI는 콘텐츠 생성 방식과 수업 계획 수립, 개인 맞춤형 평가 방법 설계 같은 것들을 근본적으로 변화시킬 수 있다. 교사들이 콘텐츠 생성을 자동화해서 더 많은 시간을 학생과 주고받는 상호작용에 할애할 수 있도록 함으로써, 생성형 AI는 현대적인 교실을 만드는 필수 도구로 자리 잡고 있다.

교육자가 고려해야 하는 질문

다른 기술 진보와 마찬가지로 교육에 생성형 AI를 도입하는 것은 우리에게 질문을 던질 뿐만 아니라 도전 과제도 안겨 준다. 그러므로 교육자들은 교실에 AI가 도입되면 어떤 영향을 미칠지 깊이 생각해야 한다.

1. AI를 도입할 때 교육자들이 직면하는 주된 도전 과제는 무엇인가?

교육자들은 AI 도구에 익숙해져야 하기 때문에 훈련을 위한 시간과 자원이 필요하다. 그들은 또한 데이터 개인정보 보호와 윤리에 대한 우려를 바로잡고, 모든 학생이 AI 도구를 균등하게 사용할 수 있도록 해야만 한다.

2. 생성형 AI는 현대 교육이 추구하는 목표, 특히 학생들의 창의력과 비판적 사고력을 기르는 데 어떤 방식으로 기여하거나 그 목표에 부합하는가?

생성형 AI는 작업을 자동화할 수 있긴 하지만, 학생들의 비판적 사고를 향상할 수 있도록 사려 깊게 도입해야 한다. 학생들이 AI 생성 콘텐츠의 수동적 소비자로 전락하도록 해서는 안 된다. AI 도구는 어떻게 하면 학생들의 학업 자율성을 보장하면서도 창의성을 향상할 수 있을까?

3. 교실에서 AI 사용을 관리하고 인도할 때 교사는 어떤 역할을 수행해야 할까?

교사들은 AI 결과물을 해석하고 안내할 때 여전히 필수적인 역할을 한다. 그들은 토론, 문제 해결, 비판적 사고를 촉진하는 자신의 역할과 AI의 지원에서 오는 이점 사이에서 균형을 맞춰야 한다.

생성형 AI가 교육과 학습을 변화시키는 방법: 교실 적용 사례

생성형 AI는 교육과 학습을 강화하는 데 실제로 활용되면서 이미 세계 전역의 교실을 변화시키고 있다. 그들은 AI의 도움으로 얻을 수 있는 이점과, 토론 · 문제 해결 · 비판적 사고를 이끌어 내는 교육자 본래 역할 사이에서 균형을 유지해야 한다. AI는 수업 계획을 짜고, 퀴즈를 출제하며, 에세이 주제 등을 생성해 교사들이 학생들과 소통하고 학생들의 참여가 필요한 활동에 더 집중할 수 있도록 시간을 마련해 준다.

예를 들어, 챗GPT 같은 AI 도구는 교실에서 다루는 특정 주제를 토대로 맞춤형 에세이 주제를 생성할 수 있다. 그렇게 되면 교사들은 좀 더 수월하게 주제와 좀 더 관련 있으면서 의미 있는 작문 과제를 부과할 수 있다. 마찬가지로 AI 시스템은 수업 이전과 수업 중, 그리고 수업이 끝난 후에 학생들이 제대로 이해했는지 평가하는 퀴즈 출제를 도와줄 수도 있다. 그렇게 함으로써 학생들이 자료를 따라가고 있는지 확인할 수 있게 된다.

생성형 AI는 콘텐츠 제작뿐 아니라 개인 맞춤형 피드백을 제공하는 도구로 활용할 수도 있다. AI로 구동되는 평가 도구는 학생들의 과제를 평가하고, 실시간으로 개선안을 제안할 수 있다. 또 학생들이 자신들의 장점과 발전 가능한 분야를 이해하는 데 도움이 되는 피드백을 실시간으로 줄 수도 있다. 예를 들어 AI 도구는 에세이에서 학생들이 서술의 논거를 개선할 수 있는 부분을 강조해 보여 주거나, 개별적인 학습 스타일을 토대로 추가로 읽을 자료를 제시해 줄 수 있다.

교실에 생성형 AI 시스템을 적용한 또 다른 중요한 사례로는 적응형 학습 시스템(adaptive learning system)을 꼽을 수 있다. 이 시스템은 각자의 성과를 기반으로 콘텐츠와 난도 수준을 조절해서 학생들이 현재의 필요에 맞는 교육을 받을 수 있도록 해 준다. 수학을 예로 들어 보자. 어떤 학생이 특정 개념을 이해하는 데 어려움을 겪고 있을 때 AI 시스템은 학생이 그 문제를 숙지하는 데 도움이 되는 추가 연습 문제를 생성할 수 있다. 예전에는 이런 수준의 개인 맞춤형 학습을 많은 학생들에게 동시에 제공하기 어려웠지만, 이제는 생성형 AI 덕분에 가능해졌다.

교육자의 역할에 주는 충격

교실에 생성형 AI를 도입하면 자연스럽게 교사의 역할에 미칠 영향에 대한 걱정이 생기게 된다. 가장 일반적인 걱정은 AI가 교사를 대신할 수도 있다는 것이다. 하지만 이런 우려가 드는 것은 AI가 생성한 결과물을 해석하고 적용할 때 교사가 중요한 역할을 한다는 사실을 간과한 탓이다. 교육의 핵심인 비판적 사고, 공감 능력, 창의력 함양 같은 것들은 AI가 인간을 대신할 수 없다.

생성형 AI는 교사를 대신하는 것이 아니라 그들의 역할을 새롭게 만들고 있다. 교사는 콘텐츠 제공자에서 학습 촉진자로 바뀌고 있다. AI가 채점, 일정 관리, 과제 생성 같은 일부 행정 업무를 덜어 준 덕분에 교사들은 학생들과 더 깊이 소통할 수 있는 자유로운 시간을 확보하게 된다. 이제 교육자는 토론을 이끌고 비판적 사고를 함양하며, 학생을 멘토링하는 데 더 집중할 수 있다. 그 결과 좀 더 역동적인 교실 환경을 조성할 수 있게 된다.

게다가 생성형 AI는 행정 업무량을 줄여 줘서 교사가 개별 학생에게 더 많은 시간을 할애할 수 있도록 도와준다. 일상적인 퀴즈 채점을 AI로 자동 처리하는 대신 교사가 에세이나 프로젝트 같은 복잡한 과제에 대해 좀 더 깊이 있는 피드백을 제공하는 데 집중하는 상황을 상상해 보라. 이런 변화를 통해 교사는 토론을 촉진하고 학생의 자신감을 배양하는 등의 인간적인 교육에 좀 더 많은 시간을 할애할 수 있다.

학생의 학습 경험 향상

생성형 AI는 학생의 학습 경험을 본질적으로 향상할 수 있는 잠재력을 갖고 있다. 무엇보다 개인의 특성에 맞춰서 교육함으로써 학습 경험 향상에 크게 기여한다. 전통적인 교실 환경에서는 획일적인 교육 방법에 의존하기 때문에 각 학생의 개별적인 요구 사항을 일일이 충족하지는 못하는 경우가 많다. 생성형 AI는 각 학생 고유의 요구와 능력에 맞는 맞춤형 학습 경험을 구현함으로써 이런 상황을 변화시킨다.

예를 들어, AI는 학생이 어떤 부분을 힘들어하는지 파악한 뒤 연습 문제나 설명 동영상 같은 추가 자료를 제공해 실력을 향상하도록 도움을 줄 수 있다. 이런 개인화된 피드백 루프(feedback loop)[3]는 학습자가 더욱 몰입할 수 있고, 든든한 지지를 받을 수 있는 학습 환경을 만들어 준다. 또 AI로 구동되는 글쓰기 도우미 같은 도구를 제공해 학생들 간의 협업을 장려할 수도 있다. 이 AI 글쓰기 도우미는 학생들이 과제를 함께 수행할 수 있게 하고, 실시간으로 개선 사항을 제안한다.

이런 개인화는 단순히 난도를 조정하는 수준에 머무르지 않는다. AI는 좀 더 흥미롭고 주제와 관련성 있으며, 실제적인 학습 경험을 만드는 데 도움을 줄 수 있다. 예를 들어, 과학 수업에서 생성형 AI는 다양한 변수와 관련한 시뮬레이션(가상실험)을 시행함으로써 학생들이 체험 학습을 통해 복잡한 개념을 더 분명히 이해할 수 있도록 도울 수 있다. AI 기반 문제 해결 플랫폼은 새롭고 창의적인 방식으로 지식을 적용해야 하는 과제를 내줌으로써 학생들이 비판적으로 사고하도록 유도할 수도 있다.

이 책의 구성과 목표

이 책의 목표는 교육자들이 생성형 AI에 대해 명확하게 이해하도록 하면서, 그들에게 교실에 생성형 AI를 도입하기 위한 실제적인 전략을 알려주는 것이다. 이 책은 생성형 AI 이론을 설명하고 실습 과정을 제시해 독자들을 안내하도록 구성돼 있다. 생성형 AI에 대한 기초적인 이해부터 시작해 다양한 과목에 응용하는 과정을 거친 뒤 미래 추세 예견과 과제 탐구로 마무리한다. 각 장은 앞 장을 기반으로 서술하며, 교육자들이 모든 단계에서 얻을 수 있는 통찰과 교실에서 구현할 수 있는 전략을 제공한다.

---

3) 특정 결과를 촉진하는 신호를 유발하는 시스템 변화가 일어나는 과정을 의미한다. 예를 들어 사용자가 어떤 작업을 수행한 후 그 결과를 인식하고, 그 정보를 토대로 다음 단계 행동을 취할 수 있도록 도와주는 과정을 말한다.

1장 교육에서 생성적 AI 이해

이 장에서는 생성적 AI의 기본을 소개하며, 생성형 AI가 전통 AI 시스템과 어떻게 다른지 설명한다. AI가 교육에서는 어떻게 진화했는지 개괄적으로 설명하며, 서류 작업 관리 같은 업무 자동화부터 시작해 어떻게 수업 계획과 개인 맞춤형 피드백 작업으로 진화 발전했는지 보여 준다. 이런 기초를 마련함으로써 독자들이 AI가 교사와 학생 모두의 역할을 어떻게 변화시키며 점점 더 큰 영향력을 발휘하고 있는지 이해하도록 돕는다.

2장 생성적 AI와 비판적 사고의 시너지

학생들의 비판적 사고를 장려하기 위해 AI를 어떻게 활용할 수 있는지 살펴본다. AI는 강력하긴 하지만 여전히 도구일 뿐이다. 인간의 판단을 대신하는 존재는 아니다. 교육자가 AI를 어떻게 사용하면 더 깊은 사고를 촉발할 수 있을까? 이 장에서는 정보를 분석, 평가, 종합하도록 활동을 설계하는 전략을 제시함으로써 학생들이 AI 시스템으로 작업하는 동안 좀 더 비판적으로 사고할 수 있도록 유도한다.

3장 교육자를 위한 실용적인 생성형 AI 도구

3장에서는 학생을 위한 맞춤형 학습에 도움이 되는 실용적인 도구를 교육자들에게 안내해 준다. 이러한 도구는 학생의 진도에 맞춰 과제 난도를 조절할 수 있으며, 실시간 피드백도 제공할 수 있다. 또 AI로 어떻게 교육 효율성을 높여서 교육자가 학생 개개인의 요구 사항을 해결하는 데 더 많은 시간을 할애할 수 있도록 할지에 대해 설명한다. AI는 교실 환경에 실제로 어떤 영향을 미칠까? 교육자들은 여기에서 답을 찾을 수 있을 것이다.

4장 실습 가이드: 교실에서 생성형 AI 시작하기

학교에 AI를 도입하는 일이 늘 쉽지는 않다. 자원이 한정돼 있을 때는 특히 그렇다. 이 장에서는 인프라나 자금이 부족한 교실에 AI를 도입할 때 따르는 실질적인 난제를 다룬다. 교육자들은 부담 없이 구할 수 있는 AI 도구를 사용하고, 관련업체들과 제휴 관계를 맺으며, 모든 학생이 AI의 혜택을 누릴 수 있도록 보장해 주는 전략을 모색하고 있을 것이다. 우리는 어떻게 하면 AI를 도입할 때 모두에게 공평하게 할 수 있을까? 이 장에서 통찰과 해결책을 제시한다.

5장 생성형 AI 지원 활동을 통해 비판적 사고 향상하기

이 장에서는 교육자가 AI를 활용해 비판적 사고를 장려하는 활동을 설계하는 방법을 학습한다. AI를 활용한 실습은 새로운 방식으로 참여를 유도함으로써 학생들이 표면적인 이해 수준을 뛰어넘도록 자극할 수 있다. 교사는 AI 도입을 통해 학생들이 좀 더 깊이 있게 문제를 풀고 데이터를 분석하도록 하는 참여형 과제를 만들 수 있다.

6장 생성형 AI로 개인 맞춤형 학습 제공하기와 실시간 피드백하기

이 장은 AI를 활용해 학생들의 맞춤형 학습을 도와주는 방법에 초점을 맞춘다. 실시간 피드백을 하면 학생은 더 빠르게 발전할 수 있다. 그리고 교사는 학생의 발전에 대해 좀 더 깊은 통찰을 얻을 수 있다. AI는 어떻게 학습 진도를 조정할까? 6장에서는 교육자가 교실에서 개인 맞춤형 학습을 구현하는 실질적인 방법을 보여 준다.

7장 교육 과정 전반에 생성형 AI 적용하기

생성형 AI는 STEM[4)]분야만을 위한 것은 아니다. 이 장에서는 다양한 분야에 AI를 어떻게 적용할 수 있을지 탐구한다. 예를 들어,

영어(language arts)[5] 과목에서는 AI가 문법과 스타일에 대한 피드백을 함으로써 학생들의 글쓰기 능력을 제고하는 데 도움을 줄 수 있다. 사회 과목에서는 역사적 데이터를 분석할 수 있으며, 예술 분야에서는 음악이나 시각 예술 창작을 도와줄 수 있다. AI는 다양한 분야에서 어떻게 창의성과 학습을 강화할 수 있을까? 이번 장에서는 그 사례와 지침을 제공한다.

8장 생성형 AI로 미래 준비 기술 개발하기

학생들은 미래를 대비할 수 있는 기술이 필요하며, AI는 이런 기술 개발의 핵심 조력자 역할을 한다. 이 장에서는 교육자가 AI를 활용해 비판적 사고, 창의성, 문제 해결 능력을 가르치는 방법에 대해 설명한다. 학생들이 AI가 핵심 역할을 하는 세상을 대비할 수 있도록 하려면 어떻게 해야 할까? 교육자는 학생들이 이런 필수 기술을 습득하도록 도울 수 있는 실용적인 활동과 방법을 찾게 될 것이다.

9장 생성형 AI를 도입할 때 극복해야 할 과제

교육 분야에 생성형 AI를 도입하면 변화에 대한 저항부터 기술적 한계까지 여러 가지 극복해야 할 과제가 대두된다. 학교와 교육자들은 이런 장벽을 어떻게 극복할 수 있을까? 이 장에서는 자원이나 훈련, 지원 부족 같은 일반적인 장애 요인을 다루고, 해결책을 제시한다. 교육자에게 적절한 인프라를 구축하고, 파트너십을 모색하며, 기술적으로 미비한 학교에서도 AI 도구를 원활하게 구동할

---

4) 과학(Science), 기술(Technology), 공학(Engineering), 수학(Mathematics)의 약자다. STEM 전공이란 이런 학문 분야 교육 및 연구를 중심으로 하는 전공을 의미한다.

5) 미국 학교에서는 영어 과목을 language arts라고 부른다. 이 시간에는 언어 사용 능력 향상을 위한 읽기, 쓰기, 말하기 등을 배운다.

수 있는 방법에 대해 실질적인 조언을 준다.

10장 생성형 AI 시대의 진단과 평가

이 장에서는 AI가 학생 진단 및 평가 방식을 어떻게 변화시키고 있는지 살펴본다. AI는 실시간으로 피드백을 하면서 개인 맞춤형 진단을 내린다. 하지만 동시에 윤리적인 문제도 함께 제기한다. 데이터 개인정보 보호는 어떻게 할까? AI 평가에 편향성이 개입하지는 않을까? 이 장은 이런 우려를 다루면서 교육자들이 AI를 책임감 있게 활용하고 미래 교육에 대비할 방법에 대해 실질적으로 조언한다.

이 책을 덮을 때쯤이면 교육자들은 생성형 AI를 어떻게 교육과 학습에 도입할 수 있을지에 대해 포괄적으로 이해할 수 있게 될 것이다. 이와 함께 주어진 도전 과제를 극복하고 AI의 이점을 극대화하기 위한 실용적인 전략도 습득하게 될 것이다.

교육자들을 위한 핵심 목표

이 책은 생성형 AI가 생소하거나, 혹은 교실에서 AI를 처음 사용하는 교육자들을 염두에 두고 다음과 같은 주요 목표를 갖고 구성했다.

• 교실에서 생성형 AI의 잠재력과 한계 이해하기

이 책의 주요 목표는 교육자가 생성형 AI가 무엇을 할 수 있고 무엇을 할 수 없는지에 대해 명확하게 이해할 수 있도록 하는 것이다. AI는 콘텐츠 생산, 피드백 제공, 개인 맞춤형 학습 경험 구현 등을 위한 강력한 도구로 활용될 수 있다. 하지만 학생들의 창의성과 호기심, 비판적 사고를 키우는 교육자의 중요한 역할을 AI가 대신할 수는 없다.

- AI가 전통적인 교육 방법을 대체하는 것이 아니라 향상할 수 있도록 AI를 수업에 신중하게 도입하는 방법 배우기

AI는 많은 작업을 지원할 수 있지만, 교육자들은 기존 교육 방법과 조화를 이루는 방식으로 AI를 도입해야 한다. 이 책의 목표는 교육자들이 AI를 활용해 채점 같은 반복적인 작업은 자동화하고 학생 참여, 협업, 능동적 학습에 초점을 맞춘 전략을 제시하는 것이다.

- AI 강화 활동을 통해 학생들의 비판적 사고, 창의성, 협업 능력을 키우는 전략 개발하기

생성형 AI는 학생들의 학업 방식을 혁신할 잠재력이 있다. 하지만 이는 비판적 사고와 창의성을 장려하는 방식으로 활용될 때만 가능한 얘기다. 교육자들은 이 책에서 학생들이 비판적으로 사고하고, 문제를 해결하며, 동료나 AI 시스템과 협업하도록 권유하는 AI 강화 활동을 설계하는 전략을 만날 수 있을 것이다.

AI를 도입할 때 비판적 사고가 중심이 되어야 하는 이유

AI가 교육 분야에서 좀 더 널리 확산됨에 따라, 학생들이 단순히 AI가 생성한 콘텐츠를 수동적으로 받아들이는 존재가 되지 않도록 해야 할 필요가 갈수록 커지고 있다. 비판적 사고는 AI 도입의 핵심에 자리 잡고 있어야 한다. AI가 이끌어 가는 세상에서 학생들은 AI 도구를 지혜롭게 활용하고, AI가 내놓는 결과를 비판적으로 검토하며, 스스로 독립적인 판단력을 길러야 한다.

- AI가 주도하는 세상에서 비판적 사고 능력 유지 및 증진의 중요성

AI는 콘텐츠를 생성하고 분석하며 피드백을 제공할 수 있지만 비판적으로 사고하는 인간의 능력을 대신할 수는 없다. 교실 내 AI 시스템 사용이 좀 더 보편화됨에 따라 학생들이 이런 도구에 지나

치게 의존해 AI의 생성 결과를 아무런 의심 없이 받아들이게 될 위험이 있다. 교육자는 학생들이 AI 생성 콘텐츠를 비판적으로 평가하고 AI를 사고를 대체하는 것이 아니라 향상하는 도구로 사용하도록 가르치는 데 적극적인 역할을 해야 한다.

• **학생들이 책임감 있게 AI를 사용하고 AI가 생성한 결과에 의문을 제기하도록 하기**

AI를 도입할 때 중대한 우려 사항 중 하나는 학생들이 비판적으로 검토하거나 함의를 생각하지 않은 채 AI가 생성한 답변이나 통찰을 최종 결론으로 받아들일 수 있다는 점이다. 이 책은 학생들에게 AI를 책임 있게 사용하는 방법을 가르치고, AI의 한계를 인식하는 것뿐 아니라 AI 생성 콘텐츠의 정확성과 적절성에 의문을 제기하는 것이 중요하다고 강조한다.

• **학생들이 AI 도구와 사려 깊게 소통하도록 가르칠 때 교사가 해야 하는 역할**

이 새로운 시대에는 교육자가 그 어느 때보다 중요하다. 교육자는 단순히 콘텐츠 제공자가 아니라 멘토로서 학생들이 AI 도구를 활용해 비판적 사고력을 향상하고 개발하는 방법을 안내해 준다. 교사는 학생들이 건강한 회의주의에 바탕해 AI가 생성한 결과에 접근하는 방법을 알려 줘야 한다. 정보를 교차 확인하며, AI가 제안한 것들의 이면에 있는 추론을 분석하고, 정보에 입각한 결정을 할 수 있도록 격려해야 한다.

교육자를 위한 첫 번째 단계

교실에 생성형 AI를 도입하는 것은 성가시게 보일 수도 있다. 하지만 그 작업을 한꺼번에 진행할 필요는 없다. 작은 것부터 시작한 뒤 점진적으로 확대해 나가는 것이 가장 좋은 접근 방식이다.

• **작은 것부터 시작: 관리할 수 있는 작업에 AI를 도입하는 것부터 시작하라.**

교육자가 AI를 사용할 때는 채점 자동화나 퀴즈, 에세이 주제 작성 같은 관리 가능한 간단한 콘텐츠 생성 작업부터 시작해야 한다. 이런 초기 단계 작업을 통해 교사들은 AI 시스템에 익숙해질 수 있으며, 수업 요구 사항에 적합하도록 AI를 조정하는 방법을 배울 수 있다.

• **성찰: 어떻게 하면 생성형 AI가 학생들의 비판적 참여를 보장하면서 교수와 학습을 위한 도구로 활용될 수 있을까?**

교육자들이 AI를 교실에 도입할 때, 어떻게 수업과 학습을 강화할지 생각해 보는 것이 중요하다. AI는 단순히 시간 절약이나 작업 자동화를 위해서만 사용해서는 안 된다. 학생들의 참여를 유도하고, 학습한 콘텐츠에 대해 비판적으로 생각하도록 장려하는 방식으로 사용해야만 한다.

• **혁신과 인간 중심 교육 간의 균형 잡기**

AI를 성공적으로 도입하는 데 핵심은 균형이다. AI는 학습 경험을 향상해야 한다. 하지만 인간 상호작용을 대신하거나, 창의성과 비판적 사고를 키우는 교사들의 핵심 역할을 대체해서는 안 된다. 교육자는 AI를 사용해 효율성을 높이는 것과, 학생 발달에 매우 중요한 인간적인 접촉을 유지하는 것 간의 균형을 잡아야 한다.

이 책의 목표는 교육자가 AI를 자신 있게 사용할 수 있도록 하는 것이지만, 학습 과정을 온전하게 유지하도록 하는 데 초점을 맞추는 것도 놓치지 않는다.

• 교육자를 대체하는 것이 아니라 도구 역할을 하는 생성형 AI

생성형 AI는 교사를 대체하려는 것이 아니다. 채점이나 콘텐츠 제작 같은 반복적인 작업을 수행해 교사들로 하여금 학생 소통과 창의적 활동에 좀 더 많은 시간을 할애할 수 있도록 도와줄 수 있다. AI는 처리 과정을 간소화하고 개인 맞춤형 학습을 도와주는 도구일 따름이다. 교육에서 본질적인 인간적 요소를 대체할 수는 없다.

• AI를 자신 있게 사용할 수 있도록 교사 역량 강화하기

AI를 수업 활동에 도입하는 데 필요한 지식을 갖추고 AI 활용에 확신을 갖도록 교사들의 역량을 강화하는 것이 이 책의 목표다. 이 책을 다 읽고 나면 교사는 교실에서 AI를 사용하는 방법, 도전 과제를 해결하는 방법, AI가 학습 성과를 저해하지 않고 향상하도록 하는 방법에 대해 포괄적으로 이해할 수 있게 될 것이다.

• 비판적 사고와 창의성 개발하기

이 책은 학생들의 비판적 사고와 창의력을 키우는 데 교육자의 역할이 중요하다고 강조한다. AI는 많은 작업을 지원할 수 있다. 하지만 학생들이 독립적으로 생각하고, 비판적으로 정보를 분석하며, 창의적으로 콘텐츠에 참여하려는 요구까지 대신할 수는 없다.

차례

표 차례

그림 차례

1장
교육에서 생성형 AI 이해하기

생성형 AI는 창의성과 개인 맞춤형 교육, 문제 해결을 위한 전례 없는 기회를 선사하면서 사람들이 교육과 학습에 접근하는 방식을 바꾸고 있다. 교육자들이 생성형 AI가 무엇이고, 전통적인 AI와 어떻게 다르며, 생성형 AI를 교육 환경에 어떻게 확실하게 도입할지 파악하는 것은 굉장히 중요하다. 1장에서는 생성형 AI가 무엇이며, 교실에 적용하려면 어떻게 해야 하는지에 대해 기본적으로 이해할 수 있도록 해 준다. 이를 통해 교육자들은 진화하는 생성형 AI 기술을 다루는 데 필요한 지식을 갖출 수 있다.

먼저 생성형 AI의 기본 개념을 살펴보면서, 그 능력과 가능성을 쉽게 이해할 수 있도록 기초 설명을 풀어낸다. 그런 다음엔 미리 정의된 작업만 할 수 있는 전통 AI가 업데이트된 콘텐츠, 해결책과 학습 경험을 제공하는 생성형 AI로 진화하는 과정을 추적한다. 이 장 전반에 걸쳐 우리는 중요한 윤리적 고려 사항을 다루고, AI를 책임 있게 사용하는 것이 얼마나 중요한지 살펴본다. 이를 통해 교실에서 공정성과 개인정보 보호, 그리고 형평성을 유지하면서 학생들이 AI 기술의 혜택을 누릴 수 있도록 보장한다.

1장을 다 읽고 나면 다음과 같은 것들을 할 수 있게 될 것이다.

- 생성형 AI가 무엇이며, 교육적 맥락에서 어떻게 작동하는지 이해한다.
- 기존 AI와 생성형 AI의 주요 차이점과 함께 그것들 각각이 교육에 미치는 영향에 대해 인식한다.
- 개인정보 보호, 편견, 책임감 있는 적용을 중심으로 교실에서 AI 사용의 윤리적 함의에 대해 탐구한다.
- 수업에 생성형 AI를 도입하기 위한 전략을 개발한다. 이때 의미 있고 윤리적인 방식으로 학습을 강화하도록 한다.

이번 장에서는 이론적 통찰과 실용적 고려 사항을 결합해서 현대 교육에서 생성형 AI를 이해하고 활용하기 위한 토대를 마련한다. 이를 통해 이어지는 장에서 더 깊이 탐구할 수 있는 발판을 구축한다.

1.1 생성형 AI 소개

AI의 일종인 생성형 AI는 대규모 데이터 세트를 학습한 뒤 새롭고 독창적인 콘텐츠를 만드는 능력이 탁월하다. 생성형 AI는 딥러닝 모델을 바탕으로 한 복잡한 알고리즘에 의존한다. 그렇기 때문에 사전에 프로그래밍된 특정 명령어에 의존해 작업을 수행하는 기존 AI와는 확연히 다르다.

그동안의 전통 AI는 알려진 유형을 토대로 응답을 한다. 반면 생성형 AI는 에세이, 그래픽 이미지 또는 복잡한 문제 해결 전략처럼 명시적으로 프로그래밍(또는 학습)되지 않은 것들을 생성한다. 유 등(Yu et al., 2023)에 따르면 챗GPT, 마이크로소프트 코파일럿, 구글 제미나이, 클로드 AI 같은 일부 LLM(대규모언어모델)은 대표적인 생성형 AI 도구다. 그때 이후 무수히 많은 생성형 AI 챗봇이 등장했다. 이 기술을 사용하는 방법을 이해하기 위해 먼저 생성형 AI가 무엇을 기반으로 하는지부터 살펴보자.

생성형 AI의 핵심은 딥러닝 모델이다. 딥러닝 모델은 인공 두뇌와 유사하게 작동하며, 인공 뉴런망을 사용해 데이터를 처리하고 학습한다.

이런 시스템은 방대한 양의 정보를 접함으로써 유형을 인식하고, 새로운 통찰을 추론하며, 이렇게 학습한 것들을 적용해 혁신적인 결과물을 만들어 낼 수 있다. 예를 들어, 생성형 AI 시스템은 수천 개 교육용 텍스트를 분석한 뒤 사람의 직접적인 지도 없이도 지식과 스타일을 반영한 교육 안내를 자동 제작할 수 있다.

생성형 AI 모델은 흔히 방대한 파라미터(parameter)[6]로 학습한 LLM

6) 인공지능 모델이 입력과 출력 간 관계를 학습하는 과정에서 조정되는 가중치. 파라미터 수가 많다는 것은 더 복잡한 관계를 학습할 수 있음을 의미한다.

을 의미한다. 예를 들면 생성적 사전 학습 트랜스포머(GPT)와 라마(LLAMA)가 있다. GPT-4는 1조 개 파라미터로 학습됐다.

이것이 교육에 중요한 이유는 무엇일까? 간단하다. 우리가 가르치고 배우는 방식을 변화시키고 있기 때문이다. 생성형 AI는 일반적으로 맞춤형 학습 자료 개발을 자동화하는 방식으로 교육 콘텐츠 제작에 도움을 준다. 생성형 AI는 학생의 진도에 따라 콘텐츠를 바꾸어서 학생의 속도와 이해도에 따라 학습 과정을 조정할 수 있다. 이를 통해 교육자들이 교재를 준비하는 시간을 줄여 주면서도 학생들의 다양한 학습 스타일과 요구사항을 충족하는 데 도움을 줄 수 있다.

실제로 생성형 AI 시스템은 학생들이 다양한 과제를 어떻게 수행했는지 분석하고, 힘들어하는 특정 영역을 파악할 수도 있다. 그런 다음 이런 취약점 극복을 위한 추가 연습 문제를 생성해서, 각 학생이 해당 주제를 철저하게 이해할 수 있도록 도와줄 수도 있다. 생성형 AI 이전에 존재했던 기술로는 이 정도 수준의 맞춤형 학습을 구현할 수 없었다. 이처럼 학습자의 특성과 변화에 따라 유연하게 학습하고 적응할 수 있는 생성형 AI의 역동적인 능력이 없었던 과거 기술로는 이런 수준의 개인 맞춤형 교육은 불가능했다.

따라서 생성형 AI를 교실에 도입하면 그 결과는 단순히 개인 맞춤형 수업을 할 수 있게 되는 데 그치지 않는다. 생성형 AI는 교육에 전혀 새로운 '상호작용의 차원'을 열어 준다. 일단 전통적인 교실에서는 불가능했던 체험형 학습 활동을 할 수 있도록 시뮬레이션과 가상 환경을 만들어 줄 수 있다. 이런 경험은 과학이나 역사처럼 체험 학습에서 많은 이득을 볼 수 있는 과목에서는 매우 유용하다. 이 책은 주로 교육자에게 초점을 맞추고 있는 만큼 이 장 뒷부분에서 그 내용을 깊이 있게 다룰 계획이다.

1.2 생성형 AI는 무엇인가: 입문

학습된 데이터를 기반으로 추가 콘텐츠를 생성하도록 설계된 생성형 AI는 AI 기술의 중요한 발전을 잘 보여 준다. 오픈AI가 개발한 GPT(Generative Pre-trained Transformer, 사전 학습 트랜스포머)와 달리 같은 생성형 AI 모델은 일관된 텍스트를 생성할 뿐 아니라 간단한 텍스트 프롬프트만으로 창의적인 이미지를 생성하는 능력을 갖고 있어 대중의 관심을 끌고 있다. 이 모델들은 방대한 양의 데이터(책, 웹사이트, 이미지)로 훈련해 언어, 예술, 그리고 다른 형태의 콘텐츠 구조를 학습한다. 그렇게 유형을 인식하고, 이런 지식을 바탕으로 인간이 만든 것과 거의 구분되지 않는 결과물을 만들어 낼 수 있다.

하지만 정확하게 어떻게 작동하는 걸까? 생성형 AI의 핵심은 인간의 뇌에서 영감을 얻은 일종의 머신러닝 모델인 신경망에 기반을 두고 있다. 이런 네트워크는 입력된 데이터를 여러 계층을 거쳐 처리하면서 정보 간의 복잡한 관계를 파악한다. 이 모델은 데이터로부터 학습한 내용을 토대로 결과를 예측하고 생성할 수 있다. 예를 들어 GPT에 이야기 초안을 작성하라고 요청한다고 가정해 보자. 이 경우 GPT는 훈련할 때 접했던 수백만 개 사례를 분석한 뒤 스토리 유형들을 결합해서 새로운 내러티브를 만들어 내게 된다.

필요에 따라 콘텐츠를 생성할 수 있는 이 기능은 교육 분야에서는 교사와 학생 모두에게 강력한 도구가 될 수 있다. 생성형 AI는 학생이나 학급의 필요에 맞는 수업 계획을 세우거나 퀴즈 같은 교육 자료를 만드는 데도 사용할 수 있다. 또 스토리라인을 짜거나 작품을 설명할 이미지를 생성하는 것 같은 창의적인 작업에도 도움을 줄 수 있다. 프로그래밍된 규칙대로 작동하는 기존 AI 시스템들과 달리 생성형 AI는 유연하고 역동적이며 개방형 프롬프트에도 창의적으로 답변할 수 있다.

챗GPT와 미드저니(Midjourney) 같은 인기 생성형 AI 모델은 교육을 비롯한 다양한 분야에서 활용되고 있다. 챗GPT는 어떤 주제에 대해서나 에세이, 요약 혹은 설명을 작성해 줄 수 있다. 미드저니는 역동적이고 사실적인 이미지를 생성할 수 있다. 이런 도구 덕분에 교육자들은 정적인 자료에서 벗어나 학생들을 새로운 방식으로 참여시키는 양방향 학습 환경을 만들 수 있다.

1.2.1 교육자들을 위한 맥락적 중요성: 이 책은 누구를 위한 것인가

앞서 언급했듯이 생성형 AI는 개인의 학습 요구에 맞게 교육 콘텐츠를 제공할 수 있기 때문에 콘텐츠 내용 전달에 뛰어나다. 고급 알고리즘과 딥러닝으로 구동되는 이 기술은 이전에는 불가능했던 수준의 개인 맞춤형 교육을 선사한다.

생성형 AI를 교육에서 바로 사용할 수 있는 분야 중 하나는 콘텐츠 제작이다. 교사는 AI를 사용해 특정 요구 사항에 적합한 교육용 자료를 생성할 수 있다. 예를 들어, 특정 주제에 대한 퀴즈가 필요하다고 가정해 보자. 생성형 AI는 몇 초 만에 단답형이나 에세이 같은 다양한 질문 유형으로 구성된 퀴즈를 만들 수 있다. 이런 기능 덕분에 교사들은 귀중한 시간을 절약해, 수업 자료를 준비하는 대신 학생들과 소통에 좀 더 집중할 수 있다. 예를 들어 어떤 학생이 수학적 추론은 뛰어나지만 데이터 해석에 어려움을 겪을 경우엔 생성형 AI가 이런 요구 사항을 겨냥한 맞춤형 연습 문제를 만들 수 있다! 편리하지 않은가? 분명한 목표를 설정한 이런 접근 방식으로 모든 학생이 시작 지점에 상관없이 성공하는 데 필요한 지원을 받을 수 있게 된다.

생성형 AI는 학생들의 학습 경험을 개인화할 수도 있다. AI는 개별 학생의 성적 자료를 분석한 뒤 각 학생의 강점과 약점을 반영한 맞춤형 학습 경로를 생성할 수도 있다. 예를 들어, AI 시스템은 학생이 특정 개념을 이해하는 데 부족한 부분을 찾아낸 뒤 그들의 필요에 맞게 추가 자료나 연습 문제를 제공할 수도 있다. 개인화된 이런 접근 방식은 학생들에게 적절한 수준의 지원을 보장해 줌으로써 학생들이 수업에 참여하고 학습 동기를 유지할 수 있도록 도와준다.

생성형 AI는 콘텐츠 생성 외에도 채점이나 실시간 피드백 제공 등에도 도움을 줄 수 있다. 교사들은 AI를 활용해 과제 평가를 자동화할 수 있다. 다중 선택형 퀴즈나 빈칸 채우기 같은 문제에는 특히 더 유용하다. AI가 할 수 있는 것은 그뿐만이 아니다. 에세이나 프로젝트 기반 평가 같은 좀 더 주관적인 과제에도 개인 맞춤형 피드백을 제공할 수 있다. 예를 들어 생성형 AI 모델은 명확성, 일관성과 문법을 기준으로 학생의 작문을 분석한 뒤 개선 방안을 제시해 줄 수도 있다. 이렇게 즉각 피드백을 해 주면 학생들은 교사가 입력해 줄 때까지 기다리지 않고 자신들의 실수로부터 배우고 오류를 수정할 수 있게 된다. 이는 좀 더 연속적이면서 반응적인 학습 과정으로 이어지게 된다.

생성형 AI가 교사들에게 가져다줄 수 있는 혜택은 엄청나다. AI가 콘텐츠 생산이나 채점 같은 일상 작업을 처리해 줌에 따라 교사들은 인간의 통찰과 창의성이 필요한 좀 더 차원 높은 활동에 집중할 수 있다. 예를 들어, 교사는 강의 계획을 준비하는 데 몇 시간씩 소비할 필요가 없다. AI를 활용해 기본적인 개요를 생성한 뒤 자신의 수업 스타일과 학생들의 필요를 토대로 세밀하게 내용을 조정할 수 있다. AI의 이런 효율성 덕분에 교사들은 토론을 촉진하고, 협업 학습 프로젝트를 지원하는 등 학생과의 소통에 좀 더 많은 시간을 할애할 수 있다.

게다가 생성형 AI는 새로운 방식으로 학생의 참여를 촉진할 수 있다. AI 기능이 들어간 도구는 학생들이 교육에 적극 참여할 수 있는 대화형 학습 환경을 조성할 수 있다. 예를 들어, 학생들은 AI를 활용해 공부 자료를 정리하거나 복잡한 개념을 쉽게 요약하고, 나아가 이야기나 예술 작품 같은 창의적인 프로젝트를 만들어 낼 수도 있다. 이렇게 적극적으로 참여하도록 함으로써 학습을 좀 더 관련 있고 즐겁게 만들 수 있다. 그 결과 학생들은 교육 여정의 주인 의식을 갖도록 격려를 받는다.

예를 들어 어떤 질문이나 요청이 주어졌을 때 챗GPT는 학습된 언어 패턴과 표현을 바탕으로 맥락에 적절하고 의미 있는 답변을 생성할 수 있다. 이런 LLM은 일반적으로 생성형 AI의 기반 모델(foundation model) 혹은 기초 모델(base model)로 알려져 있으며, 좀 더 복잡하고 정교한 AI 모델의 초기 구성 요소 역할을 한다.

생성형 AI는 교육자의 역할도 변화시키고 있다. 교사들은 채점이나 수업 계획안 작성 같은 일상 업무를 자동화하는 대신 학생들과 직접 소통하거나 깊이 있는 토론을 안내하는 작업에 좀 더 초점을 맞출 수 있다. 여러분은 생성형 AI를 여러모로 교육 보조 도구로 활용할 수 있다. 이런 변화는 교육의 질을 향상하고 교육자의 행정적 부담을 줄여 준다! 교육자들이 창의적이고 비판적인 교육 활동에 더 많은 시간을 투자할 수 있게 됐다는 뜻이다. 여러분은 이런 일을 하기 위해 교육자가 된 것 아닌가?

생성형 AI의 또 다른 장점은 확장성이다. 학교와 기관은 이 기술을 활용해 동시에 많은 학생들을 지원할 수 있다. 각 학생이 자기 필요에 맞게 계속 조정되는 학습 경험을 누릴 수 있다는 의미다. 교육 격차가 두드러지고 문해율이 낮은 자원 부족 지역에서는 이 지점이 특히 중요하다. 생성형 AI는 모두에게 고품질 교육에 비슷한 수준으로 접근할 수 있도록 해

표 1 널리 사용되는 LLM 모델 비교

특징	챗GPT	제미나이	코파일럿
출시일	2023년 3월	2024년 5월 13일	2024년 9월 12일
유/무료	무료/유료	무료/유료	무료/마이크로소프트 제품과 통합
기능	사용자 지정 봇 마이크로소프트 빙 활용	구글 시트, 슬라이드, 독스, 클라우드와 통합 구글 검색 활용	마이크로소프트365, 다이내믹스365, 파워 앱스 빙 활용
이용 가능 상품	일반 접속, 플러스 접속	일반 접속, 1.0과 1.5 프로 버전	일반 접속, 코파일럿 프로, 코파일럿 파이낸스

줄 잠재력을 지니고 있다. 그렇게 함으로써 더 폭넓은 범주의 수용자들이 개인 맞춤형 학습 경험을 누릴 수 있다.

생성형 AI는 또 상호작용적인 학습 환경을 만든다. AI는 실제 상황이나 복잡한 문제 해결 상황을 시뮬레이션해, 학생들이 습득한 지식을 그러한 상황에 적용하도록 유도한다. 이러한 시뮬레이션은 학습자들이 더 깊이 몰입할 수 있도록 할 뿐 아니라, 비판적 사고 역량과 창의적 문제 해결 능력을 동시에 신장하는 데 기여한다. 예를 들어, 역사 수업에서 생성형 AI는 역사 속 사건을 상호작용적으로 경험할 수 있도록 재현할 수 있다. 그렇게 하면 학생들은 자기 결정에 따라 생겨나는 다양한 결과를 탐구할 수 있게 된다. 이런 학습 접근법은 교육 내용을 학생들이 더 공감하고 자기 경험과 연결할 수 있게 만들어, 학습 이해도와 기억 지속력을 향상한다. 이는 많은 학생들에게 특히 중요할 수 있다.

이런 기능을 구현할 때 생성형 AI의 윤리적 사용도 중요하게 고려해야 한다. 교육자들은 AI 모델 훈련에 사용되는 데이터가 편향되지 않고 다양한 인구 집단을 대표할 수 있도록 해야 한다. 학생 데이터와 관련된 개인정보 침해 우려 문제도 즉시 면밀하게 논의해야 한다. 이런 일을 어떻게 할 수 있을까? 교육 분야에서 AI 사용에 대한 명확한 지침과 윤리적 기준을 확립하면 된다. 이렇게 하면 학생들의 개인정보를 침해하지 않으면서 모든 학생에게 혜택을 줄 수 있다.

기술이 꾸준히 발전함에 따라 AI를 교육 시스템에 도입할 경우엔 학습이 더 유연해지고, 더 많은 학습자를 포용할 수 있으며, 한층 효과적으로 이루어질 수 있다. 진도를 좀 더 나가기 전에 지금까지 AI 기술이 발전해온 과정을 간략하게 살펴보도록 하자.

1.2.2 생성형 AI의 핵심적인 특징

생성형 AI 기술을 교실에 도입하려는 교육자들이라면 필수적으로 내부 작동 원리를 이해해야만 한다. 생성형 AI의 도드라지게 중요한 특징 중 하나는 대규모 데이터 세트에서 학습한 뒤 이렇게 학습한 정보를 토대로 새로운 결과를 생성하는 능력이다. 이런 처리 과정을 통해 AI는 인간의 창의성을 면밀하게 모방한 텍스트, 이미지, 오디오를 생성할 수 있다.

GPT 같은 LLM은 AI의 학습 및 생성 능력의 핵심이다. 이런 모델은 방대한 텍스트 데이터로 훈련을 하면서 언어의 형식을 인식하는 능력을 습득한다. 예를 들어, 수백만 개의 기사와 책, 웹사이트로 훈련을 받으면 GPT는 문장의 구조와 논리의 흐름, 다양한 글쓰기 유형의 미묘한 차이를 이해하기 시작한다. 이렇게 이해를 하게 되면 유사한 유형에 뒤따라오는 새로운 텍스트를 생성하고, 프롬프트에 대해 일관성 있고 맥락에 맞는 적절한 응답을 내놓게 된다.

AI의 패턴 인식 능력은 언어 이외 영역으로 확장된다. 달리 같은 생성형 AI 모델은 비슷한 원리를 활용해 이미지를 생성한다. 이 모델은 수백만 개의 시각적 입력 데이터로 훈련하면서 모양, 색상, 구조 같은 다양한 시각적 요소를 연결하는 방법을 학습한다. '자전거를 타고 있는 개' 같은 텍스트 프롬프트가 주어지면 자신이 이해한 개와 자전거의 모습을 토대로 완전히 새로운 이미지를 만들어 낼 수 있다. 심지어 프롬프트가 지적한 특정 조합을 이전에 접한 적 없는 경우에도 이미지를 만들어 낼 수 있다.

교육적 측면에서는 학습한 데이터로부터 추가 콘텐츠를 생성하는 능력이 굉장히 중요하다. 예를 들어, 학생들이 창의적 글쓰기 과제를 할 때 생성형 AI를 활용하면 아이디어 브레인스토밍을 할 수도 있고 서사 구조 개선에 도움이 되는 제안을 받을 수도 있다. 과학 수업에서는 AI가 복잡한 개념을 시각적으로 재현해 학생들이 추상적인 아이디어를 좀 더 쉽게 이해하도록 도와줄 수도 있다. 필요에 따라 추가 콘텐츠를 만들어 낼 수 있는 능력을 잘 활용하면 AI는 더 유연하고 역동적인 학습 경험을 선사할 수 있다.

생성형 AI의 또 다른 중요한 특징은 개인의 특성에 맞게 피드백을 줄 수 있으며, 적응형 학습 경험을 제공할 능력이 있다는 점이다. AI는 방대한 데이터를 빠르게 분석할 수 있기 때문에 학생의 성적 유형을 확인한 뒤 개인의 필요에 맞는 피드백을 줄 수 있다. 예를 들어 어떤 학생이 계속해서 특정 개념 이해에 어려움을 겪는다고 가정해 보자. 이때 AI가 추가 연습 문제를 생성하거나 그 개념을 다른 방식으로 설명해 줄 수도 있다. AI의 이런 조정 능력은 학생들이 적절한 수준에서 꾸준히 도전함으로써 좀 더 깊이 있는 학습을 하도록 격려하고, 좌절하는 것을 방지해 줄 수 있다.

또 교육자들은 생성형 AI를 활용해 학생의 실력 향상을 좀 더 효과적으로 평가할 수 있다. 전통적인 평가 방법으로는 대부분 학생 이해도의 단편적인 모습만 볼 수 있다. 하지만 AI를 활용한 평가 방식은 실시간으로 학생들의 수준에 맞춰 줄 수 있다. 이를테면 학생이 문제를 얼마나 잘 푸는지에 맞춰 문항의 난도를 조절할 수도 있다. 적응형 평가 방법은 학생들이 근접 발달 영역(proximal development zone)[7] 내에서 작업하도록 해 준다. 이 구역에서는 과제가 너무 쉽지도, 어렵지도 않기 때문에 더 효과적으로 학습할 수 있다.

마지막으로, 생성형 AI의 신경망 기반 예측은 정확하면서도 창의적인 문제 해결책을 제시한다. 미리 정해진 명령을 따르는 규칙 기반 AI 시스템과 달리, 생성형 AI 모델은 새로운 아이디어와 해결책을 생성할 수 있다. 예를 들어, 프로젝트 기반 학습 환경에서 학생들은 AI를 활용해 친환경 건물 설계부터 지속 가능한 에너지 계획 수립까지 다양한 실제 세계 문제에 대한 해결책을 만들어 낼 수 있다. 이런 창의성과 혁신은 복잡한 미래 도전 과제 해결을 준비하는 학생들에게는 필수 요소다.

1.3 역사적 진화: 전통 AI에서 생성형 모델로

AI가 초기 개념에서 오늘날의 고급 생성형 모델로 발전하기까지 중요한 이정표가 여럿 있었다. AI가 교실에서 어떤 능력과 잠재력을 발휘할 수

---

7) 근접 발달 영역은 레프 비고츠키가 제시한 개념으로, 학습자가 혼자서는 할 수 없지만 뛰어난 동료나 인도자와 함께 학습하면 성공할 수 있는 영역을 의미한다. 흔히 아동의 잠재적 발달 영역에서 혼자 독립적으로 해결할 수 있는 실제적 발달 영역을 제외한 부분을 의미하는 용어다.

있는지 제대로 이해하기 위해선 이런 발전 단계를 파악하는 것이 아주 중요하다.

1.3.1 AI 발전 연표

AI의 여정은 20세기 중반에 시작됐다. 영국 수학자 앨런 튜링(Alan Turing)은 1950년에 기계의 지능을 측정하는 방법을 제안했다. 나중에 튜링 테스트(Turing Test)로 알려진 이 방법은 기계가 인간 반응을 설득력 있게 모방할 수 있다면 지능적이라고 간주할 수 있다고 했다.

'머신 러닝(machine learning)'이라는 용어는 1952년 IBM에서 근무하던 아서 새뮤얼(Arthur Samuel)이 처음 사용했다. 그는 스스로 실력을 향상해서 자신을 만든 사람보다 체커 게임을 더 잘할 수 있는 프로그램을 개발했다. 이렇게 엄격한 규칙을 따르는 기계가 경험을 통해 학습하는 것으로 전환한 것은 미래 AI 발전의 기반이 됐다. 1958년 신경망의 초기 형태인 퍼셉트론(Perceptron)이 도입되면서 기계가 데이터로부터 배울 수 있는 가능성을 보여 줬다. 하지만 이 영역은 기술적 한계로 인해 수십 년 동안 괄목할 발전을 이루지는 못했다.

신경망에 대한 관심은 1980년대 역전파 알고리즘(back propagation algorithm) 발견과 함께 다시 불이 붙었다. 이 알고리즘 덕분에 다층 신경망이 복잡한 데이터 세트에서 학습을 할 수 있게 됐다. 이 기간 AI는 이론적 연구에서 실용적 응용 단계로 진화했다. 하지만 오늘날의 생성형 모델과는 여전히 거리가 멀었다.

1990년대 후반과 2000년대 초반에 걸쳐 이용할 수 있는 데이터가 폭증하고 컴퓨터 처리 능력이 발전하면서 딥러닝 분야에서 괄목할 발전이 가능하게 됐다. 심층 신경망인 알렉스넷(AlexNet)이 2012년 대회[8] 우승으로 딥러닝이 이미지 인식에 효과적이라는 사실을 보여 주면서 전환점을 마련했다. 이 사건은 신경망 적용에 대한 세간의 관심을 다시 불러일으켰다.

2014년 적대적 생성 신경망(GANs) 개발과 함께 생성형 AI가 모습을 갖추기 시작했다. GAN은 신경망 두 개가 서로 경쟁하면서 새롭고 현실적인 데이터 인스턴스(data instances)[9]를 생성한다. 학습한 데이터를 이용해 추가 콘텐츠를 생성하는 능력은 교육을 비롯한 여러 분야에서 새로운 가능성을 열어 줬다.

1.3.2 생성형 AI 전환

전통적인 AI에서 생성형 AI로 전환이 이루어지면서 교육 분야에 AI를 적용하는 방식에 의미 있는 변화가 생겼다. 규칙 기반, 혹은 결정론적 AI로 불리는 전통 AI는 사전 프로그래밍된 명령에 따라 특정 결과를 내놓는 방식으로 작동한다. 따라서 데이터 분석, 반복 처리 작업 자동화, 혹은 명확한 입력 규칙을 토대로 한 구조화된 답변 제공 등의 작업에 뛰어난 능력을 발휘한다. 예를 들어, 전통적인 AI는 객관식 시험 채점이나 과거 성적을 토대로 한 학생 성적 예측, 사전 정의된 데이터 세트에서 학습 자료 추

---

8) 세계적인 이미지 분류 및 인식 관련 대회인 이미지넷(ImageNet) 2012년 대회를 의미한다. 그해 인공지능 모델인 알렉스넷(AlexNet)이 초대형 데이터 세트를 통해 정확하게 이미지를 인식해 우승하면서 딥러닝 기술의 우수성을 전 세계에 보여 줬다.

9) 인스턴스란 정의된 스키마에 따라 데이터베이스에 실제로 저장된 값을 의미한다. 따라서 데이터 인스턴스는 여러 속성을 지닌 하나의 하위 데이터, 개별 데이터를 의미한다.

천 등의 작업을 수행할 수 있다.

반면 생성형 AI는 여기서 크게 진전한다. 엄격한 파라미터 내에서 작동하는 전통적인 AI와 달리 생성형 AI는 학습한 데이터를 토대로 추가 콘텐츠를 스스로 생성할 수 있다. 단순히 규칙을 따르는 것이 아니라 아이디어나 텍스트, 이미지, 심지어 음악까지 만들어 낸다. 미리 정해 놓은 답변을 내놓는 것이 아니라 에세이 작성부터 창의적인 프로젝트 생성이나 수업 계획 설계까지 척척 해낸다. 심지어 개별 학생 맞춤형 피드백을 실시간으로 제공할 수도 있다. 생성형 AI의 적응성과 창의성은 교육 현장을 획기적으로 바꿔 놓을 수 있다.

전통 AI와 생성형 AI의 중요한 차이점

1. 규칙 기반 vs. 창의적 산출

전통적인 AI는 확립된 규칙이나 알고리즘에 따라 결과를 내놓는다. 이런 결과물은 예측 가능할 뿐 아니라 일관성이 있다. 따라서 전통적인 AI는 성적 평가나 표준화된 콘텐츠 제공 같은 작업에 효과적이다. 반면 생성형 AI는 사전 설정된 규칙에만 의존하지 않는다. 데이터의 유형을 학습한 후 새로운 것을 만들어 낸다. 예를 들어, 학생의 진도에 맞는 글쓰기 지시문을 생성하거나, 맞춤형 퀴즈를 설계할 수 있다.

2. 결정론적 vs. 적응형

전통적인 AI 시스템은 일반적으로 결정론적인 경향이 있다. 다시 말해 예측 가능하면서도 규칙을 따르는 답변을 제공한다. 이들은 알려진 가능성의 폐쇄된 시스템 내에서 작동한다. 반면 생성형 AI는 적응형이다. 새로운 입력에 맞춰 다양한 개인 맞춤형 콘텐츠를 생성한다. 이 유연성 덕분에 생성형 AI는 변화하는 조건과 학습자의 요구에 적응할 수 있으며, 그 결과 더 역동적인 학습 경험을 선사한다.

3. 사전 정의된 데이터 vs. 경험으로부터의 학습

전통적인 AI는 일반적으로 사전 정의된 데이터를 가지고 작업한다. 고정된 데이터 세트를 활용해 작업을 수행하는 방식이다. 생성형 AI는 이런 한계를 넘어 경험을 통해 학습한다. 더 많은 데이터를 처리하는 시간이 쌓일수록 콘텐츠 생성 능력이 한층 정교해진다. 생성형 AI가 학생들에게 실시간으로 응답할 수 있으며, 개인 맞춤형 피드백을 주거나 대체 학습 경로를 제안하고, 개인의 학습 방식과 성과에 맞춰 수업을 조정할 수 있다는 것을 의미한다.

생성형 AI는 어떻게 전통적인 AI의 가능성을 확대하는가

생성형 AI는 창의적이고 유연하며 개인화된 학습 환경을 조성할 수 있어 교육에 새로운 가능성을 열어 준다. 전통적인 AI는 특정 작업을 자동화하는 반면 생성형 AI는 더 복잡하고 창의적인 역할을 수행할 수 있다. 예를 들어, 생성형 AI는 단순히 채점을 자동 처리하는 대신 각 학생의 학습 진도에 따라 맞춤형 퀴즈를 생성할 수 있다. 또 다양한 학습 속도와 유형에 맞춰 수업 계획을 짜도록 도와줄 수도 있다. 이렇게 함으로써 효율적일 뿐 아니라 고도로 개인화된 학습 환경을 보장해 줄 수 있다.

생성형 AI는 맞춤형 글쓰기 지시문을 생성하고, 실시간으로 개선 방안을 제안하며, 이전 작업을 토대로 추가 개선 방안을 제안하는 방식으로 학생들을 도와줄 수 있다. 콘텐츠를 자율 생성할 수 있는 이 능력 덕분에 교육자들이 사전 정의된 자료만 사용하지 않아도 된다는 의미다. AI를 활용하면 교실의 특정 요구 사항에 맞는 신선하고 독창적인 자료를 만들 수 있다.

개인화되고 유연한 학습에 대해 늘어나는 수요 충족하기

개인화된 학습 경험에 대한 수요가 증가함에 따라 생성형 AI는 이런 요구를 충족할 수 있는 독보적인 존재로 자리매김하고 있다. 오늘날의 교실은 각양각색이다. 학생들은 다양한 수준의 지원과 참여를 필요로 한다. 천편일률적인 전통 교육 모델은 점점 효과가 떨어지고 있다. 생성형 AI는 개별 학생에게 맞춤형 콘텐츠를 제공함으로써 해결책을 제시해 준다.

예를 들어 생성형 AI는 다음과 같은 일을 할 수 있다.

적응: 학생의 진도에 따라 수업을 변경한다. 고급 학습자에게는 추가 과제를, 보강 학습이 필요한 학생에게는 기초 학습 자료를 제공한다.

개인화: 과제와 평가를 개인화함으로써 각 학생이 자신의 학습 속도와 능력 수준에 맞게 학습할 수 있도록 해 준다.

참여 유도: 관심사와 일치하는 창의적인 지시문과 프로젝트를 통해 학생의 참여를 유도해 더 흥미롭고 관련성 있는 수업이 되도록 한다.

1.4 윤리적 고려 사항과 미래 방향

교육 분야에서 생성형 AI의 장점은 명확하다. 하지만 윤리적 고려 사항을 이해하고 마음을 쏟는 것도 마찬가지로 중요하다. 이를 통해 모든 학생에게 공정하고 책임감 있게 AI가 활용될 수 있다. 생성형 AI는 교육 개선에 엄청난 잠재력을 지니고 있다. 작업 자동화부터 창의성 촉진, 맞춤형 학습 개선까지 혜택은 상당하다. 그러나 이러한 장점과 함께 교육자들이 해결해야 할 윤리적 고려 사항이 있다. 교육에 AI를 도입하는 것이 학생들의 성장을 책임감 있게 지원하도록 보장하기 위해선 이러한 문제의 해결이 꼭 필요하다. 이번 섹션에서는 데이터 개인정보 보호, 보안, 편향성, 학술적 정직성, 책임 있는 AI 사용에 초점을 맞추면서 교육 분야에서 생성형 AI 사용을 둘러싼 핵심 윤리 과제를 탐구한다.

1.4.1 데이터 개인정보 보호와 보안

교실에서 AI 시스템에 대한 의존도가 증가함에 따라 데이터 개인정보 보호와 보안에 대한 우려가 제기된다. AI 도구는 효과적으로 작동하기 위해 학생 데이터에 접근해야 하는 경우가 많다. 이 데이터에는 개인정보, 성적 지표, 심지어 행동 분석 결과가 포함될 수 있다. 이런 데이터는 맞춤형 교육 콘텐츠를 설계하고 개인 상황에 맞는 피드백을 제공하는 데 사용된다. 데이터를 분석해 개인별 학습 경로를 설계하는 능력은 AI의 중요한 장점이다. 하지만 학생 개인정보 침해 위험도 함께 초래할 수 있다.

주된 우려 사항 중 하나는 AI 시스템이 학생 데이터를 저장하고 사용하는 방식이다. AI 모델은 입력된 데이터를 학습한다. 이는 결국 학생들이 시스템과 상호작용한 내용들이 새로운 결과를 생성하거나 앞으로 응답을 개선하는 데 사용된다는 의미다. 따라서 이 데이터가 안전하게 처리되고 제3자들이 악용하지 못하도록 하는 것이 과제다. 예를 들어, AI 플랫폼이 학생 데이터를 수집하지만 익명 처리나 암호 처리를 하지 못할 경우 민감한 정보가 유출 위험에 노출될 수 있다. 이런 정보 유출은 심각한 결과로 이어질 수도 있다. 학생들의 개인 신원과 학업 기록이 노출될 수 있기 때문이다.

학생 데이터를 보호하기 위해 교육자와 학교 관리자는 사용하는 AI 도구의 개인정보 보호 정책을 알고 있어야 한다. 교실에서 사용되는 모든 도구는 유럽의 일반개인정보보호규정(GDPR)이나 미국의 가족교육권 및 개인정보보호법(FERPA)과 같은 관련 데이터 보호 법률을 준수하도록 보장해야 한다. 이런 규정은 개인정보 수집, 저장, 공유 방식을 엄격하게 통제함으로써 학생들의 권리가 보호되도록 한다.

데이터 보호 전략

학생들의 개인정보를 보호하기 위해 교육 기관과 교육자들은 다음과 같은 조치를 취할 수 있다.

데이터 최소화: AI가 교육 기능을 수행하는 데 필요한 데이터만 수집한다. 관계없는 데이터는 삭제하거나 익명 처리한다.

동의와 투명성: 학생과 보호자에게 데이터 사용 방법을 알려 준다. 개인정보 수집 및 사용 전에는 명시적인 동의를 받도록 한다.

정기 감사: AI 시스템을 정기적으로 감사해 데이터 보호 규정을 준수하도록 하고, 데이터 처리 과정에 생길 수 있는 잠재적인 취약점을 식별한다.

암호화 및 접근 제어: 데이터 저장 및 전송 시 강력한 암호화를 사용하여 데이터를 보호한다. 학생 데이터에는 승인된 사람만 접근할 수 있도록 제한한다.

또 교육자들은 자신들이 사용하는 AI 도구에 대해 비판적인 질문을 던져야 한다. AI 플랫폼은 어떤 방식으로 데이터를 수집하나? 데이터를 보호하기 위해 어떤 보안 조치를 마련했나? AI 알고리즘을 개선하기 위해 데이터를 사용하기 전에 익명 처리를 하는가? 이런 질문에 집중하는 것은 교사들이 정보를 바탕으로 의사 결정을 하고, 학생과 학부모, 교육 기관 간의 신뢰를 구축하는 데 도움이 될 수 있다.

추가로 암호화, 접근 제어, AI 시스템에 대한 정기적인 감사와 같은 보안 모범 사례를 구현하면 학생 데이터의 안전성을 좀 더 확실히 보증할 수 있다. 교사들은 투명성을 우선시해야 한다. 학생과 가족들에게 데이터가 어떻게 사용될 것인지, 데이터 보호를 위해 어떤 조치가 마련되어 있는지 알려야 한다. 이런 개방적 정책은 신뢰를 구축할 뿐만 아니라 학생들이 자신의 디지털 존재에 대한 주인의식을 갖도록 힘을 실어 준다.

1.4.2 AI 모델에 편향이 생기는 과정

AI 모델의 편향은 보통 편향된 학습 데이터에서 나온다. 예를 들어, AI 시스템이 특정 인구 통계 그룹(특정 사회경제적 배경을 갖고 있는 학생들)을 반영하는 데이터로 훈련했다고 가정해 보자. 그럴 경우엔 다양한 배경의 학생들에게 훈련 결과를 적용하는 데 어려움을 겪을 수 있다. 이는 곧 편향된 결과로 이어질 수 있다. 이를테면 AI가 평가, 피드백 혹은 콘텐츠 생성 등을 할 때 특정 학생들을 선호할 수 있다.

예를 들어, 학술 영어에 능통한 학생들의 데이터로 주로 훈련한 AI 평가 시스템은 영어 학습자(English language learners)나 비표준 언어 형태를 사용하는 학생들의 작업을 공정하게 평가하는 데 어려움을 겪을 수 있다. 마찬가지로, 사회적 편향(예: 성별이나 인종 격차)을 반영한 역사 데이터로 훈련받은 AI 모델은 결과물에 이런 편향이 계속 남아 있게 된다. 그 결과 소수 집단 학생들에게는 불이익을 줄 수도 있다.

교육 AI에서 편향의 위험

교육에 사용되는 AI 모델의 편향 위험은 매우 심각하다. AI 생성 콘텐츠에 편향이 반영되어 있을 경우엔 AI 모델이 인종, 성별, 사회경제적 지위, 또는 학습 스타일 등에 따라 학생들을 차별 대우할 수도 있다.

예를 들면 다음과 같다.

고정관념 강화: AI가 생성한 프롬프트나 과제가 특정 그룹에 대한 편향된 가정이나 편견을 반영한다면 유해한 고정관념을 강화할 수 있다. 예를 들어, AI 도구가 남학생에게는 기술 관련 과제, 여학생에게는 돌봄 관련 과제를 일관되게 할당한다면, 시대에 뒤떨어진 성 역할을 강화하게 된다.

불공정한 피드백: 문화적, 언어적 다양성을 고려하지 않은 AI 기반 평가 시스템은 다양한 배경의 학생들에게 불공정하게 낮은 점수를 부여함으로써 그들의 학업 성적과 자신감에 영향을 미칠 수 있다.

차별적인 의사 결정: AI가 편향된 데이터를 토대로 학생들의 미래 성적을 예측하면 대학 입학이나 고급 과정 배정 같은 중요한 결정에 영향을 미칠 수 있다. 이는 결국 교육적 불평등을 더욱 고착화한다.

교육 AI에서 편향 완화하기

교육자와 개발자는 모든 학생에게 공정하고 평등한 결과를 보장하기 위해 AI 시스템 내의 편향을 찾아내고 완화하는 데 경계를 늦춰서는 안 된다. 다음 전략은 편향을 최소화하는 데 도움이 될 수 있을 것이다.

다양한 학습 데이터: AI 모델은 학생들의 경험, 배경, 학업 형태를 광범위하게 반영한 다양한 데이터 세트로 훈련해야만 한다. 이는 AI가 결과물을 좀 더 효과적으로 일반화하고, 편향된 결과물을 내

놓을 가능성을 줄이는 데 도움이 된다.

편향성 감사: AI 모델이 다양한 학생 인구통계학적 그룹에 어떻게 작동하는지 평가할 수 있도록 정기적으로 편향성 감사를 실시해야 한다. 편향된 패턴이 감지되면 모델을 재훈련시키거나, 좀 더 공정하게 작동되도록 조정해야 한다.

인간 감독: 위험도가 높은 교육적 결정을 할 때 AI가 유일한 의사 결정권자가 되어서는 안 된다. 교육자들은 감독권을 갖고 AI가 생성한 결과를 검토해서 공정성과 평등성을 보장할 수 있도록 해야 한다. 편향이 발견되면 교사들이 개입해서 결과를 적절하게 조정할 수 있다.

AI 사용 투명성: 교사와 관리자는 AI 도구가 어떻게 사용되고 있으며, 어디서 가져온 데이터를 사용했는지 투명하게 공개해야 한다. 학생과 가족들은 AI가 결정하는 방식에 관한 정보에 접근할 수 있어야 한다. 또 필요할 경우 AI가 내린 결정에 반대하거나 이의 제기를 할 수 있도록 해야 한다.

1.4.3 AI와 학문적 정직성

교육 환경에서 생성형 AI 사용이 증가함에 따라 학문적 정직성에 대한 우려가 제기되고 있다. 학생들은 에세이, 연구 논문, 문제 해결 방안 같은 콘텐츠를 생성하는 AI 도구를 악용할 우려가 있다. AI가 생성한 결과물을 자기가 쓴 것처럼 위장하려는 유혹에 빠질 수 있기 때문이다. 그럴 경우 학습 과정을 훼손할 뿐 아니라 표절과 학문적 부정행위에 대한 윤리 문제가 야기될 수도 있다.

AI 생성 콘텐츠에 대한 우려

생성형 AI 도구는 고품질 문서 콘텐츠를 빠르고 효과적으로 생산할 수 있다. 이 능력은 교육에서 강력한 도구가 될 수 있다. 하지만 학생들이 이런 도구를 오용해서 필요한 노력을 기울이지 않고 과제를 완성할 위험이 있다. 예를 들어, 어떤 학생이 AI 도구를 활용해 주어진 주제에 대한 에세이를 완성한 뒤 관련 내용을 이해하지도 못하고, 해당 자료에 대해 관심도 없는 상태에서 자기 작품인 것처럼 제출할 수도 있다. 이는 학생 작품의 신뢰성과 학생의 비판적 사고 능력 발달에 심각한 우려를 야기한다.

또 AI 도구는 기존 표절 탐지 시스템으로 쉽게 알아챌 수 없는 콘텐츠를 만들어 내기 때문에 학생들이 표절을 저지르기 더 쉽게 만들 수도 있다. AI 생성 콘텐츠는 종종 독창적일 뿐 아니라 다른 자료에서 직접 베낀 것이 아니기 때문에 표준 표절 검사를 우회할 수 있다. 이 때문에 교육자들이 학문적 부정행위 사례를 적발하는 것이 더 어렵다.

학문적 정직성 유지를 위한 해결책

생성형 AI 시대에 학문적 정직성을 유지하기 위해 교육자들은 AI 도구의 윤리적 사용을 장려하는 전략을 구사해야 한다. 이와 동시에 학생들이 자신의 기술과 지식을 개발하도록 장려해야 한다. 다음과 같은 몇 가지 해결책이 있다.

윤리적 AI 사용 교육: 교육자들은 학생들에게 AI 도구를 책임 있게 사용하는 방법을 가르쳐야 한다. 특히 AI가 학습에 유용한 자원이 될 수 있지만 독립적인 사고와 노력을 대신하게 해서는 안 된다는 점을 강조해야 한다. 학생들에게 AI를 브레인스토밍, 초안 작성, 사실 확인 등에 활용하도록 장려해야 한다. 하지만 독창적인 작업을 완성하고 제출하는 데 대한 책임은 자신들이 져야 한다.

AI 탐지 도구: AI 생성 콘텐츠가 부적절하게 사용됐을 때 교육자들이 식별해 낼 수 있도록 도움을 주는 새로운 AI 탐지 도구가 개발되고 있다. 이 도구는 글쓰기 패턴을 분석하고 AI 개입을 의심할 만한 일관되지 않은 부분을 탐지할 수 있다. 교사들은 이 도구를 사용해 그 글이 진짜 그 학생의 작품이며, 그 학생의 실제 역량을 진정으로 반영하고 있는지 확인할 수 있다.

과제 재설계: 교육자들은 학생들이 AI를 오용하는 것이 더 어렵도록 하는 방식으로 과제를 새롭게 설계할 수 있다. 예를 들어, 개인적인 에세이나 프로젝트 기반 평가처럼 좀 더 개인화되거나 성찰적인 과제(reflective assignments)를 요구할 수도 있다. 그렇게 하면 학생들이 AI 생성 콘텐츠에 의존하는 것이 더 어려워진다. 또 평가 과정에 구두 발표나 토론을 포함하면 학생들이 자료에 더 깊은 관심을 가지게 된다.

1.4.4 교실에서 책임 있는 생성형 AI 사용

교실에서 생성형 AI를 책임 있게 사용하려면 기술의 장점과 윤리적 고려사항 사이에 균형을 유지할 필요가 있다. AI는 교육과 학습을 강력하게 지원할 수 있지만, 교육자는 AI가 인간의 감독, 창의성 또는 비판적 사고를 감소하지 않으면서 교육의 질을 향상하는 쪽으로 사려 깊게 사용하도록 안내해야 한다.

AI를 책임 있게 사용하기 위한 중요한 지침 중 하나는 투명성을 유지하는 것이다. 학생은 콘텐츠 생성, 채점, 피드백 등의 학습 과정에서 언제 어떻게 AI가 사용되는지 알고 있어야 한다. 이러한 투명성은 신뢰를 조성하고 학생들이 교육에서 AI의 역할을 인식하도록 해 준다. 그 결과 학생들이 좀 더 비판적으로 AI 기술을 다루고 사용할 수 있도록 해 준다.

또 교육자는 학습 과정의 중심에 인간의 감독이 자리 잡고 있도록 해야만 한다. AI는 교사를 대신할 수 있는 도구가 아니다. 교사들은 AI가 생성한 결과가 어떤 맥락에서 의미가 있는지 설명하고 학생들이 그 내용을 바탕으로 자신만의 아이디어를 키워 나가도록 지도한다. 예를 들어 보자. AI가 퀴즈 문제나 에세이 주제를 생성할 수는 있다. 하지만 이런 자료가 학급의 학업 목표에 부합하는지 확인하고, 그 자료를 인간의 통찰력으로 보완하는 것은 교사의 책임이다.

학생 주도성을 장려하는 것은 책임감 있는 AI 사용의 또 다른 중요한 요소다. 교사는 학생들이 AI가 생성한 것들을 그냥 수동적으로 받아들이게 두는 것이 아니라 비판적으로 접근하도록 독려해 줘야 한다. 이를테면 다음과 같은 질문을 던지는 것을 의미한다. 이 정보는 정확한가? 내가 배운 내용과 일치하는가? AI의 제안 사항을 토대로 어떻게 개선할 수 있을까? 이런 비판적 사고방식을 키워 줌으로써 교사는 학생이 AI 생성 콘텐츠의 수동적인 소비자에 머무르지 않고 능동적으로 수업에 참여할 수 있도록 도울 수 있다.

학생들의 AI 리터러시를 함양하는 것은 매우 중요하다. 오늘날 세상에서 AI가 어떻게 작동하는지 이해하는 것은 컴퓨터를 사용하거나 인터넷 탐색 방법을 아는 것만큼 중요하다. 교육자들은 학생들에게 AI의 기본에 대해 가르쳐야 한다. 이를테면 AI 시스템이 어떻게 학습하고 결과를 만들어 내는지, 한계는 무엇인지 이해할 수 있도록 해야 한다. 이런 지식은 학생들이 언제 AI를 신뢰하고 의문을 제기해야 할지 이해하는 데 도움이 된다. 궁극적으로는 AI의 역할이 갈수록 커지는 세상을 탐색할 필수 기술을 개발하는 데 기여한다.

또 교사들은 교육 분야에서 AI 사용이 지니는 폭넓은 윤리적 함의를 인식하고 있어야 한다. 특히 앞에서 논의한 데이터 개인정보 침해와 편향성 문제를 인식해야 한다. 교육자들이 AI를 사용할 때 윤리적 행동의 모범을 보이면 학생들이 따를 수 있는 표준을 설정할 수 있다. 이는 교실 내 AI 사용이 공정성, 평등, 투명성 원리와 부합되도록 보장해 준다.

1.5 LLM의 진화

LLM은 오픈AI와 앤트로픽(Anthropic) 같은 기업들이 이 기술에서 괄목할 진전을 보이면서 빠르게 진화해 왔다. 이번 섹션에서는 오픈AI의 GPT-4 버전과 앤트로픽의 클로드(Claude) 모델, 특히 클로드 3.5 소네트(Sonnet)를 중심으로 LLM의 주요 발전 사항을 소개한다. 이런 모델의 기능, 성능, 이용 사례를 분석함으로써 LLM이 AI 기반 응용 사례를 어떻게 재편해 왔는지 이해할 수 있을 것이다.

GPT-4

2023년 3월에 출시된 GPT-4는 다양한 대화 기능과 문제 해결 작업을 위해 설계된 다재다능한 모델이다. 복잡한 프롬프트 이해, 일관성 있는 텍스트 생성, 어려운 추론 작업 수행 등에서 뛰어난 성능을 보여 주면서 GPT-4o와 o1-프리뷰 같은 미래 버전의 기반이 됐다.

주요 특징

- 창의적인 글쓰기, 복잡한 추론, 일반적인 대화 과제를 처리할 수 있다.
- 합리적인 가격으로 다양한 응용 프로그램에서 널리 사용할

수 있다.

GPT-4o

2024년 5월 출시된 GPT-4o는 GPT-4의 기능을 기반으로 하며, 일반적인 대화 능력과 이미지 이해가 필요한 작업에서 뛰어난 성능을 발휘한다. 2023년 10월까지 지식을 갖고 있는 이 모델은 사진을 인식하고 그 의미를 해석할 수 있어, 외국어로 된 메뉴를 번역하거나 사진 속에 담긴 문화적 배경을 설명할 수도 있다.

주요 특징

- 이미지와 상호작용하며 맥락에 맞는 논의를 제공한다.
- 창의적인 작업과 일반적인 질문에 이상적이다.
- o1-프리뷰: 고급 추론

o1-프리뷰

2024년 9월 출시된 o1-프리뷰는 복잡한 문제를 해결할 수 있도록 설계됐다. 우수한 추론 능력을 자랑하며 국제 수학 올림피아드에서 정답률 83%를 기록했다. 하지만 GPT-4o에 있는 메모리와 웹 브라우징 같은 일부 기능은 빠져 있다.

주요 특징

- 심층 추론과 논리적 분석에 초점을 맞췄다.
- 정확성이 요구되는 학술 및 기술 분야에 최적화됐다.

앤트로픽의 클로드 모델은 AI 기술 분야에서 획기적인 진전을 이뤘

표 2 챗GPT 모델 비교

특징	GPT-4	GPT-5	o1-프리뷰
출시일	2023년 3월	2024년 5월 13일	2024년 9월 12일
추론	보통	보통	높음
비용 (토큰당)	보통	낮음	높음
이용 가능 상품	일반 접근	일반 접근	챗GPT 플러스 이용자

다. 각 모델은 성능, 속도, 비용이 균형을 이루는 특정 사용 사례에 맞게 설계됐다. 클로드 시리즈에는 클로드 3 오푸스, 클로드 3 소네트, 클로드 3 하이쿠, 그리고 최신 모델인 클로드 3.5 소네트가 있다.

클로드 3 오푸스

클로드 3 오푸스는 클로드 3 시리즈 중 가장 강력한 모델로, 심층 추론과 고급 이해가 필요한 복잡한 작업에서 탁월한 성능을 발휘한다. 이 모델은 과학 연구, 데이터 분석, 고급 코딩 같은 도전적인 응용 분야에 최적화돼 있으며, 높은 비용에 최상위 성능을 갖추었다.

주요 특징

- 뛰어난 추론 능력과 복잡한 문제 해결 능력이 뛰어나다.
- 데이터가 많은 프로젝트처럼 상세한 분석이 필요한 응용 프로그램에 이상적이다.

클로드 3 하이쿠

클로드 3 하이쿠는 클로드 시리즈 중 가장 빠르고 잘 짜인 모델이다. 실시간 데이터 처리나 챗봇처럼 속도가 가장 중요한 응용 프로그램용으로 설계된 하이쿠는 거의 즉각적으로 답변하면서도 정확성이 떨어지지 않는다. 낮은 비용과 빠른 속도 덕분에 신속한 상호작용을 우선시하는 시나리오 작업용으로 완벽하다.

주요 특징

- 속도에 최적화되어 있어 응답이 빠르다.
- 고객 문의처럼 최소 지연이 요구되는 작업에 적합하다.

클로드 3 소네트

클로드 3 소네트는 성능과 비용 효율성 간의 균형을 이룬다. 고객 서비스 자동화나 콘텐츠 생성처럼 기업용 응용 프로그램으로 활용도가 높다. 따라서 더 고급 모델인 클로드 2 오푸스처럼 높은 비용이 필요하지 않으면서도 신뢰할 수 있는 AI 지원을 찾는 기업에 안성맞춤이다.

주요 특징

- 기업 수준 작업에 적합할 정도로 성능과 가격 합리성이 균형적이다.
- 효율성과 비용 관리가 필요한 이용 사례에 이상적이다.

전작의 강점을 계승한 클로드 3.5 소네트는 2024년 중반 출시됐으며 추론 능력이 향상됐을 뿐 아니라 처리 속도도 더 빨라졌다. 더불어 높은 수준의 지능과 진화된 비전 기능을 결합해 괄목한 만한 진보를 보여 줬다. 코딩부터 콘텐츠 생성까지 다양한 산업 분야에서 다재다능한 능력을 발휘한다.

표 3 GPT와 클로드 모델 비교

모델	강점	최고 이용 사례
GPT-4	일반 응용에 다재다능	일반 작업, 창의적 글쓰기
GPT-4o	대화형 AI에 뛰어남	이미지 이해, 문화적 맥락
o1-프리뷰	복잡한 작업을 위한 상급 추론	학술적 연구, 복잡한 추론
클로드 3 오푸스	복잡한 작업에서 뛰어난 성과	고단계 데이터 분석, 연구
클로드 3 소네트	성능과 비용 간의 균형	기업 설루션, 고객 서비스
클로드 3 하이쿠	실시간 작업에 즉시 답변	실시간 데이터 처리, 챗봇
클로드 3.5 소네트	상급 추론에 빠른 응답	복잡한 코딩, 콘텐츠 생성

주요 특징

- **고급 추론**: 대학원 수준 문제 해결에서 뛰어난 성능을 발휘한다.
- **시각적 기능**: 차트와 이미지 같은 시각적 데이터를 해석한다.
- **비용 효율성**: 입력 토큰 100만 개당 3달러, 출력 토큰 100만 개당 15달러의 경쟁력 있는 요금으로 강력한 성능을 유지한다.

1.6 생성형 AI의 한계

모든 놀라운 성능에도 불구하고 생성형 AI는 교육자들이 반드시 대면해야 할 문제와 도전 과제를 수반한다. 이런 점을 해결하기 위해 그중 몇 가지를 살펴볼 필요가 있다.

인간 감정의 결여: 생성형 AI의 아주 큰 한계 중 하나는 인간 감정과 직관을 이해하고 복제할 능력이 없다는 점이다. 교육은 단순히

정보를 전달하는 것이 아니다. 학생들의 감정적 · 심리적 필요도 이해해야 한다. 게다가 생성형 AI는 교사가 하는 것처럼 교실에서 자주 관찰하는 미묘한 감정 신호에 공감하거나 응답하지도 못한다. 개념을 이해하는 데 어려움을 겪고 있지만 그런 감정을 제대로 표현하지 못하는 학생을 상상해 보라. 스트레스 요인은 학생의 학습 능력에 영향을 미친다. 이런 감정 지능 부족 때문에 AI는 교육에서 인간적인 감성(human touch)을 완전히 대체할 수 없다. 상담, 도덕 교육, 개인적 성장과 같은 분야에서는 특히 더 그렇다.

제한적인 맥락 이해: 생성형 AI 시스템은 대규모 데이터 세트와 사전 정의된 알고리즘에 의존해 콘텐츠를 생성하거나 응답을 제공한다. 하지만 이런 시스템은 종종 맥락을 이해하는 데 어려움을 겪는다. 예를 들어, 생성형 AI는 기술적으로는 정확하지만 해당 질문이나 주어진 상황과는 관련이 없는 답변을 내놓을 수도 있다. 이런 한계는 혼란과 오해로 이어질 수도 있다. 맥락이 중요한 복잡한 주제일 경우엔 특히 그럴 우려가 더 크다. 또 AI는 문화적, 사회적인 미묘한 차이를 이해하는 능력이 없어 부적절하거나 감수성 떨어진 응답을 내놓을 수도 있다.

창의성과 독창성 부족: 생성형 AI는 새로운 콘텐츠를 생성할 수는 있지만, 진정한 창의성과 독창성이 결여된 경우가 많다. AI가 생성한 콘텐츠는 일반적으로 기존 패턴과 정보를 바탕으로 한다. 따라서 정말 새로운 아이디어를 생성하는 능력은 제한적이다. 이런 한계는 비판적 사고와 창의적 문제 해결이 필요한 분야에서는 특히 문제가 된다. AI가 이런 기술을 지원하고 강화할 수는 있다. 하지만 AI가 인간 교육자의 창의적이고 혁신적인 사고를 대체할 수는 없다.

기술 및 자원 한계: 교육 환경에서 생성형 AI를 도입하려면 상당한 기술 인프라와 자원이 필요하다. 학교와 교육 기관은 AI 기술 관련 비용, 유지보수, 그리고 이런 시스템을 관리하고 도입할 수 있는 전문 인력과 관련된 어려움을 겪을 수 있다. 또 모든 학생이 필요한 기술에 동등하게 접근할 수 없기 때문에 학습자 간 디지털 격차를 초래할 수도 있다. 그 결과 교육 불평등이 더 심화될 수 있다.

기술의 한계를 인식하는 것뿐만 아니라, 이 혁신적인 기술에 지나치게 의존하지 않도록 하는 것도 중요하다. 교육자나 교사들은 생성형 AI에 과도하게 의존할 수 있다. AI는 많은 교육적 업무를 지원할 수 있다. 하지만 멘토링을 하거나, 영감을 불어넣거나, 도덕적 지침을 제시하는 것과 같이 교육의 중요한 인간적 요소까지 대체하려고 해서는 안 된다. 기술에 대한 과도한 의존은 학생들의 대인관계 역량과 상호작용 능력에 부정적인 영향을 미칠 수 있다. 이러한 역량은 우리 사회에서 가장 많이 요구되는 기술이 아닌가? 만약 이런 역량이 부족하다면, 우리는 어떤 청년들을 사회로 내보내게 될까?

요약하자면, 생성형 AI는 대규모 데이터 세트를 학습해서 텍스트, 이미지, 음악 등 새로운 콘텐츠를 생성할 수 있는 AI의 한 분야다. 분석과 예측에 초점을 맞춘 기존 AI와 달리 생성형 AI는 멀티미디어 결과물을 생성할 수 있어 창의적이고 교육적인 환경에서 강력한 도구가 될 수 있다.

핵심 요점 정리

- 생성형 AI는 맞춤형 학습 자료를 생성하고 창의성을 촉진하며, 학생의 필요에 실시간으로 반응한다.
- 전통적인 AI는 미리 정의된 규칙을 따르지만 생성형 AI는 자율

적으로 새로운 콘텐츠를 생성해 더 유연하고 상호작용적인 교육 환경을 선사한다.

• 생성형 AI를 책임 있게 사용하려면 개인정보 침해와 편향 문제를 해결해 공정한 접근을 보장해야 하며, 인간의 감독이 학습 과정의 중심에 자리 잡도록 해야 한다.

• 생성형 AI는 콘텐츠 생성 및 평가를 자동화하고 개별 학생의 필요에 따라 학습 경로를 조정하는 방식으로 교육자를 지원해 준다.

2장
생성형 AI와 비판적 사고의 시너지 효과

비판적 사고는 현대 사회에서 학생들이 개발해야 할 필수 기술로 떠올랐다. 그것은 정보를 평가하고, 문제를 창의적으로 해결하며, 정보를 토대로 의사 결정을 할 수 있게 해 준다. 생성형 AI는 데이터를 분석하고 새로운 아이디어를 창출하는 능력을 갖고 있다. 따라서 적절하게 활용하면 비판적 사고 능력을 함양하고 향상하는 강력한 도구가 될 수 있다.

2장에서는 생성형 AI가 인간 판단력과 창의성의 본질적인 역할을 대신하지 않으면서 어떻게 비판적 사고 발달을 도와줄 수 있을지 살펴본다. 좀 더 깊이 있는 사고를 진작하고, 분석을 장려하며, 학생들이 좀 더 지혜롭게 콘텐츠를 다룰 수 있도록 하려면 학습 과정에 어떻게 AI를 도입하는 것이 좋을지 탐구한다. AI가 인간의 사고를 강화하는 역할을 하는 지, 아니면 대체하는 역할을 하는지 구분하는 것은 매우 중요하다.

이는 기술이 비판적 사고 과정을 약화하는 게 아니라 오히려 보완하도록 보장하는 핵심 요소다.

이번 장을 다 읽고 나면 여러분은 다음과 같은 작업을 수행할 수 있게 된다.

- 오늘날 교육 환경에서 비판적 사고의 중요성을 이해한다.
- 실제 적용 사례를 통해 생성형 AI가 비판적 사고를 향상할 방법

에 대해 살펴본다.

• AI를 생각의 도구로 활용하되, 그것이 인간의 사고를 대신하지 않도록 그 균형을 분명히 인식해야 한다.

• 더 심층적인 분석 능력과 창의성, 문제 해결 능력을 향상할 수 있도록 AI를 교육에 도입하는 전략을 개발한다.

인간과 유사한 콘텐츠를 생성하는 능력을 지닌 생성형 AI는 비판적 사고를 하는 데 기회와 도전 과제를 동시에 제시한다. 생성형 AI는 우리에게 많은 정보와 새로운 관점을 제공해 줄 수 있다. 반면에 우리는 우리가 소비하는 정보의 출처와 품질에 대해 그 어느 때보다 더 신중해야 한다. 가짜 뉴스를 퍼뜨리는 것이 얼마나 수월해졌나? 사진을 조작하거나 누군가의 사진을 포토숍으로 수정한 버전을 만드는 것은 또 얼마나 쉬워졌는가? 언어 모델이 만들어 낸 결과물에서 무엇이 진짜인지는 어떻게 구분할 수 있을까?

이번 장에서는 이론과 실용적인 전략을 결합해서 생성형 AI와 비판적 사고의 시너지 효과를 높일 수 있도록 도와준다. 이를 통해 학생들이 향상된 인지 능력을 갖춰 디지털 시대의 도전 과제를 헤쳐 나가도록 도와줄 수 있다.

AI 시대의 비판적 사고 정의하기

교육에 AI를 도입하는 경우가 늘어나면서 비판적 사고의 정의도 진화하고 있다. 전통적으로 문제 제기, 분석, 정보 평가의 과정으로 이해되던 비판적 사고의 의미는, AI 도구들이 형성해 가는 디지털 환경에서는 새로운 차원에 들어서게 된다. 새로운 시대에 비판적 사고를 제대로 이해하는 것은 교육과 일상생활에서 효과적인 의사 결정과 문제 해결을 위한 초석이다. 예를 들어, 학생들이 AI를 사용해서 연구 요약을 작성할 경우 비판적

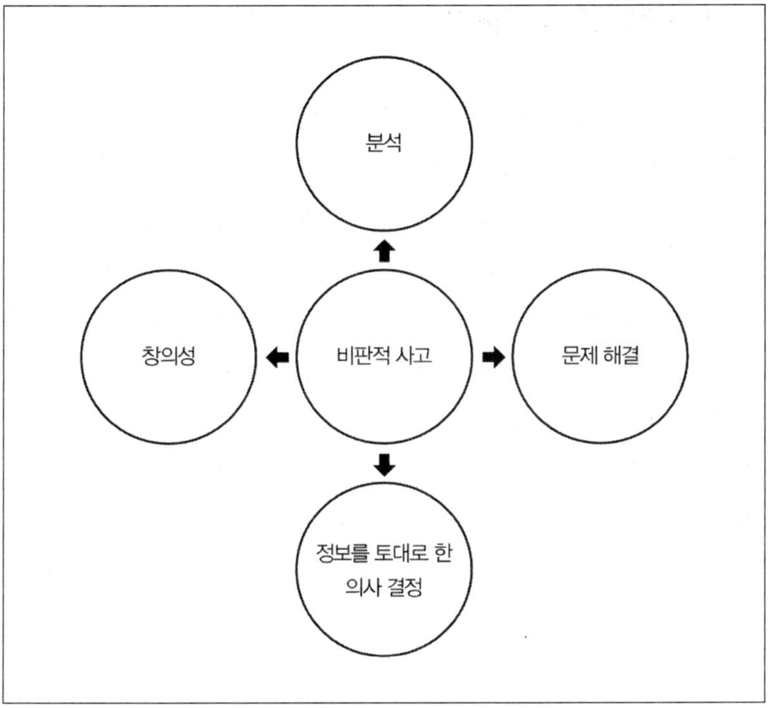

그림 1 비판적 사고는 학생들의 핵심 기량을 개발하는 데 굉장히 중요하다.

사고란 AI가 만든 결과를 그냥 받아들이지 않고, 출처의 품질에 의문을 제기하고, 사실을 교차 확인할 뿐 아니라 AI가 생성한 콘텐츠와 자신들의 추론을 통합하는 일련의 활동을 의미한다.

이번 장에서는 비판적 사고를 정의하고, 비판적 사고가 AI 시대에 어떻게 진화하는지 탐구한다. 이와 함께 디지털 리터러시와 비판적 사고가 만나는 지점도 살펴본다.

2.1 비판적 사고 이해하기

비판적 사고의 핵심은 훈련된 정신적 과정이다. 비판적 사고는 단순한 추론을 넘어서는 것으로, 분석하고 평가하며 해결책을 만들어 내고, 정보를 종합하는 것을 아우른다. 이는 분석, 평가, 추론, 설명, 자기 조절(self-regulation) 같은 다양한 인지 도구를 능동적이면서도 능숙하게 적용하는 것을 포괄한다. 이런 요소는 학업적인 성공뿐 아니라 일상생활에서 정보를 바탕으로 한 의사 결정을 하는 데도 꼭 필요하다.

분석은 복잡한 정보를 더 작고 이해하기 쉬운 부분으로 분해하는 능력이다. 여기에는 주장을 세밀하게 해부하거나, 진술의 논리를 조사하고, 여러 각도에서 데이터를 해석하는 작업이 포함될 수 있다. 예를 들어, 영문학 수업에서 소설의 주제를 이해하기 위해 줄거리와 인물의 성장·변화, 그리고 상징적 표현을 함께 살펴봐야 한다.

평가는 증거, 논거 또는 주장을 평가하는 것이다. 학생은 역사 논문을 위한 연구 조사를 수행할 때 다양한 온라인 자료의 신뢰성을 평가할 수 있다. 이런 중요한 기능은 품질과 신뢰도가 천차만별인 AI 생성 콘텐츠를 다룰 때 없어서는 안 되는 요소다.

추론은 증거나 추리를 통해 결론을 내리는 것이다. 추론은 이용 가능한 정보를 사용해 미래 결과를 예측하거나 연역해 내는 것을 포함하는 개념이다. 예를 들어, 과학 수업에서 학생들은 화학적 반응에 대한 사전 지식을 바탕으로 실험 결과를 추론해 낼 수 있다.

설명은 추리 과정을 명확하게 설명하거나, 자기 입장을 정당화하는 것까지 포함하는 개념이다. 수학 수업에서 학생들이 문제 해법을 설명하거나, 토론에서 자신들의 관점을 옹호하는 것이 이 개념에 포함될 수 있다.

자기 조절은 비판적 사고에서 가장 개인적인 측면일 것이다. 이는 자

표 4 비판적 사고 교육에서 AI 사용

AI 도구	비판적 사고에서 사용	이점	과제
데이터 분석 도구	유형, 추세, 관련성을 파악하기 위해 대규모 데이터 세트를 분석한다.	학생들이 증거를 바탕으로 한 주장의 힘을 알게 된다. 데이터 수집에 숨어 있는 편견을 발견한다.	결과를 해석할 때 안내가 필요하며, 과잉 단순화를 피해야 한다.
AI로 구동되는 토론 플랫폼	다른 관점을 제기하면서 가상 상대방과의 토론을 시뮬레이션한다.	학생들은 주장을 펼치고 반론을 예측한다. 실제 토론 때 감정 조종에 대응하는 내성을 개발한다.	미묘한 인간 주장을 복제하는 AI의 능력이 제한적이다.
소크라테스식 질문 챗봇	학생들을 질문과 답변 주고받는 대화로 이끌어, 주제에 대해 더 깊이 탐구하도록 유도한다.	자기주도 학습과 독립적인 아이디어 탐구를 장려한다. 개인 맞춤형 피드백과 학습 경로를 제공한다.	복잡한 토론에서 인간 상호작용의 깊이와 유연성을 대체할 수 없다.
AI 생성 시나리오	학생들에게 비판적 사고가 요구되는 현실적인 개방형 시나리오를 제시한다.	복잡한 상황에서 문제 해결 능력과 적응력을 개발한다. 창의적 사고와 고정관념을 벗어난 해결책을 장려한다.	시나리오가 편향되지 않고 윤리적으로 건전하도록 보장하려면 세심하게 설계할 필요가 있다.
팩트 체크와 편향 탐지 도구	출처의 신뢰성을 평가하고 정보에 있을지도 모를 편향성을 식별한다.	학생들은 디지털 시대에 좀 더 분별력 있는 정보 소비자가 된다. 온라인 콘텐츠에 대한 건전한 회의주의를 개발한다.	효과적인 편향 탐지를 위해 기본 AI 모델의 정확성에 의존한다.

신의 사고 과정을 성찰하면서 논리적이고 효과적인지 평가하는 능력을 의미한다. 예를 들어, 학생은 프로젝트에서 자신의 연구 접근 방식이 포괄적인 통찰로 이어질지, 아니면 분석에 편향성이 있는지 평가할 수 있다.

챗GPT나 클로드 같은 생성형 AI 모델은 교육에서 비판적 사고를 가능하게 하기 위해 다양하게 응용할 수 있다. 〈표 4〉와 같이 소크라테스식 대화 상대,[10] 개인 교사, 학습 친구, 학습자 옆의 안내자, 브레인스토밍(탐구) 동료, 동기 부여자 같은 다양한 역할 응용 사례가 포함될 수 있다.

이런 기술은 교실에서만 유용한 것이 아니다. 비판적 사고는 개인이 일상생활에서 정보를 토대로 한 의사 결정을 하는 데 도움이 된다. 이를테면, 선거에서 투표를 할 때, 중요한 구매를 결정할 때, 혹은 병 치료의 위험과 이점을 평가할 때 큰 도움이 된다. AI가 학습 환경에 점점 더 많이 도입되면서, 비판적으로 사고하고 AI가 생성한 콘텐츠를 탐색하는 능력은 점점 더 중요해지고 있다. 그런데 비판적 사고가 이전보다 더 중요해진 이유는 무엇일까?

2.2 비판적 사고 설명하기: 분석과 평가의 배경에 있는 인지 과정

비판적 사고는 단순히 의견을 형성하는 것을 넘어 다양한 정신 기술(mental skills)을 포함하는 다층적인 인지 과정이다. 디지털 리터러시가 비판적 사고와 어떻게 연결되는지 탐구한 이후엔 비판적 사고 자체를 떠받치고 있는 기술적 과정에 대해 좀 더 깊이 살펴보는 것이 중요하다. 이번 섹션에서는 비판적 사고의 구조에 초점을 맞출 것이다.

비판적 사고를 문제 식별, 분석, 평가, 종합, 반성 등의 인지적 단계로 세

10) 고대 그리스 철학자 소크라테스가 사용했던 대화 기법으로 논리적 질문과 답변을 통해 학습자 스스로 지식을 습득하게 하는 방법이다.

분해 살펴본다. 세부 단계를 좀 더 자세하게 이해하면 교육자들이 이런 기술을 더 효과적으로 가르치고 평가할 수 있다. 정보가 풍부하고 복잡도가 높은 AI 주도 세상에서는 특히 더 그렇다.

2.2.1 문제 식별: 쟁점 인식과 틀 짓기

비판적 사고 과정의 첫 번째 단계는 문제를 식별하는 것이다. 이는 단순히 어떤 문제가 있다는 사실을 알아차리는 차원을 넘어선다. 문제를 다루는 가장 중요한 측면이 무엇인지 인식하는 것이 필요하다. 학생들이 이 단계에서 관련 없는 정보들을 헤쳐 가면서 가장 중요한 것이 무엇인지 결정해야 하는 만큼, 교육자는 이 단계를 특히 강조해야 한다.

예를 들어, AI 생성 콘텐츠 측면에서 살펴보자. 어떤 학생이 기후 변화에 관해 AI가 생성한 보고서를 평가해 달라는 요청을 받을 수 있다. 이때 학생의 첫 번째 과제는 — 예를 들어 탄소 배출, 기온 상승 혹은 정책 대응 같은 — 보고서 내 핵심 쟁점을 확인하는 반면, AI가 생성한 데이터 중 부차적이거나 반복적인 것들은 무시하는 것이다. 실제 문제가 무엇인지 명확히 이해하지 못하면 비판적 사고를 효과적으로 수행할 수 없다.

예측을 검토하는 과제를 맡은 학생은 먼저 해당 기업의 성공에 가장 중요한 영향을 미치는 요인, 이를테면 시장 수요, 경쟁 상황, 혹은 재무 안전성 같은 것들을 파악해야 한다. 그런 다음 나머지 데이터를 분석하기 전에 이 요인들에 집중해야 한다.

2.2.2 분석: 정보를 구성 요소로 분해하기

문제가 무엇인지 확인했으면, 그다음 단계는 분석이다. 여기엔 복잡한 정보를 구성 요소로 나누어서 서로 어떻게 잘 맞춰지는지 충분히 이해하는 과정이 포함된다. 교육 분야에서 분석은 데이터를 해석하고, 서로 다른 정보 조각들 간의 관계를 탐구하며, 인과 관계의 시나리오를 살펴보는 것을 포함할 수 있다.

예를 들어, AI가 생성한 콘텐츠로 작업을 할 경우 학생들은 서로 다른 요소들이 어떻게 상호작용하는지 분석해야 할 수도 있다. 과학 수업에서 AI는 다양한 생태계에서 서식하는 동물 개체군에 관한 여러 데이터 세트를 생성할 수 있다. 학생들은 데이터 분석을 통해 식량 공급과 환경 조건 같은 요인이 개체군 증가나 감소에 어떻게 영향을 미치는지 알아내야 한다.

이 단계에서 교육자는 학생들에게 제시된 데이터에 대해 올바른 질문을 하는 방법을 가르치는 데 집중해야 한다. 단순히 데이터가 무엇을 말하는지 이해하는 것만이 아니다. 데이터가 어디에서 왔으며, 신뢰할 만한 것인지, 손에 넣을 수 있는 다른 데이터와 어떻게 대비되는지 등에 대한 것까지 포함한다.

분석할 때는 논리적 추론과 패턴 인식 기술을 자주 활용한다. 이 기술은 인간이 생성한 콘텐츠나 AI 생성 콘텐츠 해석에서 똑같이 중요하다. 이 단계에서 AI 도구는 분석을 하거나 데이터를 토대로 다른 모델이나 시뮬레이션을 생성할 때 여러 가지 제안을 하는 방식으로 도움을 줄 수 있다.

2.2.3 평가: 정보의 신뢰성 판단

분석 다음에는 평가가 뒤따른다. 평가는 비판적 사고 과정에서 가장 중요한 단계다. 특히 AI가 생성한 콘텐츠를 다룰 때는 더욱 중요하다. 이 단계에서 학생들은 제시된 정보의 정확성, 신뢰성, 관련성을 판단해야 한다. 이를 위해 학생들은 단순히 데이터만 고려해서는 안 된다. 콘텐츠를 생성하는 데 사용된 자료의 출처와 생성 방법, 있을지도 모를 편향성까지 면밀하게 검토해야 한다.

AI 도구가 갈수록 더 복잡한 콘텐츠를 생성할 수 있는 시대에는 평가가 반드시 있어야만 한다. 학생들은 AI가 생성한 결과물에 대해 의문을 제기하는 훈련을 받아야 한다. 그것들은 실제로 정확한가? 신뢰할 만한 데이터 세트를 토대로 하는가? 편향이 계속 나타나지는 않는가? 이런 것이 학생들이 제기해야만 하는 질문 유형이다.

저널리즘 전공 학생이 AI가 생성한 뉴스를 평가하는 임무를 맡았다고 가정해 보자. 학생은 AI 생성 뉴스의 사실적 정확성뿐 아니라 균형 잡힌 관점 제시 여부도 판단해야 한다. 정치적인 쟁점을 다룬 뉴스일 경우, AI가 특정 관점을 다른 관점보다 과도하게 강조하지는 않았는가?

평가는 특히 AI와 관련된 맥락에서는 윤리적 고려와 데이터의 신뢰성에 대한 이해를 요구하는 경우가 많다. 교육자는 학생들이 메타 인지적 사고를 기를 수 있도록 지도해야 한다. 즉, 자신이 어떻게, 그리고 왜 특정한 결론에 도달했는지를 성찰하는 과정을 경험하게 해야 한다.

2.2.4 종합: 정보를 바탕으로 새로운 이해 창출하기

학생들이 정보를 분석하고 평가하면, 다음 단계는 종합이다. 종합은 다양한 정보 조각을 결합해서 새로운 방식으로 일관되게 이해를 하거나, 새로운 아이디어를 생성하는 것이다. 이 단계는 교육 환경에서 특히 중요하다. 왜냐하면 학생들이 단순히 정보를 흡수하는 수준을 넘어 창의적으로 문제를 해결하도록 장려하기 때문이다.

예를 들어, 어떤 학생이 AI가 만든 기후 변화에 관한 여러 보고서를 평가한 후, 이 정보들을 종합해서 포괄적인 정책 제안을 해 달라는 요청을 받았다고 가정해 보자. 이럴 경우 학생은 분석과 평가를 바탕으로 문제의 모든 측면을 고려한 해결책을 제시해야 한다.

종합의 과정을 퍼즐 맞추기라고 생각해 보라. 개별 조각(분석과 평가)을 결합하면 새로운 그림이 만들어진다. 그리고 이 그림은 현재 논의 중인 쟁점을 파악하는 데 좀 더 시야를 넓혀 준다. 교실에서는 학생들이 여러 출처를 토대로 생성한 AI 콘텐츠를 종합해 연구 논문 초안을 작성하거나, 새로운 비즈니스 제안을 구상하거나, 환경 영황 평가 보고서를 만들어 보는 활동을 수행할 수 있다.

2.2.5 성찰: 사고 과정 평가하기

비판적 사고 과정의 마지막 단계는 성찰이다. 성찰은 사고 과정을 되돌아보면서 얼마나 효과가 있었는지 평가하는 것이다. 이 단계에서 학생들은 자신의 분석, 평가, 종합이 정확하고 철저하며, 공정했는지 검토한다. 사고 과정에 영향을 미친 편향이 있었는가? 중요한 정보를 간과한 것은 없는가? 어떤 부분을 다른 방식으로 할 수 있었을까?

AI의 맥락에서 성찰은 AI가 내놓은 결과가 그들의 사고 과정에 어떻게 영향을 미쳤는지 살펴보는 것을 포함할 수 있다. 예를 들어, AI 생성 콘텐츠를 활용해 프로젝트를 끝냈다고 가정해 보자. 학생들은 AI가 제안한

표 5 비판적 사고 과정 단계

단계	설명	AI 지원 도구
문제 파악	문제나 쟁점의 핵심 요소 파악	챗GPT, GPT-4,
분석	복잡한 정보를 구성 요소로 분해	스마트 스패로(Smart Sparrow), 드림박스 러닝(DreamBox Learning)
평가	정보의 타당성과 신뢰성 평가	그레이드스코프(Gradescope), 터니틴(Turnitin), 그래머리(Grammarly)
종합	다양한 정보를 결합해 새로운 이해나 해결책 도출	코그니(Cognii), 오픈AI 코덱스(OpenAI Codex)
반성	사고 과정의 효과를 평가하고 개선이 필요한 분야 검토	그래머리, 터니틴, 하이퍼서시스(Hypothesis)

것이 주제에 대해 이해하는 데 도움이 됐는지, 아니면 방해가 됐는지 성찰할 수 있다. 그들은 AI가 내놓은 결과에 지나치게 의존했는가? 아니면 AI를 효과적으로 활용해 비판적 사고를 향상했는가?

이런 메타인지 기술은 평생 학습을 하는 데, 그리고 끊임없이 진화하는 기술 환경에 적응하는 데 매우 중요하다. AI가 교육에 더욱 깊이 뿌리내리면서 이런 도구가 사고 과정에 어떤 영향을 미치는지 성찰하는 능력이 더욱 중요해질 것이다.

2.2.6 AI를 활용해 비판적 사고 과정 지원하기

오픈AI 같은 플랫폼이 제공하는 생성형 AI 도구는 비판적 사고 과정의 모든 단계에서 학생들을 지원할 수 있다. 문제 파악(질문이나 프롬프트 생성), 분석(복잡한 정보 분해), 평가(대안적 관점 제시), 또는 종합(정보 결합 방법 제안) 등 어떤 단계에서도 AI 도구는 필수 기술인 비판적 사고를 개발하는 데 유용한 지원 시스템 역할을 할 수 있다.

2.3 비판적 사고의 진화하는 특성

디지털 시대가 되면서 우리는 방대한 정보의 홍수 속에서 생활하고 있다. 구글 검색을 하면 몇 초 만에 수백만 건의 결과가 쏟아져 나오고, AI가 인간과 흡사한 응답을 생성할 수 있는 세상이다. 이런 세상에서는 사실과 허구를 구분하는 것이 정말로 중요하다.

과거에 학생들은 교과서, 강의와 함께 제한된 도서관 자료에 의존했다. 이제 그들은 인터넷, 교육용 앱, 디지털 데이터베이스를 통해 어떤 정보에도 접근할 수 있다. 이런 변화는 학습과 교육 체계를 완전히 바꿔 놓았다.

미국경영협회(American Management Association) 연구에 따르면, 경영진들은 비판적 사고가 21세기 직업 성공의 핵심 요소라고 믿고 있다. 이런 결과는 학생들이 시험과 현실 세계의 도전 과제에 대비하도록 한다는 교육 목표와 궤를 같이한다. 비판적 사고는 현대 교육에서 필수 요소다. 왜냐하면 비판적 사고는 분석, 창의성, 정보를 바탕으로 한 의사 결정을 촉진함으로써 학생들이 현실 세계의 도전 과제에 대비하도록 하기 때문이다.

역사적 관점

역사적으로 비판적 사고는 교육 실무의 핵심으로 자리 잡아 왔다. 체계적 질문을 개척했던 고대 그리스인들부터 현대 교육자에 이르기까지 비판적 사고는 사회의 지적 구조를 형성해 왔다. 예를 들어 소크라테스는 지

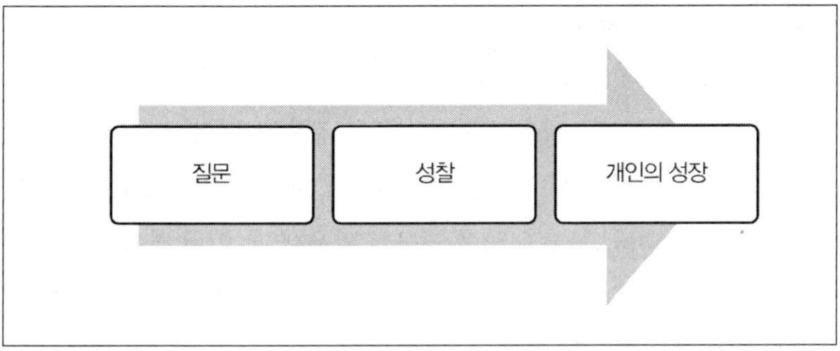

그림 2 좀 더 많은 개인의 성장을 위해 탐구하고 질문하며, 성찰하도록 하는 공자의 가르침

속적인 질문을 통해 가정에 도전하는 문답법(Socratic method)을 사용했다. 이 방법은 서양 교육에서 비판적 사고를 위한 초석이 됐다. 이런 풍요로운 교육적 전통은 현대 교육자인 여러분을 위대한 사상가들의 유산과 이어 주며, 교육자로서의 사명과 책임, 그리고 자부심을 심어 준다.

동양 전통에서는 공자 같은 사상가들이 질문과 성찰의 가치를 강조했다. 그는 학생들에게 행동과 신념을 그냥 받아들이기보다는 그 뒤에 있는 원칙을 탐구하고 이해하라고 독려했다. 이런 접근 방식은 비판적 사고가 문화와 세대를 넘어 이어져 온 역사적 의의를 강조한다.

이런 통찰력은 학문적 영역에만 해당하는 것은 아니다. 그들은 비판적 사고 능력이 사회 진보와 개인적 발전에도 유익하다는 것을 보여 줬다. 오늘날 우리가 교실에서 AI를 활용할 때면 이 풍부한 유산을 이용해 학생들이 주변 세계와 풍부하고 넓게 상호작용하도록 한다. 전통적인 지혜와 현대 기술을 결합함으로써 비판적 사고가 번성하는 역동적 교육 환경을 만들어 낸다.

현대 교육 프레임워크

전통적인 강의 방식을 넘어 혁신적인 교육 전략과 프레임워크가 도입됨에 따라 현대 교육 시스템은 비판적 사고를 갈수록 더 강조한다. 교육자들은 이제 학생들의 분석 역량을 향상하기 위해 토론을 하도록 하며, 개방형 질문을 독려하고, 실제 사례 연구를 활용한다. 이런 변화는 교육이 단순한 사실 지식 습득에 그치지 않고, 학생들로 하여금 데이터 기반의 지표와 창의성을 활용해 지식을 실제로 적용할 수 있는 역량을 갖추게끔 해야 한다는 인식을 반영한다. 미국에서 적용되는 공통 핵심 교육 기준(Common Core State Standards)과 전 세계적으로 시행되는 국제 바칼로레아(IB)[11]가 적절한 사례다. 두 프레임워크 모두 단순 암기 중심 학습보다 분석, 평가, 창조 같은 능력을 더 중시한다. 이러한 과정은 학생들이 학습 내용을 깊이 있게 탐구하고, 그 의미를 비판적으로 성찰하며, 다양한 맥락 속에서 적용할 수 있도록 이끈다.

학생 중심 학습으로의 전환은 교육이 좀 더 폭넓게 변화하고 있음을 잘 보여 준다. 직접 강의와 사실 기반 평가에 초점을 맞춘 전통 교육 모델은 이제 적극적인 참여와 고차원 사고를 요구하는 문제 해결 중심 교육 과정으로 대체되고 있다. 이런 변화는 학생들이 복잡한 현대 사회를 성공적으로 헤쳐 나가기 위해선 비판적 사고 능력이 꼭 필요하다는 인식이 확산되고 있다는 점을 반영한 것이다.

교육의 이런 진화는 급변하는 세계 속에서 다음 세대가 성공에 필요한 역량을 갖추고, 스스로 문제를 해결하는 주도적인 인재로 성장하도록 하는 데 꼭 필요한 요소다. 배운 것을 실용적으로 적용하고 교육에 비판적

---

11) 1968년 스위스 제네바에서 설립된 국제 교육재단 IBO가 운영하는 글로벌 교육 프로그램.

으로 참여함으로써 학생들은 정보를 흡수하고, 그 정보에 대해 의문을 제기하며, 독립적으로 생각하는 방법을 배우게 된다.

학생들과 교육자들은 챗GPT 같은 생성형 AI 도구를 활용해 손끝 하나로 방대한 지식과 자료에 접속할 수 있게 되었다. 덕분에 더 역동적인 학습 기회가 생겼지만, 동시에 도전 과제도 함께 얻게 됐다. 학생들은 인간이 생성한 정확한 콘텐츠와, 깊이나 정확성이 부족할 수 있는 AI 생성 정보를 어떻게 구분할 수 있을까?

온라인상에서 확산되고 있는 허위 정보에서 이런 과제의 실제 사례를 볼 수 있다. 소셜 미디어 플랫폼과 블로그에는 종종 신뢰할 수 있는 출처의 콘텐츠와 흡사한 모양을 한 AI 생성 콘텐츠가 올라온다. 비판적 사고 능력이 약한 학생들은 정확한 글과 확인되지 않은 데이터를 기반으로 쓴 글을 구분하는 데 어려움을 겪을 수도 있다. 예를 들어 최근 AI 도구를 활용한 허위 정보 캠페인이 선거나 보건 위기 상황에서 여론을 조작하는 데 사용된 사례가 눈에 띄었다. 이런 상황에서는 비판적 사고가 편향되거나 잘못된 정보의 희생양이 되는 것을 막아 주는 보호자 역할을 한다.

AI 시대의 가장 큰 과제는 정보 과부하다. 검색 엔진이나 콘텐츠 생성기 같은 AI 도구는 불과 몇 초 만에 수천 개 결과물을 내놓을 수 있다. 이처럼 정보에 쉽게 접근할 수 있다는 점은 학습자에게 큰 힘이 되기도 하지만, 학습자는 과도한 정보로 인해 위압감을 느끼게 될 수도 있다. 학생들이 정보 홍수를 헤치고 나가 정말로 관련 있는 것들을 어떻게 찾아낼 수 있을까? 바로 비판적 사고가 필요한 지점이다.

예를 들어, 학생들이 AI로 구동되는 연구 도구를 사용한다고 가정해 보자. 주어진 주제를 다룬 엄청나게 많은 기사, 블로그 글, 논문이 쏟아질 것이다. 이런 자료들을 액면 그대로 받아들이는 것으론 충분하지 않다. 학생들은 이런 질문을 던져야 한다. "이 글을 쓴 사람은 누구인가? 어떤 증거가 제시되고 있는가? 최신 데이터를 사용했는가?" 자료에 의문을 제기하고 정밀 검토하는 이런 과정이 비판적으로 사고하는 사람과 수동적인 정보 소비자를 구분해 주는 대목이다.

또 챗GPT와 달리 같은 AI 도구는 인간이 작업한 것과 유사하게 보이는 콘텐츠를 생성한다. 이런 현상은 인간이 만든 정보와 AI가 생성한 정보의 경계를 모호하게 만들어, 학생과 교사 모두에게 새로운 어려움을 야기한다. 예를 들어 한 학생이 AI 도구를 사용해 에세이를 작성한다고 해 보자. 그 결과물이 과연 독창적이고 정확하며, 과제의 주제와 목적에 적합한지 어떻게 확인할 수 있을까? 비판적 사고는 학생들이 AI가 생성한 콘텐츠를 비판적으로 검토해 학습 목표와 기준에 부합하는지 확인하도록 도와준다.

AI 생성 콘텐츠는 '딥페이크'라는 도전 과제도 제기한다. 딥페이크는 디지털로 조작해 진짜처럼 보이도록 만든 동영상이나 이미지를 의미한다. AI 생성 딥페이크가 확산되면서 일상생활에서 비판적 사고 기술이 더 중요해졌다. 예를 들어, 어떤 저명인사가 실제로 하지도 않은 발언을 한 것처럼 정교하게 만든 동영상이 있다고 가정해 보자. 시청자들이 콘텐츠의 신빙성을 평가하고 출처에 의문을 제기하는 능력이 없다면, 문제가 된 딥페이크를 액면 그대로 받아들일 것이다.

정보가 확산되는 속도도 기하급수적으로 빨라졌다. 과거에는 새로운 과학적 발견이나 역사적 해석이 교실에 전달되기까지 수개월에서 수년이 걸렸다. 이젠 최첨단 정보를 바로 손에 넣을 수 있게 됐다. 이처럼 빠른 지식 확산은 흥미로운 현상이다. 하지만 교육자와 학생들은 알고 있는 것을 최신 정보로 업데이트하는 데 좀 더 유연해져야 한다. 우리는 모두 가짜 뉴스를 접해 봤다. 그렇지 않은가? 그리고 이젠 AI 생성 콘텐츠라는 새로운 현상이 나타났다. 생성형 AI로 만든 콘텐츠와 그렇지 않은 콘텐츠를 어떻게 구분할 수 있을까?

게다가 AI 알고리즘이 사용자의 선호도를 토대로 콘텐츠를 선별하는 '정보 격리(information silos)'도 문제다. 다양한 관점에 노출되는 것을 제한할 수 있기 때문이다. 따라서 알고리즘이 제안한 것에만 전적으로 의존하지 않고 제시된 출처와 관점을 비판적으로 평가하는 것이 더욱 중요해졌다.

비판적 사고는 더 이상 사실을 단순히 검토하는 것이 아니라 콘텐츠를 전달하는 기본 메커니즘을 이해하는 것이다. 이는 알고리즘이 특정 편향을 강화하고 있는지, 혹은 AI가 생성한 콘텐츠에 인간적 섬세함과 맥락적 뉘앙스가 결여되었는지 분별하는 것을 의미한다. 교육자는 학생들에게 AI 시스템이 제공하는 정보에 대해 질문하고 분석하며 평가하는 방법을 가르침으로써 이런 난제를 헤쳐 나갈 수 있도록 도와주는 중요한 역할을 한다.

2.4 비판적 사고 기술과 디지털 리터러시

AI 시대에 비판적 사고와 디지털 리터러시는 밀접하게 연결되어 있다. 디지털 리터러시는 디지털 도구와 콘텐츠를 사용하고 이해하며, 비판적으로 평가하는 기술을 의미한다. 그렇다면 비판적 사고와 맥락을 같이하는 핵심 디지털 리터러시 기술은 무엇인가? 그리고 그것이 왜 그렇게 중요한가?

온라인 정보원 평가하기

디지털 리터러시 기술에서 중요한 것 중 하나는 온라인 정보원의 신뢰성

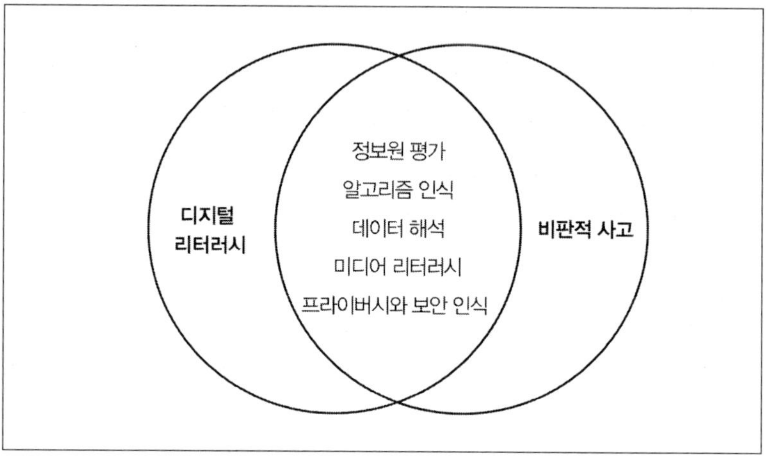

그림 3 디지털 리터러시와 비판적 사고의 교차점

을 평가하는 능력이다. 인터넷에 있는 모든 정보가 동일하게 생성된 것은 아니다. 일부 자료는 다른 자료보다 더 신뢰할 수 있다. 비판적 사고는 학생들이 정보의 출처에 의문을 제기하고, 자료에서 있을지도 모를 편향성을 찾아내며, 주장의 정확성을 확인하는 데 도움을 준다. 예를 들어, 기후 변화에 대한 연구 논문을 작성하는 학생이 상충되는 자료를 접하게 될 수도 있다. 저자의 신뢰도, 출판사의 명성, 제시된 증거를 평가하는 것은 학생이 어떤 정보가 더 신뢰할 수 있는지 판단하는 데 도움이 된다.

AI 도구로 정보를 생성할 때도 같은 원칙이 적용된다. AI는 다양한 자료에서 빠르게 정보를 요약할 수 있지만, 학생들은 그 자료를 진실로 받아들이기 전에 먼저 품질과 신뢰성을 평가해야 한다.

알고리즘 이해하기

알고리즘은 AI 시스템의 중추로서 소셜 미디어 플랫폼, 검색 엔진, 심지어 AI로 구동되는 교육 도구에서 이용자가 보는 콘텐츠를 결정한다. 하지만 이런 알고리즘은 어떻게 작동하는가? 그리고 우리가 소비하는 정보에는 어떤 영향을 미칠까?

비판적 사고는 알고리즘이 특정 목표를 염두에 두고 설계됐다는 사실을 학생들이 이해하도록 가르치는 것이다. 종종 알고리즘은 참여나 수익 극대화를 목표로 설계된다. 이는 알고리즘이 자료를 면밀히 조사해서 쓴 기사보다 자극적인 콘텐츠를 우대할 수 있다는 것을 의미한다. 예를 들어, 유튜브의 추천 알고리즘은 이용자의 이전 시청 기록을 토대로 극단적이거나 편향된 동영상을 추천할 것이다. 그 결과 반향실 효과(echo chamber)[12)]가 더 강화된다.

교육자가 알고리즘의 영향을 가르치면 학생들이 정보 거품(bubble)[13)]을 피하고 다양한 관점을 탐구하는 데 도움이 된다. 교실에서 교육자들은 디지털 플랫폼이 개인 맞춤형 콘텐츠를 제공하는 방식에 대한 토론을 수업에 포함해 이런 숨겨진 시스템에 의해 어떻게 학생들의 온라인 경험이 만들어지는지 비판적으로 평가하도록 촉진할 수 있다.

AI 편향성 식별하기

인간이 생성한 콘텐츠가 편향될 수 있는 것처럼 AI 시스템도 학습 데이터의 편향성을 그대로 물려받을 수 있다. 예를 들어, 에세이 평가를 위한 AI 도구가 불충분한 데이터 세트로 훈련할 경우 통상적이지 않은 언어나 스

---

12) 비슷한 생각을 가진 사람들이 함께 모여 그들의 사고방식이 돌고 돌면서 신념과 믿음이 증폭되고 강화되는 현상을 의미한다.

13) 알고리즘이 전달하는 개인화된 정보만 제공받으면서 이용자가 자신의 관심사, 견해에 부합하는 정보에만 노출되는 현상을 '거품'이라고 표현했다. '필터버블'과 같은 의미다.

타일을 사용한 글은 부당하게 감점당할 수도 있다.

디지털 리터러시와 비판적 사고 능력이 있어야만 이런 편향을 분간할 수 있다. 채용 원서를 가려내는 AI 시스템이 기술직에 남성 지원자를 선호하는 성별 편향을 드러낸 사례가 있다. 이는 AI가 남성들이 기술직에 불균형할 정도로 과도하게 채용된 과거 데이터로 훈련한 결과다.

교육 분야에서도 AI 평가 시스템이나 콘텐츠 생성기가 학습 데이터에 있는 편향을 반영할 경우 유사한 위험이 존재한다. 학생들은 AI 시스템의 공정성과 평등성에 대해 의문을 제기하고, 있을 수 있는 편향성에 대해 문제를 제기할 수 있다. 교육자는 학생들이 AI 도구가 어떻게 결론을 도출하며, 모든 이용자를 공평하게 다루는지 숙고하도록 장려하는 방식으로 이런 과정을 지원할 수 있다.

다양한 출처에서 정보 종합하기

뉴스 사이트, 소셜 미디어, AI가 생성한 요약문 등 다양한 플랫폼에서 정보가 쏟아지는 세상에서, 여러 출처의 정보를 종합하는 능력은 매우 중요하다. 비판적 사고 능력이 있어야 학생은 다양한 관점의 정보를 결합하고, 유형을 식별하며, 결론을 이끌어 낼 수 있다. 이 기술은 AI 생성 콘텐츠를 다룰 때 특히 중요하다. AI 생성 콘텐츠는 그것만 딱 떼어 놓거나, 필요한 맥락 정보 없이 제시될 수도 있기 때문이다.

예를 들어, 어떤 학생이 소셜 미디어가 정신 건강에 미치는 영향에 대해 연구할 때 학술 저널, 뉴스 기사, AI 생성 요약문 등에서 데이터를 수집할 수 있다. 비판적 사고를 갖춘 학생은 이런 자료들을 비교하고, 증거의 중요도를 평가하며, 균형 잡힌 결론을 도출할 수 있다.

일상생활에서 비판적 사고는 의사 결정, 문제 해결, 다른 사람과의 소통을 이끈다. 예를 들어, 뉴스 기사를 읽을 때 비판적 사고는 다음과 같은 도움을 준다.

- 주요 논점과 근거를 분석한다.
- 정보원의 신뢰성을 평가한다.
- 가능성 있는 결과나 함의를 추론한다.
- 이해한 것을 다른 사람들에게 설명한다.
- 편향성을 돌아보고 그것이 우리 해석에 어떻게 영향을 미치는지 깊이 살펴본다.

비판적 사고의 구성 요소가 뉴스 기사 읽기 같은 작업을 수행하는 데 어떻게 도움 되는지 주의 깊게 살펴보라. 각 구성 요소는 중요한 역할을 수행한다.

2.5 생성형 AI가 교육에서 하는 역할

AI의 한 분야인 생성형 AI는 교육 분야에 혁명적인 변화를 몰아오고 있다. 새로운 콘텐츠를 만들고, 개인 맞춤형 학습을 강화하며, 교육자가 학생들의 비판적 사고 능력을 키우는 데 도움을 주고 있다. AI 도구와 다양한 AI 기반 학습 플랫폼은 이제 많은 교육 현장에서 필수 요소로 자리 잡았다. 하지만 이런 도구는 교사들을 정확히 어떻게 지원할 수 있는가? 그리고 교실에서 가장 실용적인 응용 사례는 무엇인가?

생성형 AI의 가장 흥미로운 응용 분야 중 하나는 콘텐츠 생성이다. 챗GPT 같은 도구에 프롬프트를 입력하면 수업 계획을 세우고, 퀴즈 문제를 내며, 에세이를 작성할 뿐 아니라 전체 수업 모듈(instruction modules)까지 짤 수 있다. 이렇게 하면 교육자는 행정 업무에 쓸 시간을 줄이고 학생과 소통에 집중할 소중한 자유 시간을 더 확보할 수 있다. 예를 들어, 교

표 6 교육에서 생성형 AI 응용

응용	설명	도구 예시
콘텐츠 생산	AI가 수업 계획, 퀴즈, 질문, 에세이 등을 생성한다.	GPT-4, 챗GPT, 재스퍼
개인 맞춤형 학습	AI가 개별 학생의 필요에 맞게 교육 콘텐츠를 조정한다.	드림박스, 스마트 스패로, 뉴턴(Knewton)
비판적 사고	AI가 깊이 있는 분석이 요구되는 문제와 토론 주제를 생성한다.	오픈AI 코덱스, GPT-4, 토론 플랫폼
피드백과 반복	AI가 과제와 문제 풀이 접근 방식에 대한 실시간 피드백을 제공한다.	그레이드스코프, 이그잼소프트(ExamSoft), 코그니

사들이 프랑스 혁명 관련 수업 계획을 작성할 때 AI 도구를 활용하면 자세한 연표나 주요 역사적 인물, 주요 추가 독서 자료 등을 받을 수 있다.

생성형 AI는 개별 학생의 특정 요구 사항에 맞게 교육 콘텐츠를 조정하는 방식으로 맞춤형 학습을 구성할 수도 있다. 드림박스 러닝(DreamBox Learning)과 스마트 스패로(Smart Sparrow) 같은 도구는 학생들의 성과를 실시간으로 분석한 뒤 그들의 답변을 토대로 수업 난도를 조정해 준다. 이렇게 함으로써 고급 학습자들을 계속 집중시키면서도 어려움을 겪는 학생들은 추가로 지원해 줄 수 있다. AI 도구는 기본적인 독해 능력을 이미 익힌 학생에게는 더 높은 수준의 읽기 자료를 제공하고, 추가 연습이 필요한 학생에게는 보다 쉬운 글을 제시할 수도 있다.

AI 도구는 학생들의 비판적 사고 능력을 키우는 데도 중요한 역할을 한다. 가령 복잡한 쟁점에 대해 다양한 관점을 제시하는 토론 주제나 사례 연구를 만들 수 있다. 이를 통해 학생들이 서로 다른 주장의 장점을 비교 검토한 뒤 자기 의견을 형성하도록 유도할 수 있다.

2.5.1 탐색과 발견을 위한 도구, 생성형 AI

생성형 AI의 큰 장점 중 하나는 다양한 시각과 대안적인 관점을 제시하는 능력이다. 정보가 넘쳐나는 시대에 학생들은 여러 정보원을 검토하고, 서로 다른 의견을 이해하는 데 어려움을 겪는다. 생성형 AI 도구는 문제나 질문에 대해 다양한 해석을 제시함으로써 이런 비교 검토 과정을 알려 줄 수 있다. 또 학생들이 비판적으로 생각하고 다양한 아이디어를 탐구하도록 장려한다.

예를 들어, 생성형 AI로 구동되는 토론 플랫폼은 기후 변화에 대해 실제로 토론하는 것처럼 시뮬레이션해서 환경 활동가와 산업 로비스트의 관점을 모두 보여 줄 수 있다. 이 도구들이 다양한 관점을 보여 줌으로써 학생들은 주제에 대해 좀 더 깊이 탐구하고, 논리적으로 잘 구성된 자기 의견을 형성할 수 있게 된다.

AI 도구의 또 다른 중요한 특징은 시나리오 기반 시뮬레이션을 지원할 수 있다는 점이다. 학생들은 AI 플랫폼을 활용해 정치적 협상이나 비즈니스 전략 수립 같은 실제 상황을 안전하고 통제된 환경에서 모의 체험할 수 있다. 예를 들어, 경영학 수업에서는 AI 도구를 활용해 경기 불황기에 기업이 재무 결정을 하는 상황을 모의 체험해 볼 수 있다. 이를 통해 학생들은 실제 위험 부담을 떠안지 않고도 서로 다른 전략이 몰고 올 결과를 탐구할 수 있다.

2.5.2 AI 생성 콘텐츠를 통해 비판적 분석 능력 키우기

필요한 콘텐츠를 만들 수 있는 AI의 능력으로 학생들은 비판적 분석 기술을 향상할 절호의 기회를 얻는다. AI가 주어진 문제에 대해 다양하게 해

표 7 AI 생성 콘텐츠를 통해 비판적 사고 향상하기

응용	설명	사례
다양한 해법	AI가 같은 문제에 대해 다른 해법을 생성해 비판적 분석을 유발한다.	수학 문제, 과학 실험
결과물 평가	학생들이 AI가 생성한 답변을 비교하고 신뢰성을 평가한다.	문학 분석, 역사적 해석
그룹 토론	AI가 그룹 토론을 위한 토론 주제나 사례 연구를 생성한다.	윤리적 딜레마에 대한 토론, 과학적 논쟁

석하거나 여러 해결책을 만들어 냄으로써 학생들은 여러 결과물을 평가하고 비교하는 연습을 할 수 있다. 예를 들어, AI가 어떤 수학 문제에 대해 세 가지 답을 생성할 경우, 학생들은 어떤 해법이 가장 효율적인지 또는 논리적으로 타당한지 비판적으로 평가할 수 있다.

현대 교육 환경에서는 반드시 학생들에게 AI 생성 콘텐츠를 비판적으로 평가하는 방법을 가르쳐야 한다. AI가 내놓은 결과물을 수동적으로 받아들이는 것만으로는 충분하지 않다. 그 콘텐츠의 정확성과 관련성에 대해 의문을 제기하고 질문하는 방법을 배워야 한다. 이러한 능력은 문학이나 역사와 같은 과목에서는 특히 중요하다. 이런 과목에서는 텍스트나 사건에 대한 다양한 해석이 존재할 수 있기 때문이다. 예를 들어, 셰익스피어 희곡에 대한 문학 분석에서 AI는 특정 인물의 동기에 대한 여러 가지 해석을 제시할 수 있다. 학생들은 어떤 해석이 텍스트와 자신들의 이해에 부합하는지 판단해야만 한다.

비판적 사고 연습에 AI 생성 콘텐츠를 도입하기 위해선 교육자가 AI 도구로 문제 세트, 사례 연구, 혹은 토론 주제를 만들 줄 알아야 한다. AI로 여러 가지 해결책이나 관점을 구하게 되면 학생들은 그룹 토론이나 성

찰 보고서를 통해 각 답변의 장단점에 대해 토론할 수 있다.

2.6 피드백과 반복: 사고 과정을 개선할 때 AI가 하는 역할

생성형 AI는 교육 분야의 피드백과 반복 과정을 획기적으로 개선할 잠재력이 있다. 그레이드스코프(Gradescope), 코그니, 그래머리 같은 AI 도구는 이런 피드백을 제공하는 데 큰 도움이 된다. 그렇게 함으로써 학생들이 자신의 작업에 대해 성찰하고, 사고 과정을 다듬으며, 더 많은 반복 학습 기법을 개발하도록 도와준다.

AI로 구동되는 피드백 시스템: 작동 방법

교육 환경에서 전통적인 피드백 방법은 시간이 많이 걸리기도 하고 학생들에게 늦게 제공되곤 했기 때문에 학습에 미치는 영향이 제한적이었다. AI가 구동하는 피드백 시스템을 도입하면 학생은 과제의 다양한 측면에 대해 맞춤형 피드백을 즉시 받을 수 있다. 이런 시스템은 자연어 처리(NLP), 머신러닝, 패턴 인식 기술을 활용해 학생의 과제물을 분석하고, 문법과 구문 지적 차원을 넘어선 통찰력을 제공한다.

예를 들어, 그레이드스코프 같은 도구는 객관식 문제, 에세이, 심지어 코딩 과제까지 자동으로 채점할 수 있을 뿐 아니라 각 답변에 대해 구체적으로 피드백을 한다. AI 개인 교사인 코그니는 서술형 답변을 채점할 때 이해의 깊이를 평가하고 개선 방안을 제안한다. 이런 형태의 피드백은 학생들이 비판적으로 생각하도록 유도하며, 주장을 정제하고 다른 관점을 탐구하도록 안내한다.

어떤 학생이 코그니를 이용해 기후 변화에 대한 에세이를 제출했다고 가정해 보자. 이때 AI는 학생이 기후 변화의 원인 설명을 위해 설득력 있는 증거를 제시하긴 했지만, 가능한 해결책에 대한 분석은 미흡하다는 점을 지적할 수도 있다. AI는 학생이 대안적인 해결책을 검토하거나 특정 주장에 대해 더 깊이 탐구하도록 유도할 수 있다. 이런 유형의 피드백으로 학습자는 학습 자료와 좀 더 깊이 상호작용하고, 보다 분석적인 사고 태도를 함양한다.

실시간 피드백과 그것이 학습에 미치는 영향

AI 기반 피드백 시스템의 중요한 장점 중 하나는 실시간으로 피드백을 해 줄 수 있다는 점이다. 학생은 교사가 검토하고 채점할 때까지 기다릴 필요 없이 제출하기 전에 과제를 개선하는 데 도움이 되는 제언을 바로 받아 볼 수 있다. 이런 점은 글쓰기, 코딩, 복잡한 문제 해결 같은 분야에서 특히 유용하다. 이런 분야에서는 초안을 반복적으로 작성하고 지속적으로 개선해 보는 것이 성공의 핵심 요소이기 때문이다.

예를 들어 글쓰기 수업에서 그래머리와 퀼봇(Quillbot) 같은 도구는 문법이나 문장 구성, 단어 선택뿐 아니라 글이 얼마나 명확하고 이해하기 쉽게 전달되는지 즉시 피드백해 줄 수 있다. 이런 도구는 기본적인 수정 작업 이상의 도움을 줄 수 있다. 좀 더 발전된 AI 시스템은 논증의 짜임새, 아이디어의 일관성, 분석의 깊이를 파악한 뒤 학생들에게 다시 숙고해서 작업을 더 개선하도록 장려할 수도 있다.

예를 들어, 그래머리는 재생 에너지의 영향에 관한 논문에 대해 학생에게 문장을 다양하게 쓰도록 하거나 문법 오류를 개선하도록 제안을 할 수 있다. 반면 터니틴 같은 좀 더 전문화된 도구는 학생 논리의 독창성과 효과에 대해 피드백을 할 수 있다. 이런 실시간 지도를 통해 학생들은 있을 수 있는 문제를 즉시 바로잡아서 좀 더 완성도 높은 최종 결과물을 만들 수 있다.

AI로 반복 학습 개선하기

AI는 반복 학습을 장려하는 데도 유용한 역할을 한다. 반복 학습이란 피드백을 토대로 지속적으로 결과물을 수정하고 개선하는 과정을 의미한다. 글쓰기, 공학, 디자인 같은 분야에서는 중요한 학습 원칙이다. 이런 분야에서는 여러 가지 초안을 작성한 뒤 지속적으로 수정하는 작업을 통해 개선하는 것이 필수적이다. 하지만 손으로 채점하고 응답 시간이 지연될 수밖에 없는 전통적인 피드백 시스템에서는 자신의 작업에 다시 집중하도록 학생들을 독려하는 것이 늘 가능한 것은 아니다.

AI 도구는 학생이 여러 가지 초안을 작성할 때 단계마다 개선점을 제안하는 방식으로 도움을 줄 수 있다. 예를 들어, 학생이 논쟁적 에세이를 작성할 때 AI가 처음에는 문법과 논리적 일관성에 대한 피드백을 줄 수 있다. 에세이 수정 작업에 들어가면 AI는 분석의 깊이 쪽으로 초점을 옮겨 학생이 다양한 관점을 탐구하거나 글에 더 많은 근거를 포함하도록 자극할 수 있다. 이런 반복적인 과정에서 학생은 더 강력한 논거를 만들어 내고 오랜 시간 동안 비판적 사고 능력을 향상하게 된다.

예를 들어, 냉전 시대에 관한 역사 에세이를 작성하는 학생은 그레이드스코프로 초안을 작성해서 제출할 수 있다. AI 시스템은 논문의 명확성, 주장을 뒷받침하는 근거의 수준, 논증의 전체 구조에 대해 피드백을 해 줄 수 있다. 학생은 이런 피드백을 바탕으로 에세이를 수정한 후에 다시 제출할 수 있다. 이런 과정을 통해 정제되고 완성도 높은 최종 초안을 도출하게 된다.

이런 반복적인 피드백 루프는 성장 마인드를 촉진한다. 성장 마인드가 있는 학생은 실수와 수정을 실패가 아니라 학습 과정의 필수 요소로 받아들인다.

AI 생성 피드백을 통해 깊은 성찰 촉진하기

AI 기반 피드백 시스템의 또 다른 중요한 측면은 자신의 사고에 대해 생각하는 메타인지를 촉진하는 능력을 갖추었다는 것이다. AI 도구는 논리적 사고와 문제 해결 접근 방식에 대해 상세하게 피드백을 해 줌으로써 학생들이 자신의 사고 과정에 대해 성찰하고, 개선할 방법을 고려하도록 촉구한다.

예를 들어, 코그니를 사용해 개방형 질문에 대한 답변을 평가할 때 학생들은 자신의 논리 구조를 재고하거나, 특정 결론에 어떻게 도달하게 됐는지 살펴보도록 자극받을 수 있다. 이런 성찰 과정에서 학생들은 학습 내용을 더 깊이 이해하고 정보를 분석하고 비판하는 능력을 향상한다.

STEM(과학, 기술, 공학, 수학 분야를 통합한 교육) 수업에서 알렉스(ALEKS, Assessment and Learning in Knowledge Spaces) 같은 AI 도구는 수학이나 화학 과목에서 학생의 문제 해결 접근 방식을 평가할 수 있다. 학생이 특정 유형 문제를 풀 때 같은 실수를 지속적으로 반복한다면, AI가 맞춤형 피드백을 제공하고 대안 전략을 제안할 수 있다. 이렇게 함으로써 학습자는 사고방식을 바로잡고 혁신적인 접근 방법을 적용할 수 있다.

이 피드백은 학생들에게 학습을 스스로 조절하도록 가르친다. AI 도구가 내용을 입력하면 학생들은 자신의 작업에 어떻게 도입할지 결정해야 한다. 또 AI가 제안한 내용이 자신들의 성과 개선에 도움이 되는지 평가하고, 앞으로 과제를 할 때 같은 원칙을 어떻게 적용할 수 있을지 고려해야 한다. 이처럼 피드백에 대해 적극 관심을 갖고 반응하면 학생들이 학습에 대한 주체성을 갖고 자율 학습 능력을 키우는 데 도움이 된다.

표 8 비판적 사고 향상을 위한 AI 기반 피드백 도구

도구	피드백 유형	이용 사례
그레이드스코프	실시간 채점과 피드백	에세이와 퀴즈에 피드백 제공하기
코그니	개방형 답변 평가	에세이 논증 구조에 대해 피드백하기
그래머리	문법, 구문, 명확성 피드백	글쓰기 과제에서 문법과 명확성 개선하기
이그잼소프트	다중 선택 및 에세이에 대한 자동 피드백	시험 성적과 문제 풀이에 대해 피드백

AI 기반 피드백의 한계 극복하기

AI 도구는 피드백과 반복 과정에 많은 이점이 있지만, 그렇다고 한계가 없는 것은 아니다. 예를 들어, AI의 피드백에는 인간 교사와 달리 미묘한 차이나 맥락적 이해를 제대로 담아내지 못할 수 있다. AI 시스템은 학생의 작업에서 창의성, 감정적 공명, 또는 논쟁의 윤리적 함의 같은 주관적인 측면을 평가하는 데 어려움을 겪을 수 있다.

이런 한계를 바로잡기 위해선 AI 생성 피드백과 인간 감독 간의 균형을 유지하는 것이 꼭 필요하다. 교육자들은 AI 도구를 자신의 전문성을 대체하는 자로 생각할 것이 아니라 지원 도구로 활용해야 한다. AI의 효율성과 인간 교사의 개인 맞춤형 통찰력을 결합할 경우 학생들은 두 가지 장점을 모두 누릴 수 있다. 즉, 객관적인 피드백과 함께 미묘하고 맥락에 바탕을 둔 지도를 함께 받을 수 있게 된다.

예를 들어, 학생이 그래머리를 사용해 에세이의 짜임새를 다듬은 다음엔 교사가 개입해서 학생의 논증에서 감정적인 어조, 아이디어의 독창성, 윤리적 고려 사항에 대해 피드백을 할 수 있다. 이런 결합된 접근 방식으로 학생들은 기술적 숙련도를 높이고 더 깊이 있고 성찰적인 사고 능력

을 개발할 수 있다.

교육에서 AI와 비판적 사고의 미래

AI 기술이 계속 발전함에 따라, 훨씬 더 혁신적인 교실 내 AI 도구 도입 방법들이 등장할 것으로 기대할 수 있다. 자연어 처리 기술로 구동되는 가상 교사는 소크라테스식 대화 방식으로 학생들과 소통할 수 있을 것이다. 이를 통해 학생들의 논리를 꼼꼼하게 살피고, 다른 관점을 고려하도록 유도할 수 있다. 적응형 학습 시스템은 각 학생의 비판적 사고 능력의 강점과 약점을 토대로 상황을 고려한 피드백과 자료를 제공하는 방식으로 개인 맞춤형 지도를 할 수 있다.

교육자의 역할도 변화할 것으로 예상된다. 과거에는 혼자서 콘텐츠를 전달하는 역할을 담당했다면 이젠 AI가 향상한 학습 경험으로 학생들을 안내하는 역할을 하게 된다. 교육자는 적절한 AI 도구를 선택하고 도입하며, AI 도구가 제공하는 통찰을 해석하고, 이를 활용해 개인 맞춤형 지도를 하고, 비판적 사고를 키우는 데 능통할 필요가 있다.

핵심 요점 정리

- 비판적 사고는 갈수록 급증하는 AI 생성 콘텐츠와 정보를 탐색하는 데 필수적이다.
- 생성형 AI는 탐구하는 것을 도와주고, 다양한 관점을 보여 주며, 비판적 사고 능력을 향상하기 위한 건설적인 피드백을 제공할 수 있다.
- 비판적 사고 능력을 개발하도록 학생들을 가르치고 안내하는 작업에서 인간적인 요소는 여전히 대체할 수 없는 역할을 한다.
- 기술이 교육자의 소중한 역할을 대체하는 것이 아니라 보완하

도록 하려면 AI 사용과 인간 감독의 균형을 맞추는 것이 굉장히 중요하다.

3장
교육자를 위한 실용적인 생성형 AI 도구

이 장에서는 생성형 AI 도구가 학습 경험을 어떻게 바꿀 수 있는지 보여 준다. 그 결과 가장 중요한 것, 즉 학생을 가르치고 그들과 소통하는 데 더 많은 시간과 에너지를 할애할 수 있도록 해 준다.

교육 분야에서 적용 가능한 인기 있는 생성형 AI 도구를 개괄적으로 살펴보는 것으로 시작하겠다. 먼저 텍스트 기반 언어 학습 모델부터 출발한다. 이 모델은 자동화만을 의미하지는 않는다. 이런 도구는 교육과 학습을 향상하는 적응성과 창의성의 수준을 높여 준다. 단순한 부가 기능이 아니며, 학생들의 소통 능력을 향상하는 데 필수 요소다.

이번 장에서는 또 평가 과정을 간소화하고 공정하고 일관된 평가를 할 수 있도록 해 주는 AI 기반 평가 도구에 대해 알아본다. 한발 더 나아가, 개인별 맞춤 학습 경로를 제공할 수 있는 AI 강화 학습 관리 시스템을 살펴볼 것이다. 하지만 이 변화는 타협 없이 이루어지지는 않는다. 교육에 AI를 도입하는 작업 자체에는 도전적인 과제와 고려해야 할 사항이 함께 뒤따른다.

이 장에서는 개인정보 보호 문제, 데이터 보안을 비롯한 여러 위험 요소에 대해 논의한다. 우리는 이런 문제와 직접 대면할 것이다. 그러면서 교실에서 AI의 혜택을 극대화하면서도 위험을 완화할 방법에 대해 실질적인 조언을 할 것이다. 생성형 AI 도구는 처음에는 압도적으로 보일 수 있기 때문에 걱정하는 것이 자연스럽다. 여러분은 이번 장을 읽어 나가면서 생성형 AI 도구가 단순한 유행이 아니란 사실을 알게 될 것이다. 지혜롭게 사용하면 그것은 교사와 학생의 교육 경험을 향상하는 강력한 자원이란 사실을 알게 될 것이다.

3장에서는 교육자들의 가르치는 방식과 학생들의 학습 방식을 새롭게 만들고 있는 가장 인기 있는 AI 도구들을 소개한다. 이런 도구의 능력, 이런 도구를 교육 환경에 적용한 구체적인 사례, 실질적인 혜택을 알아본다. 이론적인 가능성에 초점을 맞추기보다는 실제 사례와 성공 이야기를 깊이 파고든다. 그렇게 함으로써 이러한 기술이 교육 실천을 어떻게 향상할 수 있는지 명확히 이해할 수 있도록 할 것이다.

이 장을 마치면 다음과 같은 내용을 포괄적으로 이해하게 될 것이다.

- 현재 교육 분야에서 활용할 수 있는 가장 적절한 생성형 AI 도구
- 이런 도구와 전통적인 교육용 소프트웨어의 차이점
- AI가 콘텐츠 생산, 피드백, 채점, 맞춤형 학습을 변화시킬 방법
- AI 기반 교육의 실제 성공 사례

이 장은 여러분이 교육 실천에 AI를 성공적으로 도입할 방법을 알려주고 자신감을 불어넣어 줄 것이다.

3.1 교육에 응용할 수 있는 인기 생성형 AI 도구 개관

생성형 AI는 텍스트, 이미지, 오디오 또는 이런 것들을 혼합해서 입력하면 새로운 콘텐츠를 생성하는 AI의 하위 분야를 의미한다. 주로 패턴 인식과 예측 분석에 초점을 맞춘 전통적인 AI 모델과 달리 생성형 AI 도구는 혁신적이다. 인간 창의성을 모방해 독창적이고, 상황에 맞는 결과물을 생성한다. 교육 현장에서는 이 기능이 전례 없는 상호작용성과 개인 맞춤형 학습 환경을 만들어 내면서 콘텐츠 개발, 최적화, 전달 방식까지 변화시킨다.

생성형 AI 정의하기

생성형 AI는 복잡한 알고리즘과 신경망, 특히 인간의 신경 활동을 모방한 생성적 적대 네트워크(GAN, Generative Adversarial Networks)와 트랜

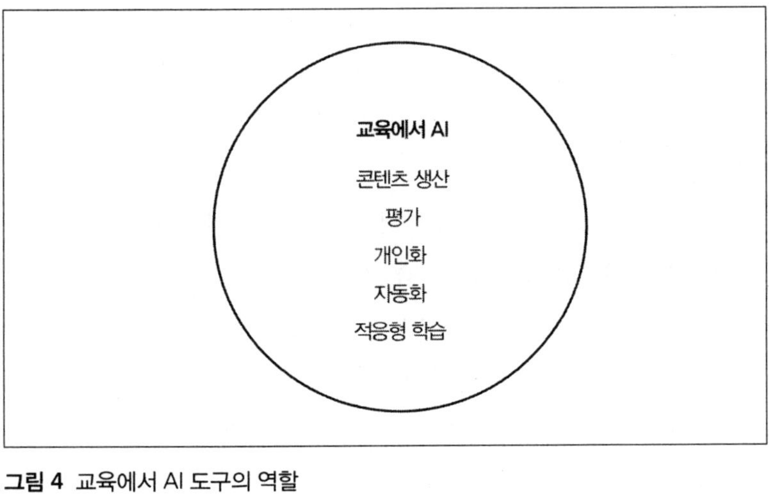

그림 4 교육에서 AI 도구의 역할

스포머 같은 모델을 통해 작동한다. 이런 모델은 방대한 데이터 세트로 훈련한다. 덕분에 이 모델들은 패턴을 인식하고 맥락을 통해 학습하며, 맥락에 적합하고 창의적인 결과물을 생성할 수 있다. 예를 들어, 집대성된 상세한 전집으로 훈련한 언어 모델은 인간의 전유물이라고 여겨졌던 이해력과 창의성을 흉내 내면서 에세이 작성이나 질문에 대한 응답뿐 아니라 소프트웨어 코드 생성까지 해낼 수 있다.

생성형 AI 도구 분류하기

교육 분야에 적용하는 생성형 AI는 크게 텍스트 기반, 이미지 기반, 동영상 기반, 그리고 혼합 미디어 도구로 분류할 수 있다. 각 항목은 특정한 학습 목적에 맞도록 설계되어 있다.

텍스트 기반 도구: 대규모 언어 모델(LLMs)은 인간처럼 언어를 이해하고 생성하도록 방대한 텍스트 데이터로 학습된 AI 시스템이다. 이 도구는 주로 텍스트 콘텐츠를 생성하고 조정할 때 사용된다. GPT-4나 챗GPT 같은 도구는 강의 노트를 생성하거나 교육 과정을 토대로 한 질문을 설계할 수 있고, 학생들의 참여를 좀 더 높이기 위해 역사적 대화를 모의 체험하게 할 수도 있다.

이미지 기반 도구: 달리나 미드저니 같은 플랫폼은 시각적 보조 자료나 디지털 예술 작품 생성 작업을 도와준다. 이를 통해 역사와 과학 같은 다양한 과목에서 학습 경험의 몰입감을 높이는 데 도움을 준다. 그래픽 조직도나 마인드맵을 생성하는 냅킨(Napkin), 인스타그래프(Instagraph) 같은 도구도 있다.

동영상 기반 도구: 신세시아(Synthesia)와 픽토리(Pictory) 같은 도구는 AI 아바타가 여러 언어로 복잡한 개념을 설명하면서 학습 접

근성을 높이는 교육용 동영상을 만들어 준다.

혼합 미디어 도구: 텍스트, 이미지, 동영상을 통합해 풍부하고 상호작용적인 학습 모듈을 생성하는 플랫폼이다. 예를 들어 코기토(Cogito)는 실시간 학생 피드백과 성과에 맞춰 콘텐츠를 조정한다.

맞춤형 GPT: 오픈AI는 개인이 특정 작업, 이용자, 이해 수준, 또는 산업에 맞게 AI 모델을 생성할 수 있도록 했다. 이 맞춤형 기능은 더 정확하고 관련성 있으며 효과적인 상호작용을 할 수 있게 해 준다.

연구: 연구를 위한 도구로는 퍼플렉시티(Perplexity), 챗PDF(ChatPDF), 빙 챗(Bing Chat), 휴마타 AI(Humata AI), 리서치 래빗(Research Rabbit), 엘리싯(Elicit)과 레스트(Rest)가 있다.

텍스트-투-스피치: 스피치파이(Speechify), 일레븐랩 IO(Elevenlabs IO), 리스너(Listnr).

기타 관련 도구: 위 항목 외에도 생성형으로 분류될 수 있는 AI 기반 교육 플랫폼과 보조 기술이 있다. 여기에는 가상 교사, 적응형 학습 시스템, 다중 모달 콘텐츠 생성기 같은 것들이 포함된다.

인기 생성형 AI 도구 설명하기

생성형 AI 도구는 역동적이고 상호작용적이며 개인화된 학습 경험을 제공함으로써 교육 분야를 혁신하고 있다. 이런 도구는 텍스트와 이미지 생성기부터 세밀한 동영상과 오디오 콘텐츠를 생성할 수 있는 고급 플랫폼까지 다양하다. 각 유형의 구체적인 특징을 살펴보면서, 각 항목에 있는 몇 가지 도구에 주목하고, 교육 환경에서 실제로 어떤 이용 사례가 있는지 탐구해 보자.

3.2 GPT 기반 언어 모델

텍스트 생성 도구

오픈AI가 개발한 GPT-4와 챗GPT-4o(그리고 가장 최근에는 GPT-o1) 같은 GPT 기반 언어 모델은 자연어 처리 분야의 대표적인 선두 주자다. 이 도구들은 잠깐 반짝하고 사라질 것이 아니다. 텍스트 생성, 언어 번역, 방대한 문서 요약 등을 사람이 손댄 것처럼 정교하게 해낼 수 있는 강력한 시스템이다. 다양한 데이터 세트로 훈련한 덕분에 이런 시스템은 맥락, 미묘한 의미, 심지어 섬세한 문화적 차이까지 이해할 수 있다. 이에 따라 콘텐츠 다양성과 정확성이 중요한 교육 환경에서는 빼놓을 수 없는 도구로 자리 잡았다.

교육 분야에서 텍스트 생성 도구는 전통적인 콘텐츠 제작을 넘어 역동적이고 개인화된 학습 경험을 가능하게 한다. 이런 도구는 콘텐츠 창작, 피드백 제공, 커뮤니케이션 자동화 등에 특히 유용하다. GPT-4는 또 개별 학생의 이해 수준과 관심사에 최적화된 맞춤형 읽기 자료를 작성하는 데 유용하게 활용할 수 있다. 그런가 하면 설명을 하고, 학생들의 질문에 답변하며, 인간 교사와 하는 일대일 소통을 모방한 대화형 학습 환경을 가능하게 하는 가상 교사 역할을 할 수도 있다.

텍스트 생성 도구는 입력 데이터를 토대로 일관성 있고 맥락적으로 관련도 높은 텍스트를 생성하기 위해 고급 언어 모델을 활용한다. 이런 도구는 콘텐츠 생성, 피드백 제공, 커뮤니케이션 자동화, 전문적인 글쓰기 작업 지원 등에 특히 유용하다.

교육 분야 이용 사례

- 이 모델들은 에세이, 간단한 퀴즈(quick quizzes)부터 포괄적인

강의 노트에 이르기까지 교육자가 광범위한 정보 콘텐츠를 신속하게 생성할 수 있도록 해 주는 소중한 자원이다.

• 학생의 작업을 단순히 수정하는 차원에 머무는 것이 아니라 개인의 특성에 맞춰 통찰을 보이고 제안을 하는 도구를 생각해 보라. GPT 기반 모델은 각 학생의 학습 경로에 맞는 건설적인 피드백을 할 수 있다.

• 이 모델들은 여러 언어로 소통할 수 있다. 따라서 언어 학습을 돕는 교사 역할을 할 수 있을 뿐 아니라 통제된 현실 같은 환경에서 학생들이 새로운 언어를 연습하도록 도와주는 대화 파트너로 활용될 수도 있다.

예시

GPT-4(오픈AI) : 2023년 출시된 GPT-4는 텍스트와 이미지를 처리할 수 있는 대형 멀티 모달 모델(LMM)이다. 이전 모델에 비해 추론, 작업 완성도, 안전성 측면이 크게 개선됐다. GPT-4는 다양한 분야와 언어를 아우르는 다재다능한 능력으로 유명하다. 미묘한 언어 차이 이해, 맥락을 고려한 답변 제공, 광범위한 주제에 대해 일관되고 맥락에 잘 맞는 텍스트 생성 같은 텍스트 기반 고급 능력을 갖추었다.

실제 이용 사례: 화학 교사가 GPT-4를 이용해 학생들을 위한 맞춤형 퀴즈를 만든다. 교사는 "화학 결합에 대한 다중선택 문제 10개를 생성해라. 다양한 난도로 구성해라", "대학 수준 화학 강의에서 유기화학 반응에 대한 비판적 사고를 촉진할 수 있도록 10개 질문과 답변으로 돼 있는 퀴즈를 설계해라"와 같은 식으로 프롬프트를 입력한다. GPT-4는 기본 개념부터 복잡한 다단계 반응 메커니즘에 이르기까지 다양한 문제를 생성한다.

GPT-4o와 GPT-o1: 오픈AI는 GPT-4o, o1-프리뷰, o1-미니 등 여러 가지 고급 모델을 출시했다. 각 모델은 특정 텍스트 기반 응용 작업용으로 설계됐다. GPT-4o는 복잡한 언어 작업을 처리하고 상세하고 맥락이 풍부한 답변을 제공하는 데 최적화돼 있다. o1-프리뷰는 특히 과학과 수학 같은 고급 분야에서 심층 추론 작업에 뛰어난 능력을 발휘한다. 코딩과 국제 수학 올림피아드 같은 분야에서는 GPT-4보다 뛰어난 성능을 보인다. o1-미니는 유사한 기능을 제공하면서도 비용은 훨씬 저렴하다. 그런 만큼 광범위한 지식 없이도 사용하기 간편하고 비용 효율적인 추론이 필요한 작업에 이상적이다. o1-프리뷰와 o1-미니는 모두 오픈AI의 API와 챗GPT를 통해 이용할 수 있다.

실제 이용 사례: GPT-4o는 심층적인 텍스트 분석, 창의적 글쓰기, 미묘한 차이를 아는 대화 응대 같은 복잡한 작업에 이상적이다. 반면 심층 추론 기능을 제공하는 o1-프리뷰는 코딩, 고급 수학, 과학적 문제 해결 같은 기술 분야에서 뛰어난 성능을 발휘한다. o1-미니는 텍스트 요약, 문서 생성, 가벼운 코딩 같은 일상적인 업무를 비용 효율적으로 해결할 수 있다. 따라서 일상적인 비즈니스에 적용하거나 교육을 지원하는 데 적합하다.

클로드(앤트로픽): 최신 버전인 클로드 3.5 소네트는 2024년 출시된 클로드 3 모델 계열의 일부다. 클로드 3.5 소네트는 고급 언어 이해와 생성 능력으로 유명하다. 안전성과 윤리를 최우선으로 삼으면서도 미묘한 차이를 구분하고 맥락을 고려한 응답을 제공하는 데 탁월한 능력을 발휘한다. 심층 분석, 창의적 문제 해결, 민감한 주제를 신중하게 다루어야 하는 작업에 특히 적합하다.

실제 이용 사례: 문학 교사가 학생들의 셰익스피어에 대한 이해를 돕기 위해 클로드를 이용한다. 교사는 클로드에게 "『로미오와 줄리엣』의 주요 주제를 간단한 용어로 설명해라"라고 요청한 뒤 클로드의 답변을 수업 토론의 도입부로 사용한다.

제미나이(구글 딥마인드): 최신 버전인 제미나이 1.5는 전작을 토대로 향상된 멀티 모달 기능을 추가했다. 텍스트, 이미지, 코드를 이해하고 생성하는 기능이 향상됐다. 제미나이 1.5는 긴 문맥 창(context window)으로 유명하다. 덕분에 방대한 정보를 처리할 수 있어 복잡한 분석 작업과 상세하고 맥락적으로 풍부한 상호작용에 특히 효과적이다.

실제 이용 사례: 역사 교사는 GPT-4를 사용해 르네상스 시대의 주요 순간을 시뮬레이션한 상세하고 상호작용적인 대화를 생성할 수 있다. 학생들은 레오나르도 다빈치 같은 인물이나 종교개혁 같은 사건에 대해 질문할 수 있다. 그러면 AI가 몰입적인 학습 환경을 만들어 역사적으로 정확한 정보로 답변한다. GPT-4o는 르네상스 예술이 현대 문화에 미친 영향에 대한 심층 분석을 통해 학습 경험을 최적화할 수 있다. 반면 GPT-4o 미니는 젊은 학생들을 위해 개념을 단순화할 수 있다. 클로드는 민감하고 적절한 언어로 그 시대의 종교적 긴장 관계에 대해 신중하게 토론하는 콘텐츠를 만들 수 있다. 제미나이는 이 중요한 시기 동안 유럽 전역에서 서로 밀접하게 연결된 사건을 분석하고 제시해 포괄적이면서도 입체적으로 그 시기의 역사를 설명해 준다. 학생들은 질문을 할 수 있으며, AI는 역사적으로 정확한 정보를 제공해 몰입형 학습 환경을 만든다.

3.3 AI로 구동되는 콘텐츠 생산 도구

전통적인 콘텐츠 전달 방법 외에도 AI 기반 도구인 구글슬라이드AI(GoogleSlides.ai), 뷰티풀AI(Beautiful.ai), 감마(Gamma), 톰(Tome), 큐리포드(Curipod) 같은 AI가 장착된 도구는 교육자가 교실에서 자료를 제작하고 발표하는 방식을 혁신적으로 변화시켰다. 교사는 이런 도구를 이용해 다양한 학습 방식에 맞춰 시각적으로 매력 있고 상호작용적인 프레젠테이션을 바로 만들 수 있다. AI를 활용함으로써 교사는 수작업에 소요되는 시간을 줄이고 교육적 측면에 더 많은 시간을 할애할 수 있다.

예를 들어, 역사 교사는 구글슬라이드AI를 이용해 로마제국에 대한 프레젠테이션을 자동 생성할 수 있다. 이 프레젠테이션에는 주요 사실, 이미지뿐 아니라 퀴즈 문항까지 담을 수 있다. 뷰티풀AI를 사용하면 시각적으로 매력적이면서 논리적으로 구성된 프레젠테이션을 만들 수 있다. 이 프레젠테이션은 콘텐츠가 자연스럽게 흐르도록 구성돼 있어 학생들의 학습을 도와준다.

이런 도구를 활용해 교사들은 다양한 학습 선호도에 따라 프레젠테이션에 설문조사, 퀴즈, 토론 같은 상호작용적 요소를 추가할 수 있다. 이렇게 함으로써 참여도를 높여 좀 더 역동적이고 개별 학생의 필요에 맞춘 학습 경험을 제공한다.

3.3.1 참여적인 교육 재료를 만드는 응용 프로그램

AI 기반 도구로 교육자는 시각적으로 매력적이고 개인화된, 흥미로운 교육 자료를 제작할 수 있다.

코스 제작 플랫폼: 코스AI(CourseAI), 레스트(Rest), 코스박스(Course-box), 링기오(Lingio), 마인드스미스(Mindsmith), 런월드(Learnworlds) 같은 플랫폼은 AI를 활용해 경로 제작 과정을 자동화함으로써 교육 환경을 바꾸려고 한다.

시각적 학습 자료

캔바 AI(Canva AI): 캔바 AI는 역동적인 프레젠테이션, 정보성 포스터, 교육 인포그래픽을 디자인하는 데 활용할 수 있다. 이를 통해 시각적으로 매력 있고 이해하기 수월한 학습 자료를 구성할 수 있다.

시각적 그래픽 조직도 및 그래프: 냅킨(Napkin)과 인스타그래프(Insta-graph) 같은 도구는 마인드맵을 만들 수 있도록 해 준다. 그래피(Graphy) 같은 도구는 차트와 그래프를 만들어 데이터를 시각화하는 데 도움을 준다. 이를 통해 데이터 추세와 변화를 파악할 수 있도록 해 준다.

실제 이용 사례: 태양계에 대한 수업을 준비하는 교사는 캔바 AI를 이용해 행성의 상대적 크기, 거리, 특징을 잘 보여 주는 매력적인 인포그래픽 시리즈를 만들 수 있다. 이때 AI가 정보를 더 명확하고 매력적으로 보일 수 있도록 하는 레이아웃과 색상 조합을 제안해 학생들이 내용을 좀 더 쉽게 이해하고 기억하도록 해 준다.

상호작용적 동영상 교육

이 카테고리에서 AI는 콘텐츠를 전달하고 과제에 대해 토론하는 것을 도와주는 말하는 아바타를 만들 수 있다. 도구로는 D-ID, 신세시아(Synthesia), 헤이젠(HeyGen), 피키(Fiki), 레스트(Rest) 등이 있다.

신세시아(Synthesia): 신세시아로는 AI 아바타가 복잡한 이론을 간단한 용어로 설명하는 상호작용적 동영상 강의를 만들 수 있다. 다양한 학습 스타일에 맞출 수 있는 개인 맞춤형 요소를 약간 추가할 수도 있다. 신세시아 대안으로는 헤이젠, 비드(VEED), 콜로시안(Colossyan) 크리에이터(Creator), 캠타시아(Camtasia), 심플리파이드(Simplified), 딥브레인 AI(DeepBrain AI), 인 비디오 AI(In video AI), 루멘 5(Lumen 5), 리프레이즈(Rephrase), 아워 원(Hour One), 디스크립트(Descript) 등이 있다.

실제 이용 사례: 체세포 분열 과정을 설명해야 하는 교사는 신세시아를 이용해 AI 아바타가 세포 분열의 각 단계를 분석하는 동영상을 제작할 수 있다. 아바타는 제스처와 시각 자료를 활용해 개념을 설명할 수 있다. 이렇게 함으로써 학생들이 더 흥미를 느끼고, 이해하기 쉬운 수업으로 만들 수 있다.

이미지 편집 도구

이미지 편집 도구: 루멘5(Lumen 5), 디스크립트(Descript), 픽토리(Pictory), 피키(Fiki), 르나우야.ml(Rnaawya.ml), 레스트(Rest).

어도비 파이어플라이(Adobe Firefly): 어도비 파이어플라이는 AI로 구동되는 창의적 도구로, 이미지 생성과 편집을 간소화해 맞춤형 시각 자료 제작을 위한 고급 기능을 제공해 준다.

실제 이용 사례: 학생들은 그래픽 디자인 수업 시간에 어도비 파이어플라이를 이용해 학교 잡지용 일러스트레이션을 디자인할 수 있다. AI로

기본 이미지를 생성한 다음 자신의 창의적 비전에 맞게 색상과 스타일, 구성 등을 조정할 수 있다. 이런 작업을 하면서 필수 디자인 기법을 배울 수 있다.

이미지 생성 도구(텍스트-투-이미지 모델)

교육 분야에서 이미지 생성 도구는 텍스트 묘사를 생생한 이미지로 변환해 추상적인 개념을 시각적으로 재현하고 시각적 자극을 주는 방식으로 학습을 향상하는 데 도움을 준다.

미드저니(Midjourney): 텍스트 프롬프트에 따라 고도로 창의적이면서 시각적으로 놀라운 이미지를 생성하는 능력으로 널리 알려져 있다. 미드저니는 교실에서 창의성과 예술적 표현을 육성하는 강력한 도구다.

실제 이용 사례: 지리 교사가 미드저니를 이용해 기후 변화의 영향을 시각적으로 재현해 준다. 이때 교사는 다음과 같은 프롬프트를 입력한다. "해수면 상승의 영향을 받은 해안 도시의 사실적인 이미지로, 침수된 거리와 바닷물에 적응한 건축물의 모습을 보여 줘." 이렇게 만들어진 이미지는 환경 문제와 도시 계획에 대한 토론에 불을 붙여 준다.

달리(DALL-E): 사실적인 이미지부터 추상적인 이미지까지 광범위한 이미지 생성 능력을 갖추었다. 일러스트레이션 제작, 개념 시각화, 독특한 학습 자료 생성과 같이 다양한 교육적 목적으로 활용할 수 있다.

실제 이용 사례: 미술 교사가 "살바도르 달리에게 영감을 받은, 사막 풍경 속에 녹아내리는 시계가 있는 초현실주의 그림"이란 프롬프트를 달

리에 입력한다. 이렇게 생성한 이미지를 이용해 초현실주의와 예술적 해석에 대한 토론을 진행한다.

스테이블 디퓨전(Stable Diffusion): 오픈소스 텍스트-이미지 변환 모델인 스테이블 디퓨전은 상용 도구에 비해 더 유연할 뿐 아니라 뛰어난 개인 맞춤형 옵션을 제공한다. 따라서 교과 과정에 이미지 생성을 도입하려는 교육자들에게는 매력적인 선택지다.

실제 이용 사례: 생물학 교사는 스테이블 디퓨전을 사용해 다양한 생태계를 보여 주는 상세한 이미지를 만들 수 있을 것이다. AI는 열대우림, 사막, 툰드라 등의 식물상과 동물상을 생생하게 묘사한 이미지를 생성할 수 있다. 이렇게 만든 이미지는 학생들이 그 환경의 생물 다양성을 좀 더 분명하게 이해하는 데 도움을 줄 수 있다.

레오나르도 AI(Leonard AI): 레오나르도 AI는 텍스트 프롬프트를 입력하면 굉장히 상세하면서도 개인의 특성에 맞춘 이미지를 생성해 주는 데 특화된 강력한 도구다. 이 도구는 과학 수업에서 시각 보조 자료를 만드는 것부터 창의적 과목의 예술적 요소를 디자인하는 것에 이르기까지 다양한 교육 맥락에서 활용할 수 있다.

실제 이용 사례: 예술 수업에서 레오나르도 AI는 다양한 예술 양식을 생성해 학생들이 다른 기법을 이해하고 실험하는 데 도움을 줄 수 있다. 과학 교사는 또 레오나르도 AI를 사용하여 해부학적 구조나 분자 구조를 정확하면서도 시각적으로 매력적인 이미지로 재현해 학생들이 복잡한 개념을 좀 더 쉽게 이해할 수 있도록 해 준다.

동영상 생성 도구

동영상 생성 AI 도구로 교육자는 복잡한 주제를 흥미롭고 접근하기 쉬운 방식으로 설명하는 교육용 동영상을 제작할 수 있다.

신세시아(Synthesia): 텍스트를 입력하면 AI가 만든 동영상을 제작할 수 있다. 다양한 언어를 말할 수 있는 가상 아바타까지 제작할 수 있어 다국어 교육 콘텐츠 제작에 이상적이다.

실제 이용 사례: 생물학 교사가 신세시아를 이용해 짧은 동영상 강의 시리즈를 제작한다. 교사는 세포 분열 같은 복잡한 과정을 설명하는 스크립트를 작성한다. 그러면 신세시아가 실제 살아 있는 사람처럼 보이는 진행자가 복잡한 과정을 설명하는 동영상을 생성해 준다. 그리고 동영상에 관련 그래픽을 넣어 완성한다.

런웨이ML(RunwayML): 교사들이 효과, 애니메이션뿐 아니라 합성 미디어가 들어 있는 맞춤형 교육 동영상을 제작할 수 있는 동영상 편집 및 제작 도구를 제공한다.

루멘5(Lumen 5): AI를 활용해 텍스트 콘텐츠를 빠르고 효율적으로 동영상 형식으로 변환해 준다. 교육용 동영상을 쉽게 제작할 수 있도록 해 준다.

실제 이용 사례: 화학 교사는 위에서 소개한 AI 도구 중 하나를 이용해 복잡한 화학 반응을 설명하는 짧은 동영상 시리즈를 제작할 수 있다. 가상 아바타가 각 단계를 시연하고 이해하기 쉬운 언어로 반응 과정을 설명한다.

오디오 생성 도구

AI 기반 오디오 도구는 텍스트에서 음성을 생성하거나 교육 콘텐츠에 맞게 음악 및 음향 효과를 만들어서 청각 학습 경험을 향상할 수 있다.

일레븐랩스(ElevenLabs): 다양한 언어로 실제 같은 음성 합성 기능을 제공한다. 오디오북이나 언어 학습 자료 제작에 유용하다.

디스크립트(Descript): 오디오 편집 기능을 제공하며 팟캐스트 형식의 콘텐츠를 만들 수 있다. 청각 학습 모듈이나 교육용 팟캐스트 개발에 적합하다.

아이바(AIVA): AI 작곡가로 독창적인 악보를 창작할 수 있다. 창작한 악보는 작곡 공부를 할 때 사용하거나, 동영상 및 오디오 교육 콘텐츠의 배경 음악으로 쓸 수도 있다.

실제 이용 사례: 일레븐랩스는 외국어 수업 시간에 다른 방언으로 이루어지는 대화를 생성해 학생들의 듣기 능력과 언어의 미묘한 차이 이해 능력을 키우는 데 활용할 수 있다. 마찬가지로 음악 이론 수업에서 아이바를 사용해 다양한 음악적 요소가 어떻게 결합되는지 보여 줄 수 있다. 교사는 아이바에게 특정 악기와 템포로 작품을 생성하도록 지시한 다음 수업에 참여한 학생들과 작곡을 분석한다.

AI 연구 및 검색 도구

AI 연구 및 검색 도구는 관련 정보에 바로 접속하고, 연구 과정을 향상해 주기 때문에 심층 연구를 수행하는 교육자와 학생들에게 필수적인 도구다.

표 9 배경 연구를 위한 AI 도구

연구를 위한 도구	설명
하파 AI(Harpa AI)	연구자들이 AI를 활용해 텍스트를 빠르게 분석하고 관련 정보를 추출하도록 도와준다.
퍼플렉시티 AI(Perplexity AI)	AI를 활용해 신뢰할 만한 온라인 정보원에서 정보를 찾고 요약해 주는 등 연구 보조자 역할을 한다.
글래스프 AI (Glasp AI)	중요한 발견은 강조하도록 함으로써 연구자의 역량을 강화해 준다. 연구를 요약하고 유사한 통찰을 제안하는 개인 맞춤형 AI 도구를 구축한다.
유닷컴(You.com)	다양한 LLM을 통합해 다양한 작업에 대한 다른 응답을 제공한다. 웹 검색, 채팅, 코딩, 글쓰기, 이미지 생성 등을 수행하는 AI 어시스턴트다. GPT-4와 스테이블 디퓨전 XL을 사용한다.
하이퍼노트 (Hypernotes)	메모를 체계적으로 정리하고, 정보를 분류하며, 동료 연구자들과 협업한다.
슈퍼노트 (Supernotes)	카드 기반 조직 시스템을 제공하는 노트 작성 앱이다. 사용자는 다양한 주제나 프로젝트에 대한 카드를 생성하고 원하는 대로 정리할 수 있다.
노트GPT(NoteGPT)	유튜브 동영상 요약, PDF 요약, PPT 요약, 이미지 요약 등. PPT와 마인드맵을 생성해 준다.

퍼플렉시티 AI(Perplexity AI): 다양한 출처에서 정보를 찾아내고 종합하는 것을 도와주는 AI 기반 연구 보조 도구다. 신속하게 데이터를 수집하고, 통찰력을 끌어낼 필요가 있는 학생과 교육자들에게 특히 유용하다.

엘리싯(Elicit): 학술 연구를 지원하기 위해 설계된 AI 도구다. 문헌 검토를 자동화하고 관련 논문, 데이터 세트, 요약문을 효과적으로 찾을 수 있도록 도와준다.

소스그래프(Sourcegraph): 개발자를 위한 검색 엔진으로, 다양한 저

표 10 연구 격차 분석 및 문헌 검토를 위한 AI 도구

AI 도구	비판적 사고를 위한 이용 설명
챗PDF(ChatPDF)	PDF 문서를 읽고, 분석하고, 요약 및 검토하는 데 탁월한 성능을 자랑하는 PDF AI이다.
릿맵스(Litmaps)	연구자들이 논문의 문헌 검토를 할 때 숨겨진 관계를 찾아내도록 도와준다. 그렇게 함으로써 어떤 주제든 최신 정보를 검색할 수 있도록 해 준다.
사이트 AI(Scite AI)	연구 결과 출판을 위한 멋진 인용 도구다. 어떤 주제에 대한 논문의 중요도와 품질을 평가해 준다.
리서치래빗 (ResearchRabbit)	문헌을 조사하고 찾는 데 도움을 주며, 주제별 카테고리 모음을 생성할 수 있도록 한다.
사이스페이스 (SciSpace)	문헌 검토
그래프메이커 (Graphmaker)	데이터 시각화
인비디오/캡컷 (InVideo/CapCut)	비판적 사고 활동이나 토론을 위한 주제에 관한 동영상 만들기
루멘스5(Lumens5)	온라인 동영상 생성을 위한 온라인 AI 동영상 작성기
팟캐슬(PodCastle)	오디오 및 동영상 창작을 위한 AI 기반 플랫폼
아이디어그램 (IdeaGram)	텍스트로 이미지를 만들어 주는 무료 AI 도구. 현실적인 이미지, 포스터, 로고를 생성해 준다.
페이퍼팰(PaperPal)	패러프레이징,[14] AI 글쓰기 보조 도구, 연구 논문 작성에 사용되는 생성형 AI 학술 글쓰기 도구다.
컨센서스 (Consensus)	기초 지식과 질문에 대한 검색을 지원한다. AI는 동료 검토를 거친 연구를 훑어본 뒤 신속하게 중요한 결론을 추출한다. 수동 검색보다 더 빠르게 확정된 연구 결과를 접할 수 있도록 해 준다.
오픈리드 (OpenRead)	이용자가 에세이, 일기, 연구 자료 같은 다양한 문헌 형식을 정리하고, 검토하며 분석하는 데 도움을 주는 AI 기반 플랫폼이다.
PDF기어(PDFgear)	무료 학술 연구 도구다. PD기어에 내장된 AI 요약 도구는 자료 페이지를 효율적으로 분류, 정리한다. 이용자는 자신의 필요에 따라 텍스트를 교체하거나 주석을 추가하고, 자료를 재작성하거나 학술 문서 교정 작업을 수월하게 할 수 있다.

AI 도구	비판적 사고를 위한 이용 설명
비트닷에이아이 (Bit.ai)	이 플랫폼은 인터넷에서 찾을 수 있는 다양한 출처에서 정보를 수집하고 정리할 수 있는 중앙 플랫폼을 제공해 학생들의 연구 과정을 간소화해 준다.
시맨틱 스칼라 (Semantic Scholar)	구글 스칼라가 구글의 검색 엔진을 통해 학술 논문을 색인화하는 능력이 뛰어난 것으로 널리 알려져 있다. 하지만 시맨틱 스칼라는 과학 연구에 더 전문적으로 접근할 수 있도록 해 준다.
트링카(Trinka)	트링카 AI는 학술 및 전문 글쓰기를 위해 특별히 설계된 AI 도구다.
엘리싯(Elicit)	특정 키워드를 일치시키지 않아도 관련 문건을 찾아서 핵심 정보를 추출할 수 있는 머신러닝 도구다.

장소에서 코드를 찾아내고 이해하도록 도와준다. 코딩 프로젝트나 대규모 코드베이스가 포함된 연구를 진행하는 교육자와 학생들에게 강력한 도구다.

실제 이용 사례: AI 윤리를 연구하는 대학 교수는 퍼플렉시티 AI를 사용해 관련 문헌을 빠르게 수집하고 요약할 수 있다. 엘리싯은 문헌 검토 과정을 자동화해 시간을 절약하고, 관련 연구 주제를 포괄적으로 다룰 수 있도록 해 준다. 소스그래프는 컴퓨터 과학 강의에서 학생들이 연구 프로젝트를 하는 동안 복잡한 코드 저장소를 이해하고 탐색하는 데 도움을 줄 수 있다.

---

14) 논문에서 패러프레이징(paraphrasing)이란 직접적으로 문구나 문장을 인용하는 대신 자신의 언어로 다른 사람의 말이나 글을 표현하는 것을 의미한다.

3.4 AI 글쓰기 보조 도구

링고티치닷에이아이(LingoTeach.ai) 같은 AI 글쓰기 보조 도구는 언어 교육에 특화된 지원을 제공해 어학 분야(language arts)[15] 교사들의 필수 도구로 꼽힌다. 그래머리와 퀼봇 같은 AI 도구가 일반적인 글쓰기 과제에 도움을 주는 반면, 링고티치닷에이아이는 어휘 연습, 문법 연습, 대화 프롬프트 작성 등 구조화된 언어 학습 활동에 초점을 맞춘다.

예를 들어, 링고티치닷에이아이는 프랑스어 수업 시간에 학생들이 실제 상황에서 말하기 기술을 연습하는 데 도움이 되는 대화를 생성할 수 있다. 이렇게 함으로써 학습 경험을 향상할 뿐만 아니라 교사들이 좀 더 유창하게 대화하기나 동사의 변화를 터득하기 등의 특정 언어 교육 목표에 맞는 콘텐츠를 만들 수 있게 해 준다.

링고티치닷에이아이를 전통 언어 교육과 결합함으로써 교사는 학생들의 구체적인 취약점을 겨냥한 개인 맞춤형 활동을 구성할 수 있다. 이를 통해 학습을 도전적이면서 동시에 접근 가능하도록 만들 수 있다.

전문 글쓰기 도구

교육자들의 콘텐츠 작성, 편집 및 협업을 지원하도록 설계된 전문 AI 글쓰기 도구는 글쓰기 과제의 수준과 효율성을 높여 준다.

재스퍼(Jasper.ai): 마케팅 분야에서 널리 알려진 재스퍼는 교육용 콘

---

15) 초중등학생들이 올바른 언어생활을 영위하기 위한 언어 능력을 개발하는 데 필요한 읽기, 쓰기, 말하기, 철자법, 연극, 작문을 포함한 과목이다. 흔히 미국 학교에서는 영어 과목을 'Language Arts'라고 부른다.

텐츠 생성에도 활용할 수 있다. 학습 가이드나 강의 홍보 자료 같은 흥미로운 콘텐츠를 만들 수 있다.

실제 이용 사례: 어떤 학교의 마케팅 팀이 재스퍼를 사용해 다가오는 행사에 대한 눈길 끄는 소셜 미디어 게시물을 작성한다. 과학 박람회에 대한 핵심 정보를 입력하면 재스퍼가 다양한 플랫폼에 적합한 눈길 끄는 게시물을 만들어 준다.

퀼봇(Quillbot): 텍스트 패러프레이징과 요약에 초점을 맞춰 학생들의 연구 과정에 도움을 주는 도구다. 복잡한 학술 논문을 좀 더 쉬운 용어로 재구성해 학생들이 이해하기 쉽게 만들어 준다.

실제 이용 사례: 영어 교사가 퀼봇을 이용해 같은 아이디어를 다양한 방식으로 표현하는 방법을 시연해 준다. 또 퀼봇에 어떤 소설의 복잡한 단락을 입력한 뒤 어떻게 재구성하는지 학생들에게 보여 준다. 그런 다음엔 단어 선택과 문장 구조의 변화에 대해 토론한다.

그래머리(Grammarly): AI 기반 글쓰기 보조 도구로, 교육자와 학생들이 문법, 구두점, 문체를 개선하는 데 도움을 준다. 세련되고 오류 없는 교육 자료를 작성할 때 특히 유용하다.

노션 AI(Notion AI): 노션 워크스페이스에 통합돼 있는 이 AI 도구는 교육자가 콘텐츠를 정리하고 아이디어를 생성하며 글쓰기 작업을 간소화하는 데 도움을 준다. 수업 계획 수립이나 프로젝트 관리, 학습 자료 제작에 이상적이다.

스크리브너(Scrivener): 긴 글 작성 프로젝트에 적합하게 설계된 강력한 콘텐츠 생성 도구다. 교육자가 광범위한 강의 자료 개발, 책 집필, 연구 논문 작성 작업에 이상적으로 사용할 수 있다.

헤밍웨이 에디터(Hemingway Editor): 이 도구는 복잡한 문장과 일반적인 오류에 강조 표시를 해 주는 방식으로 더 명확하고 간결한 글쓰기를 장려한다. 교육자와 학생 모두의 글쓰기 스타일을 정제하는 데 큰 도움이 된다.

실제 이용 사례: 교육 방법론에 대한 연구 논문을 작성하는 교육자는 스크리브너를 이용해 작업을 조직화하고, 그래머리로 최종 문서를 세련되고 오류 없이 완성할 수 있다. 노션 AI는 아이디어 브레인스토밍과 논문 구조화 작업을 할 때 도움을 받을 수 있으며, 헤밍웨이 에디터로는 복잡한 언어를 좀 더 단순화해서 더 많은 사람들이 읽을 수 있도록 만들 수 있다.

3.5 AI 기반 평가 도구: 채점과 평가 도와주기

채점은 굉장히 힘든 작업일 수도 있다. 하지만 그레이드스코프와 이그잼소프트(ExamSoft) 같은 AI 기반 평가 도구는 채점 작업의 부담을 덜어줄 수 있다. 어사인가드(AssignGuard)와 하이퍼서시스(Hypothesis) 같은 AI 기반 도구도 평가 과정을 간소화하는 혁신적인 해결책을 제시해준다.

이 플랫폼들은 AI를 활용해 학생들의 답변을 객관적으로 분석한다.

다중 선택형 문제든 복잡한 개방형 에세이든 관계없이 모두 일관되게 평가해 준다. 이 기술은 채점 과정을 신속하게 해 줄 뿐 아니라, 학생들의 응답에서 드러난 패턴을 분석해 개선이 필요한 영역을 파악하는 데도 도움을 준다.

AI 기반 평가 도구

그레이드스코프(Gradescope): AI를 활용해 교사들이 시험, 퀴즈, 숙제와 과제 채점 작업에 도움을 받는다. 다양한 문제 유형을 지원하며, 대규모 학생 집단의 시험 및 과제를 효율적이고 일관성 있게 채점할 수 있도록 채점 과정을 간소화해 준다.

실제 이용 사례: 수백 명이 수강하는 대규모 학부 강의에서 과제를 채점할 때 그레이드스코프를 이용할 수 있다. 이 도구는 교사가 채점할 때 일률적으로 적용할 수 있는 평가기준표를 만들어 일관되게 채점할 수 있도록 해 준다. 그레이드스코프는 채점 후 분석을 제공해 교사들이 학생들이 일반적으로 범하는 오류를 찾아낼 수 있도록 해 준다. 이를 토대로 맞춤형 피드백을 내려 주고, 교과 과정을 조정할 수도 있다.

이그잼소프트(ExamSoft): 시험 관리와 채점을 할 수 있도록 설계된 AI 기반 플랫폼이다. 시험 일정 관리, 감독, 채점 같은 시험 관련 업무를 처리할 수 있는 강력한 기능을 탑재했다. 교육 결정의 기초 자료가 되는 상세한 분석도 제공한다.

실제 이용 사례: 전문 자격증 과정에서 시험 관리와 채점에 이그잼소프트를 이용할 수 있다. 이그잼소프트는 안전한 시험지 배포부터 시험 이

후 상세한 분석까지 평가의 모든 측면을 관리한다. 이 데이터는 교사들이 학생의 성적 추이를 이해하는 데 도움을 주며, 향후 교육과 지원 방향을 안내해 준다.

터니틴(Turnitin): 표절 탐지로 널리 알려진 터니틴은 학생 글쓰기의 독창성과 품질을 평가하는 AI 기반 채점 도구도 포함하고 있다. 문법, 문장 구조, 전체적인 글쓰기 품질에 대한 상세한 피드백을 해 학생들의 글쓰기 기술을 향상하는 데 도움을 준다.

실제 이용 사례: 학술 글쓰기 과정에서 터니틴은 학생 에세이 평가에 사용할 수 있다. 터니틴은 표절을 검사할 뿐 아니라 글쓰기 기술 전반에 대해 포괄적인 피드백을 준다. 터니틴이 일반적인 글쓰기 평가를 수행하기 때문에 교사는 고차원적인 글쓰기 기술 교육에 집중할 수 있게 된다.

코그니(Cognii): 개방형 응답에 대한 자동 채점 및 평가를 제공하는 AI 기반 도구다. 자연어 처리 기술을 활용해 학생 답변을 이해한 뒤, 해당 주제에 대해 좀 더 잘 이해할 수 있도록 해 주는 개인 맞춤형 피드백을 제공한다.

실제 이용 사례: 학생들이 에세이 기반 평가를 자주 제출하는 철학 수업에서는 코그니를 사용해 학생들의 답변을 평가하고 피드백을 제공할 수 있다. 미묘한 주장을 이해하고 평가하는 코그니의 능력은 학생들이 건설적인 피드백을 받을 수 있도록 도와주며, 비판적 사고와 글쓰기 기술을 향상해 준다.

교육에 미치는 영향

- 이런 도구는 평가 과정을 표준화함으로써 인간 편향을 제거해서 모든 학생이 공정하게 평가받을 수 있도록 해 준다.
- 일상적인 평가 작업을 자동화함으로써 교사의 시간을 자유롭게 해 줘서 교사가 교육의 질에 더 집중하고 행정 업무에 할애하는 시간을 줄일 수 있다.
- AI 기반 평가 도구는 교사들이 학생 성적의 추세와 유형을 식별하는 데 도움이 되는 세밀한 분석을 제공해서 향후 교육 전략과 개입 방향을 안내해 준다.

3.6 AI로 강화된 학습 관리 시스템

뉴턴(Knewton), 칸 아카데미(Khan Academy)의 칸미고(Khanmigo), 스마트 스패로 같은 AI로 기능이 향상된 학습 관리 시스템(LMS)은 AI를 도입해 교육 콘텐츠와 학습 경로를 개별 학습자의 주목도에 맞춤으로써 전통적인 LMS를 한 단계 더 발전시킨다. 스쿨 AI(School AI)는 교실 관리용 종합 도구 세트를 제공하며, 다재다능한 LMS 중 하나로 자리매김하고 있다.

이 시스템들은 학생들의 상호작용과 성과를 분석해 콘텐츠의 난도와 유형을 역동적으로 조정함으로써, 각 학생이 적절한 수준의 도전을 마주할 수 있도록 보장한다.

적응형 학습 경로의 장점

- 각 학생의 학습 과정은 진도, 강점과 약점을 토대로 맞춤형으로 설계돼 참여도와 학습 유지율을 크게 향상할 수 있다.

• 적응형 학습 경로는 개인 맞춤형 학습 속도, 접근 가능한 콘텐츠 형식, 맞춤형 지원 등을 구현하기 때문에 학습 장애나 기타 장애를 가진 학생도 수용할 수 있다. 그 결과 모든 학습자에게 공평한 교육 접근권을 보장해 준다.

• 즉각적인 피드백과 분석은 교육자가 학생들의 진도를 모니터링하고 학생들이 어려움을 겪을 때 바로 개입할 수 있도록 도와주기 때문에 좀 더 반응적인 교육 환경을 조성한다.

실제 이용 사례: 학생들이 미적분학 강좌에서 스마트 스패로를 사용하는 상황을 한번 생각해 보자. 이 플랫폼은 각 학생의 개념 이해 정도에 따라 문제 난도를 실시간으로 조정할 수 있다. 필요에 따라 더 쉽거나 어려운 과제를 제공할 수 있는 것이다. 이런 적응형 접근 방식은 모든 학생이 학습에 집중할 수 있도록 하며, 더 고급 주제로 넘어가기 전에 탄탄한 기초를 다질 수 있도록 해 준다.

AI로 구동되는 교육 플랫폼

AI 기반 교육 플랫폼은 콘텐츠 제작, 학습 관리, 평가 도구를 도입한 종합 설루션을 제공한다. 이 플랫폼들은 교사의 개인 맞춤형 적응형 학습 경험 제공 작업을 지원하도록 설계됐다.

무디(Moodie): AI 도구를 통합한 오픈소스 LMS로, 개인화된 학습 경험을 형성한다. 무디는 교사들이 학생의 진도를 추적하고, 성과 데이터를 토대로 개인 맞춤형 피드백을 줄 수 있도록 해 준다.

실제 이용 사례: 대학 강사는 무디의 AI 기반 분석을 활용해 온라인 강

의에서 학생 참여도를 관찰할 수 있다. 무디는 뒤처지는 학생을 찾아낸 뒤 추가 자료를 자동으로 추천하거나 강사에게 해당 학생에게 적합한 지원을 하도록 알릴 수 있다.

캔바스(Canvas): AI를 활용해 학생의 참여도와 성과를 분석하는 인기 있는 LMS다. 교사들이 추가 지원이 필요한 학생을 식별하는 데 도움이 된다.

실제 이용 사례: 고등학교 교사가 캔바스를 사용하면 학생의 성적이 떨어질 경우 AI 시스템으로부터 실시간 알림을 받을 수 있다. 알림을 받은 교사는 조기에 개입해 그 학생에게 맞는 지원을 해 주거나, 학습 요구에 더 적합하도록 강의 자료를 조정할 수 있다.

칸 아카데미(Khan Academy): 전 세계적으로 인정받은 플랫폼으로, AI를 도입해 개인 맞춤형 학습 경로를 만들어 준다. 특히 수학이나 과학 같은 과목에서 유용하게 사용된다. 칸 아카데미의 칸미고는 실시간 피드백을 제공하고, 개별 학생의 필요에 맞도록 수업 내용을 조정해 준다.

실제 이용 사례: 수학 교사는 칸 아카데미를 활용해 학생의 진도에 따라 조정되는 개인 맞춤형 학습 경로를 제공할 수 있다. 이를 통해 학생이 적절한 수준에서 도전을 받을 수 있도록 해 준다.

뉴턴(Knewton): 적응형 학습 플랫폼인 뉴턴은 AI를 활용해 학생 개인별 진도와 필요에 따라 제공되는 콘텐츠를 조정하면서 맞춤형 학습 경로를 만들어 준다.

실제 이용 사례: 뉴턴은 대학 수준 통계학 강의에서 각 학생의 연습 문제 답변을 분석해서 후속 문제의 난도를 조정할 수 있다. 도움이 좀 더 필요한 학생들은 추가 연습 문제를 받게 된다. 반면 준비된 학생들은 좀 더 고급 주제로 진도를 나갈 수 있다.

코기토(Cogito): 교육 환경을 위해 특별히 설계된 프로그램이다. 코기토는 학습 경험 향상을 위해 개인 맞춤형 수업 계획 설계, 양방향 토론 시뮬레이션, 적응형 피드백 제공 등 다양한 생성형 AI 기능을 통합했다.

실제 이용 사례: 영어 교사는 코기토를 활용해 학생들의 현재 독서 수준을 토대로 개인 맞춤형 독해 문제를 만들 수 있다. 코기토는 추론이나 어휘 같은 특정 기능을 향상할 수 있도록 적응형 피드백을 제공할 수 있다.

카네기 러닝(Carnegie Learning): AI 기반 수학 교육에 특화된 프로그램이다. 학생들의 문제 해결 능력을 키울 수 있도록 개인 맞춤형으로 지도하고 실시간으로 피드백한다.

실제 이용 사례: 고등학교 수학 교사는 카네기 러닝을 활용해 학생들의 실력 수준에 맞게 조정되는 개인 맞춤형 연습 문제를 낼 수 있다. 카네기 러닝은 AI 기능으로 단계별 피드백을 제공해 학생들이 실시간으로 자신들의 실수를 이해하고 오류를 수정하도록 도와줄 수 있다.

스마트 스패로(Smart Sparrow): 적응형 학습 기능으로 유명하다. 교사들은 스마트 스패로를 활용해 각 학생의 필요를 토대로 매우 강력한 개인 맞춤형 학습 경험을 만들 수 있다. 스마트 스패로는 학생들이 콘텐츠를 어떻게 경험하는지 추적해서 개인화된 피드백을 주고 개인 맞춤형으로 지도한다.

실제 이용 사례: 생물학 교사는 스마트 스패로를 사용해 유전학에 관한 상호작용형 모듈을 만들 수 있다. 이때 스마트 스패로는 각 학생의 이해 정도에 맞춰 질문과 활동 난도를 조정한다. 어떤 학생이 특정 개념을 이해하는 데 어려움을 겪을 경우에는 스마트 스패로가 추가로 설명하거나, 더 간단한 예시를 준다. 이렇게 함으로써 다음 단계로 넘어가기 전에 모든 학생이 기본 개념을 이해할 수 있도록 해 준다.

맞춤형 GPT로 루브릭[16) 만들기

챗GPT를 활용한 맞춤형 GPT는 AI 이용 범위를 한층 더 넓혔다. 루브릭 기반 채점 보조장치(Rubric Driven Grading Assistant)의 맞춤형 GPT 같은 혁신적인 도구는 학생의 글쓰기를 효율적으로 평가하는 데 도움을 준다. 이런 전문적인 GPT는 올라와 있는 기준표(루브릭)에 따라 피드백을 하는 방식으로 학생이 쓴 글을 평가할 수 있다. 그렇게 함으로써 특정 학년 수준, 과목, 과제, 글쓰기 주제 등에 맞게 피드백을 줄 수 있다. 이렇게 학생 수준에 맞춰서 평가함에 따라 학습자의 맥락과 필요에 부합하며 적절한 피드백을 줄 수 있게 된다.

채점 지원 외에도 평가 기준 생성을 도와주는 맞춤형 GPT들이 있다.

---

16) 루브릭(Rubric)은 사전 정의된 기준에 따라 교사나 교육자가 과제를 채점하는 데 도움을 주는 상세한 채점 체계다. 따라서 루브릭은 과제 채점의 일관성과 공정성을 유지하기 위한 기준 역할을 한다.

루브릭 생성기(Rubric Generator)와 루브릭 마법사(Rubrics Wizard) 같은 도구는 강사들을 위해 포괄적인 채점 기준을 자동 생성해 줄 수 있다. 반면 루브릭 아키텍트(Rubric Architect)는 명확하고 간결한 평가 항목을 갖춘 상세한 채점 기준을 만들어 준다. 평가 기준표 작성기(Grading Rubric Creator)는 특정 과제의 지침을 토대로 평가 기준을 설계하는 과정을 안내해 주는 또 다른 소중한 자원이다.

3.7 AI로 구동되는 코딩 도구

깃허브 코파일럿(GitHub Copilot): AI로 구동되는 코드 완성 도구다. 개발자에게 코드 스니펫(code snippets)[17]을 제안해 반복 작업을 자동화할 수 있도록 해 준다. 코딩을 가르치는 교사는 깃허브 코파일럿을 활용해 학생들이 효율적인 코드를 작성할 수 있도록 실시간으로 방법을 제안하고 안내해 줄 수 있다.

실제 이용 사례: 프로그래밍 강의에서 강사는 깃허브 코파일럿을 이용해 효율적인 코딩 방법을 시연해 줄 수 있다. 예를 들어, 교사가 배열을 정렬하는 함수에 대한 설명을 입력하면 코파일럿이 최적화된 구현 코드를 완성형으로 제안해 주어, 학생들이 실질적인 코딩 기법을 이해하는 데 도움을 준다.

---

17) 코드 스니펫은 '코드 조각'이란 의미로, 재사용 가능한 소스 코드, 기계어, 텍스트의 작은 부분을 의미한다. 코드를 재사용할 수 있게 해 주기 때문에 반복 타이핑을 피할 수 있다.

리플릿 고스트 라이터(Replit Ghost Writer): 복잡한 알고리즘을 설명하고 분해해 코딩 작업을 도와주는 AI 도구다. 학생들이 코드 논리를 좀 더 효과적으로 이해할 수 있도록 해 주어 교육용으로 특히 유용하다.

실제 이용 사례: 컴퓨터 과학 교사가 수업 중 고스트 라이터를 사용해 복잡한 알고리즘을 설명한다. 예를 들어, 정렬 알고리즘(sorting algorithm)[18]을 입력하면 고스트 라이터가 한 줄 한 줄씩 설명해 준다. 이런 설명을 통해 학생들이 코드의 논리를 이해하는 데 도움을 준다.

탭나인(Tabnine): AI 기반 코드 완성 도구다. 똑똑한 코드 예측 및 조력 기능으로 관련 코드 스니펫을 제안해 주기 때문에 코드를 좀 더 빠르게 작성할 수 있도록 해 준다. 다중 프로그래밍 언어를 지원하며 인기 통합개발환경(IDE)과 결합된다.

실제 이용 사례: 강사가 파이선 프로그래밍 수업에서 탭나인으로 학생들의 함수 작성 작업을 도와준다. 학생들이 코드를 입력하면 탭나인은 완성된 함수나 순서를 제안해 준다. 따라서 학생들이 반복적인 코드 작성 작업 때문에 골머리를 썩이지 않고 논리와 문법에 집중할 수 있도록 해 준다.

카이트(Kite): AI 기반 코딩 보조 도구이며 코드 완성, 문서화, 디버깅을 도와준다. 실시간으로 관련 제안과 설명을 해 주어 코딩 생산성과 학

---

18) 컴퓨터 과학과 수학에서 정렬 알고리즘은 원소들을 번호순 같은 일정한 순서대로 열거하는 알고리즘을 의미한다.

습을 향상해 준다.

실제 이용 사례: 한 교사가 자바 스크립트 수업 시간에 카이트를 이용해 학생들이 비동기 프로그래밍의 복잡한 개념을 이해하도록 도와준다. 학생들이 프로미스(promises)[19]를 포함한 코드를 작성할 때 카이트는 맥락에 맞는 제안과 설명으로 개념을 더 빠르게 이해하도록 지원한다.

리플릿(Repl.it): 학생들이 코드를 작성할 때 AI를 활용해 실시간 피드백과 제안을 해 주는 온라인 코딩 플랫폼이다. 다양한 프로그래밍 언어를 지원하며 초보자부터 고급 학습자까지 모두 안성맞춤으로 사용할 수 있다.

구글 클라우드 오토ML(Google Cloud AutoML): 데이터 분석, 예측 등 다양한 작업에 사용되는 머신러닝 모델을 자동 생성해 준다. 데이터 과학과 예측 모델링 교육에 유용하게 활용할 수 있다.

실제 이용 사례: 교사는 통계 수업에서 구글 클라우드 오토ML을 사용해 학생 성적을 예측한다. 성적, 학습 습관, 출석 같은 과거 데이터를 입력하면 오토ML이 미래 성적을 예측하는 모델을 만들어 준다. 교사는 이를 토대로 보충 수업이 필요한 학생을 식별하는 데 도움을 받을 수 있다. 프로그래밍 수업에서도 교사가 깃허브 코파일럿과 탭나인 같은 VS 코드

---

19) 자바 스크립트에서 비동기 처리에서 순차적 처리를 위해 사용하는 객체를 의미한다. 비동기 처리 때 발생하는 콜백 지옥(callback hell) 등의 문제를 해소하기 위해 주로 사용한다.

확장 프로그램을 사용해 즉각 코드를 제안하고 설명해 줌으로써 학생들이 코딩 개념을 이해하도록 도와줄 수 있다.

코드 설명 도구

코디움(Codeium): 복잡한 코드 스니펫을 설명하는 데 도움을 주는 AI 기반 도구다. 다양한 프로그래밍 개념의 논리와 구조를 더 쉽게 이해할 수 있도록 상세하게 설명해 준다.

실제 이용 사례: 교사가 새로운 프로그래밍 언어를 가르칠 때 코디움을 사용해 복잡한 코드 스니펫을 설명한다. 예를 들어, 학생들이 어려운 코드 조각을 입력하면 코디움은 기본 원리를 이해하는 데 도움이 되는 상세한 설명을 생성한다. 이렇게 함으로써 새로운 언어에 대한 학생들의 이해도를 높여 준다.

익스플레인데브(ExplainDev): 코드에 대한 자연어 설명을 제공하는 AI 도구다. 학생과 교사가 복잡한 프로그래밍 논리와 개념을 이해하는 데 도움을 준다. 복잡한 코드를 이해하기 쉬운 설명으로 분해할 때 특히 유용하다.

실제 이용 사례: 교사가 고급 프로그래밍 수업에서 익스플레인데브를 이용해 재귀 함수를 이해하도록 도와줄 수 있다. 재귀 코드를 입력하면 익스플레인데브가 단계별로 설명을 해 주기 때문에 학생들이 개념을 더 쉽게 이해할 수 있다.

포니코드(Ponicode): 유닛 테스트(unit tests)[20]를 생성하고 코드의

기본 논리를 설명해 주는 AI 기반 도구다. 교사들이 소프트웨어 테스트와 코드 품질 보증을 가르칠 때 특히 유용하다.

실제 이용 사례: 소프트웨어 공학 수업에서 강사는 포니코드를 이용해 학생들에게 유닛 테스트 작성 방법을 가르친다. 포니코드는 테스트 사례를 생성하고 그것들이 코드를 어떻게 검증하는지 설명해 준다. 이를 통해 학생들이 테스트와 품질 보증의 중요성을 이해할 수 있도록 해 준다.

코덱스(Codex): 코덱스는 오픈AI가 만든 AI 모델로서 자연어 명령을 코드로 변화할 수 있다. 다양한 프로그래밍 언어로 코드를 생성하고 설명하는 고급 도구다.

실제 이용 사례: 웹 개발 수업에서 강사가 코덱스를 이용해 웹 구성 요소의 자연어 설명을 HTML/CSS 코드로 변환한다. 학생들은 AI가 요구 사항을 기능적인 코드로 변환하는 과정을 관찰하며 웹 개발 원칙에 대한 이해도를 높인다.

각자 분야에서 강력한 기능이 있는 이런 AI 도구는 맞춤형 콘텐츠와 상호작용형 콘텐츠를 통해 교사들이 교육 과정 운영과 학생 참여도를 개선할 수 있는 새로운 방법을 제시한다.

---

20) 함수나 메서드의 기능이 개발자가 의도한 대로 올바르게 구현되었는지 확인하는 테스트.

3.8 온라인 토론 게시판 개선을 위한 AI 도구

현대 교육 환경에서 온라인 토론 게시판은 학생 참여를 촉진하고 심층 학습을 지원하는 데 중요한 역할을 한다. 이런 플랫폼에 AI가 도입되면서 기능이 한층 향상돼 교사와 학생 모두를 더 역동적이고 효율적으로 지원할 수 있다. AI 도구는 토론의 관리법, 적절성, 개인화를 향상할 수 있는 다양한 기능을 제공하며, 이를 통해 교육 과정에서 중요한 역할을 하게 된다.

예측 분석

AI가 온라인 토론 게시판에 가져온 중요한 혁신 중 하나는 예측 분석을 통해 학생들의 참여와 선호도를 분석하는 능력이다. AI 도구는 학생들이 특정 주제에 어떻게 참여하는지 점검함으로써 가장 많은 관심을 유발하고 참여를 유도하는 주제를 예측할 수 있다. 교사는 이 기능을 활용해 학생들에게 더 의미 있고 흥미로운 방향으로 토론을 이끌 수 있다.

예를 들어, 환경과학 수업에서 AI가 기후 변화에 대한 학생들의 관심이 급증했다는 사실을 감지했다고 가정해 보자. 그러면 AI가 최신 연구나 실제 사례 연구에 초점을 맞춘 토론을 생성하도록 교사를 유도할 수 있다. 이렇게 하면 학생들의 토론 참여도를 높여 더 깊은 학습 경험을 만들어 낼 수 있다. 제시한 콘텐츠가 학생들의 현재 관심사와 일치하기 때문이다. 덕분에 교사들은 가장 높은 교육 효과를 만들어 낼 수 있는 쪽에 초점을 맞출 수 있다.

예측 분석은 또 학생 행동에 대한 소중한 통찰을 안겨 줄 수도 있다. AI가 학생들이 특정 주제를 힘겨워할 가능성이 있다고 예측하면 교사들은 미리 추가 자료를 내주거나, 안내를 해 줄 수 있다. 이를 통해 토론이 계속 생산적으로 진행되며, 학습 목표와도 일치할 수 있도록 보장해 준다.

자동 태깅과 분류

온라인 토론 게시판에서 생성되는 방대한 콘텐츠를 관리하는 것은 간단한 작업이 아닐 수도 있다. 대규모 강의나 여러 주제를 아우르는 토론에서는 특히 그렇다. 자동 태그 지정 및 분류 기능을 제공하는 AI 도구는 이런 문제를 바로잡는 데 굉장히 중요한 역할을 한다. 이런 도구는 관련 태그를 적용하고, 주제를 분류해서 토론 스레드를 자동으로 정리할 수 있다. 이렇게 함으로써 학생과 교사들은 좀 더 쉽게 토론 내용을 탐색할 수 있다.

예를 들어, 역사 수업에서 제2차 세계대전, 냉전, 고대 문명 등에 대한 토론을 동시에 진행한다고 가정해 보자. 적절하게 정리하지 않을 경우엔 학생들이 관련 스레드나 기고문을 찾기 힘들 수도 있다. 스레드 자동 태그 기능이 있는 AI 도구가 주제별로 분류를 해 주면, 토론에 더 쉽게 접근할 수 있을 뿐 아니라 토론을 구조적으로 구성할 수 있다.

이 기능은 비평이나 시험 준비를 위해 과거 토론을 다시 살펴볼 때 특히 유용하다. 주제, 키워드, 또는 개념을 토대로 토론을 태그하고 분류하면 학생들은 핵심 포인트를 빠르게 찾을 수도 있고 중요한 주제를 다시 살펴볼 수 있다. 이 기능은 교사에게도 도움이 될 수 있다. 가장 많은 참여를 유도한 토론이나 가장 통찰력 있는 응답을 이끌어 낸 토론에 강조 표시를 해 주기 때문에 채점이나 평가에 도움이 된다.

개인 맞춤형 추천

AI를 온라인 토론 게시판에 도입해서 얻을 수 있는 또 다른 중요한 이점은 개별 학생의 상호작용과 학습 선호도에 따라 맞춤형 추천을 해 줄 수 있다는 점이다. AI는 특정 주제에 대한 토론 참여 여부나 관심 같은 학생의 과거 활동을 분석해 관심사나 필요에 부합하는 토론, 기사, 자료를 추천할 수 있다.

예를 들어, 사회과학 수업에서 경제적 불평등과 관련된 토론 스레드를 자주 찾는 학생은 해당 주제에 대한 추가 읽기 자료, 동영상, 외부 토론 그룹 등을 추천받을 수 있다. 개인화된 이런 접근 방식은 학생들이 이해를 깊게 해 주는 자료를 접할 수 있게 함으로써 강의에 적극 참여할 수 있도록 해서 지속적인 학습을 장려한다.

개인 맞춤형 추천은 또 힘들어하는 학생들에게 복잡한 개념을 명확하게 설명해 주는 보조 자료를 전달하거나 토론으로 안내하는 방식으로 도움을 줄 수도 있다. AI는 이런 방식으로 학습 과정의 적극적인 참여자 역할을 하며, 학습 과정을 개별 학생의 진도와 관심사에 지속적으로 맞춰 준다.

3.9 AI로 일상적 업무 자동화하기: 학습 계획, 채점, 행정 업무

교육 분야에서 AI를 활용해 일상 업무를 자동화한 실제 이용 사례로는 수업 계획 수립, 성적 평가, 행정 업무 등을 꼽을 수 있다. 이런 업무는 종종 지루할 뿐 아니라 시간도 많이 소요된다. 그렇기 때문에 교사들이 학생들과 의미 있게 소통하는 것을 방해할 수가 있다. 교사들이 더 많은 시간을 투자하고 싶은 것은 바로 그런 활동 아닌가?

먼저 이번 섹션에서는 수업 계획에서 AI가 하는 역할에 대해 다룬다. 전통적으로 교육 과정과 일치하면서 다양한 학생의 요구를 충족하는 수업 계획을 짜려면 상당한 노력이 필요하다. AI 도구는 이 과정을 자동화할 수 있다. 다양한 학습 스타일과 학생 능력에 맞게 조정되는 개인 맞춤형 수업 계획을 만들 수 있다. 이렇게 자동화하면 시간을 절약할 뿐 아니라 수업 효과도 높아진다.

그런 다음 이번 섹션은 채점에서 AI가 발휘할 수 있는 잠재력에 대해 탐구한다. 채점은 인간의 오류와 편견에 취약할 수 있는 반복 작업이다. AI는 채점 과정을 자동화해서 일관되고 객관적으로 평가할 수 있도록 보증해 준다. 게다가 AI 도구는 학생들에게 상세하고 개인 특성에 맞는 피드백을 줄 수 있다. 이렇게 함으로써 개선이 필요한 부분을 찾아내는 데 도움을 주고, 학업 성장을 지원할 수 있다.

마지막으로 이번 섹션은 AI가 행정 업무에 미치는 영향에 대해 살펴본다. 일정 관리, 학생 진도 추적, 학부모 소통은 꼭 필요한 일이긴 하지만, 종종 부담스러운 의무이기도 하다. AI는 이런 업무를 간소화해서 행정 업무 부담을 줄여 주고 교사들이 가르치는 일에 좀 더 집중할 수 있도록 해 준다. AI 기반 시스템은 또 학생이나 학부모와 신속하고 효과적으로 소통할 수 있도록 해 줌으로써 전체 교육 경험을 개선해 줄 수 있다.

3.9.1 수업 계획에서 AI

교육 분야에서 수업 계획을 짤 때 AI를 활용하는 것은 의미 있는 진전이다. AI는 작업을 자동화함으로써 전통적인 수업 계획 수립 방식을 변화시켰다. 교사들은 행정 업무에 시간을 더 적게 할애하면서 학생들과의 소통에 더 집중할 수 있게 됐다. 이번 섹션에서는 수업 계획에 AI 도입을 탐구하면서 AI가 교육 전략의 효율성과 효과를 어떻게 향상했는지 살펴본다.

이 범주에 속하는 도구로는 매직스쿨 AI(MagicSchool AI), 몬

샤.AI(Monsha.AI), 레스트(Rest), 에듀GPT(EduGPT), 알마낙(Almanack), 에듀에이드(Eduaide) 등이 있다.

3.9.2 수업 계획에서 AI의 역할

AI는 데이터를 활용한 체계적인 접근을 통해 수업 계획을 보완하며, 그 결과 포괄적이고 맞춤화된 학습 경험을 설계할 수 있도록 돕는다. 이런 지능형 시스템은 교육 표준을 분석하고 학생 성적 데이터에서 얻은 통찰을 활용해 다양한 학습 요구에 걸맞은 자세한 수업 계획을 발전시킨다. 이 자동화는 시간을 절약할 뿐만 아니라 교육 콘텐츠가 내용이 탄탄하고 학습 성과를 향상하는 데 적합하게 설계되도록 보장해 준다.

3.9.3 수업 계획에서 AI의 역량

AI 도구는 다음과 같은 방식으로 수업 계획 수립 과정을 간소화한다.

- 학교 교육 과정에 자연스럽게 통합되는 완전한 수업 일정을 자동으로 생성한다.
- 학급이나 개별 학생의 독자적인 요구 사항을 토대로 상호작용적이고 개인의 특성에 맞는 활동을 제안한다.
- 각 수업에 필요한 자료와 지원을 예측한 뒤 자원을 효율적으로 배분한다.

3.9.4 자동화된 수업 계획 도구

수업 계획 분야에서 두드러지는 몇 가지 AI 응용 프로그램이 있다.

• AI 수업 플래너(AI Lesson Planner): 이 도구는 AI를 활용해, 설정된 교육 과정과 직접적으로 일치하면서 특정 학생의 요구에 맞게 조정된 수업 계획을 작성한다.

• 뉴턴(Knewton): 각 학생의 학습 속도와 방식에 맞게 콘텐츠를 조정하는 적응형 학습 플랫폼이다. 개인화된 교육 경험을 제공한다.

• 스쿼럴 AI(Squirrel AI): 이 도구는 적응형 학습에 초점을 맞춘다. 학생의 성적 평가를 계속 진행하면서 실시간으로 콘텐츠를 조정한다.

수학 교사가 대수학 단원을 준비하기 위해 AI 수업 플래너를 사용하는 상황을 상상해 보라. AI 시스템은 과거 시험 성적과 학습 속도를 분석한 뒤 점진적으로 발전을 꾀하는 일련의 수업 계획을 생성할 수 있다. 그렇게 함으로써 학생들이 기본 개념을 이해한 후 좀 더 복잡한 문제로 넘어갈 수 있도록 해 준다. 이 과정에는 다양한 학습 유형과 멀티미디어 자료를 동원해 추상적인 개념을 설명하도록 설계된 양방향 활동이 포함될 수 있다.

수업 계획에 AI를 활용하면서 교육 환경이 재편되고 있다. 번거로운 수업 준비 과정이 전략적인 데이터 기반 과정으로 바뀌고 있다. 이런 기술적 진보는 교육 결과물을 향상할 뿐 아니라 교육 경험도 혁신하면서 좀 더 관리하기 쉽고 효과적으로 만들고 있다. AI 기술이 계속 발전함에 따라, 수업 계획을 혁신하고 간소화하는 잠재력은 교육의 미래에 핵심적인 역할을 할 것이다.

3.9.5 학습 자료의 개인화

AI가 학습 자료 개인화에 기여하는 방식은 재단사가 정장을 맞추는 것과

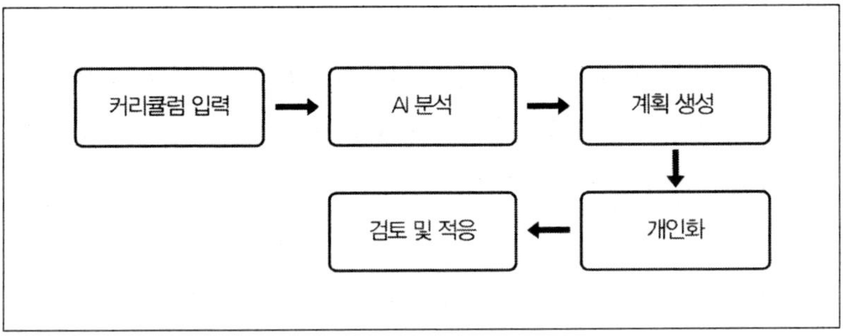

그림 5 AI 지원 수업 계획 과정

흡사하다. 학습 자료의 개인화는 교육 콘텐츠가 개별 학생의 독특한 학습 방식과 속도에 적합하도록 보장해 준다. AI가 생성한 콘텐츠를 기존 수업 계획에 도입함으로써 교사들은 학생에게 좀 더 잘 맞고 효과적인 학습 경험을 제공할 수 있다. 이런 적응성은 학생들의 다양한 요구를 충족하는 데 중요하며, 무엇보다 각 학습자가 자료와 가장 효과적으로 상호작용할 수 있도록 해 준다.

그림 5는 AI의 도움을 받아 수업 계획을 작성하는 과정을 보여 준다. 이 과정은 단계별로 나눌 수 있다.

1. **커리큘럼 입력**: 교사가 커리큘럼이나 학습 목표를 시스템에 입력한다.
2. **AI 분석**: AI 시스템이 커리큘럼을 분석해서 주요 개념, 기술 및 있을 수 있는 학습 격차를 식별한다.
3. **계획 생성**: 분석 결과를 바탕으로 AI 시스템이 커리큘럼의 구조와 내용에 맞게 초기 수업 계획을 작성한다.
4. **개인화**: AI가 학생의 성과, 학습 형태, 선호도를 토대로 수업 계획을 조정하고 개인화한다. 이를 통해 개인 특성에 맞는 학습 경로

를 만들어 낸다.

5. **검토 및 조정**: 교사는 AI가 만든 계획을 검토해서 교실의 필요에 따라 조정할 부분은 조정한다. 교육 목표에 부합하는지 확인하고, 계속해서 학습 계획을 역동적으로 조정한다.

이런 과정이 계속 반복되면서 학습 결과를 최적화하기 위한 개선과 조정 작업을 지속적으로 진행할 수 있다.

교육 콘텐츠 최적화 과정에서 AI의 능력

AI 기반 도구는 학습 선호도, 성과 지표, 참여 정도 같은 학생 데이터를 분석해서 학습 자료를 조정하고 개인화한다. 이 과정에는 다음과 같은 것들이 포함된다.

- AI 시스템은 학생의 주제 숙달 정도를 토대로 콘텐츠의 난도를 자동으로 바꿀 수 있다.
- 개인의 학습 스타일에 따라 청각적, 시각적, 혹은 상호작용적 형식으로 정보를 제시해 이해도와 기억 지속력을 높일 수 있다.
- AI는 학생들의 피드백을 통해 학습 자료를 지속적으로 발전시켜, 학습 자료가 시간이 지나도 학생의 수준과 필요에 부합하고 학생들이 학습 흥미를 유지할 수 있도록 한다.

개인 맞춤형 학습 자료를 위한 도구

아래 몇 가지 AI 플랫폼은 맞춤형 교육용 콘텐츠 제작에 탁월한 성능을 발휘한다.

- **스마트 스패로(Smart Sparrow)**: 학생의 상호작용에 따라 콘텐츠와 평가를 역동적으로 조정해 개별 학생의 필요에 맞게 수업을

최적화해 주는 적응형 이러닝 플랫폼이다.

• 드림박스 러닝(Dreambox Learning): 학습자의 행동에 직관적으로 반응하는 수학 학습 경험을 제공한다. 실시간으로 문제와 수업을 조정한다.

• CTI(Content Technologies, Inc): AI를 사용해 맞춤형 교과서와 학습 자료를 개발한다. 이를 통해 콘텐츠가 커리큘럼이나 학생의 요구와 관련성이 높게 또 완벽하게 일치하도록 해 준다.

읽기 수준이 천차만별인 학생들로 구성된 초등학교 교실을 생각해 보라. 드림박스 러닝 같은 도구는 각 학생의 읽기 수준에 맞게 독서 과제를 조정할 수 있다. 고급 독자에게는 좀 더 난해한 텍스트를 제시하는 반면 기초 읽기 능력이 좀 더 필요한 학생에게는 더 간단한 양방향 소통형 콘텐츠를 지원할 수 있다. 이런 접근 방식은 어려움을 겪고 있는 학습자에게 자신감을 불어넣어 주면서도 성과가 좋은 학생은 도전적이고 참여적인 자세를 계속 유지하도록 할 수 있다.

AI를 사용해 학습 자료를 개인화하면 접근성과 효과를 더 높일 수 있다. 이런 맞춤형 접근 방식으로 출발점에 관계 없이 모든 학생이 교육 여정에서 성공하고 발전할 수 있는 최고의 기회를 얻게 된다. AI가 계속 발전함에 따라 맞춤형 학습 경험을 제공할 잠재력도 함께 커지고 있다.

3.9.6 개인화 및 적응형 학습에서 AI 구동 도구의 역할

AI가 교육에 미치는 영향을 계속 탐구해 나감에 따라 AI 기반 도구를 도입할 경우 개인 맞춤형 학습과 적응형 학습에서는 전례 없는 기회를 맞이한다는 사실을 확인하게 된다. 이런 도구는 고품질 교육 콘텐츠 제작을 지원해 주며, 개별 학생의 필요에 최적화한 맞춤형 학습 경험을 위한 장치를 마련해 준다. 이 섹션에서는 AI 도구가 적응형 학습 경로를 어떻게 설정하며, 학생 참여도를 어떤 방식으로 높이고, 어떤 데이터 기반 통찰력을 보이는지 실제 사례를 살펴본다.

적응형 학습 경로

적응형 학습 시스템은 AI를 활용해 각 학생의 성적, 학습 형태, 진도를 토대로 교육 경험을 최적화해 준다. 아래 소개하는 시스템은 학습 성과를 최적화하기 위해 콘텐츠 난도를 역동적으로 조정하고, 학습 자료를 추천하며, 심지어 강의 순서까지 변경한다.

- **스마트 스패로(Smart Sparrow)**: 교사들이 맞춤형 학습 경험을 만들 수 있는 적응형 학습 플랫폼이다. AI를 활용해 학생의 상호작용을 분석하고 실시간으로 강의 내용을 조정한다. 그렇게 함으로써 각 학생이 가장 관련성 있고 효과적인 지도를 받을 수 있도록 해 준다.
- **알렉스(ALEKS, Assessment and Learning in Knowledge Spaces)**: 이 플랫폼은 AI를 활용해 수학이나 과학 같은 과목에서 개인화된 학습 경로를 만들어 준다. 학생의 지식을 지속적으로 평가해서 약점 보완을 위한 맞춤형 연습 문제를 제공한다.
- **드림박스**: K-8[21] 학생을 위한 적응형 수학 프로그램인 드림박스는 AI를 활용해 학생의 응답에 따라 수업 난도를 조정한다. 이를 통해 맞춤형 학습 경험을 형성해 학생들이 자신의 속도에 맞춰 학

---

21) K는 Kinder(유치원)의 약어이고, 8은 8학년이란 의미다. 따라서 K8은 초등학교부터 중학교까지 통합된 교육 과정이다.

습에 계속 참여하고 발전할 수 있도록 한다.

실제 이용 사례: 중학교 수학 교사는 교실에서 드림박스를 이용해 각 학생이 현재 이해 수준에 적합한 수학 문제를 풀도록 할 수 있다. AI가 학생들의 학업 성취도를 지속적으로 평가하면서 문제의 난도를 조정하여, 학생들이 적절한 학습 긴장감은 유지하면서도 과도한 부담감은 느끼지 않도록 돕는다.

학생 참여 향상

학생들을 참여시키는 것은 효과적인 교육의 핵심 요소다. AI 도구는 학생들의 관심을 끌고 유지하는 혁신적인 방법을 제시한다. 아래에 소개하는 도구들은 상호작용적이고 몰입감 있는 학습 경험을 제공함으로써, 가장 어려운 과목조차 더 쉽게 접근하게, 또 더 재미있게 만들어 줄 수 있다.

- **니어팟(Nearpod):** 교사들이 퀴즈, 설문조사, 가상 현장 학습 등을 이용해 함께 흥미로운 수업을 만들 수 있는 상호작용형 학습 플랫폼이다. 니어팟의 AI 기능은 콘텐츠를 개별 학생에게 맞춰 주기 때문에 더 상호작용적인 개인 맞춤형 학습을 만들 수 있다.
- **카훗(Kahoot):** AI를 활용해 학생 응답을 분석하고 질문의 난도를 실시간으로 조정해 주는 게임 기반 학습 플랫폼이다. 학생들의 참여를 유지하면서 재미있고 경쟁적인 학습 환경을 조성한다.
- **슬라이도(Slido):** 교사들이 실시간 투표, 퀴즈, Q&A 세션을 통해 학생들과 소통할 수 있도록 해 주는 실시간 상호작용 플랫폼이다. 슬라이도의 AI 기능은 응답을 분석하고 추세를 찾아내서 교사들이 망설임 없이 교육 전략을 조정할 수 있도록 도와준다. 슬라이도는 상호작용적이고 반응적인 학습 환경을 조성해 학생들이 학습

과정에 계속 적극 참여하도록 해 준다.

- **클래스크래프트(Classcraft)**: AI를 활용해 학습 경험을 개인화하는 교육용 롤플레잉 게임이다. 교과 과제를 완료하면 학생들은 포인트와 보상을 획득한다. 이를 통해 학습을 재미있게 만들 뿐 아니라 학생들이 콘텐츠와 좀 더 깊이 상호작용하도록 동기 부여를 해 준다.

실제 이용 사례: 생물 단원에서 생태계에 대해 가르치는 교사는 니어팟을 사용해 상호작용적 수업을 만들 수 있다. 여기에는 전 세계 다양한 생물권으로 떠나는 가상 현장 학습 여행을 포함할 수도 있다. AI 기반 플랫폼은 학생들의 응답에 따라 콘텐츠를 조정할 수 있다. 필요한 경우에는 추가 자료나 설명으로 모든 학생이 핵심 개념을 이해하도록 할 수 있다.

데이터 기반 통찰력

AI 도구는 교사들에게 강력한 데이터 기반 통찰력을 제공해 교육 전략을 알려 주고 학생들의 성과를 개선할 수 있도록 해 준다. 아래 도구들은 학생들의 성적 데이터를 분석함으로써 유형을 식별하고, 학생들이 어려움을 겪는 부분을 강조해 주며, 학습 개선을 돕기 위해서 어떻게 개입해야 할지 제안할 수 있다.

- **에드모도(Edmodo)**: 학생들의 상호작용을 AI로 분석해 학급 내 역동성을 파악해 주는 소셜 학습 플랫폼이다. 교사는 이 데이터를 활용해 추가 지원이 필요한 학생을 찾아내거나 수업 전략을 조정해 학급의 요구 사항을 더 잘 충족할 수 있다.
- **스쿨러지(Schoology)**: AI 분석을 도입한 학습관리시스템(LMS)이며, 학생의 성적과 참여도를 관찰한다. 교사에게 학생의 진척도

에 대한 상세한 보고서를 제출해 데이터를 바탕으로 학생의 학습을 어떻게 지원할지 결정하는 데 도움을 준다.

• **자이북스(Zybooks)**: 학생의 STEM 과목 성적에 대해 실시간으로 분석하는 양방향 학습 플랫폼이다. 학생의 진도를 AI로 추적하고, 학생들이 콘텐츠와 어떻게 상호작용하는지에 대한 통찰을 끌어낸다. 이를 통해 교사는 교육 방법을 적절하게 조정할 수 있다.

실제 이용 사례: 고등학교 교사가 스쿨러지를 이용해 교실을 관리할 때 AI가 생성한 보고서를 받을 수 있다. 이 보고서에는 특정 학생이 퀴즈에서 계속 부진한 성적을 내고 있다는 내용이 담겨 있을 수 있다. 교사는 이런 통찰을 토대로 해당 학생에게 다가가 추가 자료를 건네거나, 학생의 학습 요구를 더 잘 지원할 수 있도록 교육 방법을 조정할 수 있다.

교육에서 AI의 미래

교육 분야에서 AI의 미래는 밝다. 기술이 계속 발전함에 따라 AI는 교육 및 학습 경험을 더욱 향상할 것이다. 또 AI 도구가 더욱 정교해짐에 따라, 좀 더 개인화되고 학생들의 흥미를 끌며, 효과적인 교육 방법을 만들어낼 것이다.

• **AI 교사**: AI가 발전함에 따라 교실 바깥에서 학생들을 맞춤형으로 지도하는 AI 교사의 등장을 목격할 수도 있다. 이런 교사들은 1대 1 수업을 진행하고, 학생의 질문에 답변하며, 숙제하는 것을 지도해 줄 수도 있다.

• **평가 담당 AI**: AI는 평가 분야에서 더 큰 역할을 맡을 것으로 예상된다. 학생의 학습 성과를 더 세밀하고 포괄적으로 평가할 수 있을 것이기 때문이다. 예를 들어, AI는 학생의 작업을 실시간으로

평가해서 즉시 피드백하고 개선해야 할 부분을 제안해 줄 수도 있다.

- **포용 교육을 위한 AI:** AI는 다양한 학습 요구를 가진 학생들에게 맞춤형 도구를 제공하는 방식으로 교육을 좀 더 포용적으로 만들 수 있다. 예를 들어, AI로 구동되는 음성 인식 소프트웨어는 장애 학생들에게 실시간 필기나 번역 서비스 방식으로 도움을 줄 수 있다.

실제 이용 사례: 복잡한 대수학 문제 때문에 어려움을 겪는 학생은 조만간 AI 교사를 활용하게 될 것이다. AI 교사는 단순히 정답을 알려 주는 것뿐 아니라 문제 해결 과정을 하나하나 설명해 준다. 학생들에게 단계별로 상세히 짚어 주며, 이해한 것을 복습하기 위해 추가 연습 문제를 내줄 수도 있다.

핵심 요점 정리

- GPT-4를 비롯한 AI 도구는 콘텐츠 생성과 개인 맞춤형 학습 같은 작업을 자동화한다. 이런 작업에서 자유로워진 교사들이 참여도에 집중할 수 있도록 해 준다.
- 깃허브 코파일럿 같은 AI 기반 도구는 실시간으로 코드를 제안하고 설명하는 방식으로 코드 학습을 지원해 준다.
- 드림박스 같은 플랫폼은 실시간으로 수업 내용을 조정하며, 학생의 성적에 따라 개인 맞춤형 수업 경험을 선사한다.
- 캔바 AI와 신세시아 같은 AI 도구는 매력적인 프레젠테이션과 교육용 동영상을 제작하는 과정을 간소화해 준다.

다음 장에서는 교실 환경에서 생성형 AI를 활용하는 방법을 단계별로 안내하면서 탐구해 본다.

4장
실전 가이드: 교실에서 생성형 AI 시작하기

이 장은 교실에 생성형 AI를 도입하기 원하는 교사들을 위한 실용 로드맵이다. AI가 어떻게 학생의 참여도를 높이고 교사의 서류 작업을 줄이며, 각 학생의 독특한 수요에 맞게 가르치게 할지에 대해 탐구한다. AI를 일상적인 교육 과정의 자연스러운 한 부분으로 만들기 위한 단계별 안내라고 생각하면 된다. 걱정할 것 없다. 단계별로 설명할 것이기 때문에 크게 부담스럽지 않을 것이다.

AI는 단순한 유행어가 아니다. 생성형 AI 도구는 교육 현장에서 교수와 학습을 지원하는 강력한 수단이 될 수 있다. 이런 혁신적인 기술은 콘텐츠 자동 생성부터 개인 맞춤형 학습 경험까지 다양한 기회를 만들어 낸다. (이 부분은 이 책 후반부에서 자세히 탐구한다.) 수업 계획 수립, 과제 평가, (그리고 다른 어떤 것보다) 각 학생의 수준에 맞는 연습 문제 출제 작업을 도와줄 수 있는 가상 조교가 있는 상황을 한번 상상해 보라. 이것이 교육 분야에서 생성형 AI가 갖는 힘이다. 그러나 교실에 AI를 적용하려면 신중하게 계획하고 깊이 생각할 필요가 있다.

목표는 간단하다. 교실에 생성형 AI 도구를 쉽게 도입할 수 있도록 단계별로 안내해 주는 것이다. 기술 용어로 여러분을 혼란스럽게 하지 않을 것이다. 대신, 생성형 AI를 교육에 원활하게 도입할 수 있도록 실용적이고 실행 가능한 단계별 적용 방법을 알려 줄 것이다.

이번 장을 마치면 다음과 같은 탄탄한 계획을 수립할 수 있을 것이다.

- AI를 성공적으로 도입하기 위한 교실 환경 구축
- 필요에 맞는 적절한 AI 도구 선택
- 자신과 학생들이 이 혁신적인 기술을 맞을 준비 완료
- 교육에서 AI를 사용할 때 제기될 수 있는 윤리적 문제 해결

교실에서 생성형 AI를 실행하는 방법을 공부할 준비가 됐는가? 그럼 시작해 보자.

4.1 생성형 AI 도입의 실용적 이점

생성형 AI는 차별화된 교육을 지원하고, 행정 업무 부담을 줄여 주며, 개인 맞춤형 학습 기회를 줌으로써 학생들의 참여도를 높인다.

학생 참여와 학습 결과 향상

생성형 AI의 주요 장점 중 하나는 학습을 더 상호작용적이고 역동적이며, 개인 맞춤형으로 만들어 주기 때문에 학생의 참여도를 높일 수 있다는 점이다. AI 기반 도구는 실시간으로 학생의 진도를 분석한 뒤 개인 맞춤형 피드백을 할 수 있다. 이렇게 함으로써 학생들이 학습 자료에 계속 몰입할 수 있도록 도와준다.

예를 들어, 언어 영역(language arts) 수업에서 GPT 기반 언어 모델 같은 도구를 활용해 개인의 특성에 맞게 독서 자료나 에세이 주제를 생성할 수 있다. 또 각 학생의 독서 수준에 맞게 텍스트 난도를 조정할 수도 있다. 이렇게 함으로써 능력에 관계없이 모든 학생이 자신에게 적합한 콘텐츠와 씨름하는 좀 더 포용적인 교실을 만들 수 있다.

핀란드에서는 교실에 AI를 도입해서 독해 수준을 평가하고 있다. 어떤 학생이 특정 문장을 읽는 데 어려움을 겪고 있으면 AI가 바로 감지해서 더 간단한 텍스트를 추천하거나, 추가 자료를 제공할 수 있다. 그 결과 교사들은 다양한 학습 그룹을 오가면서 읽기 유창성(reading fluency)이나 학생 참여도 향상 상황을 살핀다.

AI는 또한 문제 해결과 비판적 사고를 장려함으로써 적극적인 학습을 촉진한다. 예를 들어, 학생들이 지식을 적용해 복잡한 문제를 해결해야 할 경우에 AI 기반 플랫폼은 실제 세계에서 일어나는 시나리오를 모의 체험하게 해 줄 수 있다. 과학 수업에서 AI는 생태계 모델을 생성한 뒤 학생들에게 변수를 조작해 그 효과를 관찰하도록 할 수도 있다. 이런 실습 중심 접근 방식은 전통 학습 방법보다 학생들을 더 깊이 참여시키며, 학생들이 학습 내용의 실제 응용 사례를 이해하는 데도 도움이 된다.

또 생성형 AI는 텍스트, 이미지, 오디오, 동영상 등을 활용한 멀티 모달(multi modal) 학습 경험을 다양한 학습 유형에 적절하게 맞춰 준다. 독서에 어려움을 겪는 학생은 같은 개념을 시각적으로 설명해 주는 AI 생성 동영상이나 상호작용형 시뮬레이션의 도움을 받을 수 있다.

차별화된 교육 및 맞춤형 학습 지원

개인화 학습, 즉 각 학생의 고유한 요구에 맞춰서 수업을 조정하는 것은 많은 교사가 추구하는 목표이지만, 학급 규모가 크고 자원이 제한된 상황에서는 실현하기 어렵다. 생성형 AI는 개별 학생의 요구 사항에 맞게 조정되는 도구를 제공하기 때문에 개인화 학습을 좀 더 실현 가능하게 만들어 준다.

예를 들어, 수학 수업에서 AI 시스템은 어떤 학생이 대수학 문제를 얼마나 잘 푸는지 추적할 수 있다. 그런 다음엔 학생들의 성과를 토대로 후속 문제의 난도를 조정해 준다. 추가 연습이 필요한 학생에게는 AI 시스템이 더 많은 연습 문제를 공급해 주거나, 유용한 자료를 추천해 줄 수 있다. 우수한 학생에게는 더 어려운 과제를 제시해 흥미를 유지하도록 할 수 있다.

이 시스템으로 학생이 취약한 부분에 초점을 맞추는 맞춤형 수업 계획을 짤 수도 있다. 교사가 학생의 과거 성적을 입력하면 AI 시스템이 특정 기술을 타깃으로 한 맞춤형 연습 문제를 제안한다. 이를 통해 차별화된 강의를 할 수 있도록 해 준다. 그러면 교사가 개인들을 고려한 계획을 세우느라 진땀을 뺄 필요 없이 교실의 다양한 요구를 충족해 줄 수 있게 된다.

드림박스 러닝이나 뉴턴 같은 AI 도구는 이미 적응형 학습이 실시간으로 어떻게 작동하는지 보여 주고 있다. 수학과 과학 같은 과목에서는 학생들을 위한 개인 맞춤형 학습 경로를 생성하기도 한다. 교사는 이런 도구를 활용해 학생들의 진도에 대한 통찰을 얻고, 학생들이 어려워하는 부분을 알아내며, 상황에 맞게 교육 전략을 조정할 수 있다. 상황에 적응 가능한 AI의 능력 덕분에 학생들은 자기 속도에 따라 학습할 수 있으며, 너무 어려워서 뒤처지거나 지나치게 쉬운 자료 때문에 지루해하는 일이 없어진다.

또 생성형 AI는 문법, 발음, 문장 구조에 대해 실시간으로 피드백하는 방식으로 언어 학습을 도와줄 수 있다. 예를 들어 링고티치(Lingo-Teach.ai) 같은 도구는 학생들에게 즉시 피드백을 해 전통적인 교실 수업 방법보다 더 빠르게 언어 능력을 개발하도록 도와준다. 이런 개인 특성에 맞게 관심을 보이는 방식은 언어에 대해 더 깊이 이해하게 하고 그 언어에 숙달할 수 있도록 해 준다. 특히 영어를 제2외국어로 배우는 학생들에게는 더 그렇다.

행정 부담을 줄이고 학생들과 직접 소통에 더 많은 시간 할애하기

교사들에게 AI가 줄 수 있는 가장 큰 혜택은 행정 업무를 줄여 주는 것이다. 그 결과 교사는 학생과의 상호작용과 학생의 참여 유도에 더 많은 시간을 할애할 수 있다. 교사는 대개 절대적으로 많은 시간을 과제 평가, 수업 계획 수립, 교실 운영 관리 같은 업무에 쓴다. 그런데 AI를 활용해 이런 업무를 자동화할 수 있다.

자동 채점은 AI가 행정 부담을 줄여 주는 명확한 사례 중 하나다. 그레이드스코프 같은 도구는 객관식 시험, 단답형 질문뿐 아니라 에세이까지 자동으로 채점해서 일관되고 객관적인 평가를 내릴 수 있다. 이를 통해 교사는 몇 시간을 절약할 수 있을 뿐 아니라 모든 학생의 시험이나 과제를 공평하고 정확하게 채점할 수 있다. 그리고 좀 더 의미 있는 피드백을 하고 개인적인 지원이 필요한 부분을 중심으로 학생들을 이끌어 주는 데 집중할 수 있다.

코그니 같은 실시간 피드백 시스템은 학생들이 제출한 과제에 대해 즉시 피드백을 받을 수 있도록 해 주며, 교사가 직접 검토해야 할 필요성은 줄여 준다. 이런 방식으로 AI는 교실 업무 관리를 도와주고 학생들이 즉시 도움을 받을 수 있도록 해 주는 등 교사의 확장(extension of the teacher)[22] 역할을 한다.

AI는 교육 과정과 학생 개인의 필요를 바탕으로 콘텐츠, 활동, 퀴즈를 제안해 주는 방식으로 수업 계획 수립도 도와줄 수 있다. 예를 들어, 환경과학 단원을 준비하는 교사는 AI 기반 플랫폼을 사용해 동영상, 상호작용형 시뮬레이션, 평가 등으로 흥미로운 수업 자료를 자동 생성할 수 있다. AI는 방대한 교육 자료 데이터베이스에서 자료를 추출해 교사의 시간을 절약해 주면서도, 수업 내용의 질을 높이고 수업을 교실의 필요에 맞게 최적화할 수 있도록 해 준다.

22) '교사의 확장'은 "미디어는 인간의 확장이다"라는 마셜 매클루언의 금언을 패러디한 표현이다. 매클루언은 『미디어의 이해』를 통해 의복은 피부의 확장, 바퀴는 발의 확장, 책은 눈의 확장, 라디오는 귀의 확장이라고 주장했다. 마찬가지로 저자는 AI가 교실에서 교사의 역할을 대폭 넓혀 주는 상황을 '교사의 확장'이라고 표현하고 있다.

4.2 AI를 도입하기 전에 고려해야 할 주요 사항

교육 분야에서 AI의 이점은 상당하지만, 교실에 도입하기 전에 반드시 고려해야 할 중요한 사항들이 있다. 여기에는 윤리적 문제, 기술적 요구 사항과 함께 AI 기술 도입을 위해 학생과 학부모를 준비시켜야 할 필요성도 있다.

윤리적 고려 사항: 데이터 프라이버시, 편향성, 인간 감독

우리는 이미 앞에서 윤리적 고려 사항에 대해 다뤘지만, 포괄적으로 종합하기 위해 이번 섹션에서 다시 살펴보려고 한다.

데이터 프라이버시는 교육 분야에서 AI를 도입할 때 시급하게 고려해야 할 문제 중 하나다. AI 시스템은 효과적으로 작동하기 위해 엄청난 양의 데이터에 의존한다. 학생의 성적이나 행동, 개인정보 같은 것들을 이용한다. 이 데이터가 안전하게 저장되고 사용되도록 보장하는 것은 학생의 프라이버시를 보호하는 필수 요건이다.

교사와 교육 기관은 유럽연합(EU)의 일반데이터보호규정(GDPR)이나 미국의 가족교육권 및 개인정보보호법(FERPA) 같은 법적인 틀을 준수해야 한다. 이런 규정은 학생 데이터를 수집, 저장, 공유하는 방식에 대해 엄격한 지침을 명시하고 있다. 학교는 학생 데이터가 오용되거나 무단 접속되지 않도록 보호하기 위해 자신들이 선택한 AI 도구가 이런 규정을 전폭적으로 준수하도록 확실히 할 필요가 있다.

또 다른 중요한 윤리적 고려 사항은 알고리즘 편향이다. AI 시스템은 훈련에 사용한 데이터만큼만 훌륭하다. 따라서 학습 데이터에 인종적, 성별, 사회경제적 편향이 포함돼 있을 경우엔 AI가 내놓을 결과물에도 그대로 반영될 수 있다. 예를 들어, 채점에 사용된 AI 도구가 편향된 데이터 세트로 훈련을 받았다면, 소수 집단 출신 학생에게 불리하게 작용할 수도 있다.

교육자들은 사용하는 AI 도구의 편향 여부를 정기적으로 감사받도록 해야 한다. 이와 함께 인간 감독을 위한 시스템이 마련돼 있어야 한다. AI를 교사들을 대체하는 것이 아니라 지원하는 도구로 간주해야만 한다. 학생의 성적 평가와 교실 내 공정성을 보장하는 데 인간의 판단은 여전히 꼭 필요하다.

기술적 요구 사항: 기간 시설과 자원

교육 분야에서 AI를 실행하려면 일정 수준의 기술 인프라가 필요하다. 학교는 믿을 만한 인터넷 연결, 장치(컴퓨터나 태블릿 등), 그리고 AI 도구를 실행할 수 있는 소프트웨어가 필요하다. 많은 경우 이러한 인프라가 준비되어 있지 않으며, 자금이 부족한 학교나 시골 지역 학교들은 특히 심하다. 이런 디지털 격차를 해소하는 것은 모든 학생이 AI 강화 교육의 혜택을 받을 수 있도록 보장하는 데 반드시 필요한 요소다.

학교는 교실에서 편안하게 AI 도구를 사용할 수 있도록 교사를 훈련시키는 데 비용과 시간을 투자해야 할 수도 있다. 적절한 지원이 없으면, 교사는 AI를 효과적으로 도입하는 데 어려움을 겪을 수 있다. 그 결과 교사가 좌절하거나, AI 기술을 제대로 활용하지 못하는 상황을 초래할 수 있다.

인도에서는 정부가 농촌 지역의 디지털 격차를 해소하기 위해 여러 정책을 시행해 왔다. 그중에는 태블릿 배포와 인터넷 연결 개선 같은 것들이 포함돼 있다. 이런 노력 덕분에 오지의 학교에서도 AI 기반 학습 플랫폼에 접속할 수 있게 됐다. 그 결과 이전에는 이런 기술에 접속할 수 없었던 학생들에게도 공평한 기회를 부여하게 됐다.

AI 도입을 위해 학생과 교사 준비시키기

또 다른 중요한 고려 사항은 학생과 학부모가 교실 내 AI 도입에 대비하도록 하는 것이다. AI는 새롭고 익숙하지 않은 기술이기 때문에 학습에 미치는 영향에 대한 우려가 있을 수 있다. 교사는 AI의 이점을 설명하면서 동시에 개인정보 보호, 편향성, 기술 의존성에 대한 우려를 해소해야만 한다.

학생들에게는 AI가 학습을 강화하기 위해 설계된 도구일 뿐, 교사나 전통적인 교육 방법을 대체하기 위한 것이 아니라는 점을 강조하는 것이 중요하다. 학생들에게 AI를 비판적으로 활용하도록 권고하고, AI의 능력과 한계를 모두 이해하도록 해야 한다. 마찬가지로 AI가 교사의 역할을 약화하거나 자녀 교육에 부정적인 영향을 미치지 않을 것이라고 학부모들을 안심시켜야 할 필요가 있다.

이 점에서는 워크숍이나 정보 세션이 도움이 될 수 있다. 그런 자리에서 부모와 학생들이 AI가 교실에서 어떻게 사용될지에 대해 질문을 하고 더 많이 배울 수 있다.

자신들의 공동체가 AI 도입을 준비하는 데 시간을 투자하는 학교는 긍정적인 결과를 내다볼 가능성이, 또 새로운 기술에 대한 저항이 덜할 가능성이 많다. 하지만 구체적인 내용에 들어가기 전에 기대치와 목표를 명확하게 설정하는 것이 중요하다.

생성형 AI를 사용해 무엇을 달성하기를 원하는가? 행정 업무를 효율화하려고 하는가? 아니면 더 흥미로운 학습 자료를 만들거나, 학생들에게 맞춤형 지원을 제공하려고 하는가? 구체적인 요구 사항을 파악하게 되면 적합한 AI 도구를 선택하고 교실 고유의 요구 사항에 맞는 실행 전략을 개발하는 데 도움이 된다.

4.3 AI 도입을 위한 기반 마련: 교실에 생성형 AI 준비시키기

생성형 AI 도구를 교실에 도입하는 일은 매우 흥미롭고 기대되는 변화이지만, 준비가 충분히 뒷받침되지 않으면 여러 가지 시행 착오가 뒤따를 수 있다. 교사와 학교 입장에선 AI 도입을 위한 기반 마련에 필요한 기술적 인프라를 제대로 확보해야만 한다. 교사와 학생들을 훈련하며, 윤리적 문제를 해결하고, 디지털 격차 같은 장애물도 극복해야 한다.

4.3.1 기술 인프라

AI를 교실에 도입하는 첫 번째 단계는 적절한 기술 인프라가 마련되어 있는지 확인하는 것이다. 적절한 하드웨어와 안정적인 인터넷 연결이 갖춰져 있지 않으면 AI의 이점을 완전하게 구현할 수 없다. 교사들이 스스로에게 해야 할 첫 번째 질문은 다음과 같다. "학생들에게 필요한 기기가 충분히 구비되어 있는가? 모든 학생이 컴퓨터나 태블릿에 접근할 수 있는가? 인터넷 연결은 클라우드 기반 AI 플랫폼을 지원할 만큼 충분히 강력한가?"

AI 도구, 특히 콘텐츠 생성 및 실시간 피드백과 관련된 도구가 효과적으로 작동하기 위해서는 빠르고 안정적인 인터넷이 필요하다. 예를 들어, 언어 학습이나 적응형 학습 시스템에 AI를 사용하는 경우 학생과 AI가 실시간으로 소통할 수 있어야 한다. 이를 위해선 인터넷 접속이 끊어지지 않아야 한다. 이런 인프라가 갖춰져 있지 않으면 그레이드스코프, 코그니 같은 AI 도구나 AI 기반 LMS 플랫폼을 사용하는 것이 실망스러울 수 있다. 이는 곧 학생과 교사들이 AI를 최대한으로 활용하지 못하는 상황으로 이어진다.

또 학교는 선택한 AI 도구가 캔버스, 구글 클래스룸, 무디 같은 LMS와 원활하게 통합되도록 할 필요가 있다. 예를 들어, 보스턴대학교의 교수-학습센터(Center for Teaching & Learning)는 AI와 기존 기술 간의 호환성을 평가할 필요가 있다고 강조한다. 그래야만 AI가 교육 과정을 파괴하는 것이 아니라 확실하게 향상할 수 있기 때문이다(Boston University, n.d.).

필요한 기술 인프라가 부족한 학교에는 자금 지원과 파트너십이 필요할 수 있다. 가령 보조금을 확보하거나 지역 기술 기업과 협력해 모든 학생이 AI 기반 학습의 혜택을 받기 위해 필요한 도구에 접속할 수 있도록 해야 할 수도 있다.

4.3.2 훈련과 익숙하게 하기

적절한 기술 인프라가 마련되어 있더라도 사용자인 교육자와 학생 모두가 AI 도구의 기능에 익숙해야만 한다. AI 도구를 교실에 도입하면서 그 도구를 사용하게 될 이들을 훈련하고 연습시키지 않는 것은 실용적이지 않을 것이다.

교사들이 AI를 교육에 도입하는 데 단순한 기술적 숙련보다 더 많은 것이 필요하다는 사실을 인식하는 것이 중요하다. AI 도구의 교육적 잠재력과 한계를 이해할 필요가 있다. AI 도구는 교육 과정을 향상하는 데 도움을 줄 수 있지만 그 효과는 사용하는 교육자의 역량에 달려 있다.

교육자들이 적절한 훈련을 받고 숙달되도록 하기 위해 취할 수 있는 실제 적용 단계는 다음과 같다.

교사

- **전문적인 개발 워크숍 참석**: 많은 대학, 교육구(school districts),

온라인 플랫폼 등은 교육자들을 위해 특별히 설계한 워크숍이나 강좌를 연다. 교육 과정은 AI 도구에 대한 기본 소개부터 수업 계획에 AI를 도입하는 방법 같은 고급 과정까지 다양하다. 코세라(Coursera), 에드엑스(edX) 그리고 스탠퍼드대학교는 종종 교사들을 위한 AI 교육을 무료로 또는 저렴하게 제공한다. AI의 교육적 응용에 초점을 맞춘 워크숍이나 웨비나에 참석하면 교사들은 AI의 기능과 한계를 더 깊이 이해할 수 있으며, 이를 통해 학생들에게 이런 도구를 자신 있게 소개할 수 있다.

- **구현 전 연습**: 교사는 교실에서 AI 도구를 사용하기 전에 테스트를 해야 한다. 퀴즈 생성, 과제 평가, 실시간 피드백 제공 등에 AI를 어떻게 활용할 수 있는지 실험해 볼 수 있다. 도구가 실시간으로 어떻게 작동하는지 이해하면 교사는 생겨날 수 있는 문제를 해결하고 현재 교수 방법에 AI를 창의적으로 도입하는 방법을 찾을 수 있다.
- **동료와의 협업**: AI 도입은 진행 중인 과정이며, 교사들은 동료들과 협업을 통해 혜택을 얻을 수 있다. 교사들은 경험, 도전 과제, 모범 사례를 공유하면서 AI 도구의 미묘한 차이와 다양한 과목이나 교수 방식에 적용하는 방식을 좀 더 잘 이해할 수 있다. 학교는 AI 활용에 관심이 많은 교사들로 내부 연구 모임을 꾸려, 새로운 도구를 실험하고 다른 교사들의 수업 적용을 지원하는 방안을 고려할 수도 있다.

학생

학생들은 학습 과정에서 AI를 책임감 있고 효과적으로 사용할 준비가 되어 있어야 한다. 명확한 기대 수준을 갖고 점진적으로 도입하면 학생들이

AI를 성공의 지름길이 아니라 지원 도구로 인식하도록 할 수 있다.

- **AI 개념의 점진적 소개**: 학생들에게 AI 작동 방식을 간단하게 시연해 주면서 소박하게 시작하라. 예를 들어, 그래머리 같은 도구가 실시간으로 문법 제안을 해 주는 방식이나, 챗GPT가 어떻게 에세이 아이디어 생성 작업을 도와줄 수 있는지 보여 주라. 이로써 학생들이 AI를 단순히 일을 덜 하려는 수단이 아니라 자신의 능력을 향상하는 유용한 도구로 이해할 수 있다.
- **AI의 한계 설명**: AI가 결코 틀리지 않는 존재가 아니란 점을 명확히 하는 것이 중요하다. 학생들은 AI 도구가 새로운 제안을 하거나 콘텐츠를 생성할 수 있긴 하지만, 여전히 인간의 확인 작업이 필요하다는 점을 이해해야 한다. 예를 들어, AI는 일관된 에세이를 작성할 수는 있지만 AI가 생성한 콘텐츠의 품질, 정확성, 관련성은 학생들이 평가해야 한다. AI가 생성한 결과물을 비판적으로 평가하는 방법을 가르치면 학생들이 AI의 잠재력과 한계에 대해 좀 더 깊이 있게 이해할 수 있게 된다.
- **명확한 AI 사용 지침 설정**: 학생들이 AI 도구를 언제, 어떻게 사용할 수 있는지에 대한 명확한 규칙을 수립하라. 예를 들어, 아이디어 브레인스토밍이나 문법 수정을 할 때는 AI 사용을 허용하지만 전체 과제를 작성하는 데 사용하는 것은 금지할 수 있다. 명확한 지침을 마련하면 학생들이 AI를 힘든 작업을 대신하는 데 사용하지 않고 학습 향상을 위해 활용하도록 확실히 할 수 있다. 스탠퍼드대학교의 연구는 이런 점을 뒷받침해 준다. 연구에서는 교사들에게 학생들이 AI를 윤리적, 실용적으로 사용하도록 안내하는 구조화된 훈련이 필요하다고 강조한다(Standford University, n.d.).

학생들은 AI 도구를 윤리적으로 사용하는 방법에 대해 교육받아야 한다. 특히 AI에 의존해 표절이나 학술 부정행위를 하지 않도록 교육받을 필요가 있다. XQ연구소는 학생들이 AI 도구를 사용하는 방법뿐 아니라 이런 강력한 기술을 사용할 때 따라오는 윤리적 책임감에 대해서도 교육받아야 한다고 강조한다(XQ Institute, 2023).

4.3.3 윤리적 문제 해결하기

큰 힘에는 큰 책임이 따른다. 그렇지 않은가? AI를 교실에 도입하기 전에 먼저 윤리적 측면을 해결하는 것이 중요하다. 개인정보 보호가 핵심이다. 사용하는 모든 AI 도구가 학생들의 데이터를 보호하도록 분명히 해야 한다. 학생들의 기록이 보관된 파일 캐비닛을 잠그는 것과 똑같다고 생각하면 된다. 학생이나 학부모와 함께 AI에 대해 공개 토론을 하라. 걱정거리는 직접 해결하라. 흔히 하는 질문은 다음과 같은 것들이 있다.

"AI가 교사를 대체할까?"
"AI가 편향되지 않았다는 것을 우리가 어떻게 알 수 있는가?"
"학생들이 AI를 이용해 부정행위를 하면 어떻게 될까?"

모두 정당한 근거가 있는 걱정거리다. 이런 문제를 공개적으로 논의함으로써 신뢰를 구축하고 교실에서 AI를 사용하는 명확한 지침을 설정할 수 있다. 교육자들은 항상 해당 교육구의 기술 정책을 참고해야 한다. 그렇게 함으로써 교실에서 교사와 학생들이 AI 사용 절차를 준수하도록 해야 한다. 교육자는 또 학생들을 안내할 정책을 명확하게 수립할 필요가 있다는 사실을 알게 될 것이다. 이런 정책에는 언제 AI 사용이 허용되고,

어떤 때 금지되는지 명시되어 있을 것이다. 표절도 규정해야 한다. 학생들의 AI 사용을 위한 정책을 수립하고 시행하기 전에 행정 승인을 받도록 하는 것이 최상이다.

교육자들은 이름, 성적, 식별 가능한 데이터 같은 학생의 기밀 정보를 AI 플랫폼에 제출하지 않도록 해야 한다. 이 정보는 저장되고 공유될 수 있기 때문이다(Atkinson, 2024). 또 연구나 배경 정보로 AI를 사용할 때 표절을 피하기 위해선 학생들에게 AI를 적절하게 인용하는 방법에 대해 가르치는 것도 중요하다(AMLE, n.d.).

13세 미만 학생의 AI 사용을 허가하기 전에는 부모의 동의를 얻도록 하라. 그리고 연령 제한과 성인용 콘텐츠를 각별히 주의하도록 하라(AMLE, n.d.). 더불어 AI가 디지털 격차를 더 확대할 수 있다는 점도 고려해야만 한다. 경제적 지위에 따라 AI에 대한 접근성이 천차만별이 될 수 있기 때문이다(AMLE, n.d.).

학생과 교사에게 AI를 통해 의도하지 않게 고정관념이 강화될 수 있다는 것을 상기시키도록 하라. 그리고 편향에 대처하기 위해 AI 생성 결과물에 대해 지속적인 대화를 진행하도록 하라(AMLE, n.d.). 마지막으로, AI는 대체로 출처를 인용하지 않는 경향이 있기 때문에 주장에 대해 사실 확인을 하는 것이 어렵고, AI가 부정확한 정보를 제공할 수도 있다는 점을 명심하라. 특정 지역 사건에 대해서는 특히 그럴 우려가 크다(AMLE, n.d.).

이것이 핵심이다. 이런 윤리적 문제를 적극적으로 해결한다면, 교사들은 학생의 개인정보 보호를 중시하고 편향과 불평등을 방지하며 인간 지능과 역량 강화를 수용하면서 AI의 능력을 활용할 수 있다(OSPI, 2024).

AI를 도입하면 교육의 품질을 향상할 수 있다. 하지만 AI의 도입은 동시에 개인정보 보호, 데이터 보안, 편향성과 관련된 심각한 윤리 문제를 제기한다. 이런 문제는 교실에 AI 도구를 도입하기 전에 사려 깊게 해결해야 한다.

개인정보 보호는 무엇보다 중요한 문제다. 많은 AI 시스템은 맞춤형 학습 경험을 제공하기 위해 학생 데이터에 의존한다. 따라서 교사와 학교는 학생 정보가 안전하게 보호되고 미국의 FERPA나 유럽의 GDPR 같은 규정을 준수하도록 보장해야 한다. 앳킨슨(Atkinson, 2024)이 지적한 것처럼, 교사들은 학생 성적이나 개인 식별자 같은 민감한 정보를 AI 시스템에 올리지 않도록 해야 한다. 이런 데이터가 저장되거나 공유될 수 있기 때문이다. 학생이나 학부모들과 AI 개인정보 보호에 대해 열린 대화를 하는 것은 신뢰 구축을 위해 꼭 필요한 작업이다.

또 다른 중요한 윤리적 고려 사항으로는 AI 알고리즘의 편향성을 꼽을 수 있다. AI 시스템은 대규모 데이터 세트로 훈련을 한다. 따라서 학습 데이터 세트에 편향성이 있을 경우엔 AI에도 의도하지 않게 차별 문제가 계속 남아 있을 수 있다. 예를 들어, 학습 데이터에 편향성이 있을 경우 AI 도구는 인종이나 성별에 따라 학생들을 불공정하게 평가할 수도 있다. 이를 방지하기 위해 교사들은 AI가 생성한 결과물을 정밀하게 검토해야 한다. 그리고 공정성과 정확성 확보를 위해 필요할 경우엔 직접 개입해야 한다. 학교는 AI 플랫폼의 투명성 정책을 검토해 편향 문제를 바로잡거나, AI가 내놓은 결과물의 근거를 설명해 주는 도구를 제공하도록 관련 처리를 명확하게 할 필요가 있다.

마지막으로 학업 정직성 문제가 있다. 클로드나 챗GPT 같은 AI 도구는 에세이를 통째로 생성하는 능력을 갖고 있기 때문에 학생들이 이런 도구를 남용해 부정직하게 과제를 완성할 위험이 있다. 학교는 학생들이 언제, 어떻게 AI를 사용할 수 있는지 규정한 명확한 AI 사용 정책을 수립해야 한다. 예를 들어, 교사는 브레인스토밍이나 연구에 AI 도구를 활용하는 것은 허용하지만 최종 제출물에 AI를 사용하는 것은 금지할 수 있다. 학교는 AI로 생성된 콘텐츠를 잡아내는 표절 탐지 도구를 활용할 수도 있다. 이를 통해 학생들의 작업이 독창적일 뿐 아니라 노력의 결과물이라는 사실을 확인할 수 있다.

4.3.4 디지털 격차 극복하기

교실에 AI를 도입할 때 흔히 제기되는 문제가 디지털 격차다. 일부 학생들이 필요한 기기를 이용하지 못하거나, 안정적으로 인터넷에 연결하지 못하기 때문이다. 이는 AI 기반 학습 도구의 혜택을 누릴 수 있는 학생들 사이에 불평등을 초래한다.

이런 문제를 해결하기 위해 교육자와 학교 관리자들은 기술에 대한 공평한 접근을 주장해야 한다. 학교는 모든 학생이 필요한 기기를 구할 수 있도록 기술 대여 프로그램을 만들 수 있다. 예를 들어, 기술 기업과 제휴할 수도 있고, 학생들에게 노트북이나 태블릿을 제공하는 보조금을 신청할 수도 있다. 또한, 지역 단체와 협력해 모든 학생이 무료 또는 할인된 가격으로 인터넷을 사용하도록 하면 저소득층 학생들의 연결성 격차를 메우는 데 도움이 된다.

디지털 격차를 극복하는 또 다른 측면은 디지털 리터러시 문제 해결이다. 일부 학생들, 특히 취약 계층 학생들은 AI 도구를 효과적으로 사용하는 데 어려움을 겪을 수 있다. 디지털 기술에 익숙하지 않은 학생들을 위해 훈련 프로그램이나 개별 지도를 제공하는 것은 경쟁의 장을 평평하게 만드는 데 도움이 된다. 그 결과 모든 사람이 AI 강화 교육의 혜택을 받을 기회가 평등하게 보장된다.

4.3.5 AI 리터러시와 윤리적 이용 가르치기

AI가 교실에 더욱 깊이 도입됨에 따라, AI 리터러시를 가르치는 것이 굉장히 중요해졌다. 학생들이 단순히 AI 도구 사용 방법뿐 아니라 AI의 사회적 영향에 대해서도 이해하도록 해야 한다. 교사는 학생들이 AI가 내놓은 결과물을 비판적으로 평가하고 그 한계도 인식하도록 독려해야 한다.

AI 리터러시를 함양하는 방법 한 가지는 AI 도구를 학습 과정의 한 부분으로 활용하는 것이다. 예를 들어, 학생들은 AI 도구를 사용하여 글쓰기 주제나 토론 시나리오를 생성할 수 있다. 하지만 AI가 생성한 콘텐츠가 근거 있는지, 유용한지는 학생들이 평가하도록 해야 한다. AI가 만든 결과물에 대해 의문을 제기함으로써 학생들은 비판적 사고 역량을 키우며, 기술을 좀 더 분별력 있게 사용할 수 있게 된다.

또 학교는 윤리 문제 토론을 AI 리터러시 교육의 한 부분으로 포함해야 한다. AI가 교실에서 일반적인 도구로 자리 잡으면서 학생들은 편향성, 개인정보 보호, 책임성 같은 좀 더 광범위한 AI의 사회적 영향력을 이해해야 한다. AI를 책임감 있게 사용하도록 가르치는 것은 학생들이 AI가 보편화된 세상을 대비하도록 하는 데 도움이 된다. 학생들이 충분한 정보를 취득한 윤리적인 시민으로 사회에 기여할 수 있도록 해 준다.

교육자들은 이런 단계를 밟아 가면서 교실 내 AI 도입을 위한 탄탄한 기반을 마련할 수 있다. 이를 통해 AI의 기술적, 윤리적 측면을 모두 다룰 수 있다. 학교가 적절한 준비를 하면 AI의 혜택을 극대화하고 위험은 최소화하면서 혁신적이고 공평한 학습 환경을 만들어 낼 수 있다.

4.4 교실에 생성형 AI를 도입하는 단계별 가이드

교실에서 생성형 AI를 쓰기 시작하는 것에 대해 두려워할 필요가 없다. 여기서 제시하는 단계별 가이드는 교육자에게 로드맵 역할을 한다. 초기 평가부터 실제 구현까지 단계마다 원활하고 성공적으로 AI를 도입하는 데 도움이 될 것이다.

이 가이드는 다섯 가지 중요한 분야를 다룬다. 교실의 수요 평가, 적절한 AI 도구 선택, 기술적 설정, 전문적인 개발, 초기 구현이다. 각 단계는 이전 단계를 토대로 설계돼 교육에 AI를 도입하는 종합적인 접근 방식을 알려 준다. 이번 섹션의 마지막에는 참고 자료 체크리스트를 첨부해 AI 도입 과정에서 해당 항목을 체크할 수 있도록 해 준다.

4.4.1 교실 수요 평가

AI의 세계로 뛰어들기 전에, 잠시 시간을 갖고 교실을 한번 둘러보라. 어떤 분야를 끌어 올려야 할까? 학생들이 글쓰기에 어려움을 겪을 수 있다. 혹은 당신은 과제 평가에 시달리고 있을 수도 있다. 어떤 부분이 필요한지 찍어 줘야만 AI가 도움을 줄 수 있다.

스스로에게 다음과 같은 핵심 질문을 던져 보라.

"당신의 시간 대부분을 차지하는 업무는 어떤 것들인가?"
"학생들에게 추가 지원이 필요한 부분은 어디인가?"
"학생들이 개발하기를 원하는 기술은 어떤 것들인가?"

예를 들어, 복잡한 수업 계획을 세우고, 맞춤형 워크시트를 만들며, 종합적인 평가를 개발하는 데 많은 시간을 할애하고 있는가? 학생들의 과제물에 대해 종합적으로 피드백하는 데 상당한 시간을 쏟아붓고 있는가? GPT-4와 GPT-4o 같은 생성형 AI 모델의 세계로 들어오라. 그렇게 하면 콘텐츠 자동 생성 덕분에 소중한 시간을 자유롭게 확보할 수 있어 다른 중요한 업무에 집중할 수 있다. 또 과제 평가를 위해 특별히 설계된 맞춤형 GPT를 조사해 보라. AI로 구동되는 개인 교수 시스템과 가상 조교의 역할도 고려해 보라.

에세이 피드백에 많은 시간을 쓰고 있는 영어 교사라면,

- 챗GPT/클로드/제미나이를 활용해 초기 피드백 요점을 생성한다.
- 재스퍼 AI의 AI 기반 제안 기능을 활용해 학생들의 에세이 구조, 일관성, 창의성 개선에 도움을 주는 방안을 고려해 본다.
- 프로라이팅에이드(ProWritingAid)를 활용해 글쓰기 형식, 문법, 가독성에 대한 심층 분석과 피드백을 제공한다.

맞춤형 연습문제를 제공하려는 수학 교사라면,

- 칸 아카데미의 카밍고를 활용해 AI 기반 개인 맞춤형 실습과 주문형 연습 문제를 만들어 본다.
- 다양한 수학 주제에 대한 AI의 설명 생성과 적응형 연습 문제 출제를 위해 매스GPT(MathGPT)를 사용한다.
- 울프람 알파의 자세한 단계별 문제 해결과 복잡한 계산 기능을 고려한다.
- AI 기반 실습과 맞춤형 연습 문제를 위해 칸 아카데미의 카밍고를 탐색한다.
- IXL이나 드림박스 러닝을 사용해 개별 학생의 필요에 따라 조정되는 적응형 수학 문제를 만든다.

실험 보고서 작성 능력을 향상하려는 과학 교사라면,

• 챗GPT나 퍼플렉시티 AI를 활용해 학생들이 가설을 수립하거나 복잡한 과학 개념을 이해하고 설명을 작성하는 작업을 도와준다.

• 학생들의 진도에 맞춰 맞춤형 퀴즈와 시험을 출제하기 위해 맞춤형 GPT를 활용한다.

• AI 기반 가상 실험 시뮬레이션인 랩스터(Labster)를 활용해 이해도를 높이고 실험 보고서 품질을 개선하는 것을 고려한다.

여러분은 AI를 특히 유용하게 활용할 수 있는 다음과 같은 분야를 살펴볼 수 있다.

콘텐츠 생성: GPT 기반 텍스트 생성기 같은 AI 도구는 학습 자료, 수업 계획, 평가 생성을 자동화하고 개선해 시간을 절약하면서 품질을 높일 수 있다.

평가와 채점: 그레이드스코프와 이그잼소프트 같은 AI 기반 도구는 특히 대규모 강의에서 채점을 자동화하고 학생 성적에 대한 통찰을 주기 때문에 업무 부담을 줄여 준다.

개인 맞춤형 학습: AI는 성과 데이터를 분석해 개별 학생의 필요에 따라 맞춤형 지도를 할 수 있다. 칸 아카데미의 카밍고 같은 적응형 학습 플랫폼은 진도에 따라 과제 난도를 조정해 학생들이 과도한 부담 없이 도전할 수 있도록 한다.

참여와 상호작용: AI 기반 챗봇은 즉각적인 피드백을 제공하고 질문에 답변함으로써 학생 참여를 높여서 정규 수업 시간 외에 자기 주도적 학습을 할 수 있게 한다.

사용 가능한 자원 확인하고 틈 파악하기

생성형 AI 도구를 도입하기 전에 내부 감사를 통해 사용 가능한 자원의 목록을 작성하고 채워야 할 부족한 부분을 파악하는 것이 중요하다.

현재 교실 자원 점검

- 사용할 수 있는 컴퓨터나 태블릿은 몇 대인가?
- 인터넷 연결 상태는 어떤가?
- 새로운 소프트웨어나 도구 구매를 위한 예산이 있는가?

장비가 부족한 교실의 경우

- AI 강화 그룹 활동을 위해 카훗!(Kahoot!)이나 퀴지즈(Quizizz) 활용.
- 소크라티브(Socrative)를 도입해 빠른 AI 생성 형식 평가 진행.

인터넷 연결은 강하지만 컴퓨터가 부족한 경우

- 브라우저 기반 언어 학습을 위해 듀오링고(Duolingo) 고려.
- 수업 계획, 상호작용 활동, 과제 관리를 위해 구글 클래스룸과 듀엣 AI(Duet AI) 활용.

BYOD(Bring Your Own Device)[23] 정책을 적용한 교실의 경우

- AI 기반 플래시카드와 학습 세트를 위해 퀴즈렛(Quizlet) 실행.
- 멘티미터(Mentimeter)를 사용해 상호작용형 프레젠테이션과 실시간 피드백 제공.
- 무디(Moodie)에 H5P 같은 AI 기반 플러그인을 적용해 플래시카드, 퀴즈, 학습 세트 등 상호작용적 AI 기반 학습 활동 생성.

핵심 요구 사항과 이용 가능한 자원을 파악하게 되면 조사를 시작해 적절한 AI 도구를 선택할 수 있다.

---

23) 직원들이 개인적으로 갖고 있는 노트북PC나 태블릿, 스마트폰 같은 것들을 직접 가지고 와서 회사 업무에 사용하도록 하는 정책을 의미한다.

4.4.2 적절한 AI 도구 선택하기

정확한 수요와 자원을 파악했다면 이젠 교실에 적합한 AI 도구를 선택할 차례다.

교육 목표와 학생 요구 사항에 맞는 AI 도구를 선택하라

교육 목표와 일치하고 기존 기술 인프라와 끊김 없이 결합되는 설루션을 찾아보라. 여러 선택 사항을 평가할 때는 이용 편의성, 개인정보 보호, 지속적 지원 같은 요인을 고려해야 한다. 요즘엔 선택할 수 있는 것이 워낙 많기 때문에 당황스러울 수 있을 것이다. 하지만 교육 형태/선호도를 토대로 어떤 요소가 가장 중요한지 기준을 설정하고, 그 기준에 따라 도구들을 걸러내야 한다. 다재다능한 생성형 AI 도구를 찾고 있다면 챗GPT, 제미나이, 클로드 같은 것들을 고려해 볼 수 있다. 하지만 특정 분야에 특화된 틈새 생성형 AI를 포함하려고 할 경우엔 아래에 일반적인 범주별 도구 목록이 있다.

- 글쓰기와 언어학

재스퍼 AI(Jasper AI): 창의적인 글쓰기 지시 메시지를 생성하고 AI 기반 콘텐츠를 제안해 아이디어를 확장해 준다.

수도라이트(Sudowrite): 창의적인 글쓰기 능력 향상을 위해 고쳐 쓰기, 브레인스토밍, 형식 개선을 위한 도구를 제공한다.

워드튠(Wordtune): AI가 실시간으로 제안해 주는 명확성, 일관성, 형식 개선 사항을 통해 학생들이 쓴 글을 더 정교하게 만든다.

수학

매스GPT(MathGPT): 다양한 수학 주제에 걸쳐 포괄적인 AI 기반 문제 해결 과정을 보이고 설명을 생성한다.

소크라틱 바이 구글(Socratic by Google): 생성형 AI를 활용해 복잡한 수학 문제를 단계별로 분해하고 설명한다.

포토매스(Photomath): AI를 활용해 방대한 분야의 수학 문제에 대한 단계별 해법과 설명을 생성한다.

■ 과학

퍼플렉시티 AI(Perplexity AI): 복잡한 과학 개념에 대해 상세한 생성형 AI 기반 설명을 제공한다.

일리싯(Elicit): AI의 도움을 받아 가설을 생성하고 과학 문헌을 조사한다.

랩스터(Labster): AI 기반 가상 실험실 시뮬레이션을 제공해 양방향 과학 실험을 경험할 수 있도록 해 준다.

■ 사회과학

클로드(Claude): 생성형 AI를 이용해 상세한 콘텐츠, 역사적 분석과 설명을 만들어 준다.

타임라인JS(TimelineJS): 상호작용적인 AI 기반 역사 타임라인을 생성한다.

내러티브 사이언스(Narrative Science): 데이터를 읽기 쉽고 통찰력 있는 이야기로 변환한다. 사회과학 콘텐츠에 특히 유용하다.

■ 외국어

레플리카(Replika): AI가 생성한 현실적인 대화를 통해 언어 기술을 연습한다.

링귀스(Linguix): AI 기반 문법 및 어휘 능력 향상 기능을 제공한다. 언어 학습 수요에 맞춰 AI가 제안한 것들을 조정한다.

라이트소닉(WriteSonic): 생성형 AI를 활용해 다양한 언어 간 콘텐츠 작성, 번역, 패러프레이징을 지원한다.

듀오링고 맥스(Duolingo Max): AI를 활용한 개인 맞춤형 강의, 상호작용 연습문제, 실시간 피드백으로 언어 학습을 강화해 준다.

토크팔(TalkPal): AI 기반 언어 학습 도구로, 상호작용형 대화를 통해 수월하게 언어 연습을 할 수 있도록 지원해 준다. 사용자의 말하기 능력을 향상하기 위해 개인 맞춤형으로 피드백을 한다.

■ 범용

챗GPT(ChatGPT): 생성형 AI를 활용해 다양한 주제에 걸쳐 아이디어를 제안하고, 콘텐츠와 상세한 설명을 생성한다.

캔바 매직 라이트(Canva Magic Write): 프레젠테이션이나 교육 자료 같은 디자인 프로젝트를 할 때 AI 지원 콘텐츠 생성 기능을 제공한다.

노션 AI(Notion AI): 콘텐츠를 효과적으로 생성 및 조직함으로써 노트 작성, 프로젝트 관리, 협업 작업을 강화해 준다.

목표는 인간 교사를 대체하는 것이 아니라 AI를 교육 실천의 강력한 보완/지원 도구로 활용하는 것이란 사실을 기억하라. 핵심은 여러분 특유의 요구 사항에 AI를 맞추는 것이다. 가장 화려한 새로운 AI에 휘둘리지 말라. 자신과 학생들에게 효과가 있는 것으로 선택하라. 신중하게 고려하면 스스로 성공을 위한 기반을 닦을 수 있다. 어떤 것이 필요한지는 여러분이 잘 알 것이기 때문이다.

4.4.3 생성형 AI 도구의 기술적 설정

요구 사항을 평가하고 적절한 생성형 AI 도구를 선택했다면, 이제 강의실 워크플로에 도입해야 할 때다. 이 과정은 선택한 도구마다 천차만별로 다를 수 있다. 하지만 따라야 하는 몇 가지 일반적인 단계가 있다. 이 작업을 하기 전에 먼저 선택한 AI 도구가 여러분이 보유하고 있는 장치에서 잘 작동하는지 확인해 보라. 이때 고려해야 할 몇 가지 질문이 있다.

도구는 설치를 해야 사용 가능한가? 아니면 웹 기반으로 작동하는가?

여러분 기기의 운영 체제는 최신 버전인가?

새로운 소프트웨어를 설치하기에 충분한 저장 공간이 있는가?

신뢰할 수 있는 인터넷 접속, 호환되는 기기, 필요한 소프트웨어나 플랫폼 등 필수 기술 인프라가 있는지 확인해 보라. 많은 생성형 AI 도구는 클라우드 기반으로 작동한다. 따라서 학교나 교육구가 필요한 네트워크 기능과 관리자 권한을 갖추고 있는지 확인해야 한다.

다음으로, AI 도구를 특정 요구 사항에 맞게 철저하게 구성하는 데 시간을 할애하라. 이는 도구 설정을 최적화하거나, 기존 수업 관리 시스템과 연결하고, 특정 교육 과정이나 콘텐츠에 맞게 훈련시키는 것을 포함한다. 원하는 결과를 얻을 때까지 실험하고 설정을 조정하는 것을 두려워하지 말라. 특정 교육 과정에 대해 맞춤형 훈련을 하기 위해 전문가와 상담하거나 전문가를 고용해야 할 수도 있다. 그 대안으로 커스텀GPT-(CustomGPT)를 만드는 것에 대해 탐구하기에 적합한 시간이 됐다.

예를 들어, 콘텐츠 생성용 GPT 기반 어시스턴트를 사용한다고 가정해 보자. 그럴 경우엔 생성된 자료가 교육 기준이나 학습 목표와 일치하도록 상세한 설명과 지침을 제공해야 한다. 또 AI 모델에게 학교 고유의 글쓰기 형식이나 서식 요구 사항을 훈련시켜야 할 수도 있다.

설정 과정 단계별로 기록을 남기고 교육자와 학생 모두를 위한 명확한 가이드를 개발하도록 하라. 설정할 때는 문제가 생기지 않는지 주의 깊게 관찰하도록 하라. 도구가 학교의 방화벽에 막히거나, 오래된 기기와 호환되지 않을 수도 있다. 수업 도중에 이런 문제를 접하는 것보다는 지금

잡아내는 것이 더 좋다.

예기치 않은 문제가 생길 경우엔 두려워하지 말고 도움을 요청하라. 학교의 IT 지원팀, 온라인 포럼, 혹은 AI 도구의 고객 서비스 모두 구원자가 될 수 있다. 이런 것들은 문제 상황을 원활하게 전환하고, 기존 수업 루틴에 초래될 혼란이나 분열 상태를 최소화하는 데 도움이 된다.

분열 상태를 최소화하기 위해선 파일럿 테스트를 해 보는 것이 가장 좋다. 예를 들어, AI 기반 상호작용 수업을 고려하는 역사 시간에는 다음과 같은 것을 할 수 있다.

1. 챗GPT나 클로드를 사용해 한 강좌 분량의 역사적 인물 간 대화를 생성한다.
2. 소규모 그룹이 이 대화문으로 역할극을 하고, 피드백을 해 준다.
3. 전통적인 방법과 비교해 참여도와 지식 유지 수준을 평가한다.

대안으로 영어 수업에서는 퀼봇을 사용해 한 단락 고쳐 쓰기 연습을 진행하고 결과를 평가해 볼 수 있다. 학생들이 이를 어떻게 활용하는지, 어떤 어려움이 발생하는지, 예상치 못한 이점은 어떤 것이 있는지 확인해 보라.

생성형 AI를 다양한 교육 과제에 맞게 활용하는 방법

요구 사항을 평가할 때 고려해야 할 유용한 영역에 대해 논의할 때 다룬 것처럼, 아래는 생성형 AI 도구를 교육적 과업에 맞게 활용하는 몇 가지 사례다.

콘텐츠 생성: GPT 기반 어시스턴트를 수업 계획서나 퀴즈를 생성하도록 설정한다. 주제와 일치하도록 프롬프트를 최적화한 뒤 교실에서 사용하기 전에 AI 생성 콘텐츠의 정확성과 적절성을 검토해 보라.

평가와 채점: 객관식 시험이나 에세이를 자동 채점하도록 AI 채점 도구를 설정한다. 채점 기준을 입력하고, AI가 그 기준을 일관되게 적용하는지 확인한다.

맞춤형 학습: 적응형 학습 플랫폼을 사용해 학생별 맞춤형 학습 경로를 생성한다. 각 학생의 진도에 따라 과제 난도를 조정하도록 플랫폼을 최적화한다. 이를 통해 학생들이 모든 단계에서 적절한 수준의 도전을 받을 수 있도록 한다.

파일럿 테스트를 진행하는 도중에 스스로에게 질문을 던져 보라.

- 이 도구는 학생들이 사용하기에 너무 쉬운가?
- 학습 목표 달성에 도움이 되는가?
- 해결해야 할 기술적 쟁점이 있는가?

결과가 긍정적이라면, 적절한 생성형 AI 도구를 선택했다고 확신해도 된다.

4.4.4 훈련과 개인 발전

생성형 AI를 교실에 성공적으로 도입하려면 교육자와 학생 모두 이 과정에 관여하고 참여할 필요가 있다. 훈련과 지속적 지원을 위해 시간을 투자하면 모든 사람이 새로운 도구를 사용하는 데 자신감과 편안함을 느끼도록 할 수 있다. 많은 동료가 여러분만큼 기술에 익숙하지 않을 수 있기 때문에 훈련과 지원은 매우 큰 도움이 될 것이다.

먼저 교사진에게 포괄적인 교육 프로그램을 제공하라. AI 도구의 주요 기능과 능력에 익숙해지도록 하라. 이 책과 다른 자료들에서 배운 도입과 이용의 모범 사례에도 익숙해지도록 하라. 실험을 장려하고 피드백을 제공하라. 이는 교육 프로그램을 개선하고 문제점을 바로잡는 데 도움이 될 것이다.

아래와 같이 교육 기회를 찾아보도록 하라.

- AI 도구 제공업체가 무료 웹세미나나 강좌를 여는지 확인하라.
- 여러분의 학구에서 기술 중심 전문 개발 프로그램을 제공하는지 확인하라.
- 코세라나 에드엑스 같은 플랫폼에서 개설하는 교육 분야 AI 관련 온라인 강좌를 고려해 보라.

정식 교육 과정이 없을 경우엔 직접 만들어 보라. 관심 있는 다른 교사들과 모여 도구를 함께 탐구해 보라. 이 세션에서는 AI 도구의 기본 기능, 수업에 도입한 모범 사례(다음 섹션에서 자세하게 다룬다), 피해야 할 문제에 초점을 맞춘다.

학생들의 수요를 고려하는 것도 중요하다. 연령에 적합한 교육 자료와 활동을 개발해 학생들이 AI가 어떻게 작동하는지, 학습 지원을 위해 어떻게 사용할 수 있는지 이해할 수 있도록 도와주라. 여기에는 양방향 시연, 상호작용형 데모, 풀이를 제시해 놓은 연습문제(guided exercises), 도구 접근 및 사용 방법에 대한 명확한 지침 등이 포함될 수 있다.

AI 기반 학습으로 전환하는 일은 교육자와 학생 모두에게 의미 있는 변화가 될 수 있다. 하지만 지속적인 지원과 고장 수리 서비스를 받을 수 있도록 준비하라. 전담 IT 지원이든, 지식 베이스(knowledge base)[24) 형태이든 혹은 정기적으로 확인하든 방법은 상관없다. 열린 소통을 장려하고 제기될 수 있는 우려나 질문에 즉각 대응하도록 하라. 하루 만에 AI 전

---

24) 전문가 시스템의 하나로서, AI 에이전트가 사용될 분야와 관련된 지적 활동과 경험을 통해 축적한 전문지식, 그리고 문제 해결에 필요한 사실과 규칙 등이 저장된 데이터베이스다.

문가가 될 수는 없다. 그냥 교실에서 AI 도구를 효과적으로 사용할 수 있을 만큼 편안해지면 된다.

4.4.5 생성형 AI 도구 점검 및 평가

생성형 AI를 교실에 도입하는 것은 일회성 사건이 아니라 계속 진행되는 과정이다. AI 도구의 효과를 지속적으로 점검하고 필요에 따라 조정하는 것이 중요하다.

성공을 측정하기 위한 명확한 지표 설정부터 시작하자. 어떤 결과를 달성하려고 하는가? 그리고 진척 상황은 어떻게 측정하려고 하는가? 여기에는 학생 성적 향상이나 행정 업무 부담 감소 같은 정량적 데이터뿐 아니라 교육자, 학생, 부모 들의 정성적인 피드백까지 포함할 수 있다.

AI 도구의 사용과 영향에 대한 데이터를 정기적으로 수집하고 분석해야 한다. 채택 유형, 참여도가 높은 영역과 낮은 영역, 의도하지 않았던 결과나 도전 과제 등에 주목하라. 이 정보를 활용해 실행 전략을 개선하고, 훈련 자료를 업데이트하거나 다른 AI 설루션을 탐색하라.

동료들의 경험을 이해하고 개선을 위한 제안을 수집하며, 걱정이나 좌절을 해소하도록 정기적으로 만나는 일정을 잡도록 하라. 구글 폼스(Google Forms)나 서베이몽키(SurveyMonkey) 같은 도구를 활용해 학생 피드백을 수집하기 위한 설문조사를 만들 수도 있다. 이 협업적 접근 방식은 AI 도입이 교실에서 필요로 하는 것이나 우선순위와 부합하도록 하는 데 도움이 될 것이다.

교육 목표를 지원하기 위해 생성형 AI 사용을 지속적으로 최적화하는 것이 목표라는 사실을 기억하라. 사려 깊게 점차 사용을 늘려 가는 방식을 채택하는 것이 성공의 열쇠다. 여러분 교실의 독자적인 요구 사항을 평가하는 데서 시작하라. 그런 다음 적절한 AI 도구를 선택하고, 포괄적인 훈련과 지원에 투자하도록 하라. 그렇게 한 다음엔 AI 실행의 영향을 지속적으로 점검하고 평가하면서 학생들을 위해 가능한 한 최상의 결과를 보장할 수 있도록 필요에 맞게 조정하도록 하라.

4.5 생성형 AI 도입 모범 사례

교실에서 생성형 AI 도구를 실행하는 과정에서 몇 가지 핵심 모범 사례를 염두에 두는 것이 중요하다. 그렇게 하면 고급 언어 모델의 능력과 인간의 소통과 감독이라는 대체할 수 없는 가치 사이에서 적절한 균형을 유지하는 데 도움이 될 것이다. 생성형 AI 도구는 인간 교육자를 지원하는 역할을 하는 것이지, 그들을 대체하려는 것이 아니다.

4.5.1 생성형 AI와 인간 상호작용의 균형

생성형 AI를 교실에 도입할 때 큰 우려 중 하나는 교사들의 중요한 역할을 대체하거나 약화할 수 있다는 점이다. 교육자들이 제공하는 인간적 연결, 공감, 개인별 맞춤형 관심은 효과적인 학습의 필수 요소다. 우리 모두 인생을 바꾼 선생님이 있지 않는가?

핵심은 생성형 AI를 교직 실무의 대체물이 아니라 강력한 보완재로 간주하는 것이다. 이런 언어 모델은 인간의 능력을 흉내 내기 위한 것이 아니라 그 능력을 높이고 발전시키는 데 도움을 주는 도구가 되어야 한다.

효과적인 전략 중 하나는 생성형 AI 기반 도구를 자동화나 데이터 기반 통찰력의 혜택을 받을 수 있는 구체적이고 명확하게 정의된 작업에 할

당하는 것이다. 예를 들어, GPT 기반 어시스턴트로 학생의 글쓰기 과제에 대해 개인 맞춤형 피드백을 생성할 수 있을 것이다. 덕분에 여러분은 자유로운 시간을 확보해 좀 더 수준 높은 학생 지도와 지원에 집중할 수 있다. 또는 생성형 AI 기반 교수 시스템을 도입해 학생들에게 어려운 개념에 대한 맞춤형 연습 과제와 강화 자료를 내줄 수 있다. 대신 교사는 가장 도움을 필요로 하는 학생들을 일대일로 가르칠 시간을 좀 더 확보할 수 있다. 우리는 앞 장과 이번 장에서 교육자 여러분을 위해 가장 인기 있고 유용한 도구를 몇 가지 살펴봤다.

생성형 AI는 이런 시나리오에서 생산성 향상 도구이자 학습 보조 도구로 소중한 역할을 한다. 하지만 교사는 여전히 수업의 주도권을 확고하게 유지하며 AI가 결코 대체할 수 없는 감독 능력과 섬세한 판단, 그리고 인간적인 감각을 지켜 낸다.

수업에 생성형 AI를 도입할 때는 투명하고 협업적인 접근 방식을 유지하는 것도 중요하다. 여러분은 학생들과 언어 모델의 작동 방식, 능력과 한계, 학습 과정을 지원할 때 언어 모델이 할 수 있는 역할에 대해 열린 토론을 진행해야 한다. 필요하다고 판단할 경우엔 교실 내 생성형 AI 사용 규칙을 명확히 설정하라. 학생들과 신뢰를 구축하는 것이 꼭 필요하다.

생성형 AI 도구는 교사를 대체하기 위해 설계된 것이 아니라 교사의 능력을 향상하기 위해 존재한다는 점을 이해하라.

4.5.2 윤리적 표준 유지하기

교실에 생성형 AI를 도입하는 것은 교육 전달 방식의 중요한 전환점이 된다. 교실에서 생성형 AI를 사용할 때는 엄격한 윤리적 지침을 준수하는 것이 중요하다. 이런 혁신적인 언어 모델은 데이터 보호, 평등, 공정성과 관련해 중요한 논의를 제기한다. 그리고 이 문제는 신중하게 다뤄야 한다.

먼저 교실 내 생성형 AI 사용이 GDPR이나 미국의 FERPA 같은 학교나 지역의 개인정보 보호 정책 및 관련 규정에 맞는가? 교사는 이런 언어 모델이 수집하고 처리하는 학생 데이터의 유형에 대해 투명하게 공개하고, 학생과 보호자로부터 필요한 동의를 얻어야 한다.

생성형 AI 시스템이 편향이나 불평등을 조장하거나 악화할 수 있다는 점을 유의해야 한다. 많은 언어 모델은 사회적 편향을 반영할 수 있는 역사적 데이터로 훈련받았다. 이런 부분은 AI의 결과물이나 의사 결정에 반영될 수도 있다. 선택한 생성형 AI 도구가 사용한 학습 데이터와 알고리즘을 정밀 검토해야 한다. 우려되는 유형을 포착했을 경우엔 결과를 조정하거나 다른 해결 방안을 모색할 준비를 해야 한다.

공정성과 평등을 보장하기 위해 아래와 같은 실행 전략을 고려해 보라.

- 배경이나 능력에 관계없이 모든 학생에게 생성형 AI 기반 도구에 대한 동등한 접근권 보장하기
- 생성형 AI 도구의 성능과 영향을 정기적으로 점검해서 다양한 학생 집단 간 효과 차별 식별하기
- 생성형 AI 도입과 관련된 의사 결정 과정에 학생, 학부모, 지역 사회 구성원 등 다양한 이해관계자 참여시키기
- 교육 전문가, 윤리학자, 법률 전문가의 의견을 반영해 교실에서 생성형 AI를 윤리적으로 사용하기 위한 명확한 지침과 정책을 개발하기

마지막으로, 생성형 AI가 교사-학생 관계의 역학을 새롭게 만들 잠재력을 갖고 있다는 점도 염두에 두어야 한다. 이런 언어 모델은 효율성, 창의성, 개인화를 강화할 수 있다. 하지만 학생들의 사회적 · 정서적 필요

를 우선시하는 인간 중심 접근 방식을 유지하는 것이 중요하다.

학생들과 정기적으로 소통하면서 생성형 AI에 대한 그들의 인식과 경험을 이해하고, 그에 맞게 구현 전략을 조정할 준비를 하도록 하라.

엄격한 윤리적 기준을 준수하고 학습의 인간적 요소에 강한 초점을 유지한다면, 생성형 AI를 교실에 도입하는 과정을 간소화할 수 있다.

학교의 가치와 정책을 고려하고 개인정보 보호, 평등, 공정성 원칙을 준수하면서 항상 윤리적 고려 사항을 가장 우선시하도록 하라.

교육자들이 AI를 교육 경험 향상 지원 도구로 활용하도록 장려하기

도입상의 장애가 있음에도 불구하고, 교육 분야에서 생성형 AI의 잠재적 이점은 무시할 수 없을 만큼 상당하다. AI를 교육 경험을 향상할 수 있는 지원 도구로 탐구해 보는 것은 어떨까? 이 책에서 반복적으로 강조한 것처럼 AI는 교사들을 대체하기 위해 존재하는 것이 아니다. 오히려 강력한 협력자다. 교육자가 하는 가장 좋은 일을 강화해 주는 존재다.

이런 점을 고려해 보라. AI 도구는 교사가 차별화된 강의를 하는 데 도움을 줄 수 있다. 적시에 피드백을 줄 수 있으며, 역동적이고 상호작용적인 학습 환경을 만들 수 있다. 전통적 방법으로는 할 수 없는 방식으로 학생들의 상상력을 잡아챌 수 있다.

AI를 통해 교육자들은 학생 중심 학습이란 새로운 가능성의 문을 연다. 각 학생 특유의 강점과 필요를 인정하고 키워 줄 수도 있다.

오늘날 교육이 직면한 도전 과제에 대해 생각해 보라. 학습 격차. 극도의 피로에 시달리는 교사들. 교육 불평등. AI는 이런 문제를 해결하는 열쇠가 될 수 있다. 교사들은 AI를 활용해 모든 학생을 위해 교육을 좀 더 접근 가능하고, 평등하며, 효과적으로 만들 수 있는 혁신적인 해결책을 개발할 수 있다.

그렇다면, 어디서부터 시작할까? 작은 것부터 시작하라. 몇몇 AI 도구를 실험해 보라. 어떤 것이 잘 작동하는지 확인하고, 그것들부터 구축해 나가라. 실험을 두려워하지 말라. 동료들과 협력하고, 배운 것을 공유하며, 여러분의 기량을 계속 발전시켜라. AI는 지속적으로 발전하는 분야다. 호기심을 유지하고 적극적으로 참여하는 것이 AI가 제공하는 것을 최대한 활용하는 가장 좋은 방법이다.

다음으로, 교실에서 생성형 AI를 실행할 때 도움이 되는 체크리스트를 주의 깊게 선별했다. 필요한 모든 사항이 처리되도록 확실히 하라.

4.6 교실에서 생성형 AI를 실행하기 위한 체크리스트

아래 열거한 것들은 교실에서 생성형 AI를 도입할 때 쉽게 각 단계를 점검할 수 있는 체크리스트다.

교실 요구 사항 평가

[ ] AI가 지원할 수 있는 구체적인 교육 목표를 확인한다.

I] 시간을 가장 많이 잡아먹는 작업 목록을 작성한다.

[ ] 학생들에게 추가 도움이 필요한 분야를 기록한다.

[ ] 학생들이 개발하기 원하는 기량을 간단하게 기술한다.

자원 현황 파악

[ ] 사용 가능한 컴퓨터/태블릿 수를 확인하라.

[ ] 인터넷 연결 속도와 안정성을 점검하라.

[ ] 새로운 소프트웨어/도구 구매를 위한 예산을 책정하라.

[ ] 본인의 기술적 역량을 평가하라.

[ ] 학생들의 기술 숙련도를 측정하라.

AI 도구 선택

[ ] 필요에 맞는 AI 도구를 조사한다.

[ ] 다양한 도구의 기능을 비교한다.

[ ] 기존 시스템과의 호환성을 확인한다.

[ ] 파일럿 테스트를 위해 1~2개의 도구를 선택한다.

파일럿 테스트 수행

[I 테스트를 위해 소규모 그룹이나 단일 수업을 선택한다.

[ ] 선택한 AI 도구를 시험해 본다.

[ ] 기술적 문제나 어려운 과제를 기록한다.

[ ] 실험 그룹의 피드백을 수집한다.

기술적 환경 준비

[ ] 선택한 도구가 사용 가능한 장치에서 잘 작동하는지 확인하라.

[ ] 장치/시스템에 필요한 업데이트가 있는지 확인하라.

[ ] 충분한 저장 공간이 확보되었는지 확인하라.

[ ] 필요한 소프트웨어를 설치하라.

[ ] 필요한 계정/로그인을 설정하라.

[ ] 학교 네트워크에서 도구를 테스트하라.

전문성 개발 참여

[ ] 훈련 과정이나 웨비나에 참석하라.

[ ] 교육 분야 AI 관련 온라인 강좌를 이수하라.

[ ] 동료 학습 과정을 조직하라.

[ ] 수업 이외 시간에 도구를 연습해 보라.

계속 학습 계획

[ ] 에드테크 뉴스레터/블로그를 구독하라.

[ ] AI를 사용하는 교사들의 온라인 커뮤니티에 가입하라.

[ ] 새로운 AI 기능을 탐색하기 위해 정기적으로 시간을 할애하라.

수업 적용

[ ] 초기 적용을 위한 특정 수업/단원을 선택하라.

[ ] 학생들에게 AI 도구를 소개하라.

[ ] AI를 사용하는 목적과 기대되는 이점을 설명하라.

피드백 수집

[ ] 학생들에게 AI 도구 대한 의견을 물어보라.

[ ] 교육에 미치는 영향을 관찰한 뒤 기록하라.

[ ] 학습 결과에 미치는 영향을 평가하라.

조정

[ ] 모든 피드백을 검토하라.

[ ] 개선이 필요한 분야를 찾아내라.

[ ] 필요에 따라 적용 계획을 조정하라.

핵심 요점 정리

- 생성형 AI는 개별 학생의 필요에 따라 교육 콘텐츠를 맞추어 준다. 그렇게 함으로써 좀 더 흥미롭고 효과적인 학습 경험을 제공할 수 있다.
- AI는 교육을 향상해 주는 보조 도구로 인식해야 한다. 교사들이 좀 더 전략적이고 창의적인 업무에 집중할 수 있도록 시간을 절약해 준다.
- 교실에 AI를 도입할 때는 윤리적인 문제, 특히 데이터 개인정보보호와 알고리즘 편향성을 신중하게 고려할 필요가 있다. 이를 통해 AI 기술의 책임감 있고 투명한 사용을 보장할 수 있다.
- 교육자들이 AI를 교육 실습에 효과적으로 도입하고 기술적 진보에 뒤처지지 않기 위해서는 지속적인 학습과 전문성 개발이 반드시 필요하다.

5장
생성형 AI 지원 활동을 통해 비판적 사고 향상하기

풍부한 정보에 쉽게 접근할 수 있는 디지털 시대에는 비판적으로 사고하는 능력이 더 중요하다. 비판적 사고는 학생들이 복잡한 정보를 소화하고, 정보에 입각한 의사 결정을 내리며, 현실 세계의 문제에 대한 혁신적인 해결책을 개발하도록 도와준다. 교사들이 이런 능력을 가르치는 것은 필수일 뿐 아니라 시급하기도 하다.

이번 장에서는 생성형 AI가 어떻게 학생들의 비판적 사고를 향상하는 강력한 도구가 될 수 있는지 살펴본다. 교육자인 우리는 AI를 활용해 암기식 교육을 넘어서는 활동을 설계할 수 있다. 그렇게 함으로써 학생들에게 더 깊이 있는 분석과 성찰, 그리고 창의적인 문제 해결에 참여하도록 장려할 수 있다. 여기서는 비판적 사고를 수업의 핵심 요소로 만들기 위한 실질적인 전략에 초점을 맞춘다. 이 장에서는 비판적 사고가 활발한 교실 환경을 조성하는 데 필요한 도구와 통찰을 제공한다.

이번 장을 다 읽고 나면 다음 작업을 수행할 수 있다.

- 현대 교육 환경에서 비판적 사고의 중요성을 이해한다.
- 생성형 AI를 사용해 심층 분석과 참여를 자극하는 활동을 설계한다.
- 비판적 사고력을 향상하는 협업형 문제 해결 연습 활동을 구

현한다.

• AI가 생성한 프롬프트와 템플릿을 도입해 보다 상호 작용적이고 생각하게 하는 교실 환경을 조성한다.

이 장에서는 이론과 실제 응용 사례를 결합해 생성형 AI의 잠재력을 활용해 비판적 사고를 촉진하는 학습 환경을 조성하는 방법을 안내한다.

5.1 AI가 만드는 사고 유도 질문 소개

마지막으로 학생들을 깊이 생각하게 만든 질문을 던졌던 순간을 떠올려 보라. 이제 그런 질문들을 필요할 때마다 만들어 주는 도구가 있다고 상상해 보라. 그것이 바로 AI가 생성해 주는 사고 유도 질문(prompt)이다. 멋지지 않은가?

이런 것들은 평범한 질문이 아니다. 단순 암기를 넘어서려면 어떻게 해야 할까? 어떻게 하면 학생들이 공부하는 내용의 더 깊은 의미를 분석하고, 그에 대해 질문하고, 진정으로 이해하도록 지도할 수 있을까? 생성형 AI는 학생들이 잠시 멈춰, 생각하고, 더 깊이 파고들게 하는 질문을 던져 줄 수 있다. 마치 여러분의 손끝에 전문 교사의 창의력을 갖게 되는 것과 같다. 이것이 왜 중요한가?

생각하게 만드는 적절한 질문은 지루한 수업을 비판적 사고의 온상으로 바꿀 수 있기 때문이다. 새로운 각도에서 사물을 바라보고, 가정에 의문을 제기하며, 어떤 주제를 좀 더 깊이 파고들고, 새로운 방식으로 지식을 적용하도록 자극할 수 있다.

5.2 효과적인 질문의 특징

효과적인 질문을 만드는 것은 과학이자 예술이다. 따라서 복잡한 주제를 다룰 때는 이런 질문을 어떻게 설계하느냐가 매우 중요하다. 이 질문들은 단순한 물음이 아니라, 더 깊은 사고와 몰입, 그리고 토론을 이끌어 내는 촉매제 역할을 한다. 이런 질문의 효과를 크게 향상하는 주요 특징 세 가지는 복잡성과 모호성, 현실 문제와의 관련성, 논쟁과 토론을 장려하는 잠재력 등이다.

5.2.1 복잡성과 모호성

어떤 질문이 사고 활동을 촉발하는 요인은 무엇일까? 복잡성은 분명 핵심 요소다. 간단하고 솔직한 질문이 지식을 테스트할 수는 있지만, 학생들로 하여금 비판적으로 생각하도록 만들 수 있을까? 대답은 '아니요'다. 그렇지 않은가?

AI는 의미가 겹겹이 쌓여 있고, 다양한 해석의 여지가 있는 질문을 생성할 수 있다. 이런 질문에는 명확한 답이 없다. 대신 학생들이 비판적으로 생각하고, 다양한 관점을 고려하도록 한다. 때로는 모호하기 때문에 학생들이 질문 자체에 의문을 제기하도록 만들기도 한다. 의도적으로 모호하게 질문할 경우, 학생은 응답하기 전에 정보를 명확하게 파악하고 해석해야 한다. 이런 해석 행위가 비판적 사고 연습이다. 이것이 왜 효과가 있을까? 마라톤 훈련과 같다고 생각하면 된다. 마라톤 훈련을 첫날부터 42.195킬로미터로 시작하지는 않는다. 시간이 지나면서 점차 거리와 난도를 높여 가면서 단계적으로 단련해야 한다. 마찬가지로 복잡한 질문은 학생들이 비판적 사고의 "지구력"을 키우는 데 도움이 된다.

예를 들어, AI가 "1차 세계대전의 원인은 무엇인가?"라고 묻는 대신 다음과 같이 질문할 수 있다. "당신이 1차 세계대전으로 이어지게 되는 한 가지 사건을 막을 수 있다면 어떤 사건을 선택하겠는가? 그리고 그 이유는 무엇인가? 이 변화가 역사의 흐름을 어떻게 바꾸었을까?"

이 질문은 학생들에게 다음과 같은 사항을 요구하기 때문에 복잡하다.

- 제1차 세계대전으로 이어진 사건 이해하기

- 각 사건의 중요도 평가하기
- 일어날 수 있었던 대체 역사적 결과 예측하기
- 자신의 선택을 정당화하기

이 문제가 애매모호한 것은 개방형 질문이기 때문이다. '올바른' 단일한 답이 없다. 그렇기 때문에 학생들은 창의적으로 생각하고, 자기 선택에 대해 방어해야만 한다. 학생들은 비판적 사고를 사용해 분석하고, 가설을 세우며, 자신의 관점을 논증해야 한다.

5.2.2 현실 세계 쟁점과 관련성

비판적 사고는 교실에서만 필요한 것이 아니다. 삶에서도 꼭 필요한 기술이다. 효과적인 질문이 종종 시사 문제나 사회적 과제와 연결되는 것도 그 때문이다. 교과서에서 배운 지식과 실제 세계에 적용하는 문제 사이에 다리를 놓는 것과 같다. 학생들이 공부와 그들을 둘러싼 세계 간의 연결성을 알게 되면 동기가 부여되고 수업에 참여하게 될 가능성이 더 높아진다. 학생들은 비판적 사고가 단순한 학문적 연습에 머무르는 것이 아니란 사실을 이해하기 시작한다.

AI는 최신 뉴스, 진행 중인 토론 또는 새로운 트렌드에서 관련성 있고 흥미를 유발하는 질문을 생성할 수 있다. 이러한 관련성은 학생의 관심을 잡아채고 그들에게 학습의 실제 가치를 보여 준다.

예를 들어, 경제학 수업에서 AI는 수요와 공급에 대한 일반적인 질문 대신 다음과 같은 질문과 지시를 생성할 수 있다.

"패스트푸드점의 자동화 증가는 지역 고용시장, 소비자 행동, 경제 전체에 어떤 영향을 미칠 수 있을까? 이런 변화에 적응하기 위한 공동체의 전략을 제안해 보라."

이 프롬프트는

- 현실 세계의 기술 실업 문제와 연결된다.
- 학생들에게 경제 원리를 적용하도록 요구한다.
- 복잡한 사회경제적 효과에 대해 비판적으로 생각하도록 요구한다.
- 공동체 차원의 문제 해결을 장려한다.

교사가 비슷한 질문을 했을 때 학생들은 현재의 자동화 동향을 조사하고 경제적 영향을 분석하며, 지역 사회 재교육 프로그램이나 지역 기업가 정신 이니셔티브 같은 혁신적인 해결책을 제안했다.

생물학 수업의 또 다른 사례를 예로 들어 보자. AI는 생태계에 대한 일반적인 질문 대신 "해수면 상승이 해안 지역의 먹이사슬에 어떤 영향을 미칠까? 이런 영향을 완화할 계획을 제안해 보라"와 같은 질문을 만들 수 있다.

학생들은 이런 질문을 통해 단순한 사실 암기 수준에 머무르지 않고 자신의 지식을 현실 세계 시나리오에 적용하는 법을 배우게 된다. 이것이 바로 비판적 사고의 본질이다.

5.2.3 논쟁과 토론 장려하기

아이디어가 충돌할 때 최고 학습이 이뤄진다. AI가 만들어 내는 질문은 자연스럽게 논쟁이나 토론을 촉발하도록 설계되어 학생들로 하여금 자신의 견해를 방어하거나 반대 주장에 대해 고려하도록 만들 수 있다.

예를 들어, 『앵무새 죽이기』를 공부하는 문학 수업에서 AI는 다음과 같은 질문을 던질 수 있다. "애티커스 핀치(Atticus Finch)는 영웅인가, 아니면 불의를 수동적으로 방관한 사람인가? 당신의 입장을 변호해 보라."

이 질문은 다음과 같이 작동한다.

- 학생들이 애티커스의 행동을 보는 관점이 다르기 때문에 의견을 나누게 된다.
- 학생들에게 등장인물의 동기와 행동을 분석하도록 요구한다.
- 텍스트 증거를 사용해 자기주장을 뒷받침하도록 권장한다.
- 복잡한 도덕적 문제에 대한 비판적 분석을 발전시킨다.

학생들이 이런 질문과 씨름을 하게 되면 단순히 구성점(plot points)을 열거하는 것이 아니다. 등장인물의 동기를 분석하고, 역사적 맥락을 고려하며, 도덕적 딜레마와 씨름한다. 이것이 바로 비판적 사고를 실천하는 것이다. 토론을 통해 학생들은 현실 세계의 윤리적 딜레마가 얼마나 복잡한지, 다양한 관점을 고려하는 것이 얼마나 중요한지 이해하게 된다.

5.3 다양한 학습 수준에 맞게 질문 설정하기

생성형 AI는 교사들에게 역동적이고 사고를 자극하는 질문을 만드는 강력한 도구가 되어 준다. 그러나 이런 질문은 다양한 학습자의 특정 요구사항에 얼마나 잘 맞춰졌는지에 따라 그 효과가 달라진다. 학생들의 연령, 기술 수준, 과목 관심도가 각양각색인 교실에서 천편일률적인 접근 방식은 수정할 필요가 있다. 학생들의 참여를 유도하고 비판적인 사고를 배양하기 위해서는 다양한 학습 수준에 어울리는 맞춤형 질문이 매우 중요하다.

왜 맞춤화가 필요할까? 간단히 말해, 학생들은 적절하게 도전받을 때 가장 효과적으로 배우기 때문이다. 너무 쉬운 질문은 학생의 흥미를 끌지 못하고, 반대로 지나치게 어려운 질문은 좌절감을 불러올 수 있다. 따라서 교사는 학습자의 발달 단계와 능력 수준에 맞게 질문을 조정함으로써 학생들이 도전 의식은 유지하면서도 지원을 받을 수 있도록 할 수 있다.

5.3.1 나이와 기량 수준에 따라 질문 조정하기

교육에서 일률적으로 통하는 방법은 없다. 고등학교 3학년이 도전할 만한 문제는 중학생에게는 난처할 정도로 어려울 것이다. 그렇지 않은가? 질문을 만들 때 AI가 빛을 발하는 것은 이 지점이다. 손으로 직접 교육 자료를 만드는 것을 걱정할 필요 없이 맞춤형 재단사를 고용하는 것과 같다.

어린 학생들에게는 질문이 좀 더 구체적이고 즉각적 경험과 관련 있을 수 있다. 학년이 올라갈수록 질문은 더 추상적이고 복잡해질 수 있다.

학년 수준, 과목 분야, 원하는 복잡도 같은 매개변수를 입력하면 AI가 우리 학생들에게 적합한 질문을 생성할 수 있다. 서로 다른 연령 집단에 이 방법이 어떻게 작동하는지 한번 살펴보자.

초등학교 (6–11세)

어린 학생들에게는 질문이 더 단순하고 구체적이어야 한다. 예를 들어, 초등학생들은 아직 추상적으로 사고하는 능력이 발달하는 과정에 있다. 따라서 이 연령층을 위한 질문은 유형 식별, 간단한 예측, 혹은 인과관계 이해처럼 기본적인 비판적 사고 과제에 초점을 맞춰야 한다. 그것들은 비판적 사고의 훈련 바퀴 같은 역할을 한다.

예시: "새로운 아이스크림 맛을 발명할 수 있다면 어떤 맛을 만들려고 하는가? 아이스크림 회사가 그 맛을 만들도록 어떻게 설득할 수 있을까?"

이 질문은 창의성과 기본적인 설득적 사고를 발달시키기 때문에 이 연령대에 적합하다.

중학교 (11-14세)

학생들이 청소년기로 접어들면서 질문이 더 추상적이 되고, 좀 더 폭넓은 주제를 건드리기 시작할 수 있다. AI가 생성한 질문이 학생들에게 두 가지 역사적 사건을 비교하면서 유사점과 차이점을 찾아내도록 요구할 수 있다. 또는 특정 과학 개념이 현실 세계 상황에 어떻게 적용되는지 고찰하라고 요구할 수도 있다.

예시: "**학교가 수업일 중에는 스마트폰 사용을 금지하는 방안을 고려하고 있다. 이 정책에 찬성하거나 반대하는 입장을 담아 교장 선생님께 보낼 편지를 작성하라. 예상되는 장점과 단점을 모두 고려하도록 하라.**"

이 질문은 학생들의 생활과 직접 관련된 주제를 다루면서도 더 복잡한 분석과 논증 능력을 경험하게 한다.

고등학교 (14-18세)

고등학생들은 좀 더 깊이 있는 분석과 연구가 필요한 미묘하면서도 다각적인 질문을 처리할 수 있다. 이 단계에서 AI가 생성한 질문은 학생들이 다양한 정치 전략의 효과를 평가하거나, 복잡한 사회적 쟁점에 대한 해결책을 제안하도록 요구할 수 있다. 혹은 특정 이론에 대한 찬반 주장을 펼치도록 할 수도 있다.

예시: "**소셜 미디어가 민주적 과정에 미칠 수 있는 장기적 영향을 분석하라. 이런 플랫폼이 미래의 선거, 정치적 운동, 시민 참여에 어떻게 영향을 미칠 수 있을까?**"

이 질문은 학생들이 다양한 출처에서 수집한 정보를 종합하고, 장기적 추세를 고려하며 복잡한 사회적 쟁점과 씨름하도록 요구할 수 있다.

대학교

이 수준에서는 질문이 매우 복잡할 수 있다. 깊은 비판적 사고가 필요하며, 종종 다학제적 지식이 요구되기도 한다.

예시: "의료 진단에 AI를 사용하는 것의 윤리적 함의에 대해 평가하라. 정확성, 개인정보 보호, 의사-환자 관계와 함께 AI 시스템 내 편향 가능성 같은 쟁점을 고려하라."

이 질문은 기술, 의료, 윤리의 교차점에서 혁신적인 문제를 탐구하도록 학생들을 자극한다.

어떤 경우든 질문에 사용되는 언어는 학생들의 읽기와 이해 수준에 적합해야 한다. 어린 학생들은 더 간단한 어휘와 지침이 필요할 수 있다. 반면 좀 더 나이가 많은 학생들은 더 복잡한 언어와 모호한 질문도 처리할 수 있다. 목표는 질문이 간단하지 않고 접근 가능하면서도, 학생들을 압도하지 않도록 하는 것이다.

프롬프트를 작성할 때는 학생들의 문화적, 사회적 배경을 고려하는 것이 중요하다. 다양한 학생들은 자신만의 경험과 관점을 가지고 있다. 따라서 질문은 이러한 차이를 포괄하고 존중해야 한다. 예를 들어, 미국에서 짐 크로 법(Jim Crow law)[25] 같은 역사적 사건과 관련된 질문은 다양한 관점을 인정해야 한다.

---

25) 미국에서 1876년부터 1965년까지 시행된 주법으로, 인종 차별을 합법화했던 법이다. 남부 연맹에 있는 모든 공공 기관에서 합법적으로 인종을 분리하도록 했다. 이 법에 따르면 미국 흑인은 "분리되어 있지만 평등하다"는 사회적 지위를 갖는다.

5.3.2 과목에 특화된 질문

다양한 학습 수준에 맞게 최적화하는 것 외에도 가르치는 특정 과목에 맞게 질문을 조정하는 것도 굉장히 중요하다. 각 과목은 서로 다른 유형의 사고를 요구한다. 따라서 질문이 효과를 보려면 이런 차이를 반영해야 한다. 수학은 논리적 추론을 요구하며, 문학은 텍스트 분석이 필요하다. 반면 과학은 경험적 증거를 강조한다. 생성형 AI는 과목에 맞는 질문뿐 아니라 학문이 요구하는 특정 비판적 사고 기술을 향상하는 질문을 작성하는 데 도움을 줄 수 있다.

이 방법이 여러 다양한 과목에서 어떻게 작동하는지 살펴보도록 하자.

수학

수학 질문은 문제 풀이와 논리적 사고를 촉진해야 한다. 분석적 사고를 위한 정신 운동과 같다. AI가 생성한 수학 수업용 질문은 학생들이 복잡한 방정식을 풀거나 특별한 수학적 증명의 논리를 설명하도록 요구할 수 있다.

예시: "**원과 정사각형의 특성을 모두 갖춘 새로운 모양을 설계하라. 독특한 특성과 실제 세계 응용 사례를 설명하라.**"

이 질문은 학생들이 기하학적 원리에 대해 창의적으로 생각하고 실제 시나리오에 수학적 개념을 적용하도록 한다.

문학

문학 질문은 분석, 해석, 연결점을 찾는 데 초점을 맞춘다. 이는 인간 표현의 바다로 깊숙하게 잠수하는 것과 같다. AI가 생성한 질문은 학생들에게 소설의 주제를 분석하거나, 다른 캐릭터들의 동기를 비교하도록 요청할 수 있다. 혹은 작가가 사용한 상징적 표현을 탐구하도록 할 수도 있다.

예시: "고전 소설을 선택하고 오늘날의 세계를 배경으로 다시 상상해 보라. 플롯, 캐릭터, 주제는 어떻게 달라질까? 어떤 것들이 보편적으로 남아 있을까?"

이 질문은 학생들이 원작을 깊이 이해하도록 장려하면서도 사회적 변화가 스토리텔링과 주제에 어떻게 영향을 미치는지 비판적으로 생각하도록 촉구한다.

과학

과학 질문은 과학적 방법, 증거 기반 추론, 실제 세계 적용을 강조해야 한다. 이들은 작은 연구 프로젝트와 유사하다. AI가 생성한 질문은 학생들에게 과학적 이론을 검증하기 위한 실험을 설계하거나, 관련된 원소에 대해 알고 있는 지식을 바탕으로 특정 화학 반응의 결과를 예측하도록 요구할 수 있다.

예시: "워터 필터 같은 다양한 자연 재료의 효과를 테스트하기 위한 실험을 설계하라. 변수와 통제 방법, 그리고 연구 결과의 현실 세계 적용 가능성 등을 고려하라."

이 질문은 학생들이 과학 원리를 적용하고, 실험을 설계하며, 연구 결과의 현실적 활용을 생각하도록 요구한다.

역사

역사 질문은 과거 사건을 분석하고, 그것이 현재에 미치는 함의를 다루는 경우가 많다. 이는 시간 여행을 하는 사고 실험과 유사하다. 어떤 질문은 학생들에게 두 혁명의 원인과 결과를 비교하거나, 역사적 인물의 결정이 역사적 흐름에 미친 영향을 평가하도록 요구할 수 있다.

예시: "20세기 기술 발명 중 하나를 막을 수 있다면, 어떤 것을 선택할 것인가? 그리고 그 이유는 무엇인가? 이 변화가 역사의 흐름을 어떻게 바꿨을까?"

이 질문은 학생들에게 역사 형성에서 기술의 역할에 대해 비판적으로 생각하고, 복잡한 인과 관계에 대해 고려하도록 촉구한다.

질문은 답변하기에 어느 정도 힘이 들며, 학생들의 관심사나 경험과 관련이 있어야 한다. 관련성은 참여도를 높이고 학습 경험을 더 의미 있게 만들 수 있다. 예를 들어, 기술 수업에서는 질문이 학생들에게 새로운 소셜 미디어 플랫폼의 윤리적 함의를 평가하도록 요구할 수 있다.

5.3.3 질문을 효과적으로 만드는 요소 분석

이 질문들이 공통으로 가지고 있는 것은 무엇인가?

관련된 구성 요소를 살펴보자.

- **현실 세계와의 관련성**: 각 질문은 학생들과 관련 있는 문제들, 예를 들어 기후 변화부터 소셜 미디어, 개인 재정 상태 같은 쟁점과 연결된다. 이 관련성은 학생들의 참여를 유도하고 학습 경험을 향상하는 데 필수적이다(Rottmeier, 2023; Amherst College, n.d.; Taylor Institute, n.d.).
- **복잡성**: 이 질문 중 어느 것도 한 가지 정답만 있는 것은 없다. 학생들이 여러 요소를 고려해 합리적인 판단을 내리도록 요구한다. 이를 통해 고차원적 사고 능력을 촉진한다(Rottmeier, 2023; Taylor Institute, n.d.).

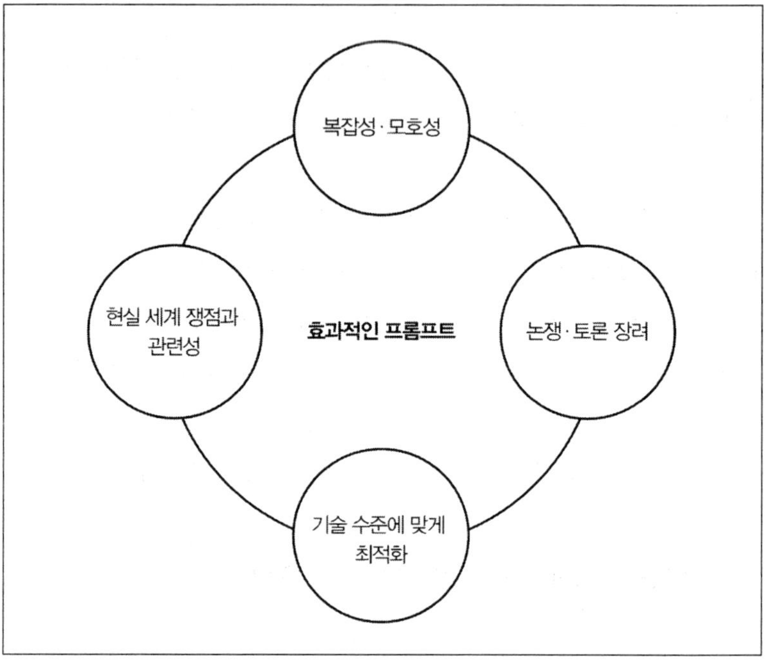

그림 6 효과적인 질문의 요소

- **학제 간 사고**: 이 질문들은 종종 다양한 과목을 서로 연결해 준다. 예를 들어 환경 과학 관련 질문은 과학, 경제학, 공민(Civics) 등을 다룬다. 현실 세계의 쟁점들이 서로 연결되어 있는 특성이 있다는 것을 그대로 반영한다(Rottmeier, 2023; Taylor Institute, n.d.).
- **창의성**: 각 질문은 주제 분야의 한계 내에서 창의적 사고를 허용한다. 창의성을 장려하면 학생들이 이해한 것을 자신만의 방식으로 표현하게 된다. 이는 심층 학습의 필수 요건이다(Rottmeier, 2023).

- **지식 적용**: 학생들은 사실을 단순히 열거하고 있을 수만은 없다. 배운 지식을 새로운 상황에 적용해야 한다. 이는 효과적인 학습 전략의 핵심 요소다(Rottmeier, 2023; Taylor Institute, n.d.).
- **참여**: 이 질문은 호기심을 자극하고 학생들이 해당 주제에 대해 더 깊이 탐구하도록 장려한다. 참여를 유도하는 질문은 학생들이 주제를 좀 더 철저히 탐구하도록 동기 부여하는 데 필수적이다(Rottmeier, 2023).

다양한 교육적 맥락에서 이런 원칙을 어떻게 적용할 수 있을까? 몇 가지 아이디어를 제안한다.

역사 수업에서는 학생들에게 날짜를 암기하도록 하는 대신 대체 역사 시나리오를 상상하도록 하는 질문을 사용할 수 있다. "**미국 혁명이 실패했다면 어떻게 됐을까? 세계 역사는 어떻게 달라졌을까?**"

마찬가지로 과학 수업에서 과학적 법칙을 일상생활과 연결하는 질문을 사용해 보라. "**물리학의 3법칙을 보여 주는 새로운 스포츠를 설계하라. 스포츠의 각 측면에 적용된 과학 법칙을 설명하라.**"

언어 수업에서는 언어 능력을 신장하는 것과 함께 문화적 이해를 장려하는 질문을 만들어 보라. "**목표 언어(target language)**[26] **사용 국가를 위해 새로운 휴일을 설계하라. 이 휴일은 어떤 것을 기념하는가. 그리고 사람들은 어떻게 그 기념일을 지키는가?**"

이런 질문을 생성하기 위해 AI를 사용할 경우엔 그 과목을 그냥 가르치는 것이 아니다. 학생들이 비판적으로 생각하고, 창의적으로 문제를

26) 어떤 외국어 학습이나 번역 작업에서 목표로 삼는 언어를 의미한다. 예를 들어 영어를 한국어로 번역할 경우에는 한국어가 목표 언어다. 반면 원래 텍스트가 쓰인 언어인 영어는 소재 언어(source language)라고 한다.

해결하며, 주변 세계와 좀 더 깊이 있는 상호작용을 하는 방법을 가르치는 것이다. 이것이 바로 우리가 원하는 것이 아닌가?

5.4 효과적인 AI 프롬프트 설계하기: 단계별 안내

생성형 AI를 위해 효과적인 프롬프트를 작성하는 것은 기술이자 예술이다. 잘 설계된 프롬프트는 AI의 잠재력을 최대한 발휘시켜 평범한 교실 작업을 상호작용적이고 사고를 자극하는 학습 경험으로 변모시킬 수 있다. 이번 섹션에서는 프롬프트를 설계하는 과정을 처음부터 자세하게 살펴본다. 비판적 사고를 자극하는 점점 더 복잡하고 유용한 프롬프트를 구축하는 방법에 초점을 맞출 것이다. 이 과정을 마치면, AI를 활용해 학생들의 참여도와 학습 효과를 높일 수 있는 복잡하면서도 교실에서 바로 사용할 수 있는 프롬프트를 구축하게 될 것이다.

1단계: 학습 목표 확인

프롬프트를 생성하기 전에 학습 목표를 명확히 설정하는 것이 중요하다. 학습 목표는 토론을 촉진하는 것인가? 문제 해결을 장려하는 것인가? 아니면 학생들의 자료 평가 능력을 키우는 것인가? 학습 목표를 명확하게 하면 AI 생성 콘텐츠를 교육 목표와 일치하도록 만들 수 있다. 예를 들어, 역사 수업을 진행한다고 가정해 보자. 학습 목표는 제1차 세계대전의 원인을 이해하는 것일 수 있다. 따라서 AI 프롬프트는 전쟁으로 이어진 사건들에 대해 학생들이 비판적으로 생각하고 다양한 역사적 관점을 탐구하도록 설계되어야 한다.

2단계: 간단한 프롬프트로 시작하기

학습 목표를 정의한 후에는 간단하고 명확한 프롬프트를 작성하는 것부터 시작할 수 있다. 이 단계의 목표는 AI로부터 기본적인 응답을 얻는 것이다. 주제와 관련된 기본적인 콘텐츠를 생성하는 데 초점을 맞춘다.

역사 수업을 예로 들면, 이런 간단한 AI 프롬프트를 만들 수 있다.

"제1차 세계대전의 주요 원인을 열거하라."

이런 기본 프롬프트를 입력하면 AI가 군사주의, 동맹, 제국주의, 민족주의 같은 핵심 요소를 열거한다. 이런 것들은 확실하긴 하지만, 아직 심층 분석이나 비판적 사고를 촉진하지는 않는다.

3단계: 복잡성과 미묘한 차이 추가하기

더 흥미로운 학습 경험을 만들기 위해서는 복잡성의 다양한 층위를 추가하는 것이 꼭 필요하다. 이를 통해 학생들이 비판적으로 생각하고 다양한 관점을 고려하도록 독려할 수 있다.

처음에 만든 프롬프트를 더 개방적인 요소로 세련되게 바꿀 수 있다. 예를 들어 "제1차 세계대전의 원인은 무엇이었나?"와 같은 기본적인 질문은 정보 수집을 위한 초기 연습 역할을 할 수 있다. 하지만 학생들을 좀 더 비판적으로 사고하도록 만들기 위해서는 2차 대전의 원인을 평가하도록 좀 더 세련되게 다듬을 수 있다.

"제1차 세계대전의 원인 중 어떤 것이 가장 중요하다고 생각하는가? 왜 그렇게 생각하는가?"

이 프롬프트는 학생들로 하여금 단순히 원인을 나열하는 대신 서로 비교하고 우선순위를 매기도록 함으로써 깊이를 더한다. 그들은 정치 · 경제 · 사회적 차원을 고려해 각 요인의 상대적 중요도를 평가해야 한다. 생성형 AI는 다양한 관점을 제시하는 방식으로 좀 더 많은 도움을 줄 수 있다. 이를 통해 학생들이 다양한 해석을 탐구하고 증거의 경중을 평가하도록 함으로써 수업 시간에 좀 더 풍부한 토론을 촉진하는 데 도움을 줄 수 있다.

4단계: 현실 세계와의 연관성 소개

지식을 현실 세계의 맥락에 적용하는 것은 비판적 사고의 핵심 요소다. 비판적 사고를 향상하기 위해서는 학생들이 교실에서 배운 내용을 현실 세계 맥락과 연결하도록 도와주는 것이 굉장히 중요하다. 이런 과정을 통해 과거의 지식을 현재 세계적인 이슈와 연결함으로써 더 깊게 이해할 수 있다. 배우는 내용이 현실 세계와 어떤 관련이 있는지 알게 되면, 학생들은 좀 더 적극적으로 참여하고 비판적으로 사고하게 된다.

제1차 세계대전 사례를 바탕으로 현대의 쟁점과 좀 더 관련 있도록 프롬프트를 수정해 볼 수도 있다.

> "만약 오늘날 유사한 동맹과 긴장 관계가 존재한다면, 현대 세계에서 전 세계 갈등은 어떻게 전개될까? 기술, 미디어, 국제 외교 같은 요소를 고려해 보라."

새롭게 수정한 버전은 학생들에게 과거를 넘어 국제 관계, 전쟁에서 기술의 역할, 미디어가 대중의 인식에 미치는 영향 같은 현대의 쟁점을 고려해서 사고하도록 요구한다. 상호 연결된 오늘날의 세계에서 역사 속 시나리오가 어떻게 전개될지 상상함으로써 학생들은 종합(synthesis) 활동에 참여하게 된다. 역사적 지식과 현대의 역동적 상황에 대한 이해를 결합하게 되는 것이다. 이 유형의 프롬프트는 학생들에게 과거와 현재를 연결하도록 장려한다. 역사적 지식과 전 세계의 현안을 결합한 더 깊이 있는 분석과 종합을 유도하는 것이다.

5단계: 토론과 대조적인 관점 장려

효과적인 AI 프롬프트는 단순히 정보를 제공하는 수준을 넘어 논쟁과 토론을 유발한다. 학생들이 특정 입장의 편을 들거나 반대 의견을 주장하도록 장려함으로써, 그들의 비판적 사고 능력을 키울 수 있다.

예를 들어, 역사 수업에서는 다음과 같은 논쟁적인 질문에 대해 탐구할 수 있다.

"일부 역사학자들은 프란츠 페르디난트(Franz Ferdinand) 대공 암살이 제1차 세계대전을 촉발한 가장 중요한 요인이었다고 주장한다. 이런 주장에 동의하는가? 아니면 반대하는가? 당신의 입장을 뒷받침하는 증거를 제시해 보라."

이 프롬프트는 학생들에게 역사에 대한 상반된 해석들과 마주하도록 요구한다. 학생들은 다양한 입장에 대한 증거를 비교 검토함으로써 논증 능력을 키울 수 있을 뿐 아니라 역사적 인과관계의 복잡성을 이해하게 된다. 그들은 이런 과정을 통해 역사 공부가 단순히 날짜와 사건을 암기하는 것이 아니란 사실을 알게 된다. 역사는 경쟁적인 서사, 해석과 마주하는 것이란 사실을 깨닫는다.

이런 토론 주제는 학생들이 신속하게 판단하고, 설득력 있는 논리를 구성하며 역사적 자료를 바탕으로 자신의 견해를 옹호하도록 장려한다. 이런 모든 것은 비판적 사고의 필수 요소다.

6단계: 다른 기술 수준들을 위해 최적화

생성형 AI의 장점 중 하나는 다양한 기술 수준에 따라 맞춤형 응답을 할 능력이 있다는 점이다. 어린 학생 혹은 고급 학습자와 작업을 할 때는 각 그룹이 적절하게 도전 의욕을 북돋을 수 있도록 프롬프트를 조정할 수 있다.

7단계: 복잡하고 유용한 프롬프트 구축

지금까지 기본 사항을 다뤘으니, 이제는 지금까지 논의된 모든 요소를 통합해 완전히 발전된 프롬프트를 구성해 보도록 하자. 우리의 목표는 학생들이 비판적으로 생각하고, 다양한 관점을 고려하며, 실제 세계에 자신들의 지식을 적용하도록 고무하는 프롬프트를 만드는 것이다.

최종 프롬프트

"제1차 세계대전 이전에 존재했던 동맹과 경쟁 관계가 오늘날의 글로벌 정치 환경에서 그대로 재현된다고 상상해 보라. 기술적 진보, 미디어 영향력, 경제적 상호 의존관계를 고려해 볼 때, 현대 초강대국 간의 분쟁은 어떻게 전개될까? 20세기 초의 역사적 사건이 그런 갈등의 결과에 어떤 통찰을 제공할 수 있을지 분석해 보라. 분석을 뒷받침하는 증거를 제시하고 제1차 세계대전의 주요 원인 두 가지 이상과 비교해 보라."

이 복잡한 문제는 학생들이 다음과 같은 것을 하도록 장려한다.

1. 역사적 사건을 분석한다.
2. 지식을 현대적 문제에 적용한다.
3. 증거를 토대로 논증을 제시한다.
4. 과거와 현재의 역학을 비교하고 대조한다.

이 유형의 프롬프트는 비판적 사고를 키우며 증거 기반 논리를 요구하며, 단순한 암기를 뛰어넘는 토론에 참여하도록 자극한다.

5.4.1 프롬프트 설계 모범 사례

명확성: 프롬프트가 명확하고 구조적으로 잘 짜여 있는지 늘 확인

하라. 모호성은 때로는 비판적 사고를 촉진할 수도 있다. 하지만 이는 의도적으로 사용되어야 하며, 불명확한 프롬프트 때문이어서는 안 된다.

구체성: 학생들이 달성해야 할 목표를 구체적으로 명시하라. 그들이 분석, 종합, 또는 평가하기를 원하는가? 프롬프트가 이런 기대와 일치하는지 확인하라.

스캐폴딩(Scaffolding)[27]: 좀 더 간단한 프롬프트로 시작하라. 그리고 학생들이 AI 생성 콘텐츠에 익숙해질수록 더 복잡한 프롬프트로 점차 발전시키라. 이런 점진적 진행은 학생들이 과부하 없이 비판적 사고 능력을 개발할 수 있도록 도와준다.

피드백: AI 생성 피드백을 프롬프트 설계 과정의 일부로 사용하라. 학생들이 AI가 제공하는 피드백을 바탕으로 답변을 수정하도록 해서 반복 학습을 강화하도록 하라.

5.5 협업적 문제 해결: 학습 파트너로서 학생과 AI

교육에서 AI를 활용한 협업은 학생들이 학습하고 문제를 해결하는 방식에 엄청난 변화를 가져오고 있다. 이 접근 방식은 AI를 단순한 도구에서 상호작용하는 학습 파트너로 탈바꿈시킨다. 협업 활동에 AI를 도입하는 것은 기술 개발과 지식 습득에 새로운 기회를 불러온다.

AI는 학습 파트너로 바뀌고 있다. 이런 변화는 학생들이 함께 작업하

27) 학습자에게 적절한 인지적 도움과 안내를 제공하여 학습을 촉진하는 전략을 의미한다.

는 방식과 문제 풀이하는 방식을 변화시킨다. AI는 이제 그룹 작업 중인 학생들과 상호작용하며 아이디어를 제공하고 도움을 줄 수 있다.

스터디 그룹에서 한 멤버가 방대한 지식을 담고 있는 도서관에 항상 접속할 수 있다고 상상해 보라. 이것이 AI가 협업 학습에 가져다주는 것이다. 항상 도움을 줄 준비가 되어 있지만 대화를 주도하지 않는, 박식한 친구를 둔 것과 같다.

하지만 이것은 실제로 어떻게 작동할까? 그리고 이것이 왜 중요할까? 현실 세계에서 우리는 큰 도전을 해결하기 위해 팀 단위로 일을 한다. 학생들은 단순히 사실과 수치만 배우는 것이 아니다. AI와 함께 작업할 때 인간과 기계 모두와 효과적으로 협업하는 방법도 배운다. 이는 오늘날 미래의 직업을 위한 훈련을 받는 것과 같다.

5.5.1 그룹 작업에서 AI의 역할

그룹 작업은 협업 학습의 초석으로 커뮤니케이션, 팀워크, 문제 해결 같은 기술을 키워 준다. 그러나 집단역학(group dynamics)[28]을 관리하고 공정한 참여를 보장하는 것은 어려운 과제일 수 있다. 바로 이 부분에서 AI가 제 역할을 한다.

5.5.1.1 그룹 동력 촉진

한 사람이 모든 일을 하는 그룹 프로젝트에 소속됐던 경험이 있는가? 혹은 무질서하게 논의하다가 아이디어가 사라져 버리는 상황을 겪어 본 적

28) 1930년대 르윈(K. Lewin)이 창시한 개념으로, 사회 집단 내, 혹은 집단 간에 발생하는 상호작용과 영향력을 의미한다.

이 있는가? AI가 균형을 맞추는 데 도움을 줄 수 있다. 어떻게? 누가 어떤 일을 하는지 예의주시하는 방식으로 가능하다.

AI 도구는 누가 얼마나 기여하는지 추적할 수 있다. 그런 다음 균형 있게 참여하도록 조정하는 방법을 제안할 수 있다. 예를 들어, AI는 세라(Sarah)가 한참 동안 발언하지 않았다는 사실을 알아차리고 구성원들에게 사라가 의견을 입력하도록 요청하라고 촉구할 수 있다. 혹은 이자(Izza)가 그룹에서 유일하게 발언한 사람이라고 지적할 수도 있다. 이를 통해 모든 사람이 아이디어를 공유할 기회를 보장해 준다.

여기서 한발 더 나아가면, 일부 AI 시스템은 논의 내용을 분석할 수도 있다. 그룹이 주제에서 벗어났을 때 지적을 하거나, 좀 더 관심을 기울일 필요가 있는 분야를 짚어 줄 수도 있다. 그룹을 올바른 방향으로 이끌어 주는 중립적인 중재자가 있는 것과 같다고 생각하면 된다.

5.5.1.2 협업 향상

AI가 하는 일은 단순히 집단 역할을 관리하는 수준에 머무르지 않는다. AI는 문제 해결 과정에도 적극적으로 기여할 수 있다. 어떤 주제라도 즉시 조사하거나, 창의적인 아이디어를 즉각 생성할 수 있는 파트너와 함께 브레인스토밍을 하는 것과 유사하다. 하지만 이 경우 생성형 AI 파트너는 손끝에 인터넷 전체를 올려놓고 있다.

예를 들어, 기후 변화 해결 방안에 대해 그룹 토론을 할 때 AI는 다음과 같은 역할을 할 수 있다.

- 최근 연구에서 나온 혁신적인 아이디어를 제안한다.
- 탄소 배출량에 대한 실시간 데이터를 제공한다.
- 전 세계에서 성공한 녹색 이니셔티브 사례를 제시한다.

하지만 핵심은 다음과 같다. 학생들은 AI가 말하는 것을 복음처럼 받아들여서는 안 된다. AI가 입력한 것에 대해 질문하고 그것을 평가하며 발전시킬 때, 진정한 학습이 이루어진다. 이 장 초반에 다루었던 비판적 사고 능력 장려와 강조를 기억하라.

5.5.2 생성형 AI로 문제 해결 지원하기

교육에서 문제 해결은 학생들이 현실 세계의 도전에 대비할 수 있도록 해 주는 중요한 기술이다. 그러나 문제 해결은 때로는 압도적으로 느껴질 수 있다. 학생들이 어디서부터 시작해야 할지 모를 때는 특히 더 그렇다. 생성형 AI는 문제 해결 전체 과정에서 구조화된 안내와 지원을 제공함으로써 해결책을 제시한다.

5.5.2.1 단계별 안내

너무 큰 문제에 직면해서 어디서부터 시작해야 할지 알 수 없는 경험을 해 본 적 있는가? 생성형 AI는 복잡한 작업을 분해해서 관리 가능한 단계로 나누어 주는 방식으로 여러분의 안내자가 될 수 있다.

예를 들어, 학생들이 어려운 수학 문제와 씨름하고 있을 때 AI는 다음과 같은 안내 질문을 던져 줄 수 있다.

- "이 문제의 핵심 변수는 무엇인가?"
- "관련 공식은 어떤 것이라고 생각하는가"
- "그 상황을 도형으로 그릴 수 있는가"

이 접근 방식은 학생들이 체계적인 문제 해결 방법을 개발하는 데 도움을 준다. 답을 제공하는 것이 아니라, 학생들이 도전 과제에 접근하는 방법을 가르치는 것이다.

5.5.2.2 성찰과 반복 장려하기

문제 해결은 단순히 답을 찾는 것만이 아니다. 과정을 이해하고 개선하는 것이다. 이런 과정에서 생성형 AI도 도움을 줄 수 있다.

과제를 완료한 후 AI는 학생들에게 자신의 접근 방식에 대해 성찰해 보도록 요구할 수 있다.

- 이 문제를 해결하기 위해 어떤 단계를 거쳤는가?
- 어떤 부분이 가장 어려웠는가?
- 비슷한 문제를 다시 만나면 어떤 부분을 다르게 할 것인가?

이런 질문은 사고에 대한 사고인 메타인지를 촉진한다. 학생들이 문제 해결 전략에 대해 더 분명히 알 수 있도록 도와준다.

AI는 해결 방안을 개선하는 방법도 제안할 수 있다. 있을 수 있는 결함이나 개선이 필요한 부분을 지적할 수 있다. 이는 학생들이 문제 해결을 반복적인 과정으로 인식하도록 유도함으로써, 항상 해결 방안을 정교하게 개선할 수 있도록 한다.

설득력 있는 에세이 작업을 하고 있는 학생 그룹을 한번 생각해 보라. 그들이 초안을 제출하면 생성형 AI 도구가 다음과 같은 피드백을 줄 수 있을 것이다.

- "첫 문단은 주목을 끌기는 하지만 논지를 좀 더 명확하게 할 수 있을 것 같다. 당신의 핵심 주장을 한 문장으로 말할 수 있는가?"
- "세 가지 강력한 논점을 제시했다. 제기될 수 있을 반론에 대해 고려해 봤는가?"

학생들은 이 피드백에 대해 논의한 뒤 다음 초안에 어떻게 반영할지 결정할 수 있다.

5.5.2.3 프롬프트와 문제 해결 지원에서 얻은 교훈

그렇다면 지금까지 얻은 교훈은 무엇일까?

첫째, AI를 활용한 협업은 비판적 사고를 향상할 수 있다. 학생들은 AI와 상호작용할 때, AI가 입력한 것들을 끊임없이 평가한다. 이 제안이 적절한가? 이 정보는 정확한가? 이렇게 질문하는 태도는 모든 정보에 접근하는 방식에까지 널리 퍼진다. 그 정보가 AI에서 온 것이든, 인간한테서 나온 것이든 관계없이 영향을 받게 된다.

둘째, AI는 경쟁 무대를 평평하게 만들 수 있다. 이전에는 사전 지식이 있거나, 자신감 넘치는 일부 학생이 그룹 작업을 좌지우지했을 수도 있다. 그런데 AI는 배경 정보를 제공하거나 아이디어를 제안하는 등의 방식으로 모든 학생이 의미 있게 기여할 수 있는 기반을 마련해 준다.

셋째, 학생들은 AI와 함께 작업하면서 미래를 준비할 수 있다. 현재 많은 직장에서 AI 도구를 사용하고 있다. 학생들이 학교에서 AI와 협업하는 법을 배우면, 경력에 굉장히 유익한 기술을 개발할 수 있다.

하지만 고려해야 할 도전 과제가 있다. 일부 학생들은 AI에 지나치게 많이 의존할 수도 있을 것이다. AI를 자신의 사고를 향상하기 위한 도구로 쓰는 게 아니라, 버팀목처럼 사용하는 것이다. 교사는 학생들이 적절한 균형을 찾을 수 있도록 지도해야 한다.

또 AI가 편견을 고착화하거나 잘못된 정보를 내놓을 위험도 있다. 이는 학생들에게 AI가 제공한 결과물을 비판적으로 평가하고, 정보를 교차 검증하도록 가르치는 것이 중요하다는 점을 강조한다.

이런 도전 과제들에도 불구하고 AI의 이점은 엄청나다. AI를 활용한 협력적 문제 해결은 더 매력적이고 공평하며 효과적인 학습 경험으로 이어질 수 있다.

5.6 활동 템플릿: 다양한 과목을 위한 즉시 사용 가능한 생성형 AI 연습 문제

효과적인 AI 강화 활동을 만들어 내는 것은 어려울 수 있다. 이런 활동이 혁신적이면서도 교육 기준이나 목표와 일치하도록 할 경우엔 특히 그렇다.

5.6.1 AI 강화 활동 소개

생성형 AI는 교육에 새로운 문을 열어 줬다. 교사들에게 학생들의 참여를 이끌어 내고, 수업을 더욱 상호작용적인 것으로 만들 수 있는 신선한 방법을 알려 준다. 그렇다면 우리는 이 기술을 어떻게 교실에서 최대한 활용할 수 있을까? 이제 AI 기반 학습의 세계로 깊이 들어가, 그것이 어떻게 수업을 변화시킬 수 있는지 살펴보도록 하자.

이 AI 기반 연습 문제는 단순히 겉만 번지르르한 기술 장치가 아니다. 비판적 사고를 북돋우고, 창의성을 자극하며 다양한 과목에 대해 좀 더 깊게 이해할 수 있도록 설계됐다. 수학, 문학, 과학 등 어떤 과목을 가르치든, 수업에 가치를 더할 수 있는 AI 활동이 있다.

AI 강화 활동의 주요 강점 중 하나는 유연성이다. 다양한 학년 수준, 학습 유형, 과목에 맞게 활동 내용을 조정할 수 있다. 예를 들어, AI가 생성한 글쓰기 과제 제시문은 고등학생 수준에 맞게 난도를 높일 수도 있고, 더 어린 학습자를 위해 단순화할 수도 있다. 이런 적응성 덕분에 교사는 동일한 기본 틀을 여러 학급에서 활용하면서도, 각 집단에 고유한 학습 경험을 제공할 수 있어 시간을 절약할 수 있다.

하지만 이런 활동은 즉각적이고 개인화된 피드백을 할 수 있기 때문에 정말로 강력한 위력을 발휘한다. 수학 문제를 푸는 학생들이 즉시 답을 었을 뿐 아니라 자신들이 범한 실수에 맞춰서 단계별로 설명을 듣는다고 상상해 보라. 또는 역사 수업에서 AI가 학생들의 결정에 따라 '만약 이랬다면'이란 생생한 시나리오를 생성해 주는 상황을 한번 그려 보라. 학생들은 시나리오를 활용해 실시간으로 대체 역사적 결과를 탐구할 수 있을 것이다.

이것이 여러분의 교실을 어떻게 변화시킬 수 있을지 생각해 보라. 천편일률적인 접근 방식 대신 각 학생별 맞춤형 학습 경로를 설계하는 것이다. 이것이 바로 교육자로서 우리가 항상 추구해 온 것이 아니었는가?

5.6.2 효과적인 AI 강화 활동 설계하기

AI 기반 활동이 효과를 발휘하려면, 교육 목표에 맞게 세심하게 설계해야 한다. AI는 콘텐츠를 생성하고 즉각 피드백을 제공하며, 개인 맞춤형 학습 경험을 선사해 준다. 하지만 AI 도구는 여러분의 교육 목표를 진정으로 지원하고 강화하는 방식으로 사용되어야 한다.

AI 강화 활동을 설계할 때 기술 자체의 매력에 사로잡히기 쉽다. 하지만 항상 교육적 결과물에 초점을 맞춰야 한다. AI를 어떻게 활용하여 특정 학습 목표를 달성할 수 있을까? 어떻게 하면 AI로 생성한 활동이 기술적으로 인상적일 뿐 아니라 교육적으로도 건전하도록 할 수 있을까?

5.6.2.1 활동을 학습 목표에 일치시키기

AI를 활용한 활동에서 기술은 교육 목표를 지원하는 역할을 해야 하며, 그 반대가 되어서는 안 된다. 어떻게 하면 이런 하이테크 도구를 교과 표준이나 학습 목표에 일치시킬 수 있을까?

먼저 학습 목표부터 시작하라. 수업이 끝났을 때 학생들이 이해하거나, 할 수 있게 되기를 원하는 것은 무엇인가? 이런 점을 명확하게 하면 목표를 지원하는 AI 활동을 찾을 수 있다.

예를 들어, 학생들의 분석적 글쓰기 능력을 향상하는 것이 목표라고 가정해 보자. 그렇다면 여러분은 AI 도구를 활용해 학생들의 분석과 비판 작업을 위한 복잡한 텍스트를 생성할 수 있을 것이다. AI는 스스로 사고하는 것이 아니라, 학습자가 분석할 수 있도록 풍부하고 다양한 콘텐츠를 제공하는 역할을 한다. 즉시 접근 가능한 방대한 텍스트 자료실과도 같다.

다시 한번 강조하지만, AI는 교사가 아니라 도구라는 점을 명심하라. 학습 경험을 만드는 교사들의 전문지식은 여전히 중요하다. 교사는 학생들의 필요를 알고 있으며, 그들이 이해할 수 있도록 이끌어 주는 방법을 알고 있다. AI는 교사의 가르침을 지원하기 위해 존재하는 것이지, 교사를 대체하려는 것이 아니다.

실제 사례를 한번 들어 보자. 어떤 과학 교사가 학생들에게 과학적 방법을 이해시키려고 한다. 그 교사는 AI 도구를 사용해 각 학생 맞춤형 연구 시나리오를 만들 수 있다. AI는 방법론에 일부 결함이 있는 실험 설명을 만들어 주며, 학생들은 이런 결함을 찾아내고, 개선된 방안을 제안해야 한다. 이 활동은 학습 목표와 완벽하게 일치하면서도 각 학생에게 맞춤형 도전 과제를 던져 준다.

5.6.2.2 생성형 AI와 인간 개입 간의 균형 맞추기

AI 생성 콘텐츠와 학생 주도 학습 사이의 적절한 균형을 찾는 것이 핵심이다. 생성형 AI 도구가 어느 정도 기여해야 할까? 그리고 우리는 어느 지점에 선을 그어야 할까?

생성형 AI는 프롬프트를 제공하고, 데이터를 생성하며, 즉각 피드백을 줄 수 있다. 하지만 비판적 사고와, 분석, 창의성은 학생들의 몫이어야 한다.

예를 들어, 창의적 글쓰기 수업에서 AI는 무작위로 일련의 단어나 플롯 요소를 생성할 수 있다. 하지만 그것들을 연결해서 일관된 이야기로 만드는 것은 학생의 일이다. 생성형 AI는 벽돌을 제공하지만, 건축은 인간의 몫이다.

이런 균형은 AI가 학습 과정을 보완하는 것이지, 지배하는 존재가 아니란 점을 명확하게 해 준다. 이는 학생들에게 첨단 스위스 군용 칼을 주는 것과 같다. 스위스 군용 칼은 다양한 상황에서 도움이 되는 다재다능한 도구이긴 하지만, 최종 결과물은 학생의 기술과 창의성에 달렸다.

어떤 역사 교사가 이런 접근법을 어떻게 사용하는지 공유한 적이 있다. 그 교사는 생성형 AI를 사용해 어떤 역사적 사건에 대해 다양한 관점에서 상세한 허구적 역사 문서를 생성한다. 학생들은 이 문서를 분석하고 교과서와 교차 참조한 후 실제 발생한 사건에 대한 결론을 도출한다. 생성형 AI는 풍부하고 흥미로운 콘텐츠를 제공하지만, 비판적 사고는 학생들로부터 나온다.

5.6.3 다양한 과목을 위한 활동 템플릿

활동 템플릿은 교육에 AI를 도입하는 구조화된 접근 방식을 제공한다. AI가 다양한 과목과 학습 수준에 쉽게 적용할 수 있는, 즉시 사용할 수 있는 연습 문제를 만들어 주는 것이다. 이 템플릿은 교육자들이 생성형 AI를 효과적으로 활용해 의미 있는 학습 경험을 구성하도록 안내하는 토대 역할을 한다.

5.6.3.1 언어학

AI는 언어학 분야에서 글쓰기 기술 개발과 문학 분석 능력을 배양하는 강력한 협력자가 될 수 있다. 몇 가지 실제 응용 사례를 살펴보자.

AI가 생성한 글쓰기 과제 아이디어는 창의성에 활기를 불어넣으면서 학생들에게 창의적이 되라고 요구한다. AI는 예상치 못한 요소를 결합해 독특한 이야기의 출발점을 만들어 낼 수도 있다. 예를 들어 "미래를 예측하는 책을 발견한 도서관 사서에 대한 이야기를 써 보라. 하지만 각 예측은 서로 다른 언어로 기록되어 있다"와 같은 과제를 만들어 줄 수 있다.

이 글쓰기 아이디어는 창의성을 자극할 뿐 아니라 다양한 언어와 문화에 대해 연구하도록 만든다.

에세이를 쓸 때는 생성형 AI가 비판적 사고를 필요로 하는 복잡한 주제를 생성할 수 있다. 예를 들어 보자. "21세기 인간관계를 형성하는 데 기술이 한 역할을 분석하라. 이때 긍정적, 부정적 영향을 모두 고려하도록 하라." 이 프롬프트는 학생들이 자신의 경험을 바탕으로 현재 추세를 연구하고, 논리적으로 잘 구성된 주장을 만들어 내도록 요구한다.

문학 분석에서 생성형 AI는 비교 연습 문제를 만들어 낼 수 있다. AI는 학생들이 공부한 고전 텍스트와 유사한 현대 소설의 요약본을 만들 수 있다. 학생들은 유사점과 차이점을 찾아내면서 문학 주제와 기법에 대해 더 깊이 이해할 수 있다.

AI와 하는 협업 스토리텔링은 특히 흥미를 끌 수 있다. 학생들이 이야기를 시작한 다음 AI를 활용해 여러 가지 후속 이야기를 생성할 수 있다. 학생들은 그중 하나를 선택한 뒤 스스로 이야기를 이어 간다. 그리고 이 과정을 반복한다. 이렇게 왔다 갔다 하다 보면 학생들은 이야기 구조와 캐릭터 발전에 대한 이해를 넓히면서 독자적인 이야기를 만들어 내게 된다.

5.6.3.2 과학 과목

과학 교육에서 AI는 흥미로운 문제 해결 과제를 만들고 데이터 분석 작업을 지원해 줄 수 있다. 이런 활동은 과학적 개념을 생생하게 전달하고 과학적 방법에 대해 좀 더 깊이 있게 이해할 수 있게 해 준다.

AI는 사실적인 과학 시나리오를 생성해 학생들로 하여금 조사 작업을 하도록 할 수 있다. 예를 들어, AI는 서로 의존하는 여러 종으로 구성된 가상의 생태계에 대해 묘사할 수 있다. 한 종이 줄어들기 시작하면 학생들은 생태학 지식을 활용해 원인에 대한 가설을 세우고, 해결 방안을 제안해야 한다. 이런 유형의 활동은 실제 과학 분야에서 문제를 해결하는 과정을 그대로 반영한다.

데이터 분석은 AI가 유익하게 지원해 줄 수 있는 또 다른 분야다. AI는 학생들이 작업할 대규모 데이터 세트를 만들 수 있다. 현장에서 빅데이터 과학자들이 자주 직면하는 상황을 그대로 흉내 내는 것이다. 그런 다음엔 학생들이 다양한 도구와 기법을 활용해 이 데이터를 분석하고, 결론을 도출하며, 발견 결과를 발표할 수도 있다.

AI는 가상 실험실 경험을 만들어 내는 데도 도움을 줄 수 있다. 자원이 제한된 학교에서는 AI가 생성한 시뮬레이션을 통해 학생들이 비용이나 안전상의 이유로 실제로는 불가능한 실험을 수행해 볼 기회를 얻을 수 있다.

5.6.3.3 사회 과목

사회 과목에서는 AI가 몰입형 역사 시나리오를 창작하고 비판적 분석을 위한 콘텐츠를 생성해 낼 수 있다. 이를 통해 사회를 더 흥미롭고 관련성 있는 과목으로 만들어 준다.

AI가 생성한 역사 시나리오는 흥미로운 토론과 논쟁의 기반이 될 수 있다. 예를 들어, AI는 산업혁명 시기 가상의 마을을 상세히 묘사하고 다양한 사회적 · 경제적 도전 과제를 제시할 수 있다. 학생들은 공동체의 다양한 구성원 역할을 맡아 그 시기에 대해 알고 있는 지식을 적용하면서 도전 과제 해결책을 놓고 토론해야 한다.

AI 생성 콘텐츠를 비판적으로 분석하는 것은 가치 있는 또 다른 활동이다. AI는 역사적 사건에 대한 여러 '뉴스 기사'를 생성할 수 있다. 이때 각 기사는 독특한 관점으로 작성한다. 학생들은 이런 글을 분석하고, 편향성을 식별하며, 사실에 근거한 자료와 교차 검증해야 한다. 그런 다음엔 관점이 우리의 역사 이해 방식에 어떤 영향을 미치는지 토론해야 한다.

역사 수업 시간에 AI를 혁신적으로 활용한 사례가 또 있다. 생성형 AI를 활용해 역사 속 다른 시기의 편지, 일기 기록, 공식 문서 같은 '원천 자료' 생성하기. 학생들은 이 자료를 분석하고 역사적 맥락을 파악하며, 이를 통해 역사적 사건의 이야기를 구성할 수 있다. 이 연습을 통해 자료 분석과 역사적 해석 능력을 연마하게 된다.

AI는 상호작용형 타임라인이나 지도를 생성하는 데도 도움을 줄 수 있다. 학생들이 다양한 역사적 결정을 입력하면 AI가 가능한 대체 역사 시나리오를 생성할 수 있다. 이를 통해 학생들이 역사적 사건의 원인과 결과에 대해 비판적으로 생각하도록 장려할 수 있다.

5.6.3.4 수학

수학 분야에서 AI는 흥미로운 서술형 문제를 생성하고 협력적 문제 해결을 지원하여, 추상적인 개념을 학생들에게 더 구체적이고 의미 있게 전달할 수 있다.

예를 들어, AI가 생성한 서술형 문제에 학생들의 관심사와 현실 세계의 상황을 반영해 수학을 더 흥미롭게 만들 수 있다. 확률 수업에서는 AI가 학생이 좋아하는 스포츠나 취미를 배경으로 한 문제 세트를 생성할 수 있다. 이 접근 방식은 학생들이 수학적 개념이 일상생활과 어떤 관련이 있는지 이해하는 데 도움이 된다.

AI를 활용한 협업 문제 해결은 교육 분야에서 특히 효과적이다. 수학에서 생성형 AI 도구는 학생의 작업에서 접근 방법을 제안하거나 오류를 지적하는 '수학 친구' 역할을 할 수 있다. 이는 학생들이 AI에게 자기 생각을 설명하고 그 제안들을 평가하는 과정에서 메타인지(자기 사고 이해) 기술을 발전시키는 데 도움이 된다.

생성형 AI는 수학적 개념을 시각화하는 데도 도움을 줄 수 있다. 4차원 기하학 같은 추상적인 개념의 경우, AI는 학생들이 상호작용할 수 있는 역동적 시각 자료를 생성해 복잡한 개념을 더 명확하게 해 준다.

5.7 AI가 지원하는 비판적 사고의 미래

한 가지 흥미로운 가능성으로는 좀 더 복잡한 자연어 처리 기술 개발을 꼽을 수 있다. 이는 학생들과 더 미묘한 대화를 나눌 수 있는 AI를 탄생시킬 수 있다. AI는 학생들의 아이디어에 대해 도전하고, 학생들이 더 깊이 성찰하도록 유도할 수 있다. 이런 것들에 대해 어떻게 생각하는가? AI가 토론에서 악마의 변호인(devil's advocate)[29] 역할을 하면서 학생들에게 더 다양한 관점을 고려하고, 자신들의 주장을 강화하도록 유도하는 것은

29) 토론에서 열띤 논의가 이뤄질 수 있도록 일부러 반대 입장을 취하는 사람, 혹은 선의의 비판자 노릇을 하는 사람을 의미한다.

어떨까?

가상현실과 증강현실을 AI와 결합하면 비판적 사고를 촉진하는 몰입형 학습 경험을 창출할 수 있다. 학생들은 역사적 사건이나 복잡한 과학적 현상 속으로 들어가 실시간으로 결정을 내리고, 그 결과를 목격할 수도 있다. 이는 인과관계와 의사 결정 기술을 가르치는 방식을 변모시킬 수 있을 것이다.

AI는 개별 학생의 사고 유형과 학습 형태를 좀 더 능숙하게 파악할 수 있을 것이다. 이로써 각 학생에게 가장 효과적인 방식으로 도전하도록 하는 초개인화된 학습 경험이 가능해질 수 있다.

미래의 이런 발전 중 일부를 교육 실천에 어떻게 반영할 수 있을지 생각해 봤는가? 어떤 도전과 기회를 예상하는가?

이런 방식으로 생각해 보라. AI가 모든 교육을 담당하는 교실을 원하는가? 아니면 AI와 인간 교육이 조화를 이루어 최상의 학습 경험을 제공하는 교실을 선호하는가? 답은 명확하다. 그렇지 않은가?

AI는 프롬프트를 생성하고 즉각적인 피드백을 제공하며 흥미로운 시나리오를 만들 수 있다. 하지만 학생 수요의 미묘한 차이를 이해하는 것은 교육자인 바로 당신이다. 학생이 언제 학습 자료가 아니라 자신감 부족으로 어려움을 겪는지 판단할 수 있는 것은 바로 당신이다. 적절한 격려의 말 한마디로 '아하!' 순간(aha moment)[30]을 촉발할 수 있는 것도 당신이다.

---

30) 무릎을 탁 치면서 깨달음을 얻는 순간을 의미한다. 마케팅에서는 신규 이용자가 제품 및 서비스의 작동 방식을 이해하고 처음으로 제품의 가치를 느끼는 순간을 말한다.

핵심 요점 정리

• AI로 생성한 프롬프트와 시나리오는 다양한 분야에서 비판적 사고를 자극할 수 있다.

• AI를 활용한 협업적 문제 해결은 메타인지 능력을 키우는 데 도움을 준다.

• 신중한 AI 도입은 인간 교사에 의한 수업과 상호작용을 보완한다.

• 교육자의 역할은 학생들을 안내하고 맥락을 발견하게 해 주는 것이다. 이와 함께 AI 지원 학습이 효과적인 교육이 되기 위한 필수 요건인 인간적 연결을 제공하는 것이다.

6장
생성형 AI를 활용한 개인 맞춤형 학습과 실시간 피드백

전통적인 천편일률적 접근 방식으로는 학생들의 다양한 요구를 충족하지 못하는 경우가 적지 않다. 모든 학생은 이해 수준과 관심사에 따라 자기만의 속도로 학습한다. 개인 맞춤형 학습은 각 학생의 개별적인 요구에 적합하게 교육 경험을 조정하는 방식으로 이런 문제를 바로잡는다. 이 접근 방식은 참여도를 높일 뿐 아니라 학습 자료를 좀 더 깊이 이해할 수 있도록 해 준다.

생성형 AI는 개인 맞춤형 교육으로 전환하는 데 핵심적인 역할을 한다. 교육자들은 생성형 AI를 활용해 각 학생의 필요에 맞게 실시간으로 조정되는 적응형 학습 경험을 만들 수 있다. 생성형 AI는 데이터를 분석해 학생들의 학습 방법을 알아낸 뒤 어려움을 겪는 부분을 찾아내고, 즉각적인 피드백을 통해 발전 방향을 안내해 준다. 그 결과 학생들은 좀 더 효과적이고 즐거운 학습 경험을 얻게 된다.

6장에서는 생성형 AI가 교육에서 개인 맞춤형 학습과 실시간 피드백을 어떻게 바꿔 놓고 있는지 깊이 살펴본다. 먼저 적응형 학습의 개념을 소개하고 현대 교육에서 그것이 얼마나 중요한지 설명한다. 이어 다양한 AI 기반 개인 맞춤형 전략을 탐구한다. AI가 어떻게 상세한 학습자 프로필을 생성한 뒤 학생의 성적을 토대로 콘텐츠를 역동적으로 조정하는지 설명한다. 이 장에서는 또한 AI가 다양한 학습 스타일에 맞춰 차별화된 지도를 할 수 있도록 지원하는 방식도 다룰 예정이다.

그런 다음엔 AI 기반 적응형 학습 시스템을 구현하는 실용적인 측면에 대해 논한다. 이를테면 적절한 AI 도구 선택과 효과적인 적응형 학습 환경 설계 방법 같은 것들을 다룬다. 마지막으로 이 장은 교육자들이 적응형 학습의 결과물을 검토하고 평가하는 방법에 대해서도 다룬다. 이를 통해 AI 기반 접근 방식이 바람직한 교육 목표를 달성할 수 있도록 해 준다.

6장을 다 읽고 나면 다음과 같은 능력을 갖추게 될 것이다.

- 현대 교육에서 개인 맞춤형 학습과 실시간 피드백이 얼마나 중요한지 이해한다.
- 생성형 AI를 활용해 개별 학생의 필요에 맞는 개인 맞춤형 학습 경험을 만들어 낸다.
- 시의적절하고 건설적이며 실행 가능한 통찰을 제공하는 AI 기반 피드백 메커니즘을 구현한다.
- AI를 활용하여 학생의 학습 진전 상황을 추적하고 학습 경로를 실시간으로 조정해 각 학생이 지속적으로 학습에 참여하고 도전받을 수 있도록 한다.

6.1 생성형 AI로 적응형 학습 경험 만들기

적응형 학습은 교육 콘텐츠를 개별 학생 특유의 요구 사항에 맞추는 것이다. 이는 모든 학습자에게 개인 교사를 조달하는 것과 같다. 하지만 대규모 학습에서는 이런 환경을 어떻게 실현할 수 있을까? 바로 이 지점에서 AI가 등장한다.

6.1.1 적응형 학습 소개

적응형 학습은 새로운 개념이 아니다. 좋은 교사는 항상 학생들의 수준에 맞추려고 노력해 왔다. 하지만 AI는 이를 새로운 수준으로 끌어올린다. AI는 방대한 양의 데이터를 분석해 각 학생의 강점과 약점, 그리고 학습 유형을 파악할 수 있다. 적응형 학습은 각 학생의 개별적인 필요에 맞게 교육 경험을 최적화해 주는 교습 방법이다. 모든 학생에게 동일한 학습 자료를 제공하는 전통적인 방법과 달리, 적응형 학습은 학습자의 개별 프로필에 따라 콘텐츠, 학습 속도, 교수법까지 맞춰 주는 것이다. 이것이 왜 중요할까? 모든 학생이 다르게 배우기 때문이다. 어떤 학생은 개념을 빠르게 이해하는 반면 어떤 학생들은 같은 자료를 이해하기 위해 더 많은 시간과 다른 접근 방식이 필요하다.

생성형 AI는 적응형 학습을 구현하는 데 핵심 역할을 한다. AI는 각 학생의 학습 방식에 대한 방대한 데이터를 분석할 수 있다. 학습 성과를 추적하고 강점과 약점을 찾아낸 뒤 적절하게 학습 자료를 조정한다. 예를 들어, 어떤 학생이 수학은 탁월하지만 독서에서는 어려움을 겪고 있다고 가정해 보자. AI는 그 학생에게 독서 연습을 좀 더 제공하는 대신 수학은 진도를 나가도록 허용할 수 있다. 이런 맞춤형 지원은 학생들이 집중력을 유지하면서 동기 부여될 수 있도록 해 준다.

전통적인 교실에서는 학생들이 똑같이 진도를 나가야 한다. 그 때문에 추가 도움이 필요한 학생이나 더 빨리 진도 나갈 준비가 된 학생들은 좌절할 수도 있다. AI를 활용한 적응형 학습은 모든 학생에게 개인 맞춤형 학습 경로를 제공하는 방식으로 이런 문제를 해결한다. 이 접근 방식은 학생들의 현재 수준과 상황에 맞춰 다가가, 그들이 자신의 잠재력을 최대한 발휘할 수 있도록 돕는다.

6.1.2 AI가 이끄는 개인화 전략

AI는 어떻게 이러한 개인 맞춤형 학습 경험을 창출할까? 다음 섹션에서 이에 대해 자세히 살펴본다.

6.1.2.1 학습자 프로필 이해하기

AI가 주도하는 개인 맞춤형 전략의 핵심 요소는 학습자 프로필 생성이다. 이 프로필은 학생의 학습 습관, 선호도, 강점, 개선이 필요한 분야 등을 상세히 반영한 것이다. AI는 퀴즈 결과, 상호작용 패턴, 심지어 다른 작업에 소요한 시간 같은 다양한 정보원에서 데이터를 수집하고 분석해서 이런 프로필을 만든다.

예를 들어, AI 시스템은 학생이 어떤 텍스트의 특정 부분을 반복적으로 다시 찾는 것을 감지할 수 있다. 이런 현상은 학생이 그 부분을 힘겨워한다는 것을 나타낸다. AI는 이 정보를 활용해 미래 수업을 조정하며, 학생이 어려워하는 분야를 더 많이 도와준다. 반대로, 학생이 수학 문제를 빠르고 정확하게 풀 경우엔 학생이 계속 관심을 보이도록 하기 위해 더 어려운 문제를 제시할 수 있다.

학습자 프로필의 실제 사례는 많은 초등학교에서 사용하고 있는 드림박스 같은 플랫폼에서 볼 수 있다. 드림박스는 AI를 활용해 각 학생의 학습 형태와 진도를 평가한다. 그런 다음 학습자의 프로필에 따라 수학 문제의 난도를 실시간으로 조정한다. 이는 각 학생이 자기 특유의 요구 사항에 맞는 수학 수업을 받게 된다는 의미다. 이를 통해 학습자가 더 효과적으로 학습하는 데 도움을 줄 수 있다.

학습자 프로필은 역동적이어서, 학생이 배우고 성장함에 따라 프로필도 발전한다. AI는 새로운 데이터를 반영하기 위해 이런 프로필을 지속적으로 업데이트한다. 이를 통해 학습 경험이 개인화되고 관련성 있게 유지되도록 해 준다. 이렇게 지속적으로 적응한 덕분에 학습 과정이 각 학생의 필요에 좀 더 민첩하게 반응하게 된다.

6.1.2.2. 역동적인 콘텐츠 조정

교육 분야에서 AI의 돋보이는 특징 중 하나는 학생들이 학습 자료에 보이는 반응에 따라 콘텐츠를 역동적으로 조정할 수 있는 능력이다. 전통적인 방법에선 평가를 한 후에 콘텐츠를 조정한다. 반면 AI는 실시간으로 학습 자료를 뒤바꿀 수 있다. 이런 유연성은 학생들이 항상 적절한 수준의 도전과 지원을 받을 수 있도록 보장해 준다.

언어 학습 플랫폼인 듀오링고를 예로 들어 보자. 듀오링고는 AI를 활용해 학습자의 진도를 추적한 뒤, 성과에 따라 연습 문제 난도를 조정한다. 어떤 학생이 동사 활용에 어려움을 겪는다면, 생성형 AI는 학생이 진전을 보일 때까지 그 분야 추가 연습 문제를 계속 제공한다. 이런 방식 덕분에 학생은 계속 도전적이면서 접근하기 쉬운 학습 경험을 유지할 수 있다.

난도 조정뿐만이 아니다. AI는 학생의 참여도에 따라 콘텐츠 전달 방식을 바꿀 수도 있다. 예를 들어, 어떤 학생이 집중하지 못해, 과제에 할애하는 시간이 줄어들 경우엔 퀴즈나 게임 같은 상호작용 요소를 도입해 다시 참여를 유도할 수 있다. 이러한 반응형 조정은 학습 동기를 유지하고 계속 긍정적인 학습 경험을 할 수 있도록 도와준다.

역동적 콘텐츠 조정은 수학이나 언어처럼 학생들의 숙련도가 천차만별인 과목에서 특히 유용하다. 학생의 현재 수준에 콘텐츠를 맞춰 주기 때문에 능력 범위 내에서 계속 학습할 수 있게 해 주기 때문이다. 즉 충분히 도전적이어서 흥미를 유발하지만, 좌절할 정도로 너무 어렵지는 않은 수준으로 맞춰 주는 것이다. 경험이 풍부한 교사들은 이런 균형을 유지하는 것이 얼마나 어려운지 잘 알고 있을 것이다.

6.1.2.3 생성형 AI로 진행하는 개별화 수업

개별화 수업(differentiated instruction)은 학생에 따라 같은 학습 자료를 다양한 방식으로 제공하는 교육 전략이다. 이는 콘텐츠(텍스트, 동영상, 상호작용 시뮬레이션)나 지원 수준(추가 연습, 일대일 지도)을 서로 다르게 하는 것을 의미한다. 교육자의 목표는 각 학습자가 독자적이라는 점을 인식하고 학생들의 다양한 요구를 겨냥하는 것이다.

생성형 AI는 각 학생의 선호도에 따라 다양한 학습 방식을 제시함으로써 개별화 수업을 지원한다. 예를 들어, 어떤 학생이 청각적 방법을 통해 가장 효과적으로 배운다고 가정해 보자. 이럴 경우 AI는 팟캐스트나 오디오 강의를 추천할 수 있다. 실습 중심 학습을 선호하는 다른 학생에게는 상호작용형 시뮬레이션이나 활동을 추천할 수 있다. 이런 개인 맞춤형 추천은 학생들이 자신에게 가장 적합한 방식으로 학습할 수 있도록 해 준다. 기억하라. 모든 사람이 똑같지는 않다. 여러분이 저성과자라고 생각하는 학생들은 전통적인 교육 방법으로 학습하는 것을 힘들어할 수 있다.

칸 아카데미의 칸미고에서 이런 사례를 볼 수 있다. 칸미고는 생성형 AI를 활용해 학생의 진도에 맞는 다양한 학습 활동을 추천해 준다. 특정 주제에 어려움을 겪는 학생에게는 AI가 연습 문제 다음에 동영상 강좌를 내보내 준다. 개념을 빠르게 이해하는 학생에게는 계속 도전 정신을 유지할 수 있도록 더 어려운 자료를 추천해 준다. 이런 방식은 현재 다루는 학습 내용이 너무 기초적이라고 생각해 집중력이 떨어진 학생에게 도움이 된다. 개별화 수업을 지원할 수 있는 생성형 AI의 능력은 포용적 교실에서 특히 가치가 있다. 포용적 교실에서는 능력과 필요가 각기 다른 학생들이 함께 배우기 때문이다.

6.2 AI 기반 적응형 학습 시스템 구현

AI 기반의 적응형 학습 시스템은 학생 개개인의 학습 진행 상황에 맞추어 학습 내용과 속도를 조정할 수 있는 독특한 능력을 지니고 있어, 학생들에게 맞춤형 교육 경험을 제공한다. 천편일률적인 전통적 접근 방식과 달리, 적응형 학습 플랫폼은 데이터와 알고리즘을 활용해 학습 성과를 추적하고 상황에 맞게 학생들을 지원함으로써 개인이 처한 어려움을 극복할 수 있도록 도와준다.

이번 섹션에서는 교육자들이 교실에서 AI 기반 적응형 학습 시스템을 효과적으로 구현할 수 있는 방법을 탐구해 본다.

6.2.1 적절한 생성형 AI 도구 선택하기

적절한 생성형 AI 도구를 선택하는 것은 적응형 학습 시스템을 구현하는 데 중요한 단계다. 모든 AI 도구가 똑같이 만들어진 것은 아니다(정말 그렇다). 따라서 도구 선택은 적응형 수업 전략의 성공에 중요한 영향을 미칠 수 있다!

생성형 AI 도구를 선택할 때는 먼저 학습 목표와 교과 기준에 부합하는지 확인해야 한다. AI는 가르치는 내용과 관련 있는 콘텐츠를 제공할 수 있어야 하며, 콘텐츠를 학생들의 특정 요구 사항(과 교육 수준)에 적합하게 맞춰야 한다.

적응형 학습을 위한 생성형 AI 도구를 선택할 때 중요하게 고려해야 할 사항은 확장성이다. 당신이 선택하는 도구는 교실과 함께 성장할 수 있어야 한다. 즉, 시간이 지남에 따라 학생 수가 늘어나거나 다루는 학습 내용의 범위가 확장되더라도 충분히 수용할 수 있어야 한다. 이는 학생 구성이 다양하고 규모가 확장되는 대규모 교육 환경이나 기관에서는 특히 중요하다. 확장성은 AI 시스템이 더 많은 요구가 가해지더라도 여전히 효과적이고 유의미하게 작동하도록 도와준다.

또 다른 중요한 고려 사항으로는 통합 용이성을 꼽을 수 있다. 생성형 AI 도구는 학습관리시스템(LMS), 학생 정보 시스템이나 다른 디지털 자료 같은 교육 플랫폼이나 시스템과 막힘없이 잘 통합되어야 한다. 이렇게 잘 통합되면 시스템을 좀 더 부드럽게 구현할 수 있을 뿐 아니라 학습 경험의 모든 측면이 연결되고 일관성 있게 유지된다. 통합하기 어려운 도구는 교육자와 학생 모두에게 장벽을 만들 수 있으며, 이는 곧 좌절감과 효과 저하로 이어질 수 있다.

사용자 친화성도 무시할 수 없다. 교사와 학생 모두 생성형 AI 도구를 편안하게 사용할 수 있어야 한다. 복잡한 사용자 인터페이스(UI)나 가파른 학습 곡선(steep learning curve)[31)]은 AI 채택을 가로막는 요인이며, 이는 결국 생성형 AI 기술이 가져다줄 혜택을 줄이는 결과로 이어진다.

직관적인 디자인, 명확한 지침, 강력한 고객 지원을 제공하는 도구를 찾아보라. 필요 이상으로 복잡하지 않으면서 교사들의 업무를 좀 더 쉽게 해 주는 도구가 이상적이다.

AI의 추천 콘텐츠 품질도 고려해야 한다. 효과적인 생성형 AI 도구는 교육 표준, 모범 사례에 부합하는 고품질의 관련 콘텐츠를 제공해야 한다. 학습자의 수준에 적합할 뿐 아니라 교육 여정에 의미 있게 기여할 수 있는 자료를 추천할 능력이 있어야 한다. 콘텐츠 품질은 AI 시스템이 교육자들에게 가치를 더해 줄 수 있을지 결정짓는 필수 요소다.

보안과 개인정보 보호 또한 중요한 문제다. 생성형 AI 시스템은 개인 맞춤형 경험을 제공하기 위해 학생들의 데이터를 수집하고 분석하는 작업에 의존한다. 따라서 이런 도구는 유럽의 GDPR이나 미국의 FERPA 같은 데이터 보호 규정을 준수해야 한다. AI 도구는 모든 데이터가 안전하게 저장되고, 필요한 경우 익명 처리되며, 원래 의도한 용도로만 사용되도록 해야 한다. 교사들은 학생 개인정보 보호를 최우선으로 삼고, 명확하고 투명한 데이터 보호 정책을 갖춘 도구를 선택해야 한다.

마지막으로 실용적인 측면에선 비용 효율성도 중요한 고려 사항이다. 교육 분야에서 생성형 AI의 이점은 상당히 크지만, 재정적 비용을 지출할 정당한 이유가 있어야 한다. 학교와 교육자들은 AI 도구가 제공하는 혜택이 필요한 투자 비용보다 뛰어난지 평가해야 한다. 여기엔 초기 구매나 구독 비용뿐 아니라 유지보수, 업데이트, 교육처럼 지속적으로 투입되는

---

31) 학습 곡선은 경험을 쌓거나 새로운 기술을 배우는 과정을 표현하는 말이다. 일반적으로 얻은 학습 또는 경험의 양과 특정 작업이나 기술에 투자한 시간 또는 노력의 관계를 시각적 그래프로 표현한 것이다. 가파른 학습 곡선과 완만한 학습 곡선(shallow learning curve)이 있으며, 이 중 가파른 학습 곡선은 매우 어렵거나 많은 노력을 해야 배울 수 있다는 뜻이다.

표 11 여러 요소에 적합한 생성형 AI 도구 소개

요소	특징	도구 예시
교육 목표 부합	교육 목표, 학생들의 요구 등과 관련성이 있어야 한다.	뉴턴
확장성	학급 규모와 콘텐츠 복잡성에 따라 성장 가능해야 한다.	드림박스
현존 플랫폼과 통합	LMS나 디지털 도구들과 원활하게 통합되어야 한다.	스마트 스패로
이용 편의성	이용자 친화적 인터페이스, 최소한의 훈련이 필요하다.	칸미고
보안과 개인정보 보호	데이터 보호 법률을 준수하고, 학생 정보를 보호한다.	프록토리오
최적화 선택	콘텐츠와 학습 경로를 개별 학생들에게 맞추도록 허용한다.	센트리 테크
분석과 보고	학생 성적과 학습 진도에 대한 자세한 통찰을 제공한다.	카네기 러닝
지원과 훈련	교육자를 위해 전용 자원과 훈련을 제공한다.	니어팟

비용도 포함된다.

교육 분야에서 높이 평가받는 AI 도구 중 하나는 스마트 스패로다. 이 플랫폼은 교사들이 개별 학생에 맞춰서 적응형 학습 경험을 만들 수 있도록 해 준다. 이는 우리가 논의한 고려 사항 대부분을 충족한다. 스마트 스패로의 AI 시스템은 높은 수준의 맞춤 서비스를 제공한다. 또 다른 디지털 도구와 쉽게 통합할 수 있으며, 학생 성적에 대해 상세히 분석해 준다. 사용자 친화적인 디자인과 콘텐츠 품질에 대한 강한 집중으로 교실에서 적응형 학습을 실현하려는 교사들에게는 소중한 자원이다.

당연히 다음과 같은 질문들이 뒤따라 나와야 한다. 교실에서 적응형 학습을 실천하는 것에 대해 어떻게 생각하는가? 가장 먼저 해야 할 일은

적응형 학습에 적합한 환경을 조성하는 것이다.

6.2.2 적응형 학습 환경 설계하기

적절한 생성형 AI 도구 선택 작업이 끝나면 이 도구를 효과적으로 활용할 수 있는 적응형 학습 환경을 설계하는 것이 그다음 단계다. 학습 환경 설계는 학생들이 학습 자료와 얼마나 상호작용을 잘하는지, AI가 학생들의 학습 경험을 얼마나 효과적으로 개인화할 수 있는지에 중요한 영향을 미친다.

명확한 학습 목표를 설정하는 것부터 시작해야 한다. 적응형 학습 시스템을 통해 학생들이 성취하려는 것은 무엇인가? 달성하려는 목표는 무엇인가? 이런 목표가 환경 설계의 모든 측면을 안내해야 한다. AI의 적응형 기능이 교육 목표와 일치하는지 확인하라. 예를 들어, 비판적 사고 능력을 향상하는 것이 학습 목표라면, 학생들에게 정보를 분석하고, 종합하며, 평가하는 작업을 요구하는 과제가 교육 환경에 포함되어야 한다. 그렇지 않다면 그 환경은 적응형 학습에 도움이 되지 않는다.

학습 환경의 레이아웃과 구조는 생성형 AI 도구를 원활하게 도입하도록 지원해야 한다. 이는 학생들이 상호작용 시뮬레이션, 개인 맞춤형 퀴즈, 역동적 콘텐츠 모듈 같은 AI 강화 자원에 쉽게 접속할 수 있는 디지털 생태계를 구축해야 한다는 의미다. 다양한 유형의 활동을 유연하게 전환할 수 있는 환경이 구축되어야 한다. 그래야만 AI가 학생들의 흐름을 방해하지 않고 학습 경로를 조정할 수 있기 때문이다.

다음으로, 학생들이 AI 도구와 상호작용할 물리적 공간이나 가상공간을 고려해야 한다. 물리적 교실에서는 학생들이 개인적으로나 소집단 규모로 작업할 수 있는 컴퓨터를 설치하는 것이 포함될 수 있다. 이는 AI가 학생들의 발전 상황을 점검하고, 실시간 피드백을 제공할 수 있도록 한다. 반면 가상 학습 환경에서는 학생들이 강의, 학습 자료, 평가 사이를 손쉽게 이동할 수 있는 직관적인 인터페이스를 설계하는 것을 의미한다.

적응형 학습 환경을 설계할 때는 지속적인 점검과 조정도 포함되어야 한다. 교육자들은 AI 도구가 학생들의 요구를 얼마나 잘 충족하고 있는지 정기적으로 평가해야 한다. 필요할 경우에는 변경할 준비도 하고 있어야 한다. 여기에는 콘텐츠 추천 알고리즘을 변경하거나, 커리큘럼 진행 속도를 조절하고, 새롭게 대두된 도전 과제를 해결할 수 있도록 그동안 볼 수 없었던 자원을 도입하는 것이 포함될 수 있다.

따라서 이 과정에서는 효과적인 소통이 정말 중요하다. 교육자들은 방과 시간 동안 학생들과 개방된 소통 채널을 유지해야 한다. 이를 통해 학생들의 AI 도구 사용 경험에 대한 피드백을 수집한 뒤 학습 환경을 개선하는 데 활용해야 한다. 이런 협업적 접근 방식은 학습 환경을 역동적으로 유지하고, 학생들의 변화하는 요구에 대응하는 데 도움이 될 것이다.

6.3 적응형 학습 결과물 측정하고 평가하기

교육 환경에서 학생 진도 측정과 평가는 학습 과정을 효과적으로 만들어주는 역할을 한다. 적응형 학습 환경에서는 각 학생의 필요에 맞게 교육 경험을 개인화하기 때문에 성과를 추적하고 효과를 평가하는 작업이 훨씬 더 중요해진다. 이번 섹션에서는 AI 도구를 활용해 학생 진도를 추적하고 분석하는 방법을 탐구한다. 또 AI 기반 개인 맞춤형 교육이 학생의 성과에 미치는 영향에 대해 교사들이 평가하는 방법도 함께 살펴본다.

6.3.1 학생 진도 추적

전통적인 교실에서는 시험이나 퀴즈 같은 정기적인 평가를 통해 학생의 진도를 추적한다. 하지만 이런 평가 방식은 학생들이 학습한 것의 단편만 보여 줄 뿐이다. AI로 구동되는 적응형 학습 환경에서는 진도 추적이 지속적으로 이루어진다.

AI 기반 적응형 학습 환경에서 학생의 진도를 점검하는 것은 시스템이 각 학습자의 발전을 효과적으로 지원하고 있는지 보장하기 위해 매우 중요한 요소다. AI 도구에는 학생의 성적을 추적하고 분석하는 강력한 기능이 있다. 이는 교육자에게 학생들이 어떻게 발전하고 있으며, 추가 지원이 필요한 부분은 어디인지에 대한 통찰을 상세하게 제공한다.

AI를 활용해 학생의 진도를 추적하는 주요 장점 중 하나는 실시간으로 데이터를 수집하고 분석할 수 있다는 점이다. AI는 학생들과 디지털 콘텐츠의 상호작용 분석을 통해 진도를 추적한다. 예를 들어, AI는 어떤 학생이 특정 문제에 얼마나 많은 시간을 할애하는지, 그 문제를 풀려는 시도를 몇 번이나 하는지, 시간이 지남에 따라 이해도가 향상되는지 등을 관찰할 수 있다. 이 데이터는 학생의 학습 과정을 상세히 보여 주는 동시에, 추가 지원이나 좀 더 어려운 자료가 필요한 분야를 강조해 보여 준다.

실제 적용 사례를 검토해 보자. 칸 아카데미의 칸미고 같은 플랫폼은 AI를 사용해 수학 같은 과목의 학생 진도를 추적한다. 이 시스템은 학생이 해결한 문제, 요청한 힌트, 검토한 주제 같은 모든 상호작용을 기록한다. AI는 이런 지속적인 측정을 통해 학생의 학습 유형을 식별할 수 있다. 분수 계산에 어려움을 겪는 학생에게는 AI가 해당 분야에 초점을 맞춘 추가 연습 문제를 내주거나 개인 교습을 제안할 수 있다. 반면 대수학에 강점을 보이는 학생에게는 더 고급 문제를 제시해 흥미를 유지하고 도전 의욕을 계속 불어넣을 수 있다.

AI 기반 진도 추적 시스템으로 위험에 처한 학생을 조기 식별할 수도 있다. 학생의 행동과 성적 패턴을 추적함으로써 AI는 문제가 심각해지기 전에 참여도 저하나 학습 곤란 징후를 탐지할 수 있다. 이를 토대로 교육자들이 적시에 개입해 학생이 다시 정상 궤도로 돌아갈 수 있도록 필요한 지원을 해 줄 수 있다.

뉴턴이나 코세라의 학습 분석(Learning Analytics) 같은 도구는 교육자들이 다양한 차원에서 학생 성적을 지켜볼 수 있는 강력한 진도 추적 기능을 갖고 있다. 이런 도구는 대시보드 형태로 데이터를 이해하기 쉬운 방식으로 표시해 준다. 교사들은 대시보드를 통해 학생들의 성적 분포와 추이를 쉽게 파악한 뒤 이런 정보를 바탕으로 수업을 어떻게 할지 결정을 내릴 수 있다.

에드멘텀(Edmentum)의 이그잭트 패스(Exact Path) 같은 도구는 개별 학생의 상호작용 측정을 넘어 교육자에게 학생 진도에 대한 상세한 보고서를 제공한다. 이 보고서에는 학생들이 특정 학습 목표를 어떻게 달성하고 있는지, 교과 과정을 어떻게 진행하고 있는지, 어떤 부분에서 어려움을 겪고 있는지 등에 대한 데이터가 담겨 있다. 교사는 이 데이터를 활용해 맞춤형 교육을 설계할 수 있다. 지원이 필요 학생에게는 맞춤형 지원을 제공하고, 진도를 더 나갈 준비가 된 학생에게는 더 어려운 자료를 제공한다.

게다가 추적은 학업 성적에만 국한되지 않는다. AI 시스템은 학생 참여도와 동기 부여 같은, 학습에 영향을 미치는 다른 요인들도 측정할 수 있다. 예를 들어, 학생이 특정 유형의 활동을 지속적으로 건너뛰거나 특정 수업 중 참여를 중단한다면 AI가 교사에게 알림을 보낼 수 있다. 교사는 이를 통해 학생을 다시 참여시키기 위한 조치를 취할 수 있다. 이처럼 통합된 진도 추적 접근 방식은 학생의 학습 경험을 모든 측면에서 살필 수 있도록 해 준다.

기억하라. 진도 추적은 단순히 약점을 파악하는 것만이 아니다. 성공을 알아보고 축하할 수도 있다. AI 도구는 교사가 학생의 성취를 알아차리는 데도 도움을 줄 수 있다. 심지어 어려운 개념을 정복하거나, 오랜 시간에 걸쳐 괄목할 개선을 이룬 경우에도 알림이 가능하다. 이런 긍정적인 강화를 통해 학생의 동기를 끌어올리고, 지속적인 노력을 장려할 수 있다.

6.3.2 AI 기반 개인화의 효과 평가하기

AI 기반 개인 맞춤형 학습의 효과를 평가하는 것은 적응형 학습 시스템이 의도한 교육적 성과를 달성하기 위해 꼭 필요한 일이다. 이는 AI가 학생 학습에 미치는 장단기 영향을 평가하는 것뿐 아니라, 학생과 교육자의 피드백을 수집해 시스템을 한층 정교하게 개선하는 것을 의미한다.

효과를 평가하는 인기 있는 접근 방식 중 하나는 AI 기반 개인 맞춤형 교육 도입 전후의 학생 성과를 비교하는 것이다. 여기엔 시험 성적과 등급 변화 분석부터 측정 가능한 다른 학업 성취 지표 평가까지 아우를 수 있다. 예를 들어, AI 기반 학습 플랫폼을 이용한 이후 특정 학급 학생들의 독해력 점수가 괄목할 정도로 향상됐다고 가정해 보자. 이는 AI 시스템이 그들의 학습을 효과적으로 지원하고 있다는 사실을 드러내는 것이다.

하지만 숫자로 모든 것을 이야기할 수는 없다. 학생과 교육자들의 질적인 피드백도 매우 중요하다. 질적인 피드백은 어떻게 받을 수 있을까? 학생들은 AI 시스템이 학습 경험에 어떤 영향을 끼쳤는지에 대한 통찰을 줄 수 있다. 이를테면 개인 맞춤형 콘텐츠가 도움이 되고, 흥미로웠는지 이야기해 줄 수 있다. 예를 들어 학생은 AI가 추천한 것들이 전통적인 교육 방식으로는 이해하지 못했던 어려운 개념을 깨우치는 데 도움이 됐다고 보고할 수도 있다. 교사도 AI 기반 개인화가 교육 목표와 어떻게 일치하는지 중요한 관점을 보여 줄 수 있다. 그들은 AI 덕분에 고차원적인 교육 활동에 더 많은 시간을 쏟을 수 있었다고 평가할 수도 있다. 성적 평가나 콘텐츠 전달 같은 일상 업무는 AI 시스템이 대신해 주어서 토론 촉진이나 일대일 지원 같은 업무에 주력할 수 있게 됐기 때문이다.

또 다른 중요한 고려 요소는 AI 기반 개인 맞춤형 학습과 교육 과정 기준을 일치시키는 문제다. AI 시스템은 학생들의 필요에 맞게 조정되어야 할 뿐 아니라 필수 교육 기준에 맞는 콘텐츠를 제공해야 한다. 그 결과 개인 맞춤형 학습 경로는 학문적으로 엄격하고, 교육 기관의 기대에 부응하게 된다.

AI를 교실에 성공적으로 도입한 학교에서 효과적인 평가의 실제 사례를 확인할 수 있다. 로스앤젤레스 통합학군(Los Angeles Unified School District)에서는 교육자들이 표준 시험 결과와 학생 피드백을 결합해 챗봇 에드(Ed)를 사용한 AI 기반 수학 프로그램의 영향을 평가했다. 평가 결과 AI 프로그램을 사용한 학생들은 일관되게 전통적인 교실의 다른 학생들보다 우수한 성적을 거두었다(Los Angeles Unified School District, 2024).

결국 AI 기반 개인 맞춤형 학습의 효과를 평가하려면 종합적으로 접근할 필요가 있다. 교육자들은 적응형 학습 전략을 개선하기 위해 학생과 교사로부터 피드백을 수집하고 분석할 수 있다. 이 피드백은 AI 시스템이 잘 작동하는 부분과 개선이 필요한 부분에 강조 표시를 해 줄 수 있다. 학생들이 과제에 대한 AI의 피드백이 너무 일반적이라고 지속적으로 보고한다면, 교육자들은 AI 제공업체와 협력해 더 정교한 피드백을 제공하도록 시스템을 개선할 수 있다.

어떤 경우엔 AI 알고리즘 자체를 조정해야 할 수도 있다. 예를 들어, AI 시스템이 암기 중심 학습 활동에 지나치게 집중하고 있다는 사실이 확인된다면, 교육자들은 비판적 사고와 문제 해결을 포함하는 좀 더 균형 잡힌 접근 방식을 보장할 수 있도록 시스템을 수정해 달라고 요청할 수도 있다.

6.4 즉각적인 개인 맞춤형 학생 피드백을 위해 생성형 AI 사용하기

피드백은 효과적인 교육의 초석이다. 학생들은 피드백을 통해 자신이 잘하는 부분, 개선이 필요한 부분, 학습 전략을 개선하는 방법을 이해하는 데 도움을 받는다. 그러나 피드백이 효과를 보기 위해선 적절한 시기와 개인 맞춤화가 중요하다. 이 섹션에서는 학생들에게 즉각적이고 개인화된 피드백을 제공하는 것이 왜 중요한지, 그리고 생성형 AI가 어떻게 이 과정을 촉진할 수 있는지 탐구한다.

실시간 피드백이 왜 그렇게 중요할까? 학생들이 과제를 완료하자마자 바로 피드백을 받게 되면 실수를 빠르게 바로잡고 학습을 강화할 수 있다. 다음 단계로 넘어가기 전에 새로운 지식을 적용할 수도 있다. 이런 즉각적인 피드백 루프(feedback loop)는 전통적인 평가에서 흔히 볼 수 있는 것처럼 결과가 나올 때까지 며칠씩, 심지어는 몇 주씩 기다리는 것보다 훨씬 효과적이다.

예를 들어, 수학 문제를 풀고 있는 학생을 생각해 보라. 만약 그들이 각 문제를 풀자마자 바로 피드백을 받을 수 있다면 어디서 잘못했는지 빠르게 확인하고, 다시 시도할 수 있을 것이다. 이를 통해 올바른 방법을 강화하고 잘못된 풀이 방법을 연마하는 것을 막아 준다. 반면 피드백이 지연되면 학생은 잘못된 접근 방식으로 계속 연습하게 되고, 이는 좌절감과 고착화된 실수로 이어질 수 있다.

게다가 각 학생의 개별적인 필요와 학습 유형에 맞춘 개인 맞춤형 피드백은 일반적인 논평보다 효과가 있는 편이다. 예를 들어, 특정 개념을 이해하는 데 어려움을 겪는 학생에게는 단순히 "잘했어요"나 "좀 더 노력해 봐라" 같은 말보다는 구체적인 어려움을 해결할 수 있는 상세하고 건설적인 피드백이 훨씬 더 도움이 된다. 개인 맞춤형 피드백은 개선이 필요한 부분을 명확하게 해 줄 뿐 아니라 이를 달성하기 위한 구체적인 방안까지 제시해 준다.

실시간 피드백은 학생의 동기 부여와 참여에도 중요한 역할을 한다. 노력이 즉시 인정되고 반영된다는 것을 알게 되면 학생들은 동기 부여가 더 많이 되고 적극 참여하게 된다. 예를 들어, 과학 실험을 막 끝낸 학생이 과학적 방법을 올바르게 적용했다는 칭찬 피드백을 받고 추가로 탐구할 분야를 제시받으면, 학습을 계속하는 것에 대해 자신감과 호기심을 더 갖게 될 것이다.

생성형 AI는 대규모로 개인 맞춤형 피드백을 제공할 잠재력을 갖고 있어 모든 학생이 성공하는 데 필요한 지도를 적시에 받을 수 있도록 도와준다.

6.4.1 개인 맞춤형 피드백 생성을 위한 AI 기술

교육 분야에서 AI의 주요 장점 중 하나는 피드백 과정을 자동화할 수 있다는 점이다. AI 알고리즘은 학생의 과제(에세이, 수학 문제 풀이, 토론 게시물 등)를 분석한 뒤 맞춤형 피드백을 곧바로 해 줄 수 있다. 이렇게 되면 교육자들은 시간을 절약할 수 있고, 학생들은 가장 효과적인 시점에 필요한 피드백을 받을 수 있다.

예를 들어, 그래머리 같은 AI 도구는 글쓰기의 문법, 스타일, 명확성을 분석해 바로 피드백을 해 준다. 에세이를 작성 중인 학생은 문장을 고쳐 써 좀 더 명확하게 하거나, 문법 오류를 수정하는 등 개선 사항을 바로 반영할 수 있다. 이런 실시간 피드백은 학생이 최종 원고를 제출하기 전에 수정해 좀 더 나은 글쓰기 결과물을 만들 수 있도록 해 준다.

또 다른 예로는 터니틴의 피드백 스튜디오(Feedback Studio)가 있다. 이 시스템은 AI를 활용해 학생 제출물의 독창성을 분석한 뒤 표절 가능성에 대해 피드백해 준다. 독창성 문제를 지적하는 것 외에도, 이 시스템은 인용 사용에 대한 의견을 제시할 수도 있다. 이와 함께 학생이 연구와 글쓰기 기술을 개선할 수 있는 분야를 제안해 준다.

수학 분야에서는 알렉스 같은 플랫폼이 AI를 활용해 문제 해결 과제에 대해 즉시 피드백을 해 준다. 학생이 답을 입력하면 시스템은 즉시 분석한 뒤 정답 여부를 알려 준다. 답이 틀렸을 경우 시스템은 오류를 이해하고 다시 시도할 수 있도록 힌트나 설명을 제공할 수 있다.

자동화된 피드백 생성은 대규모 강의실이나 온라인 학습 환경에서 더 유용하다. 이런 환경에서는 교사가 모든 학생에게 개별화된 피드백을 하는 것이 힘들기 때문이다. 그러나 AI 도구는 모든 학생에게 시의적절하고 개인의 학습과 관련성 있는 피드백을 준다. 이에 따라 학생들은 교사가 검토해 줄 때까지 기다릴 필요 없이 계속 앞으로 나아갈 수 있다.

6.4.2 개인의 필요에 맞춘 피드백

자동화된 피드백이 유용하긴 하지만, 그 진정한 힘은 각 학생의 개별적인 필요에 맞게 맞춤형으로 제공할 수 있는 능력에서 나온다. 학생들은 각자 특유의 강점과 약점, 학습 목표를 갖고 있다. 따라서 학생들은 이런 특성이 반영된 피드백을 받을 수 있어야 한다.

예를 들어, AI 시스템은 학생들이 여러 과제에서 이룬 성과를 분석한 뒤 반복적으로 나타나는 문제 유형을 찾아낼 수 있다. 어떤 학생이 에세이 작성의 특정 측면, 이를테면 강력한 주제문을 개발하는 데 계속 어려움을 겪는다면 AI가 그 분야에 초점을 맞춰 맞춤형으로 피드백을 할 수 있다. 피드백에는 강력한 주제문 예시, 명확성 · 범위 · 순서 개선을 위한 팁, 해당 주제에 대한 추가 독서 자료 제안 같은 것들이 있을 수 있다.

수학 수업에서는 AI가 학생들이 겪는 어려움을 토대로 맞춤형 피드백을 줄 수 있다. 분수 이해에 어려움을 겪는 학생이라면, AI가 추가 연습 문제를 내주고 개념을 더 간단한 용어로 세분해 설명할 수 있다. 이로써 지금 당장 직면하고 있는 문제를 해결하는 것뿐 아니라 기본기를 강화해서 장기 학습을 지원할 수 있는 피드백을 제공하는 것이 궁극적인 목표다.

AI 시스템의 맞춤형 피드백 실례로는 스마트 스패로 같은 플랫폼을 꼽을 수 있다. 이 플랫폼은 교육자가 학생의 답변에 따라 개인 맞춤형 피드백을 하는 적응형 학습 경로를 설계할 수 있도록 해 준다. 이 시스템은 학생이 각 질문에 답변하는 방식을 토대로 힌트, 추가 설명이나 다른 자료를 제공할 수 있다.

또 다른 예시로 AI 기반 도구인 그레이드스코프를 들 수 있다. 이 도구는 교사가 과제 평가를 더 효율적으로 수행하면서 학생들에게 맞춤형 피드백을 줄 수 있도록 도와준다. 이 시스템은 교사들이 맞춤형 평가 기준표를 작성하면 이를 토대로 AI가 학생들의 작업을 평가해서 맞춤형 피드백을 하도록 해 준다. 이는 각 학생이 자신의 성적에 적합한 피드백을 받도록 하면서도 학생의 학습 과정이 교사의 학습 목표와 일치하도록 보장해 준다. 각 개인의 필요에 맞는 맞춤형 피드백을 해 주면 학생들이 학습 과정에서 더 많은 지원을 받고 있다고 느낄 것이다.

6.4.3 학습 과정에 AI 피드백 도입하기

AI가 생성하는 피드백은 학생들의 학습 방식과 학습 자료를 대하는 방식을 변화시킬 수 있다. 하지만 AI 생성 피드백을 무엇보다 효과적으로 구현하기 위해선 이 피드백이 학습 과정에 완전히 도입되어야 한다. AI는 학생들이 자신의 발전에 대해 성찰하도록 해 주며, 교사와 학생 간의 소통을 강화해 준다. 지속적인 발전을 위한 기회를 선사할 수도 있다. 이번 섹션에서는 AI 피드백이 어떻게 학생의 성찰을 촉진하는지, 그리고 어떻게 교사와 학생 간의 상호작용을 더 북돋울 수 있는지에 대해 탐구한다.

피드백에 대한 성찰은 학습을 강화하는 데 도움이 된다. 학생들이 자신의 잘한 점과 개선이 필요한 부분에 대해 숙고하는 시간을 갖게 되면 의미 있는 목표를 설정하고 학습 과정을 주도할 수 있다. 구체적이고 즉각적인 AI 생성 피드백은 학생들이 이런 성찰적 실천을 발전시키는 데 도움을 줄 수 있다.

AI 피드백의 큰 장점 중 하나는 피드백을 지속적으로 제공할 수 있다는 점이다. 전통적인 방식에선 단원이나 과제 종료 시점에 피드백을 해줬다. 하지만 AI는 즉시 피드백을 할 수 있을 뿐 아니라 지속적으로 제공해 학생들이 즉시 행동할 수 있도록 해 준다. 예를 들어, 학생이 그래머리 같은 AI 기반 글쓰기 도구를 통해 에세이를 제출한다고 가정해 보자. 이때 학생들은 AI 도구로부터 문법과 스타일 개선 제안뿐 아니라 주장의 구조와 명확성에 대한 좀 더 심층적인 피드백을 받을 수 있다. 덕분에 학생들은 자신들의 사고 과정이 아직 선명할 때 수정 작업을 진행할 수 있다.

이 책에서 나중에 논의할 LLM 과정에는 한계가 있다.

AI 피드백의 또 다른 큰 장점은 즉시 주어진다는 것뿐 아니라 굉장히 상세하다는 점이다. 전통적인 피드백은 짧게는 며칠, 길게는 몇 주가 걸릴 수도 있다. 하지만 AI 피드백은 실시간으로 응답해 학생들이 자신의 작업에 즉시 반영해 수정할 수 있다. 예를 들어, 비판적 사고 과제를 위한 다음과 같은 맞춤형 피드백 프롬프트를 한번 살펴보자. "25년 이상 경험이 있는 교수이자 전문가로서, 섹션별 피드백을 제공하라. 이때 작업에서 개선을 위한 세 가지 방법과 세 가지 강점을 강조하도록 하라. 주장과 결론에 대해 검토하고, 세 가지 구체적인 개선점을 포함하라. 피드백은 전문적이고, 명확하고 간결해야 한다. '칭찬할 만한(commendable)'이나 '깊이 탐구하다(delve)'처럼 지나치게 남발되는 용어는 피하도록 하라. 결론 부분은 200자 미만 세 문장으로 된 간결한 요약으로 마무리하되, 긍정적인 어조를 유지하도록 하라." 이런 유형의 프롬프트는 학생의 작업을 다듬고 구조화된 학습 유형을 구축하는 데 도움을 준다.

이것은 어떻게 성찰하도록 유도하는가? 학생들은 제출한 원본과 AI가 생성한 피드백을 비교하면서 어떤 부분을 개선해야 할지 확인할 수 있다. 어떻게 해야 할지 확인하기 위해 며칠이나 몇 주씩 기다릴 필요가 없다. 실시간 피드백을 할 수 있는 이런 특성은 즉시 자기 평가를 할 수 있는 공간을 만들어 준다. 이는 학생들로 하여금 스스로 다음과 같은 질문을 던지게 한다. 내가 잘한 것은 무엇인가? 어디서 잘못했을까? 다음에는 무엇을 다르게 할 수 있을까? 논문의 주장을 어떻게 더 개선할 수 있을까? 결론은 어떻게 강화할 수 있을까? 이러한 질문은 성장 마인드를 키우는 데 도움이 된다.

또 AI 피드백은 목표 설정에도 역할을 할 수 있다. (작문이나 개념 이해, 혹은 문제 풀이 등) 같은 분야를 개선하라는 피드백을 지속적으로 받는 학생들은 이런 특정 도전 과제를 해결하는 데 노력을 기울이는 것부터 시작할 수 있다. 예를 들어, 수학 수업에 사용되는 AI 도구는 학생이 소수점 위치에 자주 실수를 범한다는 점을 지적할 수 있다. 학생은 이런 사전 지식을 토대로 소수점 연산에 대한 이해를 개선한다는 목표를 설정하고, 추가 자료나 개인 교습 방법을 찾아볼 수 있다.

일부 학교에서는 학생들이 자신의 작업물과 함께 AI가 생성한 피드백을 통합한 디지털 포트폴리오를 꾸준히 관리하도록 권장하고 있다. 이런 포트폴리오로 학생들은 시간 경과에 따른 자신의 진전 상황을 추적할 수 있다. 또 포트폴리오는 무엇이 어떻게 개선됐으며, 개선이 필요한 영역은 어디인지 명확하게 보여 준다. 피드백을 정기적으로 검토하는 이런 실천은 학습에 더 깊이 참여하고 있다는 느낌을 갖게 해 준다.

학생들은 AI가 즉시 제공하는 피드백을 접하면서 다음과 같은 중요한 성찰적 질문을 던질 수 있다. 내가 무엇을 잘했는가? 어떤 부분을 개선할 수 있을까? 주장이나 결론을 보강하기 위해 구체적으로 어떻게 바꿀 수 있을까? 이런 질문은 학생들이 성장 마인드셋을 갖고 학습에 접근하도록 장려한다. 이런 자세는 장기 발전에 꼭 필요한 부분이다.

6.4.4 교사-학생 상호작용 촉진하기

AI는 즉각적인 피드백을 줄 뿐 아니라 교사와 학생 간의 관계를 강화하는 강력한 도구이기도 하다. AI 피드백은 인간 간의 상호작용을 대체하는 것이 아니다. 학습에 대한 더 의미 있는 대화를 통해 인간 간의 상호작용을 보완한다. 어떻게 이를 실현할 수 있을까?

첫째, AI 피드백 시스템은 교사가 학생의 학습을 더 깊이 지도할 기반이 되는 기초 정보를 제공한다. 예를 들어, 터니틴 같은 AI 시스템이 학생의 에세이에서 약한 논제나 부적절한 인용 같은 문제점을 지적한다면, 교사는 이 정보를 더 깊은 논의의 출발점으로 활용할 수 있다. 예를 들어, 교사는 AI에게 해당 주제에 대해 깊이 생각하도록 요구하는 비판적 사고 관련 질문 다섯 개를 생성하도록 요청할 수 있다. 교사는 AI의 제안을 검토하고 통찰을 추가한 뒤 AI가 할 수 없는 개인 맞춤형 지도를 할 수 있다.

게다가 AI 피드백은 규칙적이기 때문에 교사는 가장 필요한 곳에 집중할 수 있다. 가령 AI 시스템이 학생의 진도를 추적한 뒤 그들이 지속적으로 힘들어하는 특정 개념에 강조 표시를 해 주면, 교사가 개입해 맞춤형 지원을 해 줄 수 있다. 또 교사는 전체 학급을 대상으로 일반적인 피드백을 하기 위해 시간을 할애하는 대신 추가 도움이 필요한 학생부터 챙길 수 있다. 예를 들어, 언어학 수업에 사용되는 AI 플랫폼은 어떤 학생이 독해에 어려움을 겪고 있다는 사실을 교사에게 알려 줄 수 있다. 교사는 이 정보를 바탕으로 일대일 토론을 계획하거나, 맞춤형 자료를 공유할 수 있다.

AI 피드백은 학생들이 교사에게 좀 더 편안하게 접근할 수 있도록 도와준다. 이미 AI 시스템으로부터 피드백을 받은 경우, 그 학생은 자신의 작업에 대해 모호한 질문을 하는 대신, 좀 더 구체적인 질문을 할 준비가 되어 있을 수 있다. "무엇이 잘못되었는가"란 모호한 질문 대신, AI가 지적한 특정 부분에 대해 좀 더 명확하게 해 달라거나, 추가 도움을 달라고 요청할 수 있는 것이다. 이런 집중적인 접근 방식은 좀 더 생산적인 대화로 이어지게 되며, 결과적으로 학생과 교사의 관계를 더 돈독하게 만들어 준다. 교사들은 또 AI 피드백을 평가와 결합해 학생의 성적을 좀 더 포괄적으로 평가할 수 있다.

6.5 AI 기반 개인화의 도전 과제와 해결책

교실에 AI를 도입할 때 직면하는 도전 과제 중 하나는 학생들이 AI 플랫폼 사용에 대해 거부감을 드러낸다는 점이었다. 일부 학생들은 개인 맞춤형 피드백에 대해 당혹감을 드러냈으며, 이런 감정은 개선이 필요한 여러 분야를 강조할 때 특히 더 심하게 나타났다. 그러나 AI는 교사에게 개선이 필요한 분야를 구체적이면서도 표적을 분명히 한 방식으로 제시할 수 있다. 이때 학생들이 추상적인 개념을 빠르게 이해하고 구체적으로 습득할 수 있도록 돕는 모델을 제공한다. 이것은 학생이 개선이 필요한 분야를 이해하고, 논증이나 연구를 조정할 수 있는 부분을 파악하는 데 도움을 준다.

이번 섹션은 교육 분야에서 AI 기반 개인화를 구현할 때 직면하게 되는 도전 과제와 이런 장애를 극복하기 위한 해결 방안에 초점을 맞춘다. 이런 분석을 통해 AI를 학습 환경에 도입하는 실제 현실을 더 충분히 이해할 수 있다.

AI 기반 피드백 시스템이 처음 도입됐을 때, 많은 학생은 상세한 피드백이 계속 쏟아지자 압도당한 느낌을 받았다. 일부 학생들은 피드백의 양 때문에 낙담하기도 했다. 한 번에 여러 부분을 개선하라는 강조 표시가 뜰 때는 특히 더 심했으며, 때로는 좌절감으로 연결되기도 했다. 어떤 경우엔 플랫폼 사용에 대한 저항으로 이어지기도 했다.

이에 따라 교사들은 학생들이 AI 생성 댓글을 처리하고 해석하는 데 도움을 주기 위해 피드백 수업을 도입했다. 이 강좌에선 받은 피드백에 우선순위를 부여하는 방법을 학생들에게 가르쳤다. 모든 것을 한꺼번에 해결하려고 하지 말고, 한두 가지 핵심 영역에 집중하도록 했다. 이처럼 목표를 명확하게 한 구체적인 피드백은 학생들이 압도당하는 느낌을 덜

받도록 해 주며, 학습을 단계별로 관리하도록 도와준다.

교사들은 AI 시스템에 적응하려고 할 때 어려움에 직면했다. 많은 교육자는 개인적 판단과 경험을 토대로 학생의 작업을 평가하는 데 익숙했다. 수업에 AI 생성 피드백을 도입하면 평소 작업 흐름에서 바꿔야 할 부분이 생긴다. 일부는 인간 교사가 그동안 계속 수행한 평가 작업을 AI에 의존하는 것을 주저했다.

그래서 AI를 수업의 대체재가 아니라 보완재로 사용할 때의 이점을 교사들이 이해하도록 개발 워크숍이 마련됐다. 이 워크숍에서는 AI가 성적 평가나 학생 진도 추적 같은 반복 작업을 자동화함으로써 교사가 학생들과 의미 있는 상호작용을 하는 데 더 집중할 수 있다는 점을 강조했다. 교사들은 시스템에 익숙해짐에 따라 AI 기반 피드백이 학생 성적에 대한 추가 데이터와 통찰을 제공함으로써 교육 효과를 높일 수 있다는 점을 깨닫게 될 것이다.

교육 분야에서 AI의 이점은 명확하다. 학생들은 더 깊이 참여하며, 더 효율적으로 배우고, 구체적이고 타기팅돼 있으면서도 실행 가능한 피드백을 받게 된다.

교육 분야에서 AI를 성공적으로 활용하기 위한 핵심 전략 중 하나는 기존 수업 관행에 조심스럽게 도입하는 것이다. AI는 교사 역할을 대체하는 존재가 아니라 보완하는 지원 메커니즘으로 인식되어야 한다. AI의 실시간 피드백은 학생들이 실수를 조기에 바로잡고 학습 능력에 대한 자신감을 키우는 데 도움을 준다. 또 적응형 시스템은 각 학생이 적절한 수준의 도전 과제에 맞추어 학습할 수 있도록 보장해 준다.

그러나 교육에서 AI의 효과를 극대화하려면 신중한 구현과 지속적인 평가가 필수적이다. 학교는 교육 목표와 일치하는 적절한 AI 도구를 선택하는 데 시간을 투자해야 하며, 교사들은 도구를 효과적으로 사용할 수 있도록 훈련받아야 한다. 또 AI가 학생 성과에 미치는 영향을 지속적으로 평가하는 것은 수업에 AI를 적용하는 것을 개선하는 데 도움이 된다. 궁극적으로는 AI가 가치 있는 교육 자원 역할을 계속할 수 있도록 보증해준다.

결론적으로, AI는 교육 혁신에 엄청난 잠재력을 지니고 있다. 또 학생들을 수업에 참여시키고 학생들의 개인별 학습 요구를 지원하는 새로운 방법을 교사들에게 제시한다. 그러나 AI를 성공적으로 도입하기 위해선 신중한 계획과 지속적인 평가, 그리고 AI 기반 통찰력과 기술의 균형을 유지하기 위해 헌신하는 자세가 필요하다.

핵심 요점 정리

- AI 기반 개인화는 학생의 개별적 요구에 맞게 콘텐츠를 맞춤화함으로써 학생 참여도를 높인다. 이는 궁극적으로 학업 성과 개선으로 이어진다.
- 실시간으로 상세하게 제공되는 AI 피드백은 지속적인 성찰과 목표 설정, 그리고 자기 평가를 촉진한다. 이렇게 함으로써 학생들이 학습에 대한 주체성을 갖도록 지원한다.
- AI를 효과적으로 도입하려면 데이터 기반 통찰력과 인간 입력의 균형이 필요하다. 이때 교사들은 창의성과 비판적 사고를 육성하는 역할을 담당한다.
- AI 기반 개인 맞춤형 교육에서 어려움은 구조화된 지원, 지속적인 시스템 개선, 교육자를 위한 전문성 개발을 통해 완화될 수 있다.

7장
교육 과정 전반에 생성형 AI 적용하기

생성형 AI는 모든 교과 분야에서 교육에 엄청난 영향을 미칠 수 있다. 이 장은 언어학, STEM(과학, 기술, 공학, 수학), 사회, 예술과 음악 등 다양한 교과 분야의 생성형 AI 실제 적용 사례에 초점을 맞춘다. 이 장에서는 AI가 이런 교과 분야에서 학습 과정을 어떻게 지원하는지 심층 탐구한다. 글쓰기 기술을 개발하고, 문학 텍스트를 분석하며, 복잡한 수학 문제를 해결하고, 심지어 예술을 창조하는 데 도움을 주는 도구를 소개한다. 이 장은 AI의 이점뿐 아니라 도전 과제도 함께 다룬다. 이를테면 학생 주도성(student agency)[32]을 유지하는 문제, AI가 인간의 창의성과 비판적 사고를 대체하는 것이 아니라 강화한다는 점 등에 대해 살펴본다.

교육 과정에 AI를 도입하는 명확하고 현실적인 사례를 보여 주는 것이 이번 장의 목표다. 먼저 언어학 분야에서 AI가 어떻게 글쓰기 과제를 지원하고, 개인 맞춤형 피드백을 할 수 있는지 탐구하는 것부터 시작한다. 여기엔 초안 작성, 문법 개선, 문학 작품 분석 같은 것들이 포함된다. 그런 다음엔 STEM 분야에 미칠 AI의 영향을 살펴본다. 이 분야에선 AI 도구가 문제 해결과 데이터 해석 능력을 향상해 주고, 학생들이 복잡한 방정

32) 학생들이 자신의 열망, 능력, 행위 과정을 결정하는 힘을 의미한다.

표 12 여러 과목 영역의 생성형 AI 응용 비교

과목	생성형 AI 응용	실제 장점	예상되는 난점
언어학	글쓰기 보조, 문법 확인, 개인 맞춤형 독서 추천을 위한 AI	글쓰기 기술 향상, 개인 맞춤형 학습 지원	지나친 의존, 창의성 함양 어려움
STEM	문제 해결, 시뮬레이션과 개인 맞춤형 교습을 위한 AI	복합적인 개념 이해 향상. 개인 맞춤형 피드백 제공	개별 학생의 고유한 학습 방식에 대한 적응력이 제한적. 고비용
사회 과목	데이터 분석, 역사적 사건 시뮬레이션, 개인 맞춤형 퀴즈를 위한 AI	상호작용적 학습을 통해 학생 참여 유도, 데이터 이해 도움.	역사적, 문화적 맥락의 부정확한 재현
예술과 음악	음악 작곡, 시각 예술 창작, 예술적 기법에 대한 개인 맞춤형 피드백을 위한 AI	창의성 진작, 새로운 도구를 통해 예술적 탐구 확대.	창의성 감소 가능성, AI 생성 예술 과정에서 생겨나는 윤리적 우려.

식을 해결하며, 과학적 데이터를 시각화하는 데 도움을 줄 수 있다.

다음으로, AI를 활용한 역사 시뮬레이션과 데이터 분석을 통해 사회 과목에서는 어떤 혜택을 받을 수 있을지 탐구한다. 이를 통해 학생들에게 역사적 사건에 참여하고 시간에 따른 추세를 해석하는 새로운 방법을 제시한다. 마지막으로, 예술과 음악 분야를 살펴본다. 이 분야에서는 학생들이 창의성을 탐구할 수 있도록 AI가 예술 작품을 생성하고 음악을 작곡하는 창의적인 도구로 활용될 수 있다.

이 장에서 우리는 교실에서 AI를 사용하는 것의 장점과 한계를 강조함으로써 교육자인 여러분이 진화하는 AI 기술에 대해 균형 잡힌 관점을 지닐 수 있도록 한다.

7장을 마치면 여러분은 다음과 같은 능력을 갖추게 될 것이다.

- 다양한 교과 분야에 생성형 AI를 적용해 교육과 학습을 강화하

는 방법을 이해한다.

• 언어학, STEM, 사회, 예술 등 다양한 과목의 교육 목표를 지원하기 위해 AI 기반 도구와 플랫폼을 활용한다.

• 수업 계획과 교실 활동에 AI를 도입하기 위한 실용적인 전략을 식별한다.

• 교육 과정에 AI를 도입할 때 발생할 수 있는 도전 과제를 예측하고 돌파해 나가며, 균형 잡힌 시각을 갖추고 효과적으로 AI에 접근할 수 있게 된다.

AI 도입은 실제로 어떻게 이루어질까? 다양한 과목의 구체적인 적용 사례를 살펴보도록 하자.

7.1 AI로 글쓰기 향상

글쓰기는 학생들이 교육 과정에서 개발하는 필수적인 기술 중 하나다. 그러나 많은 학생에게는 숙달하기 어려운 기술이기도 하다. 아이디어 구상, 초안 작성, 편집, 스타일 다듬기 등 특정 작업은 특히 어렵다. 생성형 AI 도구는 글쓰기의 다양한 단계에서 많은 지원을 해 준다. 학생들이 글쓰기 능력을 제고하고 문법을 개선하며 어조와 문체의 좀 더 미묘한 차이를 이해하는 능력을 키워 준다. 이 섹션에서는 AI가 글쓰기를 개선하는 다양한 방법을 탐구한다. 특히 아이디어 구상, 초안 작성, 문법 교정, 문체 개선, 개인화된 피드백 제공 등을 어떻게 도와줄 수 있을지에 초점을 맞춘다.

7.1.1 생성형 AI 기반 글쓰기 지원 도구

생성형 AI 기반 글쓰기 도구는 아이디어 구상부터 초안 편집까지 글쓰기 과정의 다양한 단계에서 학생들을 많이 도와준다. 글쓰기 과제를 시작할 때 많은 학생이 직면하는 초기 난관 중 하나는 빈 페이지의 공포를 느끼는 것이다.

7.1.1.1 생성형 AI와 함께 브레인스토밍하기

아이디어를 생성하는 과정인 브레인스토밍은 어디서부터 시작해야 할지 모르거나, 초기 생각을 발전시키는 방법을 모르는 학생들에게는 어려울 수도 있다. 전통적인 브레인스토밍 세션에선 학생들이 빈 페이지를 응시하면서 아이디어를 만들어 내려고 애쓰는 모습을 자주 볼 수 있다. 우리 모두 그런 모임에 있던 경험이 있다. 그렇지 않은가. 텅 빈 페이지 응시하기. 그런데 생성형 AI는 이 단계에서 강력한 도구 역할을 한다. 프롬프트, 제안, 아이디어를 제공해 학생들이 글쓰기에 시동을 걸 수 있도록 도와준다.

실제로 어떻게 작동할까? 어떤 학생이 기후 변화에 대한 에세이를 작성해야 한다고 가정해 보자. '기후 변화의 영향'이란 말을 챗GPT나 쿼클(Quarkle) 같은 생성형 AI 도구에 입력하면 다음과 같은 프롬프트가 생성된다.

- 기후 변화는 산호초의 생물 다양성에 어떤 영향을 미치는가?
- 해수면 상승은 해안 도시의 경제에 어떤 영향을 미치나?
- 기후 변화는 개발도상국의 농업에 어떤 영향을 미치는가?

이것이 왜 중요할까? 이 과정은 단순히 시간을 절약해 줄 뿐 아니라, 학생들이 초기 아이디어 너머까지 사고의 폭을 확대하도록 해 준다. 학생들이 이전에는 미처 생각하지 못했던 측면까지 고려하도록 도와줄 수 있을까? 당연히 가능하다. 예를 들어, 학생이 기후 변화에 대한 에세이 작성 과제를 부여받았다면, 쿼클 같은 AI 도구가 정부 정책, 재생 가능 에너지의 경제적 영향 같은 다양한 관점을 알려 줄 수 있다. 이런 아이디어로 학생들이 자신의 관심사와 공명하는 초점을 찾아 글쓰기 과정이 좀 더 흥미로워질 수 있다.

AI를 브레인스토밍에 사용하는 것의 또 다른 장점은 능력에 대한 자신감이 부족한 학생들을 도울 수 있다는 점이다. 출발점 측면에서 AI는 아무것도 없는 상태에서 아이디어를 만들어 내야 할 때 갖게 되는 불안감을 줄여 준다. AI의 제안이 없었더라면 답답한 상황에 처했을 수도 있을 학생들은 AI의 제안을 생각의 도약대로 사용할 수 있다. 덕분에 학생들은 과제를 좀 더 관리하기 쉽다는 생각을 할 수도 있다.

7.1.1.2 생성형 AI로 초안과 구조 잡기

학생들이 아이디어를 떠올리게 되면 다음 과제는 그 생각을 잘 구성된 초안으로 정리하는 것이다. 교육자는 많은 학생에게 부담스러운 이 과정을 어떻게 안내할 수 있을까? AI는 학생들이 작품의 초안을 작성하고 구조를 잡는 작업을 도와줄 다양한 도구를 제공한다. 교육자인 당신은 아이디어를 일관된 단락으로 정리하는 데 도움을 주는 생성형 AI 도구를 학생들에게 소개할 수 있다. 이를 통해 그들의 논증이나 서사가 논리적으로 흐를 수 있도록 해 준다. 이런 도구는 수업 내 글쓰기 활동과 과제를 모두 지원할 수 있다.

라이트소닉(Writesonic)과 콘텐트봇(ContentBot) 같은 도구는 학생들이 글을 쓸 때 실시간으로 제안을 해 줌으로써 글의 명확성과 구조를 유지하는 일을 더 수월하게 해 준다. 예를 들어 라이트소닉은 학생들이 입력하는 내용을 토대로 전체 문장이나 단락을 제안해 준다. 이렇게 함으로써 글을 좀 더 빨리 쓰도록 할 뿐 아니라, 잘 구성되고 일관성 있는 문장을 작성하도록 해 준다. 교육자인 여러분은 학생들에게 이런 도구를 활용해 문장 구성을 세련되게 가다듬도록 장려함으로써 글을 좀 더 명확하고 간결하게 만들 수 있다. 이는 많은 학생이 터득하기 위해 애쓰는 기술이다.

연구 논문처럼 좀 더 분량이 많은 과제에도 AI는 굉장히 유용할 수 있다. 스케일넛(Scalenut)과 카피.ai(Copy.ai) 같은 도구는 학생들이 생각을 논리적인 조각으로 분류하는 데 도움을 준다. 이런 도구는 장면 전환을 어디에 배치할지, 어떻게 하면 섹션 간의 일관성을 유지할지를 학생들에게 안내해 준다. 심지어 학문적 기준에 맞는 형식을 갖추도록 하는 데도 도움을 줄 수 있다. 교육자는 이런 도구를 프로젝트 기반 학습에 도입해 학생들이 자신들의 창의적인 부분을 그대로 유지하면서 AI의 도움을 받아 에세이 구조를 짜는 작업을 보여 줄 수 있다. 실천이 최고의 교사다. 그렇지 않은가?

또 다른 도구인 헤밍웨이 에디터(Hemingway Editor)는 가독성에 대해 피드백해 준다. 이 도구는 복잡한 문장이나 수동형 문장에 강조 표시를 해서 학생들이 글을 간결하게 만들 수 있도록 해 준다. 교육자는 이 도구를 교육 보조 도구로 활용할 수 있다. 학생들이 피드백을 바탕으로 초안을 수정하도록 하거나, 학생들의 구조와 명확성에 대한 감각을 향상할 수 있다. 이 부분을 어떻게 수업 계획에 포함할 수 있을까? 학생들에게 헤밍웨이를 활용해 자신의 작업을 분석해 보라는 과제를 내주면 된다. 이렇게 하면 학생들이 최종 초안을 제출하기 전에 가독성을 개선할 부분을 찾아낼 수 있다.

7.1.1.3 문법과 구문 개선하기

생성형 AI의 널리 알려진 응용 사례 중 하나는 문법, 철자 및 문장 구조 오류를 잡아내는 능력을 활용한 것이다. 교육자는 이런 도구를 어떻게 활용해 학생들의 기본적인 글쓰기 능력을 향상할 수 있을까? 그래머리, 프로라이팅에이드(ProWritingAid), 진저(Ginger) 같은 AI 도구는 실시간 수정 기능이 있어서 학생들이 글을 쓰면서 자신의 실수를 통해 배울 수 있다. 이를 활용해 학생들은 주어-동사 일치 오류, 부적절한 수식어 배치, 잘못된 구두점 사용 같은 일반적인 오류를 피할 수 있다. AI가 즉시 지도를 할 수 있는데, 왜 최종 초안에 빨간 줄이 표시될 때까지 기다려야 하나?

예를 들어 그래머리는 단순히 오류를 강조하는 수준에 머무르지 않고, 수정해야 하는 이유도 설명해 준다. 교육자인 여러분은 이 기능을 활용해 문법과 문장 구조에 대한 수업을 실시간으로 강화할 수 있다. 교실 글쓰기 시간에 그래머리를 추가하면 학생들은 즉각 피드백을 받아 자신들의 작업에 바로 반영할 수 있다. 교육자는 이를 활용해 단순히 학생의 오류를 바로잡는 수준에 머무르지 않고, 왜 실수했는지 이해하도록 하는 적극적인 학습 기회를 부여할 수 있다.

프로라이팅에이드는 기본적인 문법 교정만 해 주는 데 그치지 않는다. 학생들이 과도하게 사용하는 단어와 반복적으로 쓰는 구문을 표시해서 글쓰기 형식을 분석해 준다. 이는 장문 에세이나 연구 논문을 다듬는 데 집중하고 있는 좀 더 고급 학습 수준의 학생들에게 유용하다. 교육자는 이러한 도구를 고급 글쓰기 수업에 도입할 수 있다. 이를 통해 학생들이 글 형식을 세련되게 다듬거나, 쓸데없이 장황하거나 과도하게 복잡한 문장을 피하도록 도와줄 수 있다.

영어가 모국어가 아닌 학습자에게는 이런 생성형 AI 도구가 완전히 새로운 변화를 가져올 수 있다. AI는 학생들이 힘들어하는 복잡한 문법 규칙에 대해 일관되게 피드백해 시간이 지나면서 언어 능력과 자신감을 키워 준다. 교육자는 이 부분을 어떻게 교육 과정의 한 부분으로 만들 수 있을까? 글쓰기 과제를 낼 때 이런 도구를 자료로 제시하면 모든 학생이 필요한 언어 지원을 받을 수 있게 된다.

7.1.1.4 텍스트의 문체와 어조 개선하기

문법과 구조는 필수 요소다. 그렇다면 문체와 어조는 어떨까? 이 부분은 학생들에게 지도가 필요한 분야다. 다양한 독자들을 위한 글을 쓸 때는 특히 더 절실하다. 재스퍼와 그래머리 같은 AI 도구는 이런 요소를 세련되게 가다듬는 데 도움을 줄 수 있다. 이들은 학생들에게 자신의 생각을 좀 더 효과적으로 표현하는 방법을 가르치는 소중한 동료다. 교육자는 학생들에게 이런 도구를 활용해 글의 문체와 어조를 실험하도록 장려할 수 있다. 이를테면 격식을 갖춘 에세이, 설득력 있는 글이나 창의적인 글쓰기 같은 것들이 여기에 해당할 수 있다.

학생의 에세이가 학문적 기준으로 볼 때 지나치게 격식이 없다고 판단될 경우엔 자스퍼가 좀 더 공식적인 언어를 제안해 줄 수 있다. 반면, 서사에 따뜻함이나 인간미가 결여되어 있을 때엔 AI가 좀 더 대화체로 된 어조를 추천할 수 있다. 교육자는 학생들이 AI의 이런 제안을 좀 더 깊이 있는 학습의 출발점으로 활용하도록 안내할 수 있다. 전적으로 AI에 의존하지 말고, AI를 독자나 맥락에 적합하게 문체와 어조를 조정하는 것이 중요하다는 점을 강조하는 도구로 사용하도록 하라.

예를 들어, 링구익스(Linguix)는 일관된 어조를 유지하는 데 어려움을 겪는 학생들에게 특히 유용하다. 학생들이 교수에게 보낼 이메일을 작성하거나, 설득력 있는 에세이를 쓸 때는 이 도구가 맥락에 맞는 어조로 조정하도록 도와줄 수 있다. 글의 어조 조정을 통해 훈련을 설계할 수 있다. 그렇게 함으로써 학생들에게 AI가 제안한 것이 글의 영향력을 어떻게 변화시킬 수 있는지 탐구하도록 권유할 수 있다.

또 IBM 왓슨 톤 애널라이저(Watson Tone Analyzer) 같은 도구는 텍스트의 감정적 영향을 분석한다. 이는 창의적 글쓰기 수업에서 유용한 자료로 활용할 수 있다. 학생들에게 이런 통찰을 활용해 특정 감정을 유발하는 이야기를 창작하도록 함으로써 글쓰기 효과를 향상할 수 있다.

7.1.1.5 개인 맞춤형 피드백 제공하기

생성형 AI가 글쓰기 교육에 가져오는 주요 장점 중 하나는 각 학생의 독특한 요구 사항에 적합한 맞춤형 피드백을 줄 수 있다는 점이다. 시간 차이가 있는 전통적인 피드백과 달리 AI 도구는 구체적인 통찰을 즉시 던져준다. 교육자는 이런 장점을 어떻게 활용할 수 있을까? 글쓰기 과제에 AI 피드백 도구를 도입하면 학생들은 글을 쓰는 동안 개선에 도움이 되는 실시간 지도를 지속적으로 받을 수 있다. 글을 완성한 이후에야 피드백을 받는 전통적인 방식과는 차이가 있다.

예를 들어, 터니틴의 피드백 스튜디오는 논증 구조, 논리적 일관성, 증거 제시에 대한 맞춤형 피드백으로 구성돼 있다. 학생들은 평가를 위해 최종본을 제출하기 전에 AI 도구의 상세한 제안을 바탕으로 수정을 할 수 있다. 이렇게 함으로써 최종 원고의 완성도와 학생의 자료 이해도를 향상하게 된다. 터니틴을 수정 과정의 일부로 구현하면 학생들이 최종 제출 전 피드백을 받으면서 더 깊이 있는 상호작용을 할 기회가 된다.

AI 도구인 라이트랩은 시간 경과에 따른 발전 상황을 추적한다. 라이트랩은 개별 과제에 대한 피드백만 주는 것이 아니라, 여러 과제물에서 학생의 글쓰기 유형을 식별해 준다. 어떤 학생이 문장 다양성이나 논제 개발에 어려움을 겪고 있을 경우엔, 라이트랩이 이런 쟁점들을 강조하고 개선을 위한 제안을 해 준다. 교육자들은 이런 점에서 어떤 효과를 얻을 수 있을까? 학생들과 함께 이런 유형을 점검한 뒤 필요한 부분을 맞춤형으로 지원할 수 있다.

또 AI는 각 학생의 글쓰기 수준에 맞게 피드백을 해 줄 수 있다. 초보자는 문법 중심의 피드백을 받을 수 있으며, 고급 학생은 수사적 전략과 글의 어조에 대한 제안을 받을 수 있다. 이런 개인 맞춤형 접근 방식은 각 학생이 자신의 숙련도에 맞게 피드백을 받을 수 있도록 해 준다. 이는 학습 과정을 더 의미 있게 만든다. 교육자는 이러한 도구를 활용해 뒤처지는 학생이 생기지 않게 할 수 있다.

7.2 문학 분석에서 생성형 AI 활용하기

문학 분석은 많은 언어학 분야 교육 과정의 핵심 요소로 학생들이 비판적 사고와 해석 능력을 키울 수 있도록 해 준다. 그러나 텍스트를 깊이 있게 탐구하는 것－주제를 이해하고, 문학적 장치를 찾아내며, 해석을 하는 것－은 학생들에게 힘든 과제일 수 있다. 생성형 AI는 텍스트 해석의 특정 부분을 자동화하고 더 깊은 탐구를 장려하는 통찰을 보여 줌으로써 새로운 방식으로 학생들의 문학 분석을 돕는다. 이 섹션에서는 AI 도구가 문학 분석을 하는 데 어떤 도움을 주며, 학생들이 사려 깊은 문학 비평을 하도록 도와주면서도 어떻게 인간 해석을 대체하는 것이 아니라 비판적 참여를 촉진하는지 탐구한다.

7.2.1 AI로 텍스트 분석하기

학생들이 문학 텍스트를 접할 때는 숨겨진 주제, 모티프 혹은 상징주의 은유나 암시 같은 복잡한 문학적 장치를 찾아내라는 과제를 떠안게 된다. 이러한 과제는 특히 꼼꼼히 읽기(close reading) 기법에 익숙하지 않거나, 문학 분석을 처음 접하는 학생들에게는 부담스러울 수 있다. 생성형 AI가 등장하는 것은 바로 이 대목이다. 기계가 인간과 같은 방식으로 적절하게 문학 작품을 '읽을' 수 있을까? 반드시 그렇지는 않다. 하지만 AI는 유형, 주제, 기법을 강조하고 반복 작업을 자동화해 주기 때문에 학생들이 텍스트에 좀 더 비판적으로 몰입할 수 있도록 해 준다.

보이언트 툴스(Voyant Tools)나 릿차트(LitCharts) 같은 AI 기반 도구는 학생들이 텍스트와 상호작용할 수 있도록 해 준다. 이 도구들은 학생들이 꼼꼼히 읽기를 통해서는 여러 시간이 걸려야만 얻어 낼 수 있을 통찰을 던져 준다. 보이언트 툴스는 학생들이 업로드한 텍스트에서 단어의 등장 빈도, 핵심 구문, 유형을 빠르게 분석해 준다. 이를 통해 학생들이 반복되는 주제나 모티프를 찾아내는 데 도움을 줄 수 있다. 예를 들어, 『로미오와 줄리엣』을 분석한다고 가정해 보자. 이때 학생들은 AI를 활용해 '사랑,' '죽음,' '운명' 같은 단어가 얼마나 자주 등장하는지 강조 표시할 수 있다. 이는 셰익스피어가 작품 전체에 걸쳐 이런 주제를 어떻게 연결하는지 탐구하는 출발점이 될 수 있다.

그런데 이런 방식으로 AI를 사용하면 학생들이 텍스트와 소통하는 것이 줄어들지 않을까? 전혀 그렇지 않다. 오히려 AI는 학생들이 좀 더 자신 있게 문학 텍스트에 접근할 수 있도록 도와준다. 학생들은 AI를 안내자로 활용해 초기 단계에 작품의 유형과 주제를 식별함으로써 심층 분석을 시작할 수 있다. 이는 학생들이 작품 유형을 찾는 초기의 기계적인 과정에 빠지는 대신 뒤에 숨은 의미를 해석하는 데 더 많은 시간을 할애할 수 있다는 의미다.

AI를 텍스트 분석에 사용하는 또 다른 장점은 다양한 수준의 학생들에게 적합하다는 점이다. 꼼꼼히 읽기에 어려움을 겪는 학생들에게는 문학 분석에 더 쉽게 접근할 수 있도록 하는 수준으로 지원할 수 있다. 반면, 고급 수준 학생들에게는 AI 도구가 텍스트의 미묘한 요소를 강조해 줄 수 있다. 이를 통해 문학 해석의 미묘한 차이를 좀 더 깊이 탐구하도록 의욕을 고취할 수 있다. 예를 들어, AI가 에밀리 디킨슨(Emily Dickinson)의 시에서 은유 사용을 지적한다고 생각해 보라. 고급 수준 학생들에겐 그 은유가 삶과 죽음이라는 시의 더 넓은 주제에 어떻게 기여하는지 탐구하도록 동기를 부여할 수 있다.

게다가 AI는 학생들이 장르나 시대를 초월해 텍스트를 비교하도록 도와줄 수도 있다. 게일(Gale)의 디지털 스칼라 랩(Digital Scholar Lab)과 같은 도구는 학생들이 문학의 대규모 말뭉치(corpora)에서 텍스트 분석을 수행해, 주제나 장치가 시간에 따라 어떻게 변화하는지 식별할 수 있도록 해 준다. 학생들이 『베어울프』와 『위대한 개츠비』를 가지고 영웅주의 개념에 대해 연구한다고 상상해 보라. 생성형 AI는 '영웅'이란 개념이 어떻게 진화했는지 좀 더 포괄적으로 분석하면서 추적하는 데 도움을 줄 수 있다. 이런 연구는 수작업으로 직접 비교해서는 도저히 하기 힘든 작업이다.

이처럼 AI는 학생들이 문학에 대한 통찰력을 발전시키는 데 필요한 기초적인 지원을 제공하면서 작품과 더 깊이 소통하는 도구가 되고 있다.

7.2.2 문학 비평 생성하기

AI를 활용한 텍스트 분석은 학생들이 기본적인 주제와 문학적 장치를 이해하는 데 도움을 준다. 하지만 문학 분석의 다음 단계는 텍스트에 대한 자신의 해석을 형성하고 명확하게 표현하는 것이다. 전통적으로 문학 비평은 인간 사고의 훈련이었다. 텍스트와 상호작용하면서 논거를 발전시키며 증거를 통해 그 논거를 방어하는 과정이었다. AI가 정말로 이 과정에 기여할 수 있을까? 그 해답은 AI가 인간의 비평을 대체하는 데 있는 것이 아니라, 비평을 활성화하는 데 있다.

AI가 생성한 문학 비평은 학생들이 자기 분석의 토대로 삼을 수 있는 통찰을 보여 줄 수 있다. 예를 들어, SAS 텍스트 마이너(SAS Text Miner) 같은 AI 도구는 소설을 분석해 주요 등장인물의 특징, 플롯 전개, 주제를 식별해 낼 수 있다. AI는 주인공의 내적 갈등이 이야기를 이끌어 가는 방식을 집중적으로 부각한 요약문을 생성할 수 있다. 하지만 이는 단순히 출발점일 뿐이며, 학생들은 AI의 분석을 토대로 스스로에게 질문할 수 있다. 나는 이 해석에 동의하는가? 나는 AI의 결론에 무엇을 추가하거나 어떻게 반박할 수 있을까? 생성된 답변을 액면 그대로 받아들이기만 해서는 안 된다. 대신 그것을 출발점으로 사용하도록 하라.

고등학교 수업에서 『위대한 개츠비』를 분석한다고 한번 상상해 보라. 학생들은 AI 도구를 사용해 아메리칸 드림(American Dream)이나 사회적 이동성 같은 소설의 주요 주제에 대해 분석할 수 있다. AI는 주인공인 제이 개츠비(Jay Gatsby)가 어떻게 부와 지위를 추구하다가 몰락하는지에 대한 통찰을 줄 수 있을 것이다. 하지만 여기서 멈춰서는 안 된다. 그렇지 않은가? 학생들은 AI와 자신의 해석을 비교하면서 다음과 같은 질문을 던질 수 있다. 이것들이 이 소설의 전부인가? 밑바닥에 깔린 사랑, 상실, 정체성 간의 긴장은 어떤가? 학생들은 AI의 분석을 접하고 탐구하는 과정을 통해 자기 고유의 비판적 목소리를 발전시키는 법을 배우며, 생성형 AI를 고유의 생각을 대신해 주는 존재가 아니라 학습 여정의 파트너로 삼게 된다.

문학 에세이 쓰는 것을 부담스러워하는 학생들은 어떨까? 여기서도 AI가 도움을 줄 수 있다. 예를 들어, 에세이봇(Essaybot)이나 콘텐트봇 같은 도구는 학생이 입력한 주제나 프롬프트를 기반으로 에세이 개요를 생성할 수 있다. 이런 도구는 기본 구조를 짜 주어 학생들이 과제를 시작하는 장벽을 극복하는 데 큰 힘이 된다. 에세이 과제에 압박감을 느끼는 학생들에게는 특히 큰 도움이 된다. 학생들은 AI가 잡아 준 기본 구조에 자기 고유의 아이디어, 논증, 분석을 추가함으로써 AI가 생성한 개요를 깊이 있고 독창적인 에세이로 바꿀 수 있다.

하지만 문학 비평에 AI를 활용할 때 중요한 과제 중 하나는 학생들이 AI의 해석에 지나치게 의존하지 않도록 해야 한다는 점이다. 교육자들은 AI가 아이디어와 통찰력을 생성할 수는 있지만, 더 깊이 있는 비판적 사

표 13 글쓰기를 위한 생성형 AI 도구

도구 명	기능	주요 혜택	이용 사례
라이트소닉 (Writesonic)	실시간 문장 구조, 단락 생성, 콘텐츠 제안	일관성 유지 도움. 글쓰기 속도 향상	에세이 초안 작성, 보고서, 창의적 글쓰기 과제
콘텐트봇 (ContentBot)	AI 기반 콘텐츠 생성과 문장 완성	일관성 있고 명확하며, 간결한 콘텐츠 생산 지원	에세이, 연구 보고서, 혹은 긴 콘텐츠 구조 잡기
스케일넛 (Scalenut)	콘텐츠 구성, 문장 전환과 섹션 일관성을 위한 제안	학생들이 긴 에세이나 연구 보고서를 논리적으로 구성하도록 도움	에세이, 연구 보고서를 약술하거나 긴 콘텐츠 조각들을 조직하는 데 효과적
카피.ai (Copy.ai)	콘텐츠 생성, 구조화 지원, 섹션 간 전이	더 빠른 콘텐츠 생산과 논리적인 조직을 촉진	연구 보고서, 블로그 포스트, 창의적 프로젝트에 이상적
헤밍웨이 에디터 (Hemingway Editor)	가독성 분석, 복잡한 문장 강조 표시, 수동태 문장 식별	복잡한 글쓰기 단순화. 독이성과 명확성 보장	에세이, 보고서, 혹은 창의적 글에서 복잡한 글 단순화
그래머리 (Grammarly)	문법, 철자, 구문 실시간 수정	심층 문법 수정과 교육적 설명 제공	에세이, 보고서, 일상 글쓰기에서 문법, 문장 구조,명확성 개선
프로라이팅 에이드 (ProWriting Aid)	문법 체크, 글쓰기 스타일 분석, 가독성 개선	문법, 스타일, 명확성에 대한 자세한 피드백 제공	에세이, 연구 보고서, 긴 형식 글에서 전체적인 품질 개선
긴저 (Ginger)	문법과 구문 수정, 다양한 언어 지원	영어 네이티브 스피커가 아닌 사람을 지원하면서 문법과 구문 오류 수정	다국어 맥락에서 문법과 번역 지원이 필요한 학생들에게 이상적
자스퍼 AI (Jasper AI)	문체와 어조 조정. 콘텐츠 생성, 문장 제안	타깃 독자나 장르를 토대로 어조와 문체를 세련되게 고치는 작업 지원	설득력 있는 에세이, 블로그 포스트, 학술적 글쓰기
링구익스 (Linguix)	특정 독자를 위해 실시간으로 어조와 문체 제안	서로 다른 독자에게 적합하도록 어조 조정 도와줌. 소통과 참여 향상	공식 에세이, 이메일 쓰기. 혹은 다양한 글쓰기 맥락에서 어조 맞추기

도구 명	기능	주요 혜택	이용 사례
IBM 왓슨 톤 애널라이저 (IBM Watson Tone Analyzer)	글쓰기에서 정서적 어조와 의향 분석	의도한 감정적 어조가 효과적으로 전달되도록 보장	비판적인 글쓰기, 설득력 있는 에세이. 혹은 내러티브에서 정서 분석
터니틴 피드백 스튜디오 (Turnitin Feedback Studio)	구조, 명확성, 증거 사용에 대한 개인 맞춤형 피드백	주장의 강도와 구조에 대한 맞춤형 피드백 제공. 학술적 정직성 촉진	학술적 에세이 연구 보고서 개선. 독창성 향상
라이트랩 (Writelab)	글쓰기 패턴에 대해 계속적인 피드백을 하고 발전 상황 추적	반복적으로 나타나는 글쓰기 쟁점 추적하고, 개선을 위한 개인화된 제안 제공	장기적인 글쓰기 능력을 키우고 일관된 피드백을 통해 개선
퀼봇 (Quillbot)	바꾸어 쓰기, 요약, 인용 형식 설정	인용 절차를 간소화하면서도 명확하게 가다듬고 새롭게 표현하는 것 도와줌	연구 요약, 학술적 콘텐츠 다시 쓰기, 인용 관리
헤밍웨이 에디터 (Hemingway Editor)	가독성 분석, 문장 간소화, 수동태 탐지	학생들이 가독성과 문장 명확성 개선하도록 도와줌	에세이의 가독성을 향상하고 복잡한 텍스트를 간소화
그래머리 프리미엄 (Grammarly Premium)	고급 문체, 어조, 명확성 피드백	어조 맞추기 제안, 공식적 글쓰기에서 전문성과 명확성 향상	학술적 에세이, 개인적 내러티브. 다양한 글쓰기 프로젝트에서 어조 조정
링구익스 (Linguix)	실시간 어조 조정과 고객 맞춤형 추천	다양한 독자와 목적에 맞게 글쓰기 문체 조정	이메일, 설득력 있는 에세이, 정식 학술적 글쓰기. 다양한 글쓰기 장르에 맞게 문체 조정
라이트랩 (WriteLab)	반복적으로 나타나는 글쓰기 패턴에 대해 자세한 개인 맞춤형 피드백 제공	특정 글쓰기 과제를 목표로 지속적으로 개선 사항 제안	장기적인 글쓰기 기술 개발과 다양한 과제의 개선에 가장 적합
터니틴 피드백 스튜디오 (Turnitin Feedback Studio)	콘텐츠 명확성, 구조, 독창성에 대해 개인 맞춤형 피드백 제공	학생들이 논증의 조직을 개선하도록 돕고 학업적 정직성을 유지하도록 지원	학술 논문에서 논증과 증거 사용 향상

도구 명	기능	주요 혜택	이용 사례
프로라이팅 에이드 (ProWriting Aid)	긴 형식 글쓰기에 초점을 맞춰서 문법, 문제, 명확성 심층 분석	가독성, 문장 다양성과 구조에 대해 자세한 피드백 제공. 글쓰기 유창성 개선	연구 보고서, 논문, 광범위한 프로젝트에 이상적
그래머리 (Grammarly)	문법과 문체 실시간 수정. 자세한 교육적 피드백	즉시 수정하면서 학생들에게 고치는 것이 필요하다고 가르침	일반적인 글쓰기 과제, 일상 글쓰기 향상, 학술 논문

고는 학생 자신으로부터 나와야 한다고 강조해야 한다. AI는 형식에 주목하고, 주제를 나타내며, 비판까지 제시할 수도 있다. 하지만 소설의 감정적이고 철학적인 깊이를 완전하게 이해할 수는 없다. AI가 『모비 딕』이 집착과 복수를 다룬다고 지적할 수는 있다. 하지만 이런 주제가 에이허브 선장(Captain Ahab)의 개인적 여정과 그가 보여 주는 행동의 광범위한 사회적 함의에서 어떻게 전개되는지 탐구하는 것은 학생들의 몫이다.

따라서 문학 비평을 작성할 때 생성형 AI는 학생의 분석을 지원하는 도구로 자리매김하도록 해야 하며, 인간의 해석을 대신하는 존재로 간주해서는 안 된다. 학생들이 AI가 발견한 것들에 대해 의문을 제기하고, 자신의 통찰을 덧붙이며, 연구하는 텍스트에 대해 더 섬세하게 이해하도록 장려해야 한다. AI를 사려 깊게 사용하면 문학 분석과 비평에 대한 학생들의 자신감을 키우는 소중한 자원이 될 수 있다.

7.3 교육 보조 도구로서 생성형 AI: 더 많은 참여를 위해 일상적 업무 자동화하기

AI는 글쓰기와 문학 분석 능력을 제고하는 데 매우 유용하지만, 잠재력은 훨씬 더 크다. AI가 교육 분야에서 혁신적인 역할을 할 수 있는 분야 중 하나는 조교 역할이다. 생성형 AI가 채점, 출석 관리, 일정 조정 등 반복 작업을 자동화할 수 있어 교육자는 학생들과 직접 상호작용하는 데 시간을 더 많이 할애할 수 있다.

AI의 조교 역할은 반복 작업을 자동화하는 데 머무르지 않는다. 이번 섹션에서는 AI가 더 깊이 있고 개인화된 학습 경험을 촉진하는 데 어떻게 기여하는지 탐구한다. 이런 혁신은 이미 교실에 영향을 미치고 있으며, 덕분에 교사들은 더 역동적이고 참여도 높은 교육 환경을 조성하는 데 집중할 수 있게 됐다.

7.3.1 행정 업무 자동화하기

행정 업무가 교사 시간의 상당 부분을 차지하기 때문에 교사들은 학생들과 의미 있는 상호작용에 집중하지 못하는 경우가 많다. AI 도구가 이런 상황을 변화시키고 있다. AI는 교사가 맡은 많은 업무를 자동화하고 과정을 간소화함으로써 가장 중요한 일인 교육에 집중할 수 있도록 해 준다.

성적 평가

성적 평가는 교육자들이 시간을 많이 쓰는 업무 중 하나다. 대규모 수업이나 에세이를 토대로 평가를 할 때는 특히 더 많은 시간이 소요된다. AI 기반 평가 시스템은 다중 선택형 객관식 시험부터 에세이까지 다양한 학생 제출물을 평가할 수 있으며, 자연어 처리(NLP)를 활용해 콘텐츠의 관련성과 일관성을 판단한다. 예를 들어, 그레이드스코프 같은 도구가 다양한 과목에서 채점을 자동화하는 데 점점 더 많이 사용되고 있다. 덕분에 교사는 시간을 절약하면서 학생들에게 더 빠른 피드백을 할 수 있게 됐다. 이로써 학생들이 자신의 실수를 빠르게 확인하고 학습 전략을 조정할 수 있어 더 역동적인 학습 과정이 가능하다.

출석 추적

AI는 수업 시간을 잡아먹을 수 있는 또 다른 일상 업무인 출석 관리를 간소화할 수 있다. 페이스센티(FaceSentty) 같은 얼굴 인식 기술을 갖춘 시스템은 교사가 수동 입력할 필요 없이 출석을 관찰하고 기록할 수 있다. 이는 교사의 시간을 절약해 줄 뿐 아니라 출석 추적 정확도를 보장해 준다. 수동으로 출석 확인을 할 필요가 없어짐에 따라 교사들은 수업을 더 효율적으로 시작할 수 있게 됐으며, 교육과 학생 소통에 추가 시간을 더 할애할 수 있다.

일정 관리

일정 관리는 AI가 빛을 발하는 또 다른 영역이다. 수업이 겹치지 않는 시간표 작성, 시험 조정, 강의실 배정 등은 수많은 변수를 고려해야 하는 복잡한 작업이다.

7.4 학생 상호작용 개선: AI를 활용해 교육 경험 개인화하기

AI가 교육에 미치는 가장 큰 영향은 학습을 개인화하고 학생과 교사 간의 소통을 강화하는 능력을 갖춘 데서 온다. AI는 일상 업무를 자동화하는 수준을 넘어 개인의 필요에 교육 경험을 맞춰 준다. 이를 통해 학습을 더 흥미롭고 역동적이며 효과적으로 만들어 준다. 이 섹션에서는 개인 맞춤형 피드백과 적응형 학습 경로를 통해 AI 도구가 어떻게 교사들과 학생들을 더 의미 있게 연결되도록 하는지에 대해 탐구한다.

7.4.1 개인 맞춤형 피드백

개인 맞춤형 피드백을 적시에 주는 것은 교육자들에게는 난도 높고 시간 걸리는 과제일 수 있다. 대형 강의실에서는 특히 더 그렇다. AI 시스템은 실시간으로 맞춤형 피드백을 하는 데 탁월하다. 학생들에게 동기를 계속 부여하면서도 개선이 필요한 부분을 이해하도록 도와준다.

우(Wu, 2024)에 따르면, 노레드잉크(NoRedInk) 같은 AI 기반 글쓰기 도구는 진전 상황을 쉽게 추적하고, 개선이 필요한 분야를 식별할 수 있는 깔끔하고 체계적인 레이아웃을 갖추었다. 챗GPT는 상호작용형 인터페이스를 통해 글쓰기 전 과정에서 자연스러운 개인 맞춤형 피드백을 제공하며, 참여를 가능하게 해 준다. 마찬가지로 아르그리라이트(Arg-Rewrite)는 수정 작업에 활용할 수 있는 다양한 관점을 제시해 학생들이 여러 각도에서 탐구하면서 작업을 개선하도록 도와준다.

뉴턴 알타(Knewton Alta) 같은 플랫폼은 적응형 학습을 활용해 학생의 성적에 맞춘 피드백을 제공한다. AI는 학생의 응답을 분석해 추가 자료를 추천하거나, 각 학생의 학습 속도와 유형에 맞는 맞춤형 연습 문제를 제안할 수 있다. 이런 즉각적인 맞춤형 피드백은 학생들이 개념을 좀 더 깊이 이해하고 신속하게 오류를 수정할 수 있도록 도와줌으로써 전체적인 학습 성과를 향상한다.

7.4.1.1 고객 페르소나 개발: 비즈니스 과정 사례

AI는 전통적인 학문 분야뿐 아니라 학생들이 상세한 고객 페르소나를 개발해야 하는 경영학 과정에서도 파장을 일으키고 있다. AI는 학생들이 인구 통계적 세부 사항부터 구매 행동까지 모든 것을 포함하는 포괄적인 프로필을 생성하는 데 도움을 준다. 이는 AI가 실제 비즈니스 시나리오에 실용적으로 응용된 사례다.

AI는 경영학도를 위한 프롬프트를 생성할 수 있다. 예를 들면 "**[귀사의 산업/비즈니스 분야의] 타깃 시장에 대한 상세한 고객 페르소나를 개발하라. 인구 통계, 관심사, 구매 행동 등을 포함해야 한다**"와 같은 것이다.

학생들은 이 프롬프트를 통해 타깃 시장에 대해 좀 더 깊이 이해할 수 있다. 또 마케팅 전략 수립과 제품 개발, 그리고 고객 참여를 효과적으로 맞추는 방법을 배우게 된다.

AI가 고객 페르소나 개발에 도움을 주는 방법을 세부적으로 분류하면 다음과 같다.

세부적인 페르소나 분석

- **인구 통계**: 연령, 성별, 소득 수준, 교육, 직업, 지역 등은 시장 데이터를 기반으로 자동 생성된다.
- **심리적 특성**: 생성형 AI는 학생들이 고객의 관심사, 취미, 가치관, 성격 특성을 식별하도록 도와주고, 소비자 행동을 추동하는 것들에 대한 통찰을 제공한다.

구매 행동: 생성형 AI는 구매, 문제점, 선호하는 쇼핑 채널, 소비 습관의 동기가 되는 요인에 강조 표시를 해 줄 수 있다.

미디어 소비: AI는 선호하는 미디어 채널과 콘텐츠 유형을 제안해 학생들이 타깃 마케팅 전략을 개발하는 데 도움을 준다.

기술 사용: AI는 다양한 페르소나들이 선호하는 기기 및 온라인 행동에 대한 통찰을 던져 준다.

목표와 야망: AI는 추세를 분석해 학생들이 소비자의 장단기 목표를 이해하도록 돕는다.

이러한 AI 기반 도구를 통해 학생들은 실제 비즈니스 의사 결정 과정을 모의 체험하는 상세한 고객 페르소나를 생성할 수 있다.

7.4.2 적응형 학습 경로

AI로 구동되는 적응형 학습 기술은 학생의 성적에 따라 실시간으로 교육 내용을 조정한다. '드림박스 러닝(DreamBox Learning)' 같은 도구는 각 학생의 학습 곡선에 맞춰 수업 계획을 지속적으로 수정한다. 이를 통해 수업 내용이 흥미를 돋우면서도 접근 가능한 상태를 유지하도록 해 준다. AI는 학생의 독특한 학습 속도에 맞춰 수업을 조정함으로써 참여도를 유지할 수 있다.

실제로, 특정 분야에서 우수한 성적을 내는 학생들은 더 고급 자료를 받을 수 있다. 반면 기초 개념 이해에 어려움을 겪는 학생들은 추가 지원을 받게 된다. 이런 적응성은 좌절감은 줄이면서 참여도를 높이는 더 효과적인 학습 경험을 만들어 준다.

실시간 상호작용 향상

AI 도구는 학생의 성적에 대한 통찰을 실시간으로 알려 줌으로써 학생과 교사 간 상호작용을 개선해 준다. 예를 들어 중학교 영어 수업에서 AI 기반 플랫폼은 학생들의 글쓰기 과제물을 분석해 문법, 일관성과 스타일 등에 대해 실시간 제안을 할 수 있다. 덕분에 교사는 수업 토론 중 논증 개발, 창의성과 비판적 사고 같은 고차원적인 글쓰기 기술에 집중할 수 있게 된다.

AI는 교사가 교실에서 깊이 있고 의미 있는 상호작용에 더 많은 시간을 할애할 수 있도록 해 준다. 반면 학생들은 작업에 대해 즉각 피드백을 받을 수 있어 주체적으로 학습할 수 있게 된다. 피드백을 토대로 문장의 개요를 좀 더 명확하게 이해하고, 주요 논점을 효과적으로 표현할 수 있다.

AI를 통한 연결 강화

AI의 큰 장점 중 하나는 교사가 학생들과 더 강력하면서도 개인화된 연결 관계를 구축할 수 있도록 자유로운 시간을 만들어 준다는 점이다. AI는 일상적인 평가를 처리하고 진전을 추적하며 실시간 통찰력을 보임으로써, 교사가 학생들과 일대일로 함께하는 데 시간을 더 많이 할애하거나 그룹 토론에 참여하거나 상호작용형 프로젝트를 진행할 수 있도록 한다.

교사는 프로젝트 기반 학습 환경에서는 AI가 생성한 학생 진도 보고서를 활용해 추가 지원이 필요한 학생을 식별하며, 이를 통해 더 포용적인 학습 환경을 조성한다. AI는 교사가 문제를 선제적으로 해결할 수 있도록 지원하며, 실시간 데이터를 활용해 전체 학생 경험을 향상한다.

7.5 언어학 교과 과정에 생성형 AI 도입하기

AI는 언어학 교과 과정에 도입하면 교사와 학생 모두에게 많은 가능성을 열어 준다. AI 도구는 글쓰기 능력을 향상해 주고, 심층적인 문학 분석을 지원해 주면서 창의성과 비판적 사고, 개인 맞춤형 학습 경험을 촉진하는 데 도움을 줄 수 있다. AI 도구가 많은 지원을 제공하긴 하지만 활용할 때는 신중해야만 한다. 단순히 학생들의 기술적 숙련도를 개발하는 차원을 넘어 창의적이고 분석적인 능력을 키울 수 있도록 해야 한다. 이번 섹션에서는 언어학 분야에서 AI 지원 과제 설계 전략과 AI 도구 평가 기준을 위한 전략을 탐구한다.

7.5.1 AI를 활용한 과제 설계하기

AI를 활용한 과제를 설계할 때는, AI가 반복적이고 단순한 작업을 도와줄 수 있도록 하면서도 학생들이 비판적 사고와 창의성을 발휘할 수 있게 균형을 맞추는 것이 중요하다. 과제의 목표는 글쓰기와 분석의 더 깊고 섬세한 측면을 AI가 대신하도록 하는 게 아니라, AI를 지원 도구로 활용하도록 하는 것이다.

7.5.1.1 AI를 활용한 과제 설계 전략

AI를 활용한 과제를 설계할 때는 AI가 학생의 학습을 지원하도록 구조를 짜야 한다. AI가 학생들의 작업을 대신 수행하도록 해서는 안 된다. 교육자들은 브레인스토밍이나 편집 단계에서 AI를 활용하도록 과제를 만들어야 한다. 독창적 콘텐츠 생성이나 분석 수행 같은 과제의 핵심 부분은 학생이 책임지도록 해야 한다.

전략 중 하나는 글쓰기 과제를 명확히 구분된 단계로 나누는 것이다.

1. **아이디어 생성**: 챗GPT 같은 생성형 AI 도구는 초기 아이디어나 프롬프트를 생성하는 데 사용할 수 있다. 예를 들어, 창의적 글쓰기 과제에서 학생들은 AI를 활용해 이야기 플롯이나 등장인물 성격 형성에 대한 아이디어를 제안받을 수 있다. 그러나 과제에서 가장 중요한 부분은 학생들이 AI가 생성한 아이디어를 어떻게 확장하고 발전시켜 나가는지에 초점을 맞춰야 한다는 것이다. 학생들이 AI가 생성한 결과물에 대해 질문을 던지고 비판적으로 접근하도록 독려하며, 최종 작업 결과물에는 학생의 독창적인 생각이 반영되도록 해야 한다. 이는 학생들이 AI 도구에 전적으로 의존하지 않고 혁신적인 아이디어를 탐구하도록 유도한다.
2. **초안 작성과 편집**: 초안 작성이 끝난 이후에는 그래머리, 퀼봇, 프로라이팅에이드 같은 AI 도구가 문법, 구문, 문장 구성에 대해 개선점을 제안하는 방식으로 학생들을 도와줄 수 있다. 학생들은 AI의 제안을 받아서 작업을 다듬을 수 있다. AI는 명확성과 일관성을 개선하는 안내자로 사용되어야 한다. 이때 학생들은 글의 본질적인 내용에 대한 통제권을 쥐고 있어야 한다.
3. **문학 분석**: 보이언트 툴스 같은 AI 도구는 핵심 주제와 반복되는 표현, 단어 빈도 같은 것들을 식별하는 방식으로 학생들이 문학 텍스트를 분석하는 데 도움을 줄 수 있다. 그러나 학생들은 이런 것들을 스스로 해석해야 한다. 그리고 자신들이 텍스트에 대해 이해한 것을 반영한 분석문을 작성해야 한다.

7.5.1.2 문학 분석 과제에 AI 도입하기

AI는 문학 분석에도 유용한 도구로 활용할 수 있다. 학생들은 AI를 활용해 주제를 식별하고, 언어 사용을 분석하며, 등장인물과 플롯 간의 관계를 탐구할 수 있다. 예를 들어, 보이언트 툴스 같은 플랫폼은 텍스트 분석을 수행하는 데 도움을 주며 단어 빈도, 주제의 유형, 등장인물 관계 등에 대한 통찰을 제공한다.

교사는 AI의 지원을 받는 문학 분석 과제를 설계할 때 초기 분석에는 이런 도구를 사용하도록 장려할 수 있지만 이후 학생들에게 더 깊이 있는 해석적 작업을 하도록 독려해야 한다. 학생들이 AI를 사용해 어떤 소설에서 반복적으로 사용되는 상징이나 모티브를 찾아낼 수는 있지만 과제에는 이런 요소가 어떻게 텍스트의 전체 의미에 기여하는지에 대한 자신만의 해석을 발전시키도록 요구할 수 있다. 이런 접근 방식은 AI가 패턴을 식별하는 데 도움을 주지만, 좀 더 복잡한 문학적 해석 작업에는 여전히 학생들이 참여하도록 보장해 준다.

AI 지원과 학생의 창의성 및 비판적 사고 간의 균형 유지

언어학 교육에 AI를 도입하는 데 주요 과제 중 하나는 AI 도구가 학생의 창의성이나 비판적 사고를 저해하지 않도록 하는 것이다. 교육자들은 편집이나 분석과 같은 작업에 AI의 도움을 받는 동시에 학생들이 비판적이고 독립적으로 사고하도록 장려하는 것 사이의 균형을 유지해야 한다.

예를 들어, 문학 분석 과제에서 학생들은 AI 도구를 사용해 텍스트 내 은유나 상징, 암시 같은 문학적 장치를 식별할 수 있다. 그러나 이런 장치가 작품의 전체 주제나 의미에 어떻게 기여하는지에 대해 해석하는 것은 학생들의 책임이 되어야 한다. AI는 유용한 통찰을 제공할 수 있지만, 학생들은 텍스트와 깊이 상호작용하고 독창적인 분석을 생산해야 한다.

표 14 생성형 AI 도구와 이용 기준

기준	설명	도구 사례	추가 고려 사항
교과 목표와의 관련성	특정 학습 목표 지원(예: 문법, 글쓰기 구조, 문학적 분석)	그래머리, 프로라이팅에이드, 보이언트 툴스	도구가 주변 작업만이 아니라 핵심 기술을 타깃으로 하도록 할 것
이용 용이성	교사와 학생 모두를 위한 이용자 친화적 인터페이스. 기존 학습 계획에 손쉽게 통합	노레드잉크, 그래머리	LMS와 AI의 통합과 모든 학습자를 위한 접근성 확인
피드백의 품질	글쓰기 품질, 구조, 일관성, 어조에 대해 건설적이고 심층적인 피드백 제공	터니틴 피드백 스튜디오	분석의 깊이 평가 – 표면적 수준 vs 포괄적 통찰
윤리적 고려	학생 개인정보 보호, 데이터 사용 투명성 보장, 자율성 진작	터니틴, 프로라이팅에이드	데이터 저장 정책, 동의 절차, 교육에서 윤리적 AI 이용 점검
참여와 동기 부여	양방향 연습 혹은 게임 가미한 학습 통해 적극적 학습과 지속적인 참여 진작	노레드잉크, 퀼닷오르그(Quill.org)	학생 참여 척도 고려 – 재미, 양향방 학습이 계속 사용(retention) 정도를 높일 수 있음
확장성	학급 규모가 커짐에 따라 늘어나는 학생 수나 복잡해지는 과제를 처리할 수 있는 능력	그래머리, 보이언트 툴스	도구가 좀 더 크기가 다양한 학급에 비용 효율적인지 평가
최적화	교사들이 개별 학생들의 수준에 따라 피드백, 콘텐츠, 혹은 난도를 조절할 수 있도록 허용	릿차트,. 보이언트 툴스	학생 진도에 맞는 적응형 학습 기능을 찾아보라
콘텐츠 깊이	글쓰기부터 복잡한 문학작품 분석까지 언어학 분야에 광범위하게 적용	릿차트, 보이언트 툴스	문학 분석이나 글쓰기 구조 적용 영역이 도구마다 다름
비용과 접근성	구매 가능하며, 다른 기기나 플랫폼에서 접근할 수 있음	퀼닷오르그(무료 버전), 그래머리	무료 버전이나 교육용 할인 가격 확인

AI 지원과 창의성을 균형 있게 조화시키는 또 다른 접근 방식은 과제에 성찰적 요소를 추가하는 것이다. 학생들은 AI 도구를 사용한 후에는 AI가 어떻게 도움을 주었는지, 어떤 부분에서 스스로 창의성과 비판적 사고를 발휘했는지 성찰하도록 요청받을 수 있다. 이렇게 하면 학생들이 학습 과정에서 자신의 역할을 인식하고 과제 완성을 위해 AI에 과도하게 의존하지 않도록 할 수 있다.

7.5.2 언어학을 위한 AI 도구 평가

구할 수 있는 교육용 AI 도구가 점점 많아지면서 교육자는 자기 수업에 적합한 도구를 선택할 필요가 있다. 모든 AI 도구가 동일하게 만들어진 것은 아니다. 따라서 교사는 이러한 기술을 효과, 사용 편의성, 교과 목표와의 일치성 같은 기준으로 평가해야 한다.

AI 도구 선택 및 평가 기준

언어학 분야에 AI 도구를 선택할 때 교육자들은 다음과 같은 몇 가지 핵심 요소를 고려해야 한다.

교육 목표와의 관련성: AI 도구는 강의의 학습 목표를 직접 지원해야 한다. 예를 들어, 학생들의 글쓰기 기술을 향상하는 것이 목표라면 그래머리나 프로라이트에이드가 가장 적합한 도구일 것이다. 문학 분석에 초점을 맞춘다면 보이언트 툴스 같은 도구가 더 적합할 수 있다.

사용 편의성: AI 도구는 학생과 교사 모두 쉽게 이용할 수 있어야 한다. 인터페이스가 복잡하거나 직관적이지 않을 경우엔 AI로 해

결하려는 문제보다 더 많은 해결 과제를 초래할 수 있다. 교사는 탐색하기 쉬우면서 기존 교육 방법에 용이하게 도입할 수 있는 도구를 찾아야 한다.

피드백의 품질: AI 도구는 의미 있고 건설적인 피드백을 제공해야 한다. 일부 도구는 표면적인 제안만 주는 반면, 다른 도구는 글쓰기 스타일, 일관성, 어조 등에 대해 좀 더 깊이 있는 통찰을 줄 수 있다. 터니틴의 피드백 스튜디오 같은 도구는 글쓰기 완성도, 표절과 구조에 대해 상세하게 피드백하는 데 아주 뛰어난 편이다.

윤리적 고려 사항: AI 도구는 윤리적 영향, 특히 데이터 개인정보 보호와 학생의 자율성 측면에서 평가해야 한다. 교육자들은 학생의 개인정보를 존중하고 데이터 사용 및 저장 방식을 투명하게 공개하는 도구를 선택해야 한다.

7.5.2.1 언어학을 위한 효과적인 AI 도구 사례

언어학 분야 교육을 향상하는 데 효과가 입증된 AI 도구가 여럿 있다. 문법, 어조와 문장 구조에 대한 제안을 해 주는 그래머리는 글쓰기 개선용으로 널리 사용된다. 노레드잉크는 글쓰기 기술에 초점을 맞춰 흥미로운 연습 문제를 통해 학생들의 구두점 사용, 동사 활용, 문장 구성 능력을 제고한다.

문학 분석 분야를 예로 들면, 보이언트 툴스는 주제, 단어 사용과 문체적 요소 등에 대한 통찰을 제공해 학생들이 텍스트를 새로운 방식으로 시각화하고 분석할 수 있도록 해 준다. 또 다른 강력한 도구로는 릿차트가 있다. 이 도구는 문학 작품을 심층 요약 및 분석해 주어 학생들이 복잡한 텍스트를 더 효과적으로 이해할 수 있다.

7.6 STEM: AI를 활용한 문제 해결과 데이터 해석

AI는 STEM 교육에서 학생들에게 새로운 문제 해결과 데이터 해석 방법을 알려 주는 중요한 역할을 한다. 복잡한 수학 문제 해결이든 대규모 과학 데이터 해석이든 AI 도구는 상호작용적이고 역동적인 해결책을 제시하면서 학습 경험을 풍부하게 할 잠재력이 있다. 이 섹션에서 AI로 구동되는 도구가 STEM 교육을 어떻게 현대화하는지 탐구한다. 또 교육자들이 이 기술을 어떻게 도입해서 비판적 사고와 혁신을 육성하는지에 대해서도 살펴본다.

7.6.1 STEM에서 문제 해결을 위한 AI

AI 기반 문제 해결 도구는 STEM 분야를 공부하는 학생들에게 매우 유용하다. 이 도구들은 복잡한 문제를 관리할 수 있는 단계로 분해하고, 학생들이 학습 과정에서 실수를 바로잡을 수 있도록 실시간으로 피드백한다. AI 도구는 각 학생이 능력에 맞는 도전 과제를 접할 수 있도록 하며, 적응형 학습 경로를 설계하는 방식으로 지원해 준다.

7.6.1.1 AI 기반 문제 해결 도구

생성형 AI 도구는 교육자들에게 없어서는 안 될 도구로 자리 잡고 있다. 맞춤형 학습, 학생 참여, 평가, 수업 계획 등 교실에서 접하는 일반적인 과제들을 해결해 준다. AI는 복잡한 STEM 문제를 관리 가능한 단계로 분해하는 데 탁월한 역량을 발휘한다. 이는 수학, 공학, 컴퓨터 과학 같은 분야에서는 필수적인 능력이다.

개인 맞춤형 학습 설루션

칸 아카데미의 칸미고와 구글의 소크라틱(Socratic) 같은 AI 기반 플랫폼은 개별화 수업이라는 과제 해결을 위해 도전하고 있다. 이 도구들은 학생 고유의 학습 요구에 맞추어 단계별로 학생들을 지원한다. 예를 들어, 대수학에 어려움을 겪는 학생은 칸 아카데미의 칸미고 AI 강사한테 맞춤형 지도를 받을 수 있다. 이 강사는 학생의 진도에 따라 지원을 조정해 교육자들이 일대일로 주의를 기울이지 않고도 개인 맞춤형 학습을 좀 더 쉽게 제공할 수 있도록 해 준다.

AI 시스템은 교육자들이 시간을 많이 소모하는 작업인 개인 맞춤형으로 즉시 피드백을 하는 데 탁월하다. AI의 도움 덕분에 학생들이 성과에 대해 시의적절하고 실행 가능한 통찰을 받음으로써 좀 더 역동적인 학습 환경이 조성된다. 예를 들어, 우(Wu, 2024)는 다양한 AI 기반 글쓰기 도구를 비교하면서 노레드잉크 같은 플랫폼이 학생의 진전을 추적하고 개선이 필요한 부분을 눈에 띄게 표시해 주는 깔끔하고 잘 조직된 인터페이스를 갖추었다고 강조했다. 마찬가지로 챗GPT는 대화형 인터페이스를 통해 학생들이 글쓰기 과정에서 자연스럽고 상호작용적인 피드백을 받을 수 있도록 해 준다. 또 다른 도구인 **아르그리라이트**는 수정된 여러 버전을 제공해 학생들이 텍스트를 개선하는 방식을 다양하게 탐구할 수 있도록 한다(Wu, 2024).

뉴턴 알타 같은 AI 플랫폼은 적응형 학습 경험으로 한 단계 더 나아간다. 이 플랫폼은 학생의 응답을 실시간으로 분석한 뒤 학습 속도와 유형에 따라 맞춤형 피드백을 하고 적합한 추가 자료를 추천한다. 이러한 수준의 개인화는 학생들이 개념을 더 깊이 이해하고, 오류를 신속히 수정하며, 학습 과정에 지속적으로 참여하도록 해 준다. AI 기반 피드백은 전체 학습 성과를 향상해 더 집중적이고 효과적인 학습 시간이 될 수 있도록 해 준다.

경영학 과정에서 고객 페르소나 개발

교육 분야에서 AI의 힘을 보여 주는 또 다른 사례는 경영학 과정에서 볼 수 있다. 여기서 학생들은 AI를 활용해 상세한 고객 페르소나를 개발할 수 있다. 이런 과제에서 AI 도구는 인구 통계부터 구매 행동까지 모든 요소를 포함하는 포괄적인 프로필을 생성할 수 있도록 해 준다. 이는 타깃 시장을 이해하는 데 도움이 될 뿐 아니라, 학생들이 마케팅 전략, 제품 개발, 고객 참여 노력을 더 효과적으로 시장에 맞출 수 있도록 해 준다.

아래는 AI를 활용해 상세한 고객 페르소나를 만들기 위한 구조적 접근 사례다.

1. **인구 통계**: AI는 학생들이 목표 시장의 연령, 성별, 소득 수준, 교육 수준, 직업 등에 대한 데이터를 수집하는 데 도움을 준다. 이런 통찰은 학생들이 더 정확하고 미묘한 차이가 있는 페르소나를 생성하는 데 활용할 수 있다. 마케팅 전략을 수립하는 데도 활용될 수 있다.
2. **심리적 특성**: 학생들은 AI의 도움을 받아 관심사, 취미, 가치관, 신념 등 심리적 특성 데이터를 분석할 수 있다. 예를 들어, 비즈니스 프로젝트를 진행하는 학생들은 AI 도구를 활용해 소비자 선호도나 구매 결정에 영향을 미치는 문화적 추세에 대한 통찰을 수집할 수 있다.
3. **구매 행동**: AI는 구매 행동에 대한 심층 분석을 할 수 있게 해 준다. 예를 들어, 학생들은 AI 도구를 활용해 고객이 특정 제품을 구매하는 동기를 이해하고, 그들이 직면하는 도전 과제와 겪어야 하는 의사 결정 과정을 이해할 수 있다. 이 분석에는 선호하는 쇼핑

채널과 소비 습관과 같은 데이터가 포함될 수 있다. 이런 데이터는 타깃 마케팅 캠페인을 수립하는 데 꼭 필요한 요소다.

4. **미디어 소비와 기술 사용**: AI 기반 분석은 타깃 고객이 어떤 미디어 채널을 이용할 가능성이 많고, 어떤 콘텐츠를 선호하는지 식별할 수 있다. 게다가 AI는 고객의 기술적 선호도를 평가해 학생들이 디지털 참여 전략을 개발하는 데 도움을 줄 수도 있다.

5. **목표와 열망**: 마지막으로 AI는 고객의 장단기 목표를 파악하는 데 도움을 줄 수 있다. 이는 학생들이 제공하는 제품을 고객의 열망과 일치시키는 데 큰 도움이 된다.

학생들은 목표 시장에 대한 더 깊이 이해할 수 있게 되며, 더 효과적인 비즈니스 전략을 수립할 지식으로 무장하게 된다.

7.6.2 STEM 문제 해결

AI 도구는 복잡한 STEM 문제를 단순하고 이해하기 쉬운 단계로 분해하는 능력이 굉장히 탁월하다. 수학 분야에서 **울프럼알파**(WolframAlpha)와 **포토매스**(Photomath) 같은 도구는 학생들에게 즉각적인 해결책과 설명을 제공하면서 각 계산 과정을 진행하도록 도와준다. 예를 들어, 미적분학 학생이 울프럼알파에 적분을 입력하면 정답만이 아니라, 문제 해결 과정에 대한 상세한 설명도 함께 받게 된다. 이를 통해 학생들은 기본 개념에 대한 이해를 한층 강화할 수 있다.

공학 분야에서는 **매트랩**(MATLAB)과 **오토캐드**(AutoCAD) 같은 도구가 모델링이나 시뮬레이션 같은 복잡한 작업을 단순화해 준다. 예를 들어 오토캐드는 학생들이 2D와 3D 모델을 정확하게 설계할 수 있도록 해 준다. 도면과 레이아웃을 자동으로 생성해 시간을 절약하면서 동시에 정확도를 향상할 수 있다. 매트랩은 유체역학 같은 현실 세계에서 발생하는 현상을 시뮬레이션하기 위해 대규모 데이터 세트를 분석하며, 학생들에게는 오랜 시간 손으로 직접 계산하던 작업을 대신할 실시간 시뮬레이션을 제공한다. 문제 해결을 통한 이런 실습 경험은 핵심 공학 원리에 대한 이해를 높인다.

상호작용형 수업으로 학생 참여시키기

큐리팟(Curipod)과 **톰**(Tome) 같은 생성형 AI 도구는 학생들의 참여율 저하 문제를 해결하는 데 특히 유용하다. 큐리팟은 학생들의 적극적인 참여를 유도하는 상호작용형 퀴즈와 설문조사를 생성한다. 반면 톰은 학생들의 시선을 사로잡을 수 있는 역동적인 멀티미디어 프레젠테이션을 제작하는 데 도움을 준다. 예를 들어, 교육자는 큐리팟을 이용해 라이브 퀴즈(live quiz)를 만들어 학생들이 수업 자료에 집중하도록 함으로써 디지털 환경에서 나타나는 수동적 학습 문제를 해결할 수 있다.

간소화된 평가와 피드백

평가에 치인 교육자들을 위해 **그래머리**와 **퀴즈렛**(Quizlet) 같은 도구는 AI 기반 설루션으로 피드백을 자동화한다. 그래머리의 학생 글쓰기 실시간 분석은 문법을 넘어 글의 명확성과 스타일에 대한 통찰을 제공한다. 이렇게 함으로써 교사들은 채점에 몇 시간을 사용하지 않고도 의미 있는 피드백을 줄 수 있다. 퀴즈렛은 학생의 진도에 맞춰 맞춤형 퀴즈와 모의고사를 생성하며, 즉각적인 피드백을 제공해 교육자들이 빠르고 효율적으로 이해도를 평가할 수 있다.

효율적인 수업 계획과 교육 과정 설계

뷰티풀(Beautiful.ai)과 **구글슬라이드**(GoogleSlides.ai) 같은 도구는 시간이 많이 소요되는 수업 준비 문제를 해결해 준다. AI 기반인 이들 플랫폼은 교육자가 단 몇 분 만에 시각적으로 매력적인 수업 계획을 만들 수 있도록 해 준다. 예를 들어, 교사는 뷰티풀을 이용해 정교한 강의 자료를 디자인할 수 있다. 그렇게 함으로써 레이아웃이나 디자인이 아니라 콘텐츠에 집중할 수 있게 돼 수업 제작과 다른 책임 사이의 균형을 맞추는 문제를 해결하게 된다.

특수 교육 수요 지원

링고티치(LingoTeach.ai)와 **스쿨 AI**(School AI) 같은 AI 도구는 다양한 요구 사항을 가진 학생들에게 맞춤형 수업을 하면서 특수 교육에 대한 설루션을 제공한다. 링고티치는 맞춤형 언어 수업을 조직하는 데 도움을 주며, 스쿨AI는 학생의 학습 능력에 따라 콘텐츠를 실시간으로 조정한다. 이런 도구는 교육자들이 시간을 과도하게 소모하지 않고 개인화된 지원을 할 수 있도록 한다. 그 결과 모든 학생에게 훨씬 수월하게 고품질 교육을 할 수 있게 된다.

컴퓨터 과학에서의 문제 해결

컴퓨터 과학 분야에서 오토ML 도구는 기계 학습 모델 개발을 단순화하여 복잡한 프로그래밍 문제를 해결해 준다. 많은 시행착오 과정을 자동화함으로써 학생들은 관련 데이터 특성 선택이나 모델 산출물 분석 같은 고차원 문제를 해결하는 데 초점을 맞출 수 있다. 이것은 학생들이 고급 코딩 기술 없이도 머신 러닝 개념을 자연스럽게 접할 수 있도록 하며, 그 결과 교육자는 교실에서 AI 주제를 더 쉽게 소개할 수 있게 된다.

이런 AI 기반 도구는 실시간으로 문제를 해결할 뿐 아니라 학생들에게 해결 과정과 논리를 함께 가르쳐 준다. 덕분에 교육자는 다양한 분야에서 비판적 사고와 깊은 이해를 키울 수 있다.

7.6.3 AI를 활용한 상호작용형 문제 해결

AI는 정적인 문제 해결뿐 아니라 상호작용적이고 역동적인 학습 환경 조성을 지원할 수 있다. AI 도구는 단순히 답을 내놓는 대신 학생들이 현실 세계의 STEM 시나리오와 유사한 실시간 문제 해결 활동에 참여할 기회를 선사한다.

예를 들어 물리학 분야에서 AI 기반 도구인 PhET 인터랙티브 시뮬레이션스(PhET Interactive Simulations)는 학생들이 가상 실험실 환경과 상호작용하며 속도나 질량과 같은 변수를 조정하고 그 결과로 발생하는 운동 변화를 관찰할 수 있도록 한다. 이런 역동적 문제 해결 접근 방식으로 학생들은 여러 요인을 실험하고 결과가 어떻게 영향을 미치는지 확인할 수 있다. 이는 실제 물리적 실험실과 동일한 방식이다. 이런 방식을 통해 이론적 학습과 실질적 응용 사이의 간극을 메워 준다.

수학 분야에서도 알렉스 같은 플랫폼은 적응형 학습 알고리즘을 활용해 각 학생의 성적에 맞게 문제 세트를 조정해 준다. 알렉스는 학생의 강점과 약점을 평가한 후 문제 난도를 조절해 적절하게 능력을 실험해 볼 수 있는 수준을 유지한다. 대수 방정식에 어려움을 겪는 학생은 기초 문제를 더 많이 받을 수 있는 반면 더 고급 수준의 학생은 고급 계산법 개념을 다룰 수 있다. 이런 개인화된 접근 방식으로 학생들은 적절하게 흥미를 유지하면서도 능력에 맞는 속도로 학습할 수 있다.

7.6.3.1 AI와 함께하는 데이터 해석과 분석

STEM 분야에서 AI의 역할은 문제 해결에만 한정되지 않는다. 데이터 수집, 분석, 해석에도 탁월한 능력을 발휘한다. 과학이나 공학 분야에서는 대규모 데이터 세트를 신속하고 정확하게 분석하는 능력이 굉장히 중요하다. AI 도구는 패턴을 식별하고 통계적 분석을 수행하며, 복잡한 데이터를 시각화하는 작업을 수행할 수 있다. 이는 학생들이 수작업으로 하기 힘들거나 시간이 많이 소요되는 작업이다. 그렇다면 AI는 이런 과정을 어떻게 개선할 수 있을까? 그리고 STEM 분야 데이터 해석에 어떤 이점을 가져다줄까?

7.6.3.2 AI의 데이터 수집과 분석

AI 기반 데이터 수집 및 분석 도구는 교육자와 학생들이 대규모 데이터 세트를 수집하고 대량으로 분석할 수 있도록 해 준다. AI는 방대한 양의 데이터를 빠르게 처리하고 패턴을 찾아내며, 통찰을 전달해 준다. 이는 인간이 수동으로 탐지하려고 하면 훨씬 더 많은 시간이 소요될 수 있는 작업이다.

AI가 데이터를 수집하는 한 가지 기술은 자연어 처리(NLP)이다. 이 기술은 연구 논문, 설문조사, 소셜 미디어 게시물 등 구조화되지 않은 정보원에서 데이터를 수집할 수 있다. 예를 들어, 기후 변화가 해양 생물에 미치는 영향을 연구하는 생물학과 학생은 AI 기반 NLP 도구를 사용하여 학술지 논문 수천 개를 스캔한 뒤 분석에 필요한 데이터 포인트를 추출할 수 있다.

데이터가 수집되면 **태블로(Tableau)**, **구글 데이터 스튜디오(Google Data Studio)**, **파워 BI(Power BI)** 같은 AI 도구를 활용해 데이터를 의미 있는 방식으로 시각화할 수 있다. 이런 시각물을 활용하면 학생들이 복잡한 데이터 세트를 좀 더 쉽게 이해할 수 있다. 예를 들어, 인구 동역학(population dynamics)을 연구하는 학생은 태블로를 사용해 시간에 따른 동물 개체 수 변화를 시각화하고, 필터를 사용해 다양한 환경 요인이 개체 수 증가에 미치는 영향을 탐구할 수 있다.

통계 분석에서 IBM SPSS와 R스튜디오(RStudio) 같은 AI 도구는 복잡한 계산을 자동 수행해서 학생들의 결과 해석 작업을 도와준다. 예를 들어, 소득 불평등을 분석하는 경제학과 학생은 SPSS로 회귀 분석을 실행하고 상관관계와 통계적 유의성에 대한 보고서를 자동 생성할 수 있다. AI는 이런 과정을 간소화하여 학생들이 수동 계산에 매달리지 않고 결과 해석에 집중할 수 있게 해 준다.

패턴 인식은 AI가 탁월한 역량을 발휘하는 또 다른 분야다. 텐서플로(TensorFlow)와 파이토치(PyTorch) 같은 도구는 학생들이 데이터 세트 내의 추세를 식별하는 신경망을 구축할 수 있도록 해 준다. 예를 들어, 컴퓨터과학 전공 학생은 텐서플로를 사용해 주식 시장 데이터를 분석해, 모델을 훈련시켜서 패턴을 인식하고 미래 주가를 예측하도록 할 수 있다. 이런 AI 기반 분석은 대규모 데이터 세트와 복잡한 변수로 인해 수동 분석이 어려운 금융, 경제학, 생물정보학 같은 분야에서 특히 유용하다.

7.6.3.3 AI로 과학적 탐구 향상하기

AI는 연구자와 학생들이 가설을 수립하고 실험을 설계하며 결과를 해석하는 데 도움을 주며 과학적 탐구의 수준을 한 단계 높여 주고 있다. 과학적 탐구는 연구자가 가설을 수립하고 실험을 설계하며 데이터를 수집하고 결과를 분석하는 수동적인 과정이었다. AI가 이런 단계의 많은 부분을 자동화해 연구자들은 이론 개발과 데이터 해석 같은 고차원적인 작업에 집중할 수 있다.

과학적 탐구에서 AI의 가장 흥미로운 응용 분야 중 하나는 가설을 생성하는 능력에서 나온다. 딥마인드(DeepMind)의 **알파폴드**(AlphaFold) 같은 도구는 AI가 아미노산 서열을 기반으로 단백질 구조를 예측할 수 있다는 것을 보여 줬다. 그리고 단백질 기능에 대한 새로운 가설을 생성해 연구자들이 실험적으로 테스트할 수 있도록 했다. 이는 생화학 같은 분야에서는 혁명적인 일이었는데, 이 분야에선 단백질 구조를 이해하는 것이 신약과 새로운 치료법 개발의 핵심 관문이기 때문이다. 알파폴드의 단백질 접힘 방식 예측을 통해 연구자들이 특정 관심 분야를 겨냥한 실험을 설계할 수 있게 돼 이 분야의 발전을 눈에 띄게 가속화할 수 있었다.

AI는 과학자들이 더 효율적인 실험을 설계하는 데도 도움을 주고 있다. **로보사이언티스트**(RoboScientist) 같은 도구는 실험 설계와 실행을 자동화해 연구자들이 동시에 여러 변수를 테스트할 수 있도록 한다. 예를 들어, 화학 전공 학생은 로보사이언티스트를 사용해 다양한 반응을 불러오는 촉매의 효과를 실험할 수 있으며, 화학 물질을 혼합하고 결과를 기록하는 과정을 자동화할 수 있다. 이는 시간을 절약하고 인간 오류를 줄여 과학적 탐구를 더 신뢰할 수 있고 효율적으로 만들어 준다.

데이터가 수집되면 AI 도구는 연구자들의 결과 해석 작업을 도와준다. 예를 들어 물리학 분야에서 **큐텍**(QuTech)과 구글의 **텐서플로** 같은 도구는 양자 컴퓨팅 실험 데이터를 분석하는 데 사용된다. 이런 AI 도구는 인간 연구자가 놓칠 수 있는 데이터의 패턴을 인식해 새로운 발견으로 이어지는 통찰을 제공한다.

AI는 복잡한 데이터를 더 접근하기 쉽게 만들고 학생들이 가설을 생성하고 테스트하는 데 도움을 줌으로써 과학적 콘텐츠와 더 깊이 있는 상호작용을 할 수 있도록 해 준다.

7.6.4 STEM 교과 과정에서 생성형 AI 실행하기

STEM 교육에서 생성형 AI의 역할이 확대됨에 따라 수업 활동에 AI를 도입할 때는 신중해야 한다. STEM 교육에 AI 도구를 도입하면 문제 해결 능력과 데이터 분석 능력을 향상하며, 학생들이 복잡한 개념을 좀 더 상호작용적인 방식으로 탐구할 수 있다. 이런 도구가 학생들에게 진정으로 도움이 되도록 하려면 AI가 학습 결과에 미치는 영향을 평가하는 것이 꼭 필요하다. 교육자들은 AI 지원과 실습 중심의 비판적 학습 경험 간의 균형을 유지할 수 있도록 학습 활동을 설계해야 한다.

7.6.4.1 AI를 융합한 STEM 활동 설계

AI를 효과적으로 도입한 STEM 활동을 설계하려면 AI 도구의 힘을 활용하는 것과 학생들이 실습 중심 학습과 비판적 사고에 참여하도록 장려하는 것 사이에 균형을 유지해야 한다. AI가 학생들을 대신해 작업을 수행하도록 하려는 것이 아니다. 목표는 AI를 문제 해결 능력과 STEM 개념 이해를 향상하는 자원으로 활용하는 것이다.

AI를 활용한 STEM 활동 설계 전략

AI를 STEM 활동에 도입할 때 핵심은 학생들이 AI 도구를 활용해 복잡한 개념을 탐구하면서도 과학적 방법과 비판적 사고를 실천할 수 있는 구조화된 과제를 설계하는 것이다. 다음은 몇 가지 전략이다.

1. **과제를 AI 지원과 수작업 부분으로 나눈다**: 예를 들어 공학 수업에서 학생들은 오토캐드 같은 AI 기반 소프트웨어를 사용해 구조 모델을 설계할 수 있다. 하지만 하중 저항 능력이나 다른 물리적 특성은 수작업으로 직접 계산해야 한다. AI와 수동 계산을 결합함

으로써 학생들은 AI의 효율성을 활용하면서도 기초 기술을 개발할 수 있다.

2. **데이터 분석에 AI를 사용하지만 해석은 학생들이 하도록 한다**: 매트랩이나 태블로 같은 AI 도구는 대규모 데이터 세트를 처리하고 시각화 기능을 제공할 수 있다. 하지만 데이터를 해석하고 추세를 식별하며 설명을 하는 작업은 여전히 학생들이 담당해야 한다. 예를 들어, 기후 변화의 영향을 연구하는 생물학 수업에서 AI는 연도별 온도 데이터를 분석하는 데 도움을 줄 수 있지만, 이 데이터의 함의에 대한 결론은 학생들이 스스로 내리도록 해야 한다.

3. **탐구 학습에 AI를 추가하라**: STEM 활동은 종종 탐구 중심으로 진행된다. 학생들이 질문을 제기하고 실험을 설계하며 결과를 분석한다. 가설을 생성하거나 이전 데이터에 기반해 잠재적 결과를 제안할 때 AI를 사용할 수는 있다. 예를 들어, 화학 실험에서 딥켐(DeepChem) 같은 AI 도구는 화학 반응의 결과를 예측하고, 학생들이 실험실에서 그 예측을 검증할 수 있다. 그러나 학생들은 여전히 실험을 스스로 설계할 뿐 아니라, AI가 생성한 가설을 비판적으로 평가해야 한다.

AI 지원과 실습 학습 및 비판적 사고의 균형 유지

STEM 활동에 AI를 도입할 때 핵심 과제 중 하나는 학생들이 AI 도구에 지나치게 의존하지 않도록 하는 것이다. 비록 AI가 강력하지만, 학생들이 개념에 깊이 몰입해 비판적 사고와 문제 해결 능력을 키울 수 있도록 해야 한다. 이런 균형을 유지하는 방법은 다음과 같다.

- **AI 결과물에 대해 성찰하도록 하라**: AI 도구를 사용한 후에는 학생들에게 AI가 문제 이해에 어떤 기여를 했는지 성찰하도록 요구

하라. 예를 들어, 물리 수업에서 학생들이 AI를 사용해 시뮬레이션을 실행할 경우, 후속 성찰 활동으로 학생들에게 중력이나 유체역학 같은 복잡한 시스템을 이해하는 데 시뮬레이션이 어떤 도움이 됐는지 설명하도록 요구할 수 있다.

- **AI 사용을 활동의 특정 단계로 제한하라**: 학생들이 문제 설정이나 결과 분석 같은 핵심 작업은 스스로 수행하도록 확실히 하라. AI는 데이터 수집이나 계산 단계에서 도움을 줄 수 있지만, 데이터를 해석하고 결론을 도출하는 데 필요한 사고와 추론 과정은 학생 스스로 AI를 활용해 수행해야 한다.
- **AI에 위임하지 말고 협력하라**: 학생들에게 AI를 협력자로 대하도록 권고하라. 예를 들어 로봇공학 수업에서 학생들은 AI를 사용해 운동 알고리즘을 최적화할 수 있다. 하지만 로봇의 전체 디자인과 기능에 대한 결정은 여전히 학생들의 몫이다. 이런 접근 방식은 AI가 제공하는 효율성을 활용하면서 창의성을 키워 준다.

7.6.5 교육 과제에 AI 도입하기

AI는 전통적인 과업을 부과하는 정규 과제를 역동적이고 상호작용적인 학습 경험으로 전환할 수 있다. 교육자들은 AI의 기능을 활용해 학생 개개인의 필요에 따라 개인화된 과제를 부과할 수 있다. 적응형 도전 과제할 수 있다.

전형적인 를 부여하고 실시간으로 맞춤형 피드백을 에세이 과제를 한번 생각해 보자. 보통 학생들은 에세이를 작성하고 수정하며 제출한 후 수동 평가를 받는다. AI를 도입하면 이 과정이 훨씬 더 유연해진다. 그래머리 같은 도구는 학생들이 에세이 초고를 작성하면 곧바로 문법과 문체에 대해 실시간으로 개선안을 제안한다. 반면 터니틴은 표절을 검사하고 정보 출처의 신뢰성을 평가한다. AI 도구는 즉각 피드백을 해 주기 때문에 학생들이 제출 전에 과제를 개선할 수 있어 훨씬 고품질 결과물을 만들 수 있다.

과제에 AI 도구를 포함하게 되면 교사는 학생들이 개인 맞춤형 학습에 참여할 기회를 만들어 줄 수 있다. 이 접근 방식은 학생들이 책임감을 갖고 자신의 발전을 주도하도록 장려할 수 있다. 또 개선이 필요한 부분을 독자적으로 찾아내고 해결할 수 있는 도구를 제공한다.

7.6.5.1 AI를 도입하기 위한 과제물 조정 단계

교육 과제물에 AI를 성공적으로 도입하려면 기술이 학습 성과를 향상하고 교육 과정 목표와 일치하도록 단계별로 접근할 필요가 있다. 이 단계를 거쳐 교육자들은 AI를 과제물에 신중하게 도입해 과제를 상호작용적이고 역동적이며 학생 필요에 맞도록 조정할 수 있다. 표 15는 AI를 도입하기 위해 기존 과제를 조정하는 데 필요한 주요 단계에 대해 포괄적으로 개괄한 것이다. 이 단계는 교육자들이 교육 과정에 AI를 신중하게 도입하는 데 도움을 주기 위해 설계했다.

AI 도입에 맞게 과제를 조정할 때 따라야 할 전체 단계는 다음과 같다.

1단계: 현재 과제 점검

현재 과제를 분석해 목적과 요구 사항, 학습 목표를 완전히 이해하는 것부터 시작한다. 이런 점검 작업은 AI가 어떻게 가치를 추가할 수 있는지, 그리고 AI로 향상된 과제에 맞게 조정해야 할 요소가 무엇인지 결정하는 데 도움이 된다.

표 15 AI를 활용한 과제 적응을 위한 핵심 단계

단계	설명
1. 현재 과제 점검	현재의 과제를 분석해서 목적, 요구 사항 및 결과를 이해한다
2. AI 활용 기회 확인	AI가 학습을 강화하고, 통찰을 제공하며, 작업을 자동화할 수 있는 구체적인 분야를 식별한다
3. 적절한 AI 도구 선택	학습 목표와 일치하는 AI 도구와 기술을 연구하고 선택한다
4. 과제 목표 재설계	목표를 수정해 AI와 관련된 구체적인 결과를 포함하도록 한다. 이를테면 AI 개념 이해나 AI 도구의 효과적 활용 같은 것들이 포함될 수 있다
5. AI 도입 과제 개발	학생들이 AI 도구와 상호작용하거나 분석, 구현하는 과제를 생성하되, 학습 목표와 일치하도록 한다
6. 교육용 자료 제작	학습 프로그램이나 안내서 같은 자료를 개발하거나 선택하고 구성해 학생들이 AI 도구를 효과적으로 이해하고 사용할 수 있도록 돕는다
7. AI 평가 실시	AI 도구 사용 능력과 개념 이해도를 평가하기 위한 기준과 방법을 설계한다
8. 수정된 과제 시범 운영	수정된 과제를 소규모 학생 그룹과 테스트한 뒤 피드백을 수집하고 문제점이나 개선이 필요한 부분을 찾아낸다
9. 피드백을 바탕으로 개선하기	파일럿 프로그램의 피드백을 분석하고, 필요한 조정 작업을 통해 교육 자료와 평가 도구를 개선한다
10. 전면 도입	수정한 과제를 전체 학급에 배포한다. 학생들이 성공할 수 있도록 지원과 자원이 충분히 제공되도록 한다

2단계: AI 활용 기회 확인

과제 내에서 AI가 학습을 개선하거나 가치 있는 통찰을 제공하거나 혹은 시간을 많이 소모했던 작업 중 자동화할 수 있는 부분이 있는지 찾아보라. 예를 들어, AI는 학생의 작업에 대해 즉각 피드백을 주거나 데이터 분석을 지원할 수 있다. 또는 좀 더 상호작용적이고 개인화된 학습 경험을 구현할 수 있다.

3단계: 적절한 AI 도구 선택

학습 목표와 일치하는 AI 도구를 조사하고 선택하라. 해당 도구가 과목 내용에 적합하고, 학생 참여를 지원하는 데 적절한 기능을 갖추었는지 확인하라. 예를 들어, 그래머리는 글쓰기 과제에서 사용할 수 있으며, 울프람알파는 수학이나 과학 분야에서 유용하게 쓸 수 있다.

4단계: 과제 목표 재설계

AI 관련 목표를 반영하도록 과제의 목표를 최신으로 갱신하라. 여기에는 학생들이 해당 과목 분야에서 AI의 역할을 이해하도록 돕거나, 학생들에게 AI 도구를 사용해 특정 결과를 달성하는 방법을 가르치는 것이 포함될 수 있다.

5단계: AI 도입 과제 개발

학생들이 AI 도구와 상호작용하거나 AI 생성 데이터를 분석하고, 혹은 AI 기능을 이용해 과제의 목표를 달성하도록 하는 과제를 만들어라. 예를 들어, 글쓰기 과제에서 학생들은 AI를 사용해 논리를 다듬거나 에세이 구조를 더 효과적으로 조직할 수 있다.

6단계: 교육용 자료 제작

학습 프로그램이나 안내서 같은 자료를 배부해 학생들이 선정된 AI 도구를 사용하는 방법을 이해하도록 돕는다. 명확한 지침을 주면 학생들이 AI 기술을 자신 있게 활용하고 작업에 도입할 수 있다.

7단계: AI 평가 실시

학생들이 AI 도구를 얼마나 효과적으로 사용하며, 관련 개념을 얼마나 잘 이해하는지 평가하는 지표를 설계하라. 여기에는 AI로 향상된 결과물이나 AI 생성 결과 분석의 깊이를 평가하는 것이 포함될 수 있다.

8단계: 수정된 과제 시범 운영
소수의 학생과 함께 과제를 테스트한 뒤 초기 피드백을 수집하고 문제가 될 부분을 찾아낸다. 시범 운영은 전면 도입 전에 과제와 교육 자료를 다듬는 데 도움이 된다.

9단계: 피드백을 바탕으로 개선하기
시범 운영 단계의 피드백을 바탕으로 과제와 관련 자료에 필요한 조정을 한다. 이 과정을 통해 최종 과제가 원하는 학습 목표를 달성하는 데 적합하도록 한다.

10단계: 전면 도입
과제를 개선한 후 전체 학급에 도입한다. 학생들이 필요한 모든 자료에 접근할 수 있도록 보장하라. 그리고 학생들이 AI 도구를 사용하는 동안 지속적으로 지원을 해 줘라.

7.6.5.2 AI로 과제 강화하기: 실제 적용 사례

핵심은 AI를 단순히 작업 자동화 도구로 사용하는 것이 아니라는 데 있다. 학생들의 참여도를 높이고 비판적 사고를 촉진하도록 활용해야 한다.

예를 들어, STEM 교실에서 울프람알파 같은 AI 기반 플랫폼은 학생들이 복잡한 수학적 계산을 수행하는 데 도움을 줄 수 있다. 덕분에 학생들은 직접 문제 풀이에만 집중하는 대신 AI와 상호작용하며 다양한 가설을 시험하고 AI가 생성한 해결책을 분석할 수 있다. 이는 학생들이 해결책의 논리적 근거를 이해하고 탐구 중인 수학적 개념의 광범위한 함의를 파악하는 데 도움을 준다.

사회 과목에서는 구글의 빅쿼리(BigQuery) 같은 AI 도구를 사용해 역사적 인구 조사 데이터를 분석하거나 IBM 왓슨으로 역사 기록의 편향을 조사하는 방식으로 과제의 질을 향상할 수 있다. 학생들에게는 데이터 기반의 역사 탐구를 수행하도록 요청할 수 있다. 이 과정에서 AI를 활용해 방대한 데이터를 수집, 처리, 분석하게 하고, 이후 그 결과를 해석하여 역사적 사건의 맥락 속에서 그 의미를 토론하도록 할 수 있다. 이런 AI 기반 분석은 학생들이 수작업으로는 지나치게 많은 시간이 걸릴 작업을 수행할 수 있게 해 주며, 새로운 탐구와 이해의 길을 열어 준다.

7.6.5.3 AI와 전통적인 학습 접근법 간의 균형 유지

AI는 과제 수행 과정을 크게 향상할 수 있는 힘을 갖고 있긴 하지만, AI 지원과 전통적인 방법이 육성하는 실습 중심 비판적 사고 간의 균형을 유지하는 것이 굉장히 중요하다. AI는 학생들이 수행해야 할 인지적 작업을 대체하는 것이 아니라 보완하도록 해야 한다.

1. **비판적 성찰**: 학생들이 AI 도구를 사용한 후에는 사용 과정에 대해 성찰하도록 하라. 예를 들어, 학생들이 글쓰기 과제에서 AI로부터 문법 관련 제안을 받았다면 그 제안을 수용하거나 거부한 이유를 설명하도록 유도할 수 있다. 이런 성찰적 관행을 통해 학생들이 학습에 대한 통제권을 갖고, 과도하게 AI에 의존하지 않도록 할 수 있다.
2. **AI와 인간 판단의 결합**: AI 도구는 귀중한 통찰을 제공하지만,

학생들은 여전히 과제에 인간의 판단을 적용해야 한다. 예를 들어, AI를 사용해 역사적 데이터를 분석한다고 가정해 보자. 이때 학생들은 AI가 생성한 결과에 대해 의문을 제기하고, 원본 자료나 대안적 관점으로 교차 검증하도록 해야 한다. 이처럼 AI와 비판적 탐구를 결합하면 학생들이 전문기술 기법(technical skills)과 비판적 사고 능력을 함께 키우는 데 도움이 된다.

3. **단계적 도입**: 과제 수행에 AI를 단계적으로 도입하라. 예를 들어, 과제 수행 초기 단계에 AI로 브레인스토밍이나 데이터 수집을 하는 것으로 시작한 뒤 학생들이 AI 활용에 익숙해질수록 그 역할을 점차 확대하라. 이렇게 하면 학생들이 AI에 압도당하지 않으면서 학습 과정의 좀 더 폭 넓은 맥락에서 AI가 어떻게 적합한지 이해하게 된다.

7.6.6 AI가 STEM 교육에 미치는 영향 평가하기

STEM 교육에 AI가 점점 더 폭넓게 도입될수록 학습 성과를 개선할 때 어떤 효과가 있는지 평가하는 것이 중요하다. 이를 위해 교육자들은 AI가 학생의 참여와 이해, 문제 해결 능력에 어떻게 영향을 미치는지 측정할 데이터를 수집해야 한다.

AI 도구의 효과 평가 방법

교육자들은 STEM 교육에서 AI 도구를 평가할 때 정량적 지표와 정성적 지표를 모두 고려해야 한다. AI 도구의 효과를 측정하는 방법은 다음과 같은 것들이 있다.

1. **학생 성적 데이터**: 학생이 AI를 활용해서 수행한 과제와 전통적인 방법으로 한 과제의 성적을 비교해 보라. 예를 들어, AI 기반 시뮬레이션을 사용해 시험 성적이 향상되거나, 과목에 대해 더 깊이 이해하게 되었는가? 교육자들은 문제 해결 속도, 정확성, 새로운 상황에 개념을 적용하는 능력 같은 것들이 얼마나 개선되었는지 추적할 수 있다.
2. **설문조사와 피드백**: 학생과 교사로부터 AI 도구 사용 경험에 대한 피드백을 수집하라. 교실에서 AI를 사용할 때 학생들이 더 적극적으로 참여하는가? 복잡한 개념을 이해하는 데 AI가 도움이 된다고 느끼는가? 교사들은 AI가 효과적이고 효율적으로 가르치는 능력을 향상했는지에 대한 통찰을 제공할 수 있다.
3. **교실 관찰**: 학생들이 교실에서 AI 도구를 대하는 방식을 관찰하면 소중한 통찰을 얻을 수 있다. 예를 들어, 학생들은 답을 찾을 때 AI 도구에 과도하게 의존하는가? 아니면 문제를 더 정확히 이해하기 위해 AI 도구를 사용하는가? 관찰을 하면 학생들이 AI를 비판적으로 다루는지, 아니면 AI가 제안한 것을 무작정 따라 하는지 구분하는 데 도움이 된다.
4. **종단 연구**: 종단 연구를 통해 AI 도구를 학습에 사용한 학생들이 그러지 않은 학생들에 비해 어떤 성과를 내고 있는지 추적할 수 있다. AI가 학습 과정에 포함될 때 학생들이 지식을 더 충분히 습득하고 기억하는가? STEM의 개념을 고등 교육이나 직무 환경에 적용하는 데 더 자신감을 갖고 있는가?

학생과 교육자로부터 피드백 수집하기

학생과 교육자로부터 정기적으로 피드백을 수집하면 AI 도구가 어떻게 받아들여지고 있으며, 학습 과정을 향상하고 있는지에 대한 통찰을 얻을 수 있다. 피드백 수집을 위한 몇 가지 전략은 다음과 같다.

학생 설문조사: 학생들에게 AI 도구 사용 경험을 묻는 익명 설문조사를 만들도록 하라. 학생들은 어떤 점이 가장 유용하다고 느꼈는가? 어떤 어려움을 겪었나? 이런 설문조사에서 학생들이 교육에서 AI의 역할에 대해 어떻게 느끼는지에 대한 소중한 통찰을 얻을 수 있다.

교사 보고회: AI 기반 활동을 실시한 후 교사들이 관찰한 내용을 공유하도록 하라. AI가 교육 효율성을 향상했는가? 학생들의 참여도가 더 높아진 것 같은가? 교사들은 또 AI 도구가 교육 과정과 일치하는지에 대해서도 피드백을 줄 수 있다.

7.7 **사회 과목: 역사 시뮬레이션과 데이터 분석**

교육에서 AI 적용은 STEM 이외 분야로 확대된다. 사회 과목에서 AI 도구는 역사와 상호작용하는 새로운 방법을 제시하면서 학생들이 과거 사건을 좀 더 잘 이해할 수 있도록 해 준다. AI 기반 역사 시뮬레이션으로 학생들은 다양한 관점을 탐구할 수 있다. 역사적 인물이 되어서 결정을 내리고, 다양한 관점에서 그런 결정의 결과를 분석해 볼 수 있다.

7.7.1 AI를 활용한 역사 시뮬레이션

역사 시뮬레이션은 학생들이 역사적 사건과 맥락을 더 효과적으로 이해할 수 있도록 실제 체험해 볼 수 있는 학습 환경을 만들어 준다. AI 도구는 상세한 역사적 시나리오를 생성할 수 있다. 학생들은 특정 시기에 스며들어 가 자신들의 선택이 어떤 다양한 결과를 낳는지 탐구할 수 있다. 이는 학생들이 역사적 사건을 형성한 요인에 대해 비판적으로 생각하도록 독려해 준다.

7.7.1.1 AI를 활용한 역사 시나리오 생성

AI 도구는 역사적 사건이나 시기를 시뮬레이션하는 역사 시나리오를 만들 수 있으며, 이를 통해 학생들이 역사적 탐구에 참여할 기회를 선사한다. 이런 시뮬레이션으로 학생들은 역사적 인물의 입장에서 역사를 형성한 결정을 탐구할 수 있다.

예를 들어, **히스토리메이커** VR(HistoryMaker VR)은 학생들이 에이브러햄 링컨이나 해리엇 터브먼(Harriet Tubman)[33] 같은 미국 역사상의 주요 인물의 역할을 체험하도록 해 주는 가상현실 플랫폼이다. 이 플랫폼은 역사적 맥락과 의사 결정 시나리오를 제공해 학생들은 이런 인물들이 직면했던 도전 과제에 대해 비판적으로 생각할 수 있다. 학생들은 시뮬레이션 내에서 결정을 내린 뒤 그 결정이 역사적 사건의 결과에 어떤 영향을 미치는지 확인할 수 있다.

다음 사례는 유명한 AI 기반 전략 게임인 **문명** VI(Civilization VI)이다. 문명 VI에서 게이머들은 고대부터 현대까지 문명을 이끌어 가게 된다. 이 게임은 교육 도구로 엄격하게 분류되지는 않았지만 많은 교실에서 경

---

33) 미국 노예해방운동을 실천했던 여성 인권운동가이자, 남북전쟁 당시 활동했던 노예폐지론자다. 노예로 태어난 그는 남북전쟁 때 직접 군인으로도 활약하면서 많은 노예를 해방하는 공을 세웠다. 전쟁이 끝난 후에는 평생 여성 참정권 확보를 위해 싸웠다.

제, 정부, 군사 전략 발전 같은 역사적 과정을 시뮬레이션하는 데 활용했다.

7.7.1.2 AI를 활용한 역사적 이해 증진

AI 시뮬레이션은 단순한 엔터테인먼트 역할만 하는 것은 아니다. 학생들의 역사 이해를 증진하는 강력한 도구 역할을 한다. AI 시뮬레이션은 학생들이 역사적 사건이 얼마나 복잡한지 이해하고, 사회적 · 정치적 · 경제적 요인이 역사적 결과에 작용하는 역할을 이해하는 데 도움을 줄 수 있다.

7.7.2 사회 과목에서 AI를 활용해 데이터 분석하기

사회 과목에서 데이터 분석은 역사적 사건의 패턴, 추세, 결과를 이해하는 데 필수 요소다. AI는 방대한 양의 역사적 데이터를 신속하게 분석하고 추세를 찾아내며, 과거 사건을 토대로 예측을 할 수도 있다. 그러나 AI를 사회 과목 교육 과정에 도입하려면 AI가 인간 분석과 해석이라는 핵심 가치를 대체하지 않으면서 전통적인 역사적 탐구를 강화하는 균형 잡힌 접근 방식이 필요하다.

7.7.2.1 역사 데이터 분석을 위한 AI

역사 데이터 분석은 과거의 행동과 결정을 더 깊이 이해하기 위해 사회의 사건, 기록, 추세에서 수집한 방대한 데이터를 검토하는 작업을 수반한다. AI 도구는 이런 대규모 데이터 세트를 처리하고 분석하는 데 특히 효과적이다. 이런 작업을 통해 수동 분석으로는 즉시 파악하기 어려운 패턴을 식별할 수 있다.

AI를 활용한 역사 데이터 분석 기술

AI 기반 역사 데이터 분석의 주요 기술 중 하나는 패턴 인식이다. AI는 방대한 데이터 세트를 철저하게 조사한 뒤 반복되는 주제나 추세를 찾아낼 수 있다. AI는 다양한 시대의 정치 연설 수천 건을 분석해 공통된 주제와 언어 사용 변화, 시간에 따른 대중의 감정 변화 같은 것들을 찾아낼 수 있다.

또 다른 기술은 감정 분석이다. 이 기술은 AI 알고리즘을 활용해 편지, 연설, 신문 기사 등 역사적 텍스트의 감정 상태를 파악한다. 이를 통해 학생들과 역사학자들은 시민권, 전쟁, 경제 정책 같은 중요한 이슈에 대한 여론이 어떻게 변화했는지 이해할 수 있다. AI는 역사적 추세를 기반으로 한 예측 분석에도 기여할 수 있다. AI는 역사 데이터의 패턴을 연구해 현재 사건의 결과를 예측함으로써, 학생들이 과거의 행동이 미래 결과에 어떻게 영향을 미치는지 더 깊이 이해할 수 있도록 지원해 준다.

사회 과목 데이터 분석을 지원하는 AI 도구 사례

역사 데이터 분석을 돕기 위해 여러 AI 도구가 등장했다. 그중 하나가 구글의 빅쿼리다. 이 도구는 사용자가 대규모 역사적 데이터 세트를 신속하게 관리하고 분석할 수 있도록 해 준다. 학생들은 빅쿼리를 활용해 인구조사 데이터를 분석하거나 인구 증가 추세를 추적하며, 수세기에 걸친 이주 유형을 연구할 수 있다. 빅쿼리가 많은 계산 작업을 자동화함으로써 학생들은 데이터 해석과 의미 있는 결론 도출에 집중할 수 있다.

또 다른 효과적인 AI 도구는 IBM 왓슨이다. 이 도구는 고급 데이터 분석을 수행하고 역사 기록 내 편향성을 찾아낼 수 있다. 예를 들어, 제2차 세계대전 선전물을 연구하는 학생들은 왓슨을 활용해 신문 기사 수백 개를 분석해 선전 기술과 미디어 보도 추세를 찾아낼 수 있다.

이러한 AI 도구는 사회 과목에서 역사 데이터 분석 방식을 바꿔 놓고 있다. 분석 과정을 더 빠르고 효율적으로 만들어 학생들은 비판적 사고와 분석 결과의 심층 해석에 집중할 수 있게 된다.

7.7.2.2 AI 데이터 분석을 수업에 도입하기

AI 기반 데이터 분석을 사회 과목 수업에 도입하면 학생들은 실제 세계의 데이터를 탐구하며 분석 능력을 향상할 수 있는 독특한 기회를 얻는다. 그러나 AI 지원과 전통적인 역사 탐구 방법 사이의 균형을 유지하는 것이 중요하다. 그러면서도 학생들은 여전히 데이터를 수동으로 해석하는 방법도 숙지해야 한다.

사회 과목 교육 과정에 AI 기반 데이터 분석을 도입하는 전략

사회 과목에 AI를 도입하는 전략 한 가지는 학생들이 AI 도구를 사용해 역사 데이터를 분석하고 결과를 발표하는 데이터 기반 프로젝트를 만드는 것이다. 예를 들어, 산업혁명에 대해 공부하는 역사 수업에서는 AI를 사용해 시간에 따른 공장 노동자의 임금 데이터를 분석하고, 그 결과를 현대 임금 데이터와 비교해 장기 경제 추세를 이해할 수 있다.

또 다른 전략은 AI를 시계열 분석(timeline analysis)으로 사용하는 것이다. 시계열 분석에서는 AI가 역사적 전환점을 찾아내고 다양한 사건이 어떻게 서로 연결되는지 분석한다. 예를 들어, 학생들은 인구 데이터, 경제 기록, 이주 추세 분석을 통해 유럽의 식민화가 원주민 인구에 미친 영향을 추적할 수 있다. 이 접근 방식은 관련 없는 사건 간의 연결성을 강조하면서 학생들이 역사에 대해 좀 더 포괄적인 관점을 갖도록 해 준다.

1차 자료 분석에서도 AI는 학습을 강화할 수 있다. AI 도구는 학생들이 연설이나 편지 같은 역사적 문서를 분석해 편향, 주제, 숨겨진 추세를 식별하는 데 도움을 준다. 학생들은 AI가 생성한 통찰과 자신들의 해석을 결합해 이런 결과를 주제로 한 수업 토론에 참여할 수 있다.

AI 도구와 전통적인 역사 연구 및 분석 방법 간의 균형 유지

AI 도구가 역사적 데이터 분석에 강력한 기능을 제공하지만, 그 사용과 전통적인 역사적 방법의 균형을 맞추는 것은 필수적이다. 학생들이 AI 분석 결과에 대해 문제를 제기하는 분위기가 조성되어야 한다. 그 데이터의 정확성과 관련성을 검증하고, 자신들의 결론을 도출하도록 해야 한다.

예를 들어, 학생들은 AI를 사용해 역사적 문서를 분석한 후에는 좀 더 소규모 데이터 세트를 수동으로 직접 분석해야 한다. 이를 통해 AI가 생성한 결과가 어떻게 만들어졌는지 이해할 수 있도록 해야 한다. 교육자는 AI와 수동 분석을 결합함으로써 학생들이 역사적 탐구를 좀 더 세밀하게 이해할 수 있도록 도울 수 있다.

AI는 이런 방식으로 전통적인 역사 분석을 대체하는 것이 아니라 보완하는 도구 역할을 한다. 학생들은 여전히 콘텐츠에 비판적으로 접근해야 하며, AI가 제공하는 데이터를 해석하기 위해 분석 기술을 활용해야 한다.

7.7.3 사회 과목 교육 과정에서 AI 실행하기

사회 과목 교육 과정에 AI를 성공적으로 도입하려면 신중한 계획 수립과 적절한 도구 선택이 필요하다. AI는 역사 교육과 이해 방식을 혁신할 잠재력을 지니고 있다. 다만 학생들의 비판적 사고와 탐구 정신의 중요성을 훼손하지 않으면서 참여를 높이는 방식으로 사용되어야 한다. 이 섹션에서는 사회 과목에서 AI 강화 활동을 설계하는 전략과 AI 도구 평가 기준에 대해 설명한다.

7.7.3.1 AI 강화 사회 과목 활동 설계하기

AI 강화 활동은 특히 역사적 사건과 추세를 공부할 때 학생들에게 더 몰입적이고 상호작용적인 학습 경험을 구현해 줄 수 있다. 그러나 이런 활동은 반드시 전통적인 교육을 보완하고, 비판적 사고 기술을 강화해야 한다.

AI를 활용해 흥미로운 사회 과목 활동 개발 전략

1. **AI를 활용한 시뮬레이션**: 사회 과목에서 AI를 효과적으로 활용하는 방법 한 가지는 시뮬레이션을 통해 학생들이 다양한 역사적 시나리오를 탐구할 수 있도록 하는 것이다. 예를 들어, 고대 로마를 공부하는 수업에서는 AI 시뮬레이션으로 로마의 정치 체계를 재현해서 학생들이 상원의원이나 군사 지도자 역할을 맡도록 할 수 있다. 학생들이 시뮬레이션에서 결정을 내리면 AI는 다양한 결과를 생성해 학생들이 역사적 결정 과정의 복잡성을 이해하는 데 도움을 준다.
2. **AI 데이터 분석 도입**: AI 도구는 사회 과목에서 학생들의 경제 데이터, 인구 추세, 또는 선거 결과 분석 작업을 도와줄 수 있다. 예를 들어, 시민 교육 수업에서 학생들은 과거 선거의 투표 데이터를 분석해 추세를 식별하고 미래의 정치적 결과를 예측할 수 있다. 이는 정치학에 대한 이해를 높일 뿐만 아니라 실제 세계의 데이터로 작업하는 방법을 가르쳐 준다.
3. **AI 지원 토론**: 교육자들은 비판적 사고를 장려하기 위해 학생들이 AI를 활용해 역사적 사건을 연구한 후 토론에 참여하는 활동을 설계할 수 있다. 예를 들어, 제1차 세계대전의 원인을 주제로 한 토론에서는 학생들이 AI 도구를 활용해 그 시대의 외교 통신과 여

론을 분석할 수 있다. AI 연구와 전통적인 토론을 결합함으로써 학생들은 좀 더 깊이 있는 역사 탐구에 참여하게 된다.

AI 도구로 전통적인 사회 과목 교육을 보완하고 강화하기

AI 도구는 사회 과목 교육 과정의 목표와 일치하도록 사용해야 한다. 이를 보장하는 방법 한 가지는 '역사적 사건의 원인 이해'처럼 명확한 학습 목표를 설정하는 것이다. 그런 다음엔 그 목표를 달성할 수 있도록 AI가 학생들의 능력을 향상할 방법을 찾아내는 것이다.

예를 들어, 대공황에 대해 가르칠 때 교사는 먼저 경제적 원인에 대한 전통적인 강의로 시작할 수 있다. 그런 다음엔 생성형 AI 도구를 도입해 학생들이 과거 주식 시장 데이터를 분석하고 현대 경제 추세와 비교하도록 할 수 있다. 이때 핵심은 AI를 교사 수업의 보완재로 사용하는 것이다. 또 학생들은 기술 활용 역량과 역사적 이해를 모두 발전시킬 수 있도록 해야 한다.

7.7.3.2 사회 과목을 위한 AI 도구 평가

모든 AI 도구가 똑같이 만들어진 것은 아니다. 따라서 사회 과목 교육에 적합한 도구를 선택하는 것이 중요하다. 교육자는 AI 도구를 평가할 때 사용 편의성, 학습 목표 적합성, 제공되는 통찰의 품질 같은 요소를 고려해야 한다.

사회 과목 교육을 위한 생성형 AI 도구 선택 및 평가 기준

1. 교육 과정과의 관련성: AI 도구는 사회 과목 교육 과정의 목표 달성을 지원해야 한다. 예를 들어, 인구 통계 데이터를 분석하도록 설계된 도구는 이민이나 도시화 관련 수업에 완벽하게 맞아떨어

질 수 있다.

2. **사용 편의성**: 교사와 학생들이 최소한의 교육만으로 AI 도구를 사용할 수 있어야 한다. 사용자 친화적인 인터페이스는 필수이며, 사회과학 같은 비기술 과목에서는 특히 중요하다.

3. **데이터와 통찰의 정확성**: AI 도구는 신뢰할 수 있고 정확한 데이터를 제공해야 한다. 오류가 있을 경우 학생들을 오도하고, 수업의 토대를 허물 수 있기 때문이다.

4. **확장성과 유연성**: AI 도구는 다양한 학년 수준과 수업에 맞게 변경할 수 있어야 한다. 다재다능한 도구는 정치적 추세 분석부터 역사적 사건 탐구까지 다양한 주제에 걸쳐 활용할 수 있다.

AI 도구의 효과적인 활용 사례와 학생의 학습에 미치는 영향

교육 분야에서 생성형 AI 도구의 영향력이 확대됨에 따라, 여러 플랫폼이 학생 학습 능력을 크게 향상한다는 사실을 보여 줬다. 한 가지 효과적인 사례는 언어학과 STEM 분야 등에서 개인 맞춤형 학습을 지원하는 AI 기반 개인 교사인 칸미고다.

또 다른 강력한 도구는 챗GPT다. 이 도구는 창의적 글쓰기, 아이디어 구상, 복잡한 질문 답변 등 다양한 분야에서 활용된다. 창의적 사고와 비판적 분석을 지원하는 챗GPT의 능력은 연구와 언어 교육 모두에서 소중한 자산이다.

시각 예술 분야에서는 달리(DALL·E)가 학생들이 텍스트 프롬프트로 창의적인 예술 작품을 만들 수 있도록 한다. 이를 통해 예술적 탐구와 다학제적 학습의 경계를 확장한다. 마찬가지로 톰(Tome)은 스토리텔링과 AI 생성 이미지를 결합해 교실에서 서사 프로젝트를 강화하는 몰입형 학습 경험을 만들어 준다.

표 16 생성형 AI 도구와 성능

도구 명칭	분야	AI 적용	학생 학습에 미치는 영향	추가 기능
칸미고	언어학, STEM	개인 맞춤형 학습을 위한 AI 기반 교사, 문제 풀이와 글쓰기 지원	개인화된 학습 경로 제공, 참여와 이해도 증가	학생의 진도에 맞춰 실시간 피드백
챗GPT	다학제	창의적 글쓰기, 브레인스토밍, 질문 답변을 위한 AI 기반 텍스트 생성	창의성 향상, 비판적 사고 촉진, 연구 및 글쓰기 프로젝트 지원	여러 과목의 다양한 과제를 위해 도입 가능
자스퍼 AI	언어학, 콘텐츠 생성	에세이, 보고서, 창의적 콘텐츠를 위한 AI 생성 글쓰기 보조 기구	글의 명확성, 구조, 스타일 개선 도와주며, 더 나은 커뮤니케이션 기술 향상에 기여	여러 글쓰기 형식을 위한 템플릿 제공
달리	예술과 음악	텍스트 묘사를 바탕으로 한 창의적 예술 작품과 시각 콘텐츠 생성을 위한 AI 도구	창의성 진작, 학생들이 새로운 예술적 방법과 매체 탐구하도록 격려	예술과 언어 간의 다학제적 학습 지원
Rytr	언어학	이야기, 에세이, 창의적 글쓰기 콘텐츠 생성을 위한 AI 기반 도구	창의성 진작, 글쓰기 속도 향상과 언어 기술 증강 도움	여러 가지 어조와 형식의 글쓰기 제공
큐리팟	다학제 영역	양방향 수업 프레젠테이션과 퀴즈 작성을 위한 AI 기반 도구	양방향 학습을 통해 참여도 향상. 복잡한 주제에도 접근할 수 있도록 함.	맞춤형 수업 템플릿 제공
소크라틱	STEM	학생들이 수학 문제를 풀고 복잡한 개념을 이해하도록 도와주는 AI 구동 도구	단계별 안내를 통해 문제 해결 능력과 개념 이해 향상	구글 교육 스위트(Google Education Suite)와 통합
뷰티풀닷에이아이	다학제 영역	시각적으로 멋진 슬라이드쇼와 자료 생성을 위한 AI 구동 프레젠테이션 도구	프레젠테이션과 커뮤니케이션 기술 향상. 좀 더 참여적이고 접근 가능한 학습 구현	콘텐츠를 바탕으로 한 디자인 제안 제공

도구 명칭	분야	AI 적용	학생 학습에 미치는 영향	추가 기능
톰	언어학, 인문학	AI 생성 텍스트와 이미지로 스토리텔링과 프레젠테이션을 돕는 생성형 AI	창의적인 표현과 시각적 학습 지원. 내러티브 프로젝트에서 참여 진작	실시간 협업 기능 제공
퍼플렉시티 AI	다학제 영역	AI 생성 콘텐츠를 기반으로 한 질문에 대해 포괄적인 답변을 제공하는 AI 검색 엔진	연구와 비판적 분석을 지원해 학생들이 복잡한 주제를 더 잘 이해할 수 있도록 도움	복잡한 개념을 효과적으로 요약하고 설명
라이트소닉	언어학, 콘텐츠 창작	블로그, 에세이, 기타 콘텐츠를 위한 AI 글쓰기 비서	글쓰기 개발과 창의성 지원. 학생들의 세련된 글쓰기 작품 생산 도움	다양한 콘텐츠 수요를 위한 AI 템플릿 제공
머프AI	예술 (보이스 오버)	프레젠테이션이나 동영상에서 보이스오버 생성을 위한 AI 구동 텍스트-투-스피치 도구	청각 학습 기능을 향상해 학생들에게 다매체 기반 교육 제공	다중 음성, 언어, 악센트 제공
워드튠	언어학	글쓰기 과제에서 문장 구조 재구성 및 개선을 위한 AI 도구	학생들이 문장 흐름, 문법, 스타일을 이해하도록 도와줘 글쓰기 품질 개선	실시간으로 문법 개선 사항 제안
하이퍼라이트	언어학, 인문학	에세이나 보고서를 위한 아이디어, 개요, 글쓰기 콘텐츠 생성을 위한 AI 글쓰기 도구	콘텐츠 생성을 도움으로써 창의적 사고 진작과 글쓰기 속도 개선	글쓰기 프롬프트와 안내 실시간 제공
감마	다학제 영역	프레젠테이션, 인포그래픽 생성을 위한 AI 도구. 다양한 프로젝트를 위한 시각적 지원	정확하고 맥락에 맞는 AI 응답을 제공해 다양한 과목의 학습 지원	구글 워크스페이스와 원활하게 통합
제니AI/ 페이퍼팔	언어학, STEM	AI 기반 글쓰기, 요약, 및 콘텐츠 생성	에세이와 학술 논문의 생산성과 글쓰기 품질 향상	실시간 콘텐츠 생성과 인용 관리 제공
퀼봇	언어학	요약, 윤문, 인용 형식 정리를 위한 AI 기반 도구	글쓰기를 좀 더 명확하게 하고, 학술 논문 인용 정확성 향상	문법 교정과 윤문 제안 즉시 제공

도구 명칭	분야	AI 적용	학생 학습에 미치는 영향	추가 기능
라이너	다학제 영역	기사 요약과 이메일 작성을 효과적으로 도와주는 AI 도구	특히 독해 영역에서 시간 절약하고 생산성 향상	웹 콘텐츠에서 중요한 부분 강조 표시하고 저장할 수 있음
미드저니	예술	텍스트 프롬프트로 예술적 시각 자료 생성을 위한 AI 기반 도구	창의적인 탐구를 장려해 학생들이 전문가 수준 예술 작품 제작할 수 있도록 함	최소한의 입력으로 고품질 이미지 생산 지원
픽슬러(PIXLR)	예술	무료 온라인 AI 구동 사진 편집기	학생들이 이미지 편집하고 시각적 프로젝트를 개선하기 위해 사용하는, 쉽게 입수할 수 있는 도구 제공	추가 비용 없이 고급 편집 옵션 포함
POE (Platform for Open Exploration)	다학제 영역	글쓰기, 아이디어 구상 같은 다양한 작업을 위한 여러 AI 모델 제공	다양한 분야의 콘텐츠 생성에 활용할 수 있는 다목적 도구	챗GPT와 클로드 같은 여러 AI 모델 통합
레오나르도AI	예술과 디자인	창의적인 디자인 기반 시각 콘텐츠 생성을 위한 AI 도구	창의적인 프로젝트를 지원해 학생들이 발표나 포트폴리오를 위한 아이디어를 시각화하는 데 도움을 줌	다양한 유형의 시각 예술 생성 지원
일레븐랩스	예술, 프레젠테이션	텍스트를 자연스럽게 들리는 연설로 바꿔 주는 AI 구동 텍스트-투-스피치 도구	접근성을 향상하고 프레젠테이션에 청각 요소를 추가	다국어 지원 및 최적화된 음성 기능 제공

사회 과목에서 **주니버스**(Zooniverse)와 **히스토리핀**(HistoryPin) 같은 AI 도구는 학습 환경을 풍부하게 조성해 학생들은 좀 더 역동적이며 상호작용적이며 개인화된 방식으로 수업에 참여할 수 있다. 두 AI 도구는 학생들의 수업 참여도를 높이고 역사적 내용에 대한 좀 더 깊은 이해를 촉

진한다는 사실이 입증됐다. 교육자들은 생성형 AI를 신중하게 도입해 다양한 과목에서 전통적인 학습 접근 방식을 강화할 수 있다.

7.8 사회 과목 교육 과정에 AI 실행하기

사회 과목 교육 과정에 AI를 도입하려면, AI 도구가 전통적인 역사 탐구와 분석 방법을 대체하지 않고 보완할 수 있도록 신중한 계획이 필요하다. 이를 통해 교육자들은 역사, 지리, 시민 교육을 보다 생동감 있게 전달하며, 학생들의 흥미를 끌고 더 깊이 있는 이해를 촉진할 수 있다.

7.8.1 AI 강화형 사회 과목 활동 설계하기

사회 과목에서 AI를 활용하면 상호작용형 학습의 새로운 기회를 열 수 있다. 그러나 진정한 참여 활동을 만들기 위해서는 교육자들이 AI의 활용과 비판적 사고를 촉진하는 실습 경험을 조화시키는 데 정성을 기울여야 한다. AI는 학생들이 해당 과목에서 개발해야 할 기본적인 기술을 대신하지 않으면서도 학습 과정을 풍부하게 하는 도구가 되어야만 한다.

AI를 활용한 흥미로운 사회 과목 활동 개발 전략

사회 과목에 AI를 도입하는 유망한 방법 중 하나는 AI 기반 시뮬레이션과 데이터 분석 도구를 활용하는 것이다. 이런 기술을 활용해 학생들이 역사적 사건이나 사회적 변화를 더욱 역동적이고 몰입감 있는 방식으로 탐구할 수 있다.

역사적 사건 시뮬레이션: AI 도구는 역사적 시나리오를 생성한 뒤 학생들을 미국 독립 전쟁이나 시민권 운동과 같은 중요한 사건 속에 직접 들어갈 수 있도록 한다. 학생들은 역사적 인물의 역할을 맡아 시대의 도전을 극복하는 의사 결정 과정을 시뮬레이션할 수 있다. **히스토리메이커** VR(HistoryMaker VR)이나 **머지 레인**(Muzzy Lane) 같은 도구는 이런 몰입 환경을 구현해 학생들이 역사적 인과 관계와 사회·정치적 동력의 복잡성을 이해하도록 해 준다. 이런 시뮬레이션을 교실 토론과 결합해 결정이 역사적 결과를 어떻게 만들어 내는지 성찰하도록 할 수 있다.

AI 지원 데이터 분석: AI는 학생들이 역사적 시기의 인구 통계나 경제 데이터를 분석하는 것을 도와줄 수 있다. 예를 들어, 이민 추세를 연구하는 학생들은 구글의 **빅쿼리**를 이용해 인구 조사 데이터를 처리하고, 다양한 시대에 걸친 이주와 정착 유형을 찾아낼 수 있다. 이런 접근 방식은 학생들이 실제 세계의 데이터와 접촉하도록 도와줄 뿐 아니라 정량적인 증거를 기반으로 결론을 도출하는 방법도 가르쳐 준다.

양방향 지리 활동: 지리학 분야에서 ESRF의 **아크**GIS(ArcGIS) 같은 도구는 학생들이 지리적 유형을 분석하고, 역사적 사건을 지도에 표시하거나, 환경 변화를 추적하는 작업을 도와줄 수 있다. 이런 도구는 역사적 데이터나 현대 데이터를 시각적으로 재현함으로써 사회가 형성될 때 지리학이 담당하는 역할을 좀 더 깊이 있게 이해하도록 할 수 있다.

AI 도구가 전통적인 사회과 교육을 보완하고 강화하기

AI는 많은 장점이 있지만 교육자들은 AI 도구가 전통적인 교육을 대체하지 않고 보완할 수 있도록 해야 한다. 교육자들은 이런 균형을 달성하기 위해 다음과 같은 조치를 취할 수 있다.

AI와 1차 자료 분석 도입: AI 도구는 학생들이 1차 자료 문서를 분석하는 데 도움을 줄 수 있다. 하지만 교육자는 학생들이 여전히 전통적인 꼼꼼하게 읽기와 문서 분석 기법에 참여하도록 장려해야 한다. 예를 들어, 학생들은 AI를 사용해 역사적 텍스트의 주제나 패턴을 찾아낸 후 이런 텍스트 중 일부를 수동으로 검토해 더 깊이 있게 이해해야 한다.

- 역사적 탐구는 비판적 사고와 회의주의를 필요로 한다. 이런 것들은 AI가 자체적으로 개발할 수 없는 기술이다. AI는 시나리오를 생성하거나 데이터 추세를 강조할 수 있지만, 학생들은 여전히 질문을 하고, 가설을 수립하며, 증거 기반 추론을 통해 자신들의 해석을 방어해야 한다.
- AI를 사용하는 활동은 여전히 실습 중심 학습 기회를 포함해야 한다. 예를 들어, 학생들은 AI를 사용해 시간에 따른 인구 증가를 지도로 나타낸 뒤, 이를 바탕으로 자신만의 시각적 자료를 디지털 도구나 종이에 만들어 보고, 그 결과를 발표나 글쓰기 과제를 통해 설명하도록 해야 한다.

이런 전략을 통해 AI는 학생들이 습득해야 할 비판적 기술을 저해하지 않으면서도 사회 과목 교육의 강력한 도구가 될 수 있다.

7.8.2 사회 과목 교육용 AI 도구 평가하기

다양한 AI 도구가 존재하는 상황에서 사회 과목 교육에 적합한 것을 선택하기 위해선 신중하게 검토해야만 한다. 도구는 학습 목표와 일치해야 할 뿐 아니라 사용하기 쉬워야 한다. 그리고 의미 있는 통찰을 제공하고, 전체 학습 경험을 향상할 수 있어야 한다.

사회 과목 교육용 AI 도구 선택 및 평가 기준

교육 과정 목표와 일치: AI 도구는 학생들이 사회과 교육 과정의 핵심 목표를 달성하는 데 도움이 되어야 한다. 예를 들어, 데이터 분석을 지원하는 AI 도구는 경제 동향이나 인구 변화에 대해 가르치는 데 유용할 수 있다. 하지만 이 도구는 동시에 해당 수업이나 단원의 전반적인 목표와도 연결되어야 한다.

사용자 친화적 인터페이스: 모든 학생이나 교육자가 고급 기술 역량을 갖추지 않았다는 점을 감안하면 도구는 직관적이고 사용하기 수월해야 한다. 예를 들어, 주니버스 같은 플랫폼은 학생들이 최소한의 훈련만 받으면 실제 세계 연구에 참여할 수 있어 교실에 도입하기에 적합하다.

데이터의 신뢰성: AI 도구가 정확하고 신뢰할 수 있는 데이터를 제공하도록 하는 것이 중요하다. 예를 들어, AI를 활용해 역사적 문서나 데이터 세트를 분석한다고 가정해 보자. 이때 교육자들은 AI가 신뢰할 수 있는 출처를 이용해 편향되지 않은 해석을 제공한다는 사실을 확인해야 한다.

유연성과 적응성: 가장 좋은 AI 도구는 다양한 수업과 학습 수준에 적용할 수 있다. 여러 단원이나 주제에 걸쳐 적용 가능한 도구가 있다면 교육자들이 교육 과정 전반에 AI를 좀 더 원활하게 도입할 수 있다.

AI 도구의 효과적인 활용 사례와 학생 학습에 미치는 영향

효과적인 도구 중 하나는 AI 기반 텍스트 분석 플랫폼인 보이언트 툴스다. 이 도구는 공통된 주제, 단어 빈도, 패턴을 찾아내는 방식으로 학생들이 방대한 역사적 텍스트를 분석하는 데 도움을 준다. 역사 문서를 공부하는 학생들은 보이언트를 사용하면 핵심 아이디어를 빠르게 식별하고 다양한 시대의 사회적 가치를 좀 더 쉽게 이해할 수 있다.

또 다른 유용한 도구는 ESRI의 아크GIS다. 이 도구는 학생들로 하여금 지리적 데이터를 시각화할 수 있도록 해 준다. 이주, 영토 확장, 환경 변화와 같은 사건의 원인과 결과를 연구할 때, 학생들은 이 도구를 사용해 역사적 데이터를 지도에 표시한 뒤 지리와 인간 활동 간의 연관성을 도출할 수 있다.

이러한 AI 도구는 데이터나 역사적 사건과 교류하는 새로운 방식을 제시함으로써 사회 과목에 대한 학생들의 수업 참여도를 높이고 학생들이 개념을 좀 더 잘 이해하도록 해 준다는 사실을 보여 줬다.

7.9 예술과 음악: 창의적 도구로서 AI

예술 분야에서 AI는 학생들이 새로운 아이디어를 창출하고, 기술을 실험하며, 다양한 예술적 표현 방식을 탐구하는 데 영감을 주는 창의적 도구로 역할을 한다. AI는 시각 예술, 음악 작곡, 멀티미디어 프로젝트 등 어떤 분야에서 사용되든 학생들이 기술적 역량을 키우면서도 창의성의 경계를 확장할 수 있는 둘도 없는 기회를 제공한다.

7.9.1 예술 창작에서 AI 사용

예술 창작에서 AI의 역할이 점점 더 중요해지고 있다. AI는 학생들이 시각 예술을 생성하고, 음악을 작곡하며, 멀티미디어 프로젝트를 제작하는 도구 역할을 하고 있다. 이런 AI 도구는 예술가의 창의적 과정을 대체하기 위한 것이 아니다. 새로운 가능성을 제시하고 교실에서 달성할 수 있는 목표 범위를 확장함으로써 창의적 과정을 보완하기 위한 것이다.

7.9.1.1 AI를 활용한 예술 작품 생성

AI 도구는 학생들이 다양한 예술적 스타일과 기법을 탐구할 수 있도록 도와주면서 시각 예술 생성을 지원해 줄 수 있다. 예를 들어, 딥 아트(Deep Art) 같은 플랫폼은 신경망을 활용해 사진을 반 고흐나 피카소 같은 유명한 예술가들의 형식을 모방한 이미지로 바꿔 준다. 이를 통해 학생들은 다양한 미학을 실험해 보고, 스타일이 시각적 커뮤니케이션에 어떤 영향을 미치는지에 대한 이해를 넓혀 갈 수 있다.

런어웨이 ML(Runway ML)은 AI 모델을 훈련시켜 이용자가 입력한 대로 독특한 작품을 생성하는 방식으로 디지털 예술을 창작해 주는 도구다. 학생들은 추상 예술을 창작하든, 사진처럼 사실적인 이미지를 생성하든, AI를 이용해 예술적 지평을 확장할 수 있다.

교실에서는 AI로 생성된 예술이 영감을 주는 요소이자 학습 도구로 동시에 활용될 수 있다. 예를 들어, 학생들은 AI를 사용해 일련의 이미지를 생성한 후, 다양한 예술적 기법이 작품 인식에 어떻게 영향을 미치는지 또는 AI로 생성된 예술이 전통적인 예술 창작 방식과 어떻게 다른지 토론할 수 있다.

7.9.1.2 AI로 예술적 표현 향상하기

AI 도구는 단순히 예술을 생성하는 것을 넘어, 학생들의 창의성을 지원하고 북돋울 수 있다. 이때 AI 도구는 학생들이 아이디어를 탐구하고 다양한 표현 방식을 실험할 수 있는 새로운 방법을 제공한다. 달리나 미드저니 같은 AI 플랫폼은 학생들이 수동으로는 구현하기 어려운 상상력 넘치는 개념을 시각적으로 재현해 준다. 예를 들어, 학생들은 설명적인 프롬프트를 입력해 추상적인 아이디어를 시각화하는 데 도움이 되는 이미지를 생성할 수 있다. 이런 이미지는 좀 더 상세한 예술적 프로젝트의 기반이 될 수 있다.

음악 분야에서 아이바(AIVA, Artificial Intelligence Virtual Artist) 같은 AI 도구는 사용자가 입력한 내용을 토대로 독창적인 음악 작품을 작곡할 수 있다. 학생들은 다양한 장르, 템포, 악기를 실험할 수 있다. 다양한 음악 스타일을 탐구함으로써 작곡에 대해 좀 더 쉽게 이해할 수 있다. 예를 들어, 영화 음악 작곡에 관심 있는 학생은 아이바를 활용해 단편 영화 프로젝트의 배경 음악을 작곡함으로써 음악과 비주얼 스토리텔링 간의 관계에 대해 학습하는 데 도움을 받을 수 있다.

7.9.2 음악 작곡과 분석에 활용되는 AI

음악 교육은 전통적으로 인간의 창의성, 직관, 기술적 역량에 의존해 왔다. 그러나 AI의 등장과 함께 음악 작곡과 분석을 둘러싼 풍경이 달라지고 있다. AI 도구는 음악의 창작과 분석 모두에 도움을 줄 수 있으며, 학생들에게 음악 이론과 작곡, 연주에 대한 이해를 탐구하고 심화할 수 있는 강력한 자원을 제공한다. 이 섹션에서는 음악 작곡과 분석에서 어떻게 AI를 효과적으로 활용할 수 있는지에 대해 자세히 살펴본다. 특히 교육자들이 교육 과정에 도입할 수 있는 실제 적용 사례와 도구에 주목한다.

7.9.2.1 AI를 활용해 작곡하기

AI는 작곡 분야에서 귀중한 도구로 자리 잡았다. 학생들은 몇 가지 프롬프트만으로도 복잡한 음악 작품을 만들 수 있게 됐다. 이런 능력 덕분에 학생들은 창의적 과정에 대한 일정한 통제권을 유지하면서도 다양한 음악 구조, 스타일, 편곡을 실험해 볼 수 있는 둘도 없는 기회를 얻을 수 있게 됐다.

AI를 활용한 작곡 및 음악 생성 기술

AI 작곡은 방대한 음악 작품 데이터 세트를 분석해 패턴, 구조, 스타일 요소를 학습할 수 있는 머신러닝 알고리즘에 의존한다. 이런 알고리즘으로 다양한 작곡가나 장르를 모방한 독창적인 작품을 생성할 수 있다.

자주 사용되는 기법 한 가지는 AI를 이용해 음악의 기본 레이어를 작곡하는 것이다. 학생들은 나중에 이 곡을 추가로 수정할 수 있다. 예를 들어, 어떤 학생이 AI 음악 도구에 템포, 키, 기악 편성 같은 특정 매개 변수를 입력하면 그 도구가 개략적인 음악 작품을 생성한다. 그런 다음 학생이 리듬이나 화음, 멜로디를 수정하는 등 창의적인 손길을 추가해서 작품을 다듬을 수 있다. 이를 통해 학생들은 작곡의 기초적인 측면을 탐구하면서도 AI의 제안 사항을 활용해 작품의 완성도를 높일 수 있다.

또 다른 기술은 루프 기반 AI 음악 도구를 활용하는 것이다. AI가 개별 음악 루프(music loop)[34]를 생성하면 학생들이 이를 겹치거나 배열해 전체 작품을 만들 수 있다. 이 방법은 전자 음악이나 힙합 같은 현대 음악 장르에서 특히 유용하다. 현대 음악에선 다양한 요소를 겹치는 것이 생산 과정의 핵심 요소다.

작곡과 편곡을 돕는 AI 도구 사례

아래 AI 도구는 아마추어와 경험이 풍부한 음악가 모두의 작곡을 보조하

---

34) 음악 루프란 특정 구간을 무한정 자동 반복하는 음악을 의미한다.

기 위해 사용할 수 있다.

앰퍼 뮤직(Amper Music): AI로 구동되는 이 작곡 도구로 사용자는 장르, 악기, 분위기를 선택해서 음악을 만들 수 있다. 앰퍼는 이런 입력 사항을 토대로 독창적인 음악 작품을 생성한다. 이용자들은 나중에 추가로 맞춤 설정하거나 다듬을 수 있다. 고급 기술 지식 없이 다양한 음악 요소를 실험해 보고 싶은 학생들에게 이상적인 도구다.

아이바(AIVA) : 아이바는 클래식과 심포니 음악 작곡을 위해 특별히 설계됐다. 학생들은 사전에 정의된 주제를 선택하거나, 매개변수를 입력해서 오케스트라 작품을 만들 수 있다. 아이바는 클래식 음악의 구조를 분석해서 전통적인 화음과 대위법 규칙을 따르는 작품을 생성한다.

구글의 마젠타(Magenta): 마젠타는 머신러닝을 활용해 음악과 예술을 생성하는 오픈소스 프로젝트다. 학생들은 마젠타의 다양한 모델로 여러 장르의 작품을 만들 수 있다. 작곡과 AI의 기술적 측면 모두에 관심 있는 사람들에게는 아주 훌륭한 도구다.

이 AI 도구들은 학생들이 작곡을 실험하고, 배우며, 작곡 실력을 향상할 수 있는 귀중한 플랫폼을 제공한다.

7.9.2.2 AI로 음악 분석하기

작곡에서 AI가 하는 역할을 주목할 만하지만, 음악 분석 능력 역시 혁명적이다. AI 도구는 복잡한 작곡을 분석하고, 패턴을 식별하며, 자세한 피드백을 제공하여 학생들이 음악 이론을 이해하고 연주 능력을 향상하는 데 도움을 준다.

AI는 음악 작곡 분석과 패턴 식별, 피드백 제공에 어떻게 활용될 수 있을까?

AI 도구는 음악을 거시적 수준과 미시적 수준으로 모두 분석할 수 있다. 화성 진행과 리듬 패턴을 식별하는 것부터 작품의 감정적 분위기와 구조를 분석하는 작업까지 할 수 있다. 이런 능력은 음악 이론이나 연주를 배우는 학생들에게 특히 유용하다. AI는 인간 강사가 몇 시간에 걸려 축적할 수 있는 통찰을 던져 줄 수 있기 때문이다.

예를 들어, AI는 학생의 작품 연주 성능을 분석해 타이밍, 음정, 표현 같은 요소에 대해 실시간으로 피드백을 준다. 이를 통해 학생들은 구체적으로 어떤 부분을 개선해야 할지 알아낼 수 있다. AI는 또한 악보를 분석하고 모티프, 화음 진행, 조바꿈 등 구조적 요소를 강조해 학습 중인 작품의 내적 작동 원리를 더 효과적으로 이해하는 데 도움을 준다.

7.9.3 예술과 음악 교육 과정에 AI 도입하기

AI를 예술과 음악 교육 과정에 도입하면 학생들은 창의성과 분석의 새로운 차원에 돌입할 수 있다. 그러나 교육자들은 AI가 학생의 학습을 강화하면서도, 창의적 과정을 지배하지는 않도록 해야 한다.

이번 섹션에서는 예술과 음악 프로젝트에서 AI를 활용하는 전략을 설명하면서, AI의 도움과 학생들의 창의성을 균형 있게 조화시키는 방법을 다룬다.

7.9.3.1 AI를 활용한 예술 프로젝트 설계

여러분은 학생들이 실험하고, 창의성의 경계를 넓히도록 자극할 수 있다.

AI를 예술과 음악 프로젝트에 도입하는 전략

1. **전통적 방법과 AI의 결합**: 학생들에게 창의적 과정의 한 부분으로 AI 도구 사용을 장려하지만 최종 결과물은 직접 손으로 다듬고 각자의 기호에 맞추도록 요구한다. 예를 들어 예술 프로젝트에서 학생들은 딥아트(DeepArt) 같은 AI 도구를 사용해 디지털 그림의 기초 작업을 수행한 뒤 붓이나 혼합 매체 같은 전통적 방법을 활용해 자신의 솜씨를 더할 수 있다.

2. **협업 AI 프로젝트**: AI가 창의적인 협력자 역할을 하는 그룹 프로젝트를 설계한다. 예를 들어 작곡 프로젝트에서 학생들은 아이바를 사용해 기본 악보를 생성한 뒤 함께 편곡하고 다듬으면서 자신의 창의적 특성을 추가할 수 있다.

3. **AI 지원 스토리텔링**: 멀티미디어 프로젝트에서 학생들은 AI를 사용해 스토리보드 생성, 배경 음악 작곡, 또는 비디오 요소 창작 활동을 할 수 있다.

AI 지원과 학생의 창의성 및 독창성 사이의 균형 유지하기

AI의 능력과 학생의 창의성 사이에 균형을 유지하는 것이 중요하다. AI는 결코 학생의 주요 창작자 역할을 대체해서는 안 되며, 창의적 탐구를 자극하고 지원하는 도구로 활용되어야 한다.

이 균형을 유지하기 위해 교육자들은 다음과 같은 조치를 취할 수 있다.

- 프로젝트에서 AI로 생성한 것과 학생이 직접 창작한 부분 간의 비율이 어느 정도까지 가능한지 명확한 지침을 설정한다.
- 성찰을 장려해 학생들에게 AI가 작품에 어떤 기여를 했으며, 학생들이 직접 개입해서 어떻게 개선하거나 다듬었는지 설명하도록 요구한다.

• AI를 최종 제품이 아니라 출발점으로 사용한다. 예를 들어 학생들은 AI를 사용하여 개략적인 스케치나 작곡을 할 수는 있지만, AI가 내놓은 결과물을 자신의 창의성과 비전을 반영한 완성된 작품으로 바꾸는 것은 학생들의 몫이다.

예술과 음악 교육에서 AI 도구의 효과를 평가하는 방법

1. **학생 성적 데이터**: AI 지원 프로젝트를 전통적인 방법으로 제작한 프로젝트와 비교하면서 학생들의 성장을 추적한다. 학생들은 품질을 저하시키지 않고 프로젝트를 더 효율적으로 완료할 수 있는가? AI 도구를 사용할 때 예술적, 혹은 음악적 개념 이해가 더 깊어지는가?
2. **학생과 교사의 피드백**: 학생과 교육자들로부터 AI 도구 사용에 대한 피드백을 정기적으로 수집한다. 학생들은 AI가 자신들의 창의적 과정을 향상했다고 느끼는가? 아니면 창의성을 제한했다고 느끼는가? 교사들은 학생들의 예술적 기법 탐구나 음악 작곡 능력 향상을 관찰했는가?
3. **프로젝트 성찰**: 학생들에게 창의적 과정에 대해 성찰하도록 요구한다. 그들의 프로젝트에서 AI는 어떤 역할을 했는가? 그들은 AI가 생성한 콘텐츠를 어떻게 고치거나 개선했는가? 여기서 학생들이 AI를 창의적 도구로 얼마나 효과적으로 사용하고 있는지 통찰을 얻을 수 있다.

학생과 교육자로부터 AI가 창의적 분야에 미치는 영향에 대한 피드백 수집하기

AI 도구가 창의적 분야에 어떤 영향을 미치는지 이해하기 위해선 학생과 교육자로부터 피드백을 수집하는 것이 굉장히 중요하다. 설문조사, 인터뷰, 수업 토론을 통해 AI 강화 예술 및 음악 프로젝트의 장점과 도전 과제를 모두 파악할 수 있다.

예를 들어, 학생들은 앰퍼뮤직이나 미드저니 같은 AI 도구를 장기간 사용한 후, 이런 도구가 창의적 과정에 어떤 영감을 줬는지, 혹은 기술적 도전 과제를 극복하는 데 어떻게 도움이 되었는지 성찰할 수 있다. 교육자들은 AI 지원 프로젝트가 창의성, 참여도, 학생 학습 결과 측면에서 전통적인 프로젝트와 어떻게 다른지 관찰한 것을 공유할 수 있다.

7.10 AI 운영 사례 연구: 교실의 성공 사례

실제 교육 현장에서 AI의 영향을 탐구하는 것은 그 잠재력과 효과에 대한 소중한 통찰을 던져 준다. 이 섹션에서는 초등학교부터 고등 교육 기관, 전문 교육 프로그램에 이르기까지 다양한 교육 환경에 AI가 성공적으로 도입된 사례를 소개한다. 각 사례 연구는 AI의 힘과 AI가 학업 성과를 향상하는 능력을 보여 준다. 이와 함께 AI가 다양한 학습 단계에 실용적으로 적용될 수 있다는 것을 잘 보여 준다.

초등 및 중등 교육

K-12 교육 분야에서는 AI가 독특한 교육 과제를 해결하고 학생 성과를 향상하는 혁신적인 접근 방식을 도입하는 데 활용되고 있다. 이 사례 연구들은 AI 도구가 초중등 학교 환경에 어떻게 도입돼 학생들의 참여도를 높이고 학습 성과를 개선하는지 강조한다.

사례 연구 1: AI를 활용한 독해력 향상

6학년 교실에서 독해력 향상을 지원하도록 설계된 AI 프로그램을 사용했다(Chul-Hyun, 2023). 이 AI 도구는 자연어 처리 기술을 활용해 학생들의 독서 능력을 평가하고, 각 학생의 이해 수준에 맞게 맞춤형 독서 자료를 제공했다. 또 휠리아 카르탈(Hülya Kartal, 2023)이 교사 47명을 대상으로 한 연구 결과 AI 기반 독서 도구가 독서 능력을 크게 향상했음을 알 수 있다. 특히 독서에 어려움을 겪고 있는 학생들에게 효과가 높은 것으로 나타났다.

오딩가 잉글리스(Odinga English) 같은 AI 기반 상호작용형 응용 프로그램은 또한 초등학교 영어 학습자에게 긍정적인 영향을 미친 것으로 드러났다. 텍과 경(Tec & Kyung, 2023)의 연구에 따르면, 영어 교육 과정에 AI 응용 프로그램을 도입하면 학생들의 말하기와 발음 능력이 향상되고 과목에 대한 흥미도 높아졌다. 이러한 사례는 AI를 초등학교 교육, 특히 비판적 독서와 언어 능력 개발을 위해 활용하는 다양한 사례를 잘 보여준다.

사례 연구 2: 고등 교육 및 전문 훈련에서 AI 활용

고등 교육 분야에서 AI는 고급 교육 기술 향상, 연구 과정 간소화, 전문 기술 교육 개선에 중요한 역할을 했다. 수와 어우양(Xu & Ouyang, 2022)에 따르면, AI 기반 개인교사 시스템과 자동화된 평가 도구는 학생들이 STEM 과목의 복잡한 수학적 개념을 해결하는 데 도움을 준다. 이런 AI 도구는 각 학생의 학습 속도에 맞춰 맞춤형 개인교습을 실시하며, 어려워하는 분야에 표적 개입(targeted interventions)한다. 교수진이 피드백해 준 내용은 학생들의 문제 해결 능력과 전체 학업 성적 개선에 크게 기여한 것으로 나타났다.

글로벌 비즈니스 스쿨(Global Business School)에서는 AI 도구를 활용해 실시간 경제 데이터를 분석함으로써 학생들이 역동적으로 사례 연구를 수행할 수 있도록 했다. AI를 이렇게 실용적으로 적용한 결과 학생들의 참여도와 시장 동향 이해도를 높일 수 있었다. 실제로 85%에 달하는 학생들이 복잡한 경제 개념에 대해 좀 더 잘 이해할 수 있었던 것으로 나타났다(Global Business School, 2023).

전문 교육 분야에서는 테크프로 훈련연구소(TechPro Training Institute)가 IT 전문가를 위해 맞춤형 학습 경로를 설계하는 AI 시스템을 도입했다. AI는 학습자의 지식 격차를 평가해 적합한 과정을 추천하며, 성과 데이터를 토대로 학습 경로를 역동적으로 조정해 준다. 그 결과 교육 시간이 40% 줄었으며, 졸업생의 취업 준비도가 크게 향상됐다. 또 퍼플렉시티 같은 AI 도구는 박사 과정 학생과 교수진이 문헌 연구를 수행할 때 사용되면서 시간 절감과 연구 제안서 품질 향상에 기여하고 있다.

AI는 언어학, STEM, 사회, 예술과 음악 같은 창의적 과목을 비롯한 다양한 분야에서 잠재력을 입증해 왔다. 각 분야에서 AI 도구는 개인 맞춤형 피드백 제공, 복잡한 분석 지원, 창의성 자극을 통해 교육과 학습을 강화할 수 있다. 그러나 이러한 도구가 학습 과정 향상 역할을 제대로 하려면 교육 과정에 신중하게 도입하는 것이 정말 중요하다.

핵심 요점 정리

- 생성형 AI는 언어학과 STEM부터 사회 과목과 예술에 이르기까지 다양한 분야에 적용될 수 있다.
- AI 도구는 개인 맞춤형 피드백을 제공해 학생들이 속도에 맞춰 콘텐츠를 접하고, 자신에게 맞는 지원을 받을 수 있다.
- AI는 작업을 자동화하고 역동적인 해결책을 제시해 줄 수 있긴

하지만 학생이 수행해야 할 인지적 작업을 보완하도록 사용하는 것이 중요하다. 학생들의 작업을 대신하도록 해서는 안 된다.

- AI는 교실 활동에 도입될 수 있다. 예를 들어 사회 과목에서 역사 시뮬레이션에 AI를 사용하거나 STEM에서는 수학 문제 풀이를 위해 AI 기반 도구를 활용할 수 있다. 예술 작품을 만들고 음악 작곡을 하는 데 사용할 수도 있다.

8장
생성형 AI로 미래를 대비한 기술 개발하기

미래의 인재는 복잡한 문제를 해결하고 새로운 도구와 혁신에 적응하기 위해 기술적 역량과 비판적 사고력을 모두 갖춰야 한다. 따라서 학생들에게 21세기 핵심 역량을 길러 주는 것은 아무리 강조해도 지나치지 않다. 생성형 AI가 이런 미래 준비 역량을 기르는 데 교육자를 효과적으로 지원할 수 있다.

8장에서는 AI가 주도하는 미래에 학생들을 대비시키기 위해 생성형 AI를 어떻게 활용할 수 있을지에 대해 탐구한다. 교육자들은 AI 리터러시, 비판적 사고, 프로젝트 기반 학습에 초점을 맞춰 전통적인 교실의 경계를 뛰어넘는 몰입적이고 실용적인 학습 경험을 만들어 낼 수 있다. 이런 AI 기반 도구는 학생들의 신기술 이해를 높이고 미래 직업에 필요한 핵심 역량을 키워 줄 것이다.

이번 장을 마치면 다음과 같은 내용을 배우게 된다.

- AI로 구동되는 세상에서 21세기 기술의 중요성을 인식한다.
- AI 리터러시, 문제 해결 능력, 적응력 같은 핵심 기량을 가르치기 위해 생성형 AI를 활용한다.
- 비판적 사고력을 신장하고 실제 AI 경험을 쌓도록 하기 위해 프로젝트 기반 학습 방법을 적용한다.

• AI를 실용 활용과 기량 구축 활동에 도입해 학생들이 미래 직업에 대비하도록 준비시킨다.

이 장은 기술적 통찰과 실제 응용을 결합해 학생들이 AI가 직업적, 개인적 성장의 중심이 되는 세상에서 성공하도록 지원하는 전략을 알려 준다.

8.1 21세기 역량 정의하기

급속한 기술 발전, 특히 AI 기술 발전은 학문적으로나 직업적으로 성공하는 데 필요한 역량을 근본적으로 바꿔 놓았다. 수십 년간 지배해 온 전통적인 역량은 유연성, 비판적 사고, 창의성, 디지털 도구, 특히 AI 기반 도구에 대한 이해도 같은 새로운 역량으로 보완되고 있다.

AI 기반 사회에서는 점점 더 기술에 적응하고 배우며 상호작용하면서도 공감과 협업, 혁신 같은 필수적인 인간적 특성을 유지하는 능력이 성공의 특징으로 자리 잡고 있다.

21세기 꼭 필요한 역량은 다섯 가지 주요 분야로 나눌 수 있다. 비판적 사고, 창의성, 협업, 소통 능력, 디지털 리터러시. 각 역량은 학생들이 AI와 다른 디지털 기술이 산업과 직업 형성의 핵심 역할을 할 것으로 예상되는 미래 노동 시장에 대비하는 데 매우 중요하다.

비판적 사고는 상황을 분석하고 정보를 종합하며 합리적인 판단을 내리는 것이다. 기술이 점점 더 복잡해짐에 따라 그 산출물을 비판적으로 평가할 필요성은 늘어날 수밖에 없다. 창의성은 또 다른 중요한 역량으로, 혁신과 빠르게 변화하는 환경에서 새로운 해결책을 만들어 내는 능력을 강조한다.

협업은 공동의 목표를 달성하기 위해 인간과 AI 시스템을 비롯한 타자들과 효과적으로 함께 작업하는 것을 의미한다. 업무 환경이 갈수록 서로 연결됨에 따라 협업은 글로벌 팀과 지능형 시스템 전반에 걸쳐 확산될 것이다. 소통 능력은 여전히 필수 요소이지만, 이젠 AI 강화 미디어와 디지털 플랫폼을 통해 아이디어를 명확히 전달하는 능력까지 아우른다. 마지막으로, 디지털 리터러시는 다양한 기술을 능숙하고 윤리적으로 사용하는 것을 의미하며, AI를 이해하고 그것을 어떻게 더 큰 기술 생태계에 도입하는지에 초점을 맞춘다.

교육자와 기관은 학생들이 미래 수요에 대비하도록 하기 위해 이런 역량 개발을 최우선으로 삼아야 한다. 이런 역량은 더 이상 선택 사항이 아니다. AI로 확장된 세계의 도전과 기회를 잡기 위해선 꼭 필요하다.

8.2 핵심 역량 개발에서 생성형 AI의 역할

텍스트, 이미지, 동영상, 음악 등 새로운 콘텐츠를 만들어 내는 생성형 AI는 21세기 필수 역량 개발에 크게 기여한다. 이 섹션에서는 AI가 비판적 사고, 창의성, 협업, 소통, 디지털 리터러시 개발을 지원하는 방법을 설명한다.

8.2.1 비판적 사고와 문제 해결

교육 분야에서 AI의 큰 장점 중 하나는 비판적 사고와 문제 해결력을 키우는 능력이다. AI 시스템은 데이터 분석, 패턴 식별, 다양한 시나리오 시뮬레이션에 능력이 뛰어나다. 이를 통해 학생들은 복잡한 현실 세계의 문제를 혁신적인 방식으로 탐구할 수 있다.

예를 들어, IBM 왓슨 같은 AI 기반 플랫폼은 교실에서 기후 변화 패턴 이해나 과거 환자 데이터를 기반으로 한 의료 조건 진단 같은 데이터 중심 프로젝트를 시뮬레이션하는 데 사용될 수 있다. 이런 도구는 대규모 정보를 소화하기 쉬운 구성 요소로 분해함으로써 학생들이 문제를 깊이 있게 평가하도록 해 준다. 학생들은 문제를 여러 각도에서 바라보고, AI가 만들어 낸 결과의 질을 점검하며, 이러한 과정에서 AI와 상호작용함으로써 비판적 사고를 더욱 다듬어 갈 수 있다.

또 챗GPT4 같은 생성형 AI 도구는 점점 더 복잡한 질문을 제시하는 소크라테스식 대화 방식으로 학생들에게 도전한다. 이를 통해 학생들이 해답을 발전시켜 나가고 자신들의 논리를 방어하도록 유도한다. AI는 학생들이 비판적 사고를 적용해 해답에 도달해야 하는 역동적인 문제 세트나 시뮬레이션을 생성하는 데 도움을 줄 수 있다. 이는 학생들이 문제를 추론해 나가고, 가설을 테스트하면서 반복적으로 해결하는 능력을 향상할 수 있다.

학생들은 AI를 활용해 경제 모델을 탐구하며, 화학 실험에서 가설을 검증하거나, 도시 계획 문제를 해결하기 위해 건축 디자인을 시뮬레이션하는 등의 작업을 수행할 수 있다.

8.2.2 창의성과 혁신

AI가 창의성 향상에서 담당하는 역할은 중요하다. AI는 단순한 분석 도구를 넘어, 다양한 분야에서 혁신적인 아이디어와 디자인, 해결책을 만들어 낼 능력이 있다는 사실을 입증했다. 여기서 핵심은 학생들이 AI를 인간의 창의력을 대체하는 존재가 아니라 창의적인 파트너로 활용하는 것이다.

달리/미드저니/레오나르도 AI(시각 예술 생성), 수노/마젠타(음악 생성), 또는 D-ID/루마 랩스/런어웨이ML(시각 콘텐츠 생성) 같은 AI 도구는 학생들이 추가로 정제할 수 있는 콘텐츠를 생성함으로써 새로운 창의적 가능성을 탐구할 수 있도록 한다. 학생들은 교실 환경에서 제품 디자인, 예술 작품 창작, 음악 작곡의 초기 아이디어를 구상하는 데 이런 도구를 사용할 수 있다. 이후 학생들은 창의성을 발휘해 여러 층위로 독창성을 추가할 수 있다. 인간 창의성과 AI 강화 생성 기술 결합을 통해 학생들의 혁신적인 사고를 육성하고 새로운 접근 방식의 문을 열어 줄 수 있다.

STEM 분야에서 오토캐드(AutoCAD)나 퓨전360(Fusion 360) 같은 AI 도구는 학생들이 공학 프로젝트를 수행하거나 건축 설계도를 디자인하고 모델링하는 데 도움을 줄 수 있다. AI로 구동되는 교육 보조 도구인 칸미고는 학생들이 답을 찾도록 도운 뒤, 어떻게 해답에 도달했는지 질문한다. 이런 플랫폼들은 일련의 기준에 따라 다양한 디자인 안을 만들어 낼 수 있어, 학생들은 다양한 가능성을 탐색할 수 있다. 학생들은 생성형 AI를 활용해 전통적인 방법보다 빠르고 효과적으로 아이디어를 테스트하고 혁신하는 작업을 반복할 수 있다.

8.2.3 협업과 소통

협업과 소통은 학문적으로나 직업적으로 성공하는 데 중요한 요소다. AI 도구 덕분에 학생들이 서로 협력하고, 다른 학생들이나 AI와 파트너십을 구축해 효과적으로 소통하는 일이 한결 쉬워지고 있다.

구글 독스나 노션(AI 글쓰기 제안 기능 강화), 미로(AI로 강화된 브레인스토밍 및 협업 플랫폼) 같은 AI 구동 협업 도구로 학생들은 지리적으로 떨어져 있는 경우에도 문서, 프레젠테이션, 프로젝트를 실시간으로 작성할 수 있다. 이러한 도구는 비동기 협업을 지원해 주기 때문에 학생들은 프로젝트의 다양한 부분을 자기 속도에 맞춰 작업하면서도 일관된 최종 결과물을 만들 수 있다.

생성형 AI는 자신이 협업자 역할을 할 수 있다. 예를 들어, 그룹 연구 프로젝트를 진행하는 학생들은 퍼플렉시티 AI 같은 도구를 활용해 최신 정보를 수집하고 데이터를 종합할 수 있다. AI가 통찰과 요약을 제시하면, 학생들이 비판적 사고와 연구 기술을 이용해 평가하고 다듬어서 작업의 완성도를 향상할 수 있다. 이런 인간-AI 협업은 기술이 반복적인 작업을 담당하고 학생들은 고차원적 사고에 집중하도록 함으로써 어떻게 팀 작업을 촉진할 수 있는지 잘 보여 준다.

소통 측면에서 그래머리와 퀼봇 같은 AI 도구는 문법, 스타일, 내용의 명확성에 대해 실시간으로 피드백함으로써 학생들의 글쓰기를 향상해 준다. 마찬가지로 구글슬라이드 AI나 뷰티풀.ai 같은 AI 기반 플랫폼은 레이아웃 디자인과 그래픽 요소뿐 아니라 발표문까지 제안해 줌으로써 학생들이 더 매력적인 프레젠테이션을 만들 수 있도록 돕는다. 이런 도구는 학생들이 아이디어를 더 효과적으로 표현할 수 있도록 하며, 형식보다는 내용에 집중할 수 있도록 도와준다.

언어 학습은 AI가 소통 능력을 향상할 수 있는 또 다른 영역이다. 듀오링고나 로제타 스톤(Rosetta Stone) 같은 AI 기반 도구는 AI 알고리즘을 활용해 학습자의 발전 상황을 추적하고 개선 사항을 제안하며, 몰입할 수 있는 대화 연습을 시켜 주어 학생들이 구어 및 서면 소통 능력을 모두 발전시킬 수 있도록 돕는다.

8.2.4 디지털 리터러시와 기술 역량

AI 중심 사회에서 디지털 리터러시는 더 이상 부차적인 기술이 아니다. 학생들이 미래에 성공하기 위해선 디지털 도구를 활용할 수 있어야 하며, 이런 기술의 윤리적 · 기술적 · 사회적 영향을 이해해야 한다. AI는 이 변혁의 최전선에 자리 잡고 있다. 따라서 교사는 학생들에게 AI를 능숙하고 윤리적으로 사용할 수 있도록 가르쳐야 한다.

따라서 AI는 디지털 리터러시의 더 넓은 범주에 잘 어울린다. 이를 위해선 학생들에게 AI 도구를 책임감 있게 다루고 분석하며, 평가하는 방법을 가르쳐야 한다. 교육자인 여러분은 학생들에게 AI 알고리즘의 내부 작동 원리와 데이터 사용 방식, 편향성과 개인정보 보호 같은 관련 윤리적 고려 사항을 이해시켜야 한다. 예를 들어, 구글의 티처블 머신(Teachable Machine) 같은 도구를 사용하면 학생들은 AI가 데이터로부터 어떻게 학습하는지 이해할 수 있는 간단한 머신러닝 모델을 구축할 수 있다. 이를 통해 학생들이 AI 기술의 작동 방식에 대해 좀 더 깊이 인식할 수 있도록 인도할 수 있다.

학생들이 AI의 기술적 측면을 이해하도록 하는 것에 덧붙여 AI를 분별 있게 활용하도록 가르치는 것도 중요하다. 예를 들어, 챗GPT 같은 AI 생성 글쓰기 도구가 콘텐츠를 생성하는 데 도움을 줄 수는 있지만, 학생들은 AI가 생산한 결과물을 비판적으로 평가하는 방법을 배워야 한다. 이를 통해 정보가 정확하고 편향되지 않으며 관련성이 있도록 보증할 수 있다. 이런 기량을 개발함으로써 학생들은 AI가 주도하는 세상에서 책임감 있는 디지털 시민이 될 수 있다.

8.3 학생들에게 미래 일자리 준비시키기

AI가 산업과 고용 시장을 지속적으로 재편함에 따라, 학생들에게 미래 직장 환경에서 필요로 하는 역량을 준비시키는 것이 굉장히 중요해졌다. AI는 직무 기술부터 채용 관행에 이르기까지 모든 것에 영향을 미치고 있다. 특정 업무, 특히 데이터 입력 같은 반복 작업을 포함하는 업무는 이미 자동화됐다. AI는 단순히 일자리를 대체하는 것이 아니라, 새로운 직무를 창출하고 기존 직무를 확대하고 있다. 이번 섹션에서는 AI가 미래 직업에 미치는 영향과 학생들이 AI로 강화된 세상에서 성공하기 위해 필요한 기량에 대해 탐구한다.

8.3.1 AI가 미래 직업에 미치는 영향

AI 기술의 발전으로 고용 시장도 전례 없는 속도로 변화하고 있다. 일부 직업은 이미 자동화됐으며, 앞으로도 자동화될 것이다. 하지만 AI는 인간 창의성과 복잡한 문제 해결 능력이 필요한 분야에서 그동안 존재하지 않았던 새로운 업무를 만들어 낼 것으로 예상된다. 이는 학생들에게 어떤 의미가 있을까? 그들이 추구하게 될 경력은 오늘날 우리가 보는 것과 매우 다를 수 있다는 의미다.

AI 전문가, 데이터 과학자, 머신러닝 엔지니어 같은 직업은 산업 전반에서 점점 더 중요해지고 있다. 금융, 마케팅, 교육 등 다양한 산업이 공정 개선을 위해 AI를 도입하고 있다.

예를 들어 AI는 의료 분야에서는 질병 진단에 도움이 될 뿐 아니라 개인 맞춤형 치료 계획 수립과 환자 정보의 대규모 데이터 세트 분석에도 활용되고 있다. 이것은 AI 기반 의료 기술자 같은 새로운 역할의 출현으로 이어졌다. 이들은 의사나 데이터 분석가와 협력해 AI가 생성한 통찰을 해석하고, 환자 치료를 최적화하는 데 그것들을 적용한다.

금융 분야에서도 AI는 사기 탐지나 위험 평가 같은 작업을 혁신하고 있다. AI 전문가들은 거래에서 예외적인 패턴을 탐지하는 시스템을 개발하며, AI 통합에 숙달된 전문가들은 시스템의 정확성과 효율성을 향상한다.

그러나 이런 새로운 역할은 명확한 새로운 수요와 함께 온다. AI는 단순히 일자리를 없애는 것이 아니라, 그것들을 새로운 형태로 만든다. AI가 특정 작업을 자동화하면 인간 근로자는 창의성, 감정 지능, 윤리적 의

표 17 핵심 산업 전반에 AI가 이끌 직업 변화

산업	AI의 충격	새로운 역할
의료	AI가 진찰과 데이터 분석을 도와준다	AI 기반 의료 기술자, 헬스케어 데이터 분석가
금융	AI가 사기 탐지와 위험 분석을 변화시킨다	AI 전문가, AI 통합 전문가
마케팅	AI가 광고와 소비자 행동 분석을 개인화한다	AI 기반 마케팅 전략가, 데이터 분석가
교육	AI가 채점을 자동화하고, 개인 맞춤 학습을 제공하며, 연구를 도와준다	AI 증강 교육자, 학습 엔지니어

사 결정처럼 기계가 인간보다 효과적으로 수행하지 못하는 영역에 초점을 맞춰야 한다. 이는 학생들이 추구하는 직업이 오늘날의 전통적인 역할과는 상당히 다를 수 있다는 것을 의미한다. 그들이 노동 시장에 발을 들여놓을 때는 인간의 판단과 AI 기반 의사 결정 사이의 균형을 이해하는 것이 매우 중요할 것이다.

8.3.2 수요가 많은 역량 식별하기

AI가 계속 발전함에 따라 필요한 역량도 달라지고 있다. AI 기술은 문제 해결, 소통, 직장 내 윤리에 대해 우리가 생각하는 방식을 바꿔 놓고 있다.

학생들이 미래 고용 시장에서 성공하기 위해 개발해야 할 필수 역량은 다음과 같다.

1. **AI 리터러시**: AI의 작동 방식과 한계, 그리고 윤리적 함의를 이해하는 것은 굉장히 중요하다. 이는 AI를 어떻게 사용해야 하며,

AI가 내놓은 결과물을 언제 신뢰해야 하는지 아는 것을 포함한다. 예를 들어, 마케팅 분야 전문가는 AI 도구를 사용해 소비자 행동을 분석할 수 있다. 하지만 여전히 사람이 이런 결과를 해석하고 그 데이터를 바탕으로 정보에 입각한 결정을 내려야 한다. 금융 분야에서는 AI가 위험 평가에서 결정을 내리는 방식을 이해하게 되면 생길지도 모를 문제를 완화할 수 있다.

2. **적응력과 유연성**: 새로운 기술과 고용 시장 변화에 빠르게 적응하는 능력은 현재 가장 수요가 높은 기술이다. 최근 몇 년간 기술 발전으로 인해 전체 산업이 단기간에 디지털 플랫폼으로 전환되는 사례를 목격했다. 학생들은 자신의 업무 경력에서도 이와 유사한 급격한 변화에 직면할 수 있도록 대비해야 한다.

3. **복잡한 문제 해결**: AI가 반복적이고 단순한 작업은 처리할 수 있지만, 창의성과 미묘한 판단이 필요한 문제까지 해결할 수는 없다. 설계와 분석이 중요한 공학이나 건축과 같은 분야에서 전문가들은 AI만으로는 생성할 수 없는 새로운 아이디어를 개발하고 시험해야 한다.

4. **윤리와 책임**: AI 시스템이 일상생활에 더 깊이 도입됨에 따라, 그 윤리적 함의를 이해하는 것이 중요해졌다. 예를 들어, 법 집행에 사용되는 AI 도구는 범죄 유형을 예측할 수 있지만, 편향성을 강화할 위험도 함께 존재한다. 학생들은 AI를 책임감 있고 공정하게 사용하도록 훈련받을 필요가 있다.

5. **협업과 소통**: 미래의 직업은 인간 간의 팀워크와 AI 시스템의 협업을 필요로 할 것이다. 예를 들어, 어떤 직원이 데이터를 분석하는 AI 도구를 사용해서 작업을 한 뒤, 그 결과를 관계자에게 전달하거나 실제 결과를 바탕으로 AI 도구의 매개변수를 조정할 수도

표 18 미래 직업을 위해 꼭 필요한 역량

기량	설명
AI 리터러시	AI의 처리 방식, 한계, 윤리적 고려 이해
적응력	기술과 시장 변화에 대응해 신속하게 전환하는 능력
복잡한 문제 해결	창의성과 인간적 판단이 요구되는 다면적인 문제 해결
윤리와 책임감	AI 시스템 개발과 적용 때 윤리적 감시 보장
협업	AI 시스템 옆에서 일하면서 이해 당사자들과 효과적으로 소통
다학제적 지식	다양한 분야 전문지식을 통합해 혁신적인 AI 기반 해결책 도출

있다. AI가 생성한 통찰의 한계와 이점에 대해 소통하는 능력은 핵심 역량이 될 것이다.

6. **다학제적 지식**: 미래의 직업은 다양한 분야에 걸친 전문성을 요구할 것이다. 예를 들어, 지속 가능성 문제를 위한 AI 기반 설루션을 개발하기 위해선 AI와 환경 과학을 모두 이해하는 전문가가 필요할 것이다. 이를테면, 재생 에너지 사용을 최적화하거나 수자원 관리 시스템을 개선하는 일 같은 것들이 있다.

8.3.3 구직 활동에서 AI의 도전 과제

AI는 구직 과정도 바꾸고 있다. 채용 과정에서 대규모 입사지원서를 빠르게 가려내기 위해 AI 기반 도구인 지원자 추적 시스템(ATS)이 널리 사용되고 있다. 이러한 시스템은 이력서에서 특정 키워드를 훑어보고, 사전 정의된 기준을 충족하지 않는 후보자를 걸러낸다. 이로 인해 구직자들은 심각한 도전 과제를 맞닥뜨릴 수 있다.

1. ATS와 이력서 최적화

현재 지원자들이 직면한 가장 큰 도전 과제 중 하나는 AI 기반 ATS 여과 장치를 통과하는 것이다. 이 시스템은 적절한 키워드가 부족하거나 특정 서식 기준을 충족하지 못한 이력서를 자동으로 배제한다. 이는 자격을 갖춘 지원자라도 알고리즘에 맞게 이력서를 최적화하지 않았다는 이유만으로 그냥 걸러져 버릴 수 있다는 의미다. 이는 취업 시장에 진입하는 학생들에게 여러 층위의 복잡성을 더하게 된다. 그들은 강력한 기량을 개발하고 AI 기반 채용 도구를 다루는 방법을 익혀야 한다.

이러한 과제를 극복하기 위해 학생들은 ATS에 최적화된 이력서를 작성하는 방법을 배워야 한다. 이는 직무 설명서에서 관련 키워드를 포함하고, 단일 열 형식의 단순하고 깔끔한 서식을 사용하며, ATS가 인식하지 못할 그래픽이나 폰트는 피해야 한다는 것을 의미한다. 학교와 대학의 진로 상담 센터는 워크숍을 열고 도구를 제공해 학생들이 ATS 친화적인 이력서를 작성할 수 있도록 해야 한다. 이렇게 함으로써 학생들이 고용주들의 주목을 받을 수 있는 최상의 기회가 보장된다.

2. AI 기반 면접과 평가

AI는 면접 과정에도 활용되고 있다. 특히 비디오 면접 플랫폼에서는 AI가 후보자의 표정, 음색, 단어 선택을 분석해 해당 직무 적합성 여부를 평가한다. 이는 채용 과정을 좀 더 빠르게 진행시킬 수 있지만, 편향성과 공정성에 대한 윤리적 문제를 수반할 수 있다(이 문제는 이 장 후반부에서 자세하게 논의한다). AI 시스템은 학습에 사용된 데이터만큼만 공정할 수 있으며, 만약 편향된 데이터 세트로 학습했다면 면접 과정에서도 편향된 판단을 내릴 수 있다.

예를 들어, AI 시스템은 후보자가 학습한 데이터와 일치하지 않는 언어 신호나 비언어적 신호를 사용할 경우 낮은 점수를 부여할 수도 있다. 해당 신호가 직무와 관련이 없는 경우에도 마찬가지다. 학생들은 이런 상황에 대비하기 위해 AI 시스템이 어떻게 작동하며, AI 기반 면접에 자신있게 대처하기 위해선 어떻게 해야 하는지 교육을 받아야 한다. AI 면접 플랫폼과 함께 자신의 대답이 어떻게 분석되는지 이해하는 연습을 하거나, AI 평가에서 더 좋은 점수를 받기 위해선 언어나 신체 언어를 어떻게 조정해야 하는지 배울 필요가 있다.

3. 제한된 일자리 기회와 지속적 학습의 필요성

AI는 또한 일부 산업에서 고용 축소를 가져오고 있으며, 이는 자동화하기 쉬운 직무에서 일자리 구직 기회가 줄어드는 결과로 이어진다. 따라서 학생들은 특정 직업이 사라질 수도 있는 미래를 대비해야 하며, 고용 가능성을 유지하기 위해서는 평생 학습이 필요하다. AI로 인해 촉진된 긱 노동(gig work)[35]과 프리랜스 플랫폼의 확산으로 고용의 본질이 변화하고 있다. 전통적인 풀타임 일자리 대신 단기 계약으로 일하는 전문가가 늘고 있다.

학생들은 지속적인 학습과 역량 강화로 이런 변화에 적응해야 한다. 교육 기관은 미래에 대비한 역량 개발에 초점을 맞춘 프로그램을 운영하고 지속적인 전문성 개발의 중요성을 강조해야 한다. 예를 들어, 데이터 분석가로 취업하는 학생은 경력이 쌓이면서 새로운 AI 도구나 프로그래밍 언어를 배워야 할 수도 있다. 새로운 역량을 빨리 연마하는 능력은 AI 주도형 고용 시장에서 주요한 이점이 될 것이다.

---

35) 스마트 기기를 기반으로 한 공유 경제 서비스 등 디지털 플랫폼을 중개로 한 단기 노동을 의미한다.

8.3.4 미래 준비 역량을 교육 과정에 도입하기

교육 과정에 미래 준비 역량을 포함하는 것은 단순히 새로운 내용을 추가하는 것이 아니라 학생들의 학습 방법을 바꾸는 것이다. 즉 학생들이 AI 기반 환경을 탐색하며 기계가 모방할 수 없는 인간 중심의 역량을 개발하도록 장려하는 것이다. 전통적인 교육 방법을 협업적 문제 해결, 비판적 사고, 실습 중심 학습에 초점을 맞춰서 새롭게 구성해야 하는데, 모두 AI 기술로 강화되는 것들이다.

교육자가 이런 역량을 교실에 도입하기 위해 사용할 수 있는 전략 몇 가지는 다음과 같다.

1. AI 기반 문제 해결 활동

복잡한 문제 해결은 학생들에게 필요한 중요한 역량 중 하나다. AI는 방대한 데이터를 빠르게 처리할 수 있지만, 인간적인 직관이나 창의성, 윤리적 뉘앙스를 바탕으로 문제에 접근하는 능력은 부족하다. 따라서 교육자는 AI를 활용해 학생들에게 현실 세계의 시나리오를 제공할 수 있다. 그러면 학생들이 AI 도구와 함께 인간적인 판단과 비판적 사고를 적용해 분석하고 조정하며 해결하도록 할 수 있다.

환경 과학 강좌에서 학생들이 AI 기반 시뮬레이션을 활용해 기후 변화의 영향을 탐구하는 모습을 상상해 보라. 구글의 어스엔진(Earth Engine) 같은 도구로 학생들은 실시간으로 기후 데이터를 분석하고, 추세를 식별하며, 산림 파괴 비율이나 탄소 배출량 같은 다양한 요인을 토대로 한 결과를 시뮬레이션할 수 있다. 학생들은 AI 기반 데이터와 사회적 영향, 정치적 실현 가능성 같은 인간적 고려 사항의 균형을 맞추면서 해결책을 제안할 수 있다. 이런 유형의 활동은 학생들이 AI를 의미 있고 인간 중심적

표 19 AI가 교육에서 복잡한 문제 해결을 지원하는 방식

단계	AI의 역할	인간의 역할
데이터 수집 및 분석	AI가 대량 데이터 세트를 처리하고, 추세와 아웃라이어를 식별한다	학생들이 중요도에 대한 판단을 하면서 추세를 해석한다
시나리오 시뮬레이션	AI가 시뮬레이션을 운영하며, 변수들을 바탕으로 결과물을 예측한다	학생들이 변수를 수정하고 결과물을 평가한다
문제 해결	AI가 데이터 유형을 토대로 해결책을 제안한다	학생들이 윤리적, 사회적 요소를 고려해 가장 좋은 해결책을 선택한다

인 방식으로 적용하도록 장려한다. 이와 동시에 비판적 사고와 분석 능력을 연마하도록 한다.

학생들은 공학과 수학 분야에서는 울프람 알파 같은 AI 도구를 사용하여 복잡한 방정식을 풀거나 건축 디자인 모의 모형을 만들 수 있다. 예를 들어, 토목공학 수업에서 학생들은 AI를 사용하여 다양한 물질이 다리의 안정성에 미치는 영향을 모델링할 수 있다. 그러나 이 과정에서 AI는 인간의 창의성이 필요한 일을 대신하지 않는다. 학생들은 AI가 생성한 모델을 평가하고, 어떤 디자인 요소들이 구조물의 환경적·사회적 맥락에 가장 잘 맞는지 결정해야 한다.

2. AI 지원 연구 및 비판적 사고 프로젝트

AI 지원 연구 프로젝트는 비판적 사고와 연구 역량을 구축하는 한 가지 방법이다. 이런 활동으로 학생들은 AI가 데이터 수집과 해석 능력을 어떻게 향상할 수 있는지 탐구할 수 있다. 하지만 최종 분석에는 여전히 인간의 판단을 적용해야 한다. 여기서 핵심은 학생들이 AI에 대한 의존과 비판적 성찰 간의 균형을 유지해서 AI가 생성한 정보를 검증하고 적용

해야 한다는 점이다.

역사 수업에서 학생들은 보이언트 툴스 같은 AI 도구를 사용해 대규모 역사적 텍스트를 분석할 수 있다. 이를 통해 반복되는 주제나 정도, 또는 곧바로 눈에 띄지 않을 수도 있는 편향성을 찾아낼 수 있다. 예를 들어, 제2차 세계대전 중 병사들이 보낸 편지를 분석해서 영웅주의나 두려움에 관한 언어가 어떻게 변화하는지 분석할 수 있다. AI 도구는 수천 개의 문서를 처리하는 중노동을 도와주지만, 데이터를 해석하고 해당 시대에 전쟁에 대한 사회적 관점이 어떻게 변화했는지에 대한 통찰을 개발하는 것은 학생들의 몫이다.

마찬가지로 경영학 분야에서는 학생들이 AI 도구를 활용해 시장 추세를 평가할 수 있다. 실용적인 프로젝트로는 태블로 같은 AI 플랫폼을 사용해 소비자 데이터를 추적하고 분석해 시간에 따른 구매 유형 변화를 찾아내는 것이 있을 수 있다. 그러나 경제 침체나 소비자 행동 변화와 같은 외부 요인이 이런 유형에 미치는 영향은 여전히 학생들이 평가해야 한다. 그렇게 할 때 기술적 판단과 인간적 판단이 결합된 연구 과정이 될 수 있다.

3. 협업 AI 프로젝트

AI 기반 업무 환경에서는 협업과 소통이 갈수록 더 중요해지고 있다. 이런 환경에서 직원들은 종종 글로벌 팀으로 근무하며, 다양한 플랫폼을 통해 정보와 통찰을 공유한다. 협업형 교실 프로젝트에 AI를 도입하면 학생들은 나중에 직장에서 사용하게 될 도구를 경험해 볼 수 있다.

학생들은 디자인 중심 강의에서 오토데스크 퓨전 360 같은 AI 도구를 사용해 모델을 공동으로 제작할 수 있다. AI는 학생들이 설정한 신제품의 재료나 디자인 사양 같은 초기 파라미터를 기반으로 아이디어를 생성할 수 있다. 학생들은 실시간으로 디자인을 개선하며, 미학과 기능성, 비용 효율성을 고려해 결정을 내릴 수 있다. 이처럼 AI 지원과 인간 창의성을 결합하면 학생들에게 AI의 속도와 정밀성과 그들 자신의 혁신 간의 균형을 맞추는 방법을 가르칠 수 있다.

협업 브레인스토밍을 위해 학생들이 미로(Miro) 같은 도구로 가상 화이트보드에 아이디어를 발전시켜 나가도록 할 수 있다. 반면 AI 알고리즘은 논의 중인 아이디어를 토대로 추가 개념을 제안해 준다. 예를 들어 마케팅 과정에서 캠페인 아이디어를 브레인스토밍하는 학생들이 생성형 AI를 활용해 소비자 행동이나 경쟁사 전략에 대한 데이터를 추출할 수 있다. AI는 브레인스토밍 과정을 풍부하게 하지만, 최종 창의적 방향을 결정하는 것은 학생들의 협업이다.

4. AI의 윤리와 책임 있는 활용

윤리와 책임은 모든 AI 기반 교육 과정의 핵심에 자리 잡아야 한다. AI가 의료, 법 집행, 교육 같은 분야에 폭넓게 확산됨에 따라 학생들은 AI 활용의 도덕적 · 사회적 영향을 이해해야 한다.

사회 과목이나 윤리 수업에서 학생들은 예측 치안(predictive policing)[36] 활동에 AI를 활용하는 문제를 놓고 토론을 벌일 수 있다. 이 시스템에 사용되는 AI 도구는 과거 데이터를 기반으로 범죄가 발생할 가능성이 높은 지역을 예측할 수 있다. 하지만 이런 알고리즘은 기존 인종적, 사회경제적 편향을 반영할 수 있다. 학생들은 다음과 같은 질문을 탐구할 수 있다. AI가 법 집행에 대한 결정을 내리는 것이 허용되어야 할까? AI 시스템이 공정하고 투명하도록 어떻게 보장할 수 있을까? 이는 학생들이

---

36) 범죄 데이터 분석, 알고리즘이나 기타 분석 기술을 활용해 범죄 발생 가능성이 높은 장소나 범죄에 연루될 가능성이 많은 사람을 예측하는 기법이다.

AI가 제기하는 윤리적 딜레마에 비판적으로 접근하도록 가르친다. 그리고 이것은 AI가 이끄는 세상에서는 필수 역량이다.

마찬가지로 학생들은 의료 교육 분야에서 질병 진단에 사용되는 AI 알고리즘의 편향성에 대해 탐구할 수 있다. 예를 들어, 서구 인구 데이터 세트로 훈련된 많은 AI 시스템은 비서구 인구 질병을 진단할 때는 같은 성능을 발휘하지 못할 수 있다. 학생들은 의료 분야에서 AI 시스템이 공정하고 편향되지 않도록 보장하는 프로젝트를 설계하는 과제를 수행하면서 동시에 이런 시스템 내의 편향을 분석하고 수정하는 방법을 배우게 될 수도 있다.

5. 평생 학습과 지속적인 적응

미래를 위해 중요한 역량 또 하나는 지속적으로 학습하는 능력이다. AI가 발전함에 따라 고용 시장도 함께 변화한다. 전문가들은 계속 중요한 역할을 하려면 경력을 통해 꾸준히 역량을 강화해야 한다. 교육자는

표 20 미래 준비형 역량을 교육 과정에 도입하기 위한 전략

역량	활동	목적
복잡한 문제 해결	환경 과학이나 공학에서 AI 기반 시뮬레이션	실제 세계 과제를 통해 창의성과 비판적 사고 장려
협업	예술, 마케팅, 혹은 공학에서 AI 지원 디자인	AI 지원과 인간 투입 간의 균형을 맞추면서 팀워크와 공동 창작 강화
비판적 사고 & 연구	AI 지원 역사 데이터 분석 혹은 비즈니스 추세 확인	학생들에게 AI 생성 데이터와 통찰을 해석하고 비판하도록 가르침
윤리적 책임	법 집행이나 의료 분야에서 AI의 역할 토론	AI의 사회적 영향과 그에 관한 윤리적 고려 사항에 대한 이해 구축
적응성 & 평생 학습	AI 기반 교육 플랫폼을 이용한 개인 학습 계획	지속적 개선과 적응 사고방식 주입

표 21 교실 활동에 AI를 도입하는 단계

단계	설명	사례
탐구	AI 도구와 기본 기능 소개	AI를 사용해 기본적인 계산이나 문법 교정 자동화
적용	AI 도구를 실제 세계 문제와 시나리오에 적용	AI를 이용해 기후 변화 효과 모델 만들고 역사적 추세 분석
협업	학생들이 AI 도구를 이용해 협업하면서 문제 해결 능력 증강	AI 입력으로 제품 디자인하는 것 같은 AI 지원 그룹 프로젝트
성찰	학생들에게 AI가 학습에 미친 영향을 성찰하도록 격려	프로젝트 성찰에서 AI 생성 결과물과 인간 통찰 비교

학생들에게 성장 마인드를 장려함으로써 이 같은 태도를 육성할 수 있다. 즉, 변화를 수용하고 새로운 지식을 탐구하며, 지속적으로 역량을 개선하도록 가르치는 것이다.

직업 교육 과정에서는 학생들이 지속적인 역량 개발을 위해 AI 도구를 도입하는 개인별 학습 계획을 설계할 수 있다. AI 기술을 활용해 학습 선호도에 따라 교육 과정을 추천하는 링크드인 러닝이나 코세라 같은 플랫폼은 학생들이 성장 분야를 찾아내는 데 도움을 줄 수 있다. 이런 개인별 학습 계획은 적응력을 강조하며, 학생들이 혁신적인 기술과 역량을 계속 학습하도록 장려한다. 비판적 사고와 문제 해결 능력에서 윤리적 책임감에 이르는 이런 역량은 학생들이 AI의 비중이 갈수록 커지는 취업 시장에 진출할 때 꼭 필요한 요소들이다. 다음으로 교육자들이 AI 윤리를 효과적으로 가르치는 방법에 대해 좀 더 깊이 탐구해 보도록 하자.

8.4 AI 윤리 교육: AI의 윤리적 차원 이해하기

AI 윤리 교육을 통해 학생들은 AI가 다양한 산업과 일상생활의 여러 측면에서 중요한 역할을 하게 될 미래를 대비할 수 있다. AI는 강력하긴 하지만 중립적이지는 않다. 그것은 AI를 설계하고 배포하는 인간의 가치관, 편향성, 결정 사항을 반영한다. 따라서 AI 윤리를 이해한다는 것은 AI가 사회, 개인의 권리, 공정성에 미치는 영향을 고려하는 것을 의미한다. 다음 섹션에서는 교육자가 학생들로 하여금 AI 기술의 도덕적, 사회적 함의에 대해 비판적으로 생각하도록 장려하면서 AI 윤리를 가르치는 방법을 탐구한다.

8.4.1 AI의 윤리적 과제 이해

AI는 본질적으로 다양한 윤리적 문제를 제기한다. 개인정보 보호, 데이터 보안, 투명성, 편향성, 책임성, 오용 가능성 등이 대표적이다. AI가 의료, 법 집행, 금융, 교육 등 다양한 분야에 더 많이 도입됨에 따라 AI 시스템이 효과적으로 관리되지 않을 경우 기존 편향성을 지속시키거나 새로운 형태의 불평등을 초래할 수 있다는 점을 학생들이 이해하는 것이 중요하다.

예를 들어, 보안 및 감시 분야에서 널리 사용되는 얼굴 인식 기술은 특히 유색인종을 인식할 때 정확성이 떨어진다는 비판을 받아 왔다. 경찰 업무에 이런 기술을 사용하게 되면 인종적 편향과 공정성 문제가 제기된다. 마찬가지로 채용 과정에 사용되는 AI 시스템은 편향된 과거 데이터를 바탕으로 특정 인구 집단을 선호할 가능성도 있다. 이는 곧 고용 기회 불평등 문제로 이어질 수 있다.

8.4.2 AI 윤리 교육 전략

1. 실제 사례 연구를 통한 맥락적 학습

AI 윤리를 효과적으로 가르치기 위해선 AI가 초래할 수 있는 위험과 이점을 보여 주는 실제 사례를 활용해야 한다. 예를 들어 AI로 구동되는 예측 치안 사례를 제시할 수 있다. 예측 치안은 알고리즘을 사용해 범죄 활동을 예측하는 것을 의미한다. 학생들은 인종적 편견을 강화할 위험이나 독재 정권이 악용할 가능성 같은 윤리적 함의에 대해 토론할 수 있다.

또 다른 사례 연구는 자율주행 차량과 그것이 제기하는 윤리적 딜레마에 초점을 맞출 수 있다. 자율주행 차량이 피할 수 없는 사고에 직면했을 때, 승객과 보행자 중 어느 쪽의 안전을 우선시해야 할까? 이런 실제 사례를 함께 다루면 학생들이 인간 삶에 미치는 AI 기술의 구체적인 영향을 파악하는 데 도움이 된다. 이와 함께 학생들은 AI가 어떻게 설계되고 사용되어야 하는지에 대해 비판적으로 평가할 수 있게 된다.

2. AI 편향성 탐구

학생들에게 AI의 편향성에 대해 가르치는 것은 중요하다. AI 시스템이 과거 데이터를 학습하기 때문에 그 데이터에 편향성이 존재할 경우엔 AI가 그것들을 그대로 재현할 수 있기 때문이다. 데이터 분석 연습을 통해 이런 문제를 가르칠 수 있다. 학생들은 특정 그룹이 과잉 대표된 범죄 기록이나 특정 그룹이 과소 대표되는 채용 데이터 같은 편향된 정보를 포함하고 있는 데이터 세트를 제공받을 수 있다. 학생들은 이런 데이터 세트 분석을 통해 AI가 어떻게 편향된 결과물을 내놓으며, 어떻게 불평등을 지속시키는지 이해할 수 있다.

학생들은 구글의 티처블 머신(Teachable Machine) 같은 도구를 탐구할 수도 있다. 사용자들은 이 도구를 활용해 머신러닝 모델을 훈련시킬 수 있다. 학생들은 편향된 데이터와 편향되지 않은 데이터를 입력한 뒤 시스템이 내놓는 결과물이 어떻게 다른지 관찰할 수 있다. 이를 통해 편향성이 AI의 의사 결정에 어떤 영향을 미치는지 직접 경험할 수 있다.

3. 데이터 개인정보 보호 및 감시 윤리

데이터 개인정보 보호는 현재 AI 기술 분야에서 시급한 윤리적 문제 중 하나다. 학생들은 AI 시스템, 특히 대규모 데이터 세트로 구동되는 시스템이 효과적으로 작동하기 위해선 방대한 양의 개인정보가 필요하다는 점을 이해해야 한다. 하지만 이런 데이터 수집, 저장 및 이용에는 사용자 동의, 데이터 보안, 감시라는 중요한 문제가 따른다.

이 문제를 가르치는 방법 한 가지는 학생들이 소셜 미디어 네트워크나 음성 비서 같은 인기 AI 기반 앱이나 플랫폼의 서비스 약관과 개인정보 보호 정책을 꼼꼼하게 검토하는 것이다. 학생들은 이러한 정책의 투명성 여부를 놓고 토론을 할 수 있다. 이를테면 이용자에게 개인정보에 대한 적절한 통제권을 부여하는지, 데이터 유출이나 남용 문제를 어떻게 다루는지 등에 대해 논의를 해 볼 수 있다.

4. AI의 사회적 영향에 대한 비판적 성찰 장려

AI 윤리 교육의 또 다른 핵심 요소는 학생들에게 AI가 사회 전반에 어떤 영향을 미치는지 성찰하도록 장려하는 것이다. 예를 들어, 학생들은 의료 진단이나 사법 판결처럼 인간의 삶에 직접 영향을 미치는 의사 결정 과정에 AI를 사용해야 할지를 놓고 토론을 할 수도 있다. 이런 논의에서는 AI의 효율성과 더불어, 특정 분야에서 인간의 판단과 공감 능력이 지니는 중요성 사이의 균형을 탐구하는 데 초점을 맞출 수 있다.

표 22 AI 교육에서 핵심적인 윤리적 고려 사항

주제	고려해야 할 문제
AI의 편향	AI를 훈련할 때 사용된 데이터에는 어떤 편향이 있었나? 그것들을 어떻게 완화할 수 있나?
프라이버시와 데이터 보안	AI 시스템은 이용자 데이터를 어떻게 수집, 저장, 이용하는가? 이용자에게 적절한 통제권을 부여하는가?
AI의 투명성	AI의 알고리즘은 투명하고 이해하기 수월한가? 책임성은 어떻게 보장할 수 있는가?
고용 충격	AI 기술이 일자리에 어떤 영향을 미치는가? 기업은 노동자에게 어떤 윤리적 책임을 갖고 있는가?
의사 결정과 AI	AI 시스템이 사람의 생명에 영향을 미치는 의사 결정을 하는 것을 허용해야 할까? 공정성은 어떻게 보증할 수 있는가?
전쟁과 AI	AI를 군사 영역에 적용할 때의 윤리적 경계는 어떤 것이 있는가?
자율과 인간 통제	AI 시스템이 인간의 통제와 감시하에 있다는 것을 어떻게 보증할 수 있는가?

또 학생들은 전쟁이나 자동화 무기 시스템을 둘러싼 AI의 윤리적 문제를 탐구할 수 있다. 자율 무기가 인간 개입 없이 생사 결정을 내리는 것이 적절한가? AI를 군사 분야에 사용할 때 도덕적, 윤리적인 경계는 어디인가? 이런 성찰을 통해 학생들이 AI의 기술적 측면을 넘어 좀 더 폭 넓은 사회적 영향력까지 고려하도록 유도할 수 있다.

8.5 AI 리터러시 교육: AI 결과물 이해하고 비판적으로 평가하기

오늘날 기술 중심 세상에서 AI 리터러시는 필수 소양이다. AI 리터러시

란 AI 기술을 이해하고 AI 기술에 비판적으로 개입하는 능력을 의미한다. AI가 스마트폰 비서부터 개인 맞춤형 온라인 추천까지 일상생활에 점점 더 깊이 도입되면서, 학생들에게 AI 도구를 사용하고 평가하는 방법을 가르치는 것은 굉장히 중요해졌다. AI 리터러시는 학생들이 정보를 바탕으로 의사 결정을 하고, 적절한 질문을 제기하며, AI가 부적절하거나 책임감 없이 사용될 때는 식별할 수 있도록 해 준다.

AI 리터러시 교육의 목표는 단순히 학생들에게 AI를 사용하는 방법을 가르치는 것이 아니다. AI가 결과물을 생성하는 과정을 이해하고, AI 시스템이 제공하는 정보를 비판적으로 평가하는 것을 도와준다. 학생들은 AI가 강력한 도구이긴 하지만 절대적으로 옳은 것은 아니라는 점을 알아야 한다. 그리고 AI가 내놓은 결과물에 대해 건강한 회의론을 유지하는 것이 중요하다.

8.5.1 AI의 기본 이해하기

AI 리터러시를 효과적으로 가르치려면 학생들이 먼저 AI가 작동하는 기본 원리를 이해해야 한다. 기술적 세부 사항은 복잡할 수 있지만, 교육자는 이런 개념을 단순화하여 모든 수준의 학생들에게 접근 가능하게 만들 수 있다.

8.5.1.1 AI의 작동 원리

본질적으로 AI는 기계들이 데이터 처리와 의사 결정을 할 수 있도록 하는 일련의 규칙과 명령인 알고리즘을 의미한다. AI의 하위 분야인 머신러닝은 데이터 학습을 통해 시간이 지날수록 이런 알고리즘을 개선한다. 생성형 AI는 이전 데이터에서 학습한 패턴을 기반으로 텍스트, 이미지, 음악 같은 새로운 콘텐츠를 생성할 수 있는 AI 시스템을 의미한다.

학생들은 간소화된 모델과 시뮬레이션을 통해 AI를 배울 수 있다. 예를 들어, 교육자는 스크래치(Scratch)나 코드닷오알지(Code.org) 같은 도구를 사용해 AI 의사 결정의 기반이 되는 기본 프로그래밍 논리를 가르칠 수 있다. 또는 구글의 티처블 머신 같은 시각적 도구를 사용하면 데이터 입력값이 AI 생성 결과물에 어떻게 영향을 미치는지 보여 주면서 학생들이 간단한 AI 모델을 구축하는 데 도움을 줄 수 있다.

8.5.1.2 AI의 한계와 편향성 인식

AI 시스템은 대규모 정보를 빠르게 처리할 수 있지만, 완벽과는 거리가 멀다. AI가 생성한 콘텐츠에는 부정확하거나, 편향적인, 혹은 관련 없는 정보가 포함된 경우가 많다. 학생들은 이러한 한계를 인식하고 AI가 내놓은 결과를 액면 그대로 믿어서는 안 된다.

예를 들어, 과거 데이터로 훈련받은 AI 시스템은 기존 편향성을 반영하고 강화한다. 법 집행 분야에서 예측 치안 활동에 사용되는 AI 도구는 편향된 범죄 데이터를 토대로 소수자 커뮤니티를 과도하게 표적으로 삼는다는 비판을 받아 왔다. 학생들은 AI가 학습 데이터만큼만 훌륭하다는 사실을 이해해야 한다. 그리고 이 데이터는 종종 불공정한 결과를 초래할 수 있는 편향을 포함할 수 있다는 사실도 알고 있어야 한다.

AI 시스템이 의도하지 않게 편향된 판단을 내릴 수 있는 의사 결정 과정에서도 윤리적 문제가 제기된다. 이는 AI 기반 시스템의 공정성과 투명성을 보장하기 위해서는 인간의 감독이 중요하다는 사실을 강조한다.

8.5.2 AI 결과물 비판적으로 평가하기

AI로 생성된 콘텐츠가 점점 더 널리 퍼지는 세상에서 학생들은 AI 결과물을 평가하는 역량을 키워야 한다. AI 도구는 방대한 정보를 빠르게 생성할 수 있지만, 틀리지 않는 것은 아니다. 학생들은 AI가 생성한 정보의 정확성, 관련성, 품질을 분석하고 그 한계를 인식하는 방법을 배워야 한다. 학생들에게 AI가 내놓은 결과물을 의심하고 검증하도록 가르치는 것은 오늘날 교실에서 디지털 리터러시를 육성하는 핵심 요소다.

8.5.2.1 AI 생성 콘텐츠 분석

AI 시스템은 에세이 작성부터 뉴스 기사 요약까지 다양한 콘텐츠를 빠르게 생성할 수 있다. 하지만 학생들이 AI가 생성한 결과물을 신뢰할 수 있을까? 학생들에게 AI 생성 콘텐츠를 평가하는 기법을 가르치는 것은 반드시 필요하다. AI 글쓰기 도구를 사용할 때는 정보가 정확한지, 맥락은 바른지, AI가 도출한 결론이 타당한지 검토해야 한다.

한 가지 유용한 접근 방식은 학생들로 하여금 AI가 생성한 결과물을 신뢰할 수 있게 출처와 비교하면서 사실 확인하도록 장려하는 것이다. AI 도구가 어떤 역사적 사건의 요약을 제공했다고 가정해 보자. 학생들은 이 요약을 원본 자료나 평판 좋은 역사 교과서와 비교하면서 정확성을 확인할 수 있다. 이를 통해 학생들은 AI 결과물을 액면 그대로 받아들이지 않고, 더 깊은 조사를 진행하는 방법을 배우게 된다.

유사한 맥락에서 학생들은 AI가 내놓은 결과물의 관련성 여부도 고려하도록 가르쳐야 한다. AI가 제공한 정보가 현재 수행 중인 작업과 관련이 있는가? 예를 들어, 어떤 학생이 생성형 AI 도구를 사용해 과학 프로젝트 아이디어를 생성했을 경우엔, 제안된 아이디어가 프로젝트 요구 사항과 일치하는지 평가해야 한다. AI는 때로는 주제와 관련 없거나 관련성 떨어지는 내용을 제공할 수 있다. 이럴 때 어떤 아이디어가 추구할 가치가 있는지 판단하는 것은 학생들의 몫이다.

학생들에게 AI가 생성한 콘텐츠의 품질을 평가하는 방법을 가르치는 것도 마찬가지로 중요하다. AI가 생산한 텍스트는 일관성 있고 잘 구조화되어 있는가? 아이디어가 논리적으로 서로 연결되는가? 학생들은 AI가 생성한 콘텐츠가 인간이 생성한 작업에서 기대되는 명확성과 일관성 기준을 충족하는지 비판적으로 평가하도록 지도받아야 한다.

의문을 제기하는 마음가짐을 갖도록 장려하는 것이 핵심이다. 학생들에게 "이 정보가 말이 되는가?" 혹은 "이 주장을 뒷받침하는 증거가 있는가" 묻는 것은 비판적 사고를 촉진한다. AI 도구는 방대한 양의 데이터를 생성할 수 있다. 하지만 이렇게 생성된 데이터가 신뢰할 수 있고 관련성이 있으며 높은 품질을 갖추었는지 확인하는 것은 학생들의 책임이다.

8.5.3 AI의 윤리적 활용

AI가 내놓은 결과물의 기술적 측면을 평가하는 것을 넘어 학생들에게 AI의 윤리적 활용에 대해 교육하는 것이 중요하다. AI는 의료, 고용, 소셜 미디어 등 일상생활에 영향을 미치는 의사 결정 과정에 점점 더 깊이 관여하고 있다. 따라서 학생들은 AI의 윤리적 차원에 대해 비판적으로 생각할 수 있도록 배워야 한다. 개인정보 보호, 지적재산권, 공정성 같은 쟁점은 특히 중요하다.

주요 걱정거리 중 하나는 개인정보 보호 문제다. 소셜 미디어 알고리즘부터 얼굴 인식 기술까지 많은 AI 시스템은 작동할 때 개인 데이터에 의존한다. 교육자는 데이터 개인정보 보호의 중요성과 함께 개인정보를 수집하고 처리하는 AI 시스템의 윤리적 함의를 이해하고 가르쳐야 한다. 예를 들어, 학생들은 마케팅에 사용되는 AI 시스템의 함의를 탐구할 수 있다. 이 시스템은 타깃 광고를 위해 이용자들의 행동을 추적한다. 명시적인 동의 없이 이런 데이터를 수집하는 것은 윤리적인가? 데이터 수집 및 사용 방법에 대해 더 엄격한 규제가 있어야 할까? 이러한 논의는 사회에서 AI가 담당하는 역할에 대한 더 깊은 성찰을 촉진할 수 있다.

지적재산권은 또 다른 쟁점이다. AI 도구가 예술 작품, 음악, 글쓰기 콘텐츠를 생성할 수 있게 됨에 따라 학생들은 AI가 생성한 창의적 결과물에 대한 법적 및 윤리적 고려 사항을 이해할 필요가 있다. 예를 들어, AI가 생성한 음악의 저작권은 누구 소유일까? AI가 생성한 작품은 원본으로 간주해야 할까? 아니면 훈련에 사용한 데이터 세트의 지적재산권을 침해한 것일까? 이런 질문은 학생들이 디지털 시대의 창의성과 소유권의 경계에 대해 좀 더 생각해 보게 만든다.

또 학생들에게 AI 시스템의 공정성을 검토하도록 장려해야 한다. 특히 법 집행이나 채용 과정에 사용되는 AI 알고리즘은 그동안 편향을 지속시킨다는 비판을 받았다. 예를 들어, 채용 과정에 사용되는 AI 도구가 편향된 데이터로 훈련되었다면 특정 인구 집단을 다른 집단보다 선호할 수도 있다. 그렇게 되면 결국 불공정한 채용 과정으로 이어질 수 있다.

8.6 교실에서 AI 리터러시 역량 개발하기

AI 리터러시는 단순히 AI가 어떻게 작동하는지 이해하는 것을 넘어, 학생들이 AI와 비판적이고 책임감 있게 상호작용할 수 있도록 준비시키는 것이다. 교육자는 학생들에게 미래를 준비시키기 위해 다양한 과목에 AI

표 23 학생들이 연마해야 할 AI 리터러시 역량

역량	행동
비판적 평가	학생들에게 AI 결과물의 정확성과 관련성을 검증하고 의문을 제기하도록 가르친다
윤리적 이해	AI를 적용할 때 개인정보 보호, 지적재산권, 공정성에 대해 토론한다
실습을 통한 탐구	AI 도구를 활용해 학생들을 실제 세계의 문제 해결 활동에 참여시킨다
다학제적 학습	STEM, 역사, 문학 같은 과목에 AI를 도입한다
계속 학습	관련 자료를 통해 AI의 발전과 윤리적 영향에 대한 최신 정보를 확보한다

리터러시를 도입할 방법을 찾아야 한다. 이를 통해 학생들은 AI의 능력을 탐구하면서 도전 과제를 극복하는 데 필요한 역량을 개발할 수 있다.

8.6.1 다양한 과목에 AI 리터러시 도입하기

AI 리터러시는 STEM부터 인문학까지 모든 과목에서 가르칠 수 있고 가르쳐야 한다. AI는 삶의 많은 측면에 영향을 미치는 변혁적인 힘이다. 그리고 그 영향력은 다양한 학문 분야에 걸쳐 있다.

STEM 과목에서는 AI가 학생들이 복잡한 데이터 세트를 탐색하거나 과학 실험을 시뮬레이션하는 데 도움을 줄 수 있다. 예를 들어 생물학 수업에서 학생들은 AI 도구를 사용해 질병 확산 모형을 만들고, 백신 접종률이나 인구 밀도 같은 다양한 변수가 결과에 미치는 영향을 분석할 수 있다. 이 실습을 통한 탐구는 학생들에게 생물학과 함께 모델링과 예측에서 AI가 담당하는 역할을 가르쳐 준다.

인문학 분야에서는 AI가 역사나 문학 같은 과목에 도입될 수 있다. 예

를 들어 역사 교사는 AI 도구를 활용해 학생들의 원천 자료 분석 작업을 도와줄 수 있다. 이 작업을 통해 대규모 역사적 텍스트 모음에서 유형들을 찾아낼 수 있다. AI는 학생들이 수작업으로 찾아내기는 어려운 통찰을 제공해 역사적 사건에 대해 더 깊이 있게 탐구할 수 있게 해 준다. 문학 분야에서는 학생들이 AI 도구를 활용해 글쓰기 양식을 비교하고 주제를 탐구하거나, 특정 작가의 양식을 기반으로 창의적인 글쓰기 주제를 생성할 수도 있다.

AI 도구를 활용한 교실 활동은 학생들로 하여금 AI와 직접 상호작용하도록 장려한다. 그리고 그 결과 학생들은 AI의 잠재력과 한계를 더 깊이 이해할 수 있게 된다. 예를 들어 학생들은 AI를 활용해 과학 수업에서 기후 변화 데이터를 분석하거나 사회 과목에서 경제 추세와 같은 현실 세계 데이터를 분석하는 프로젝트를 부여받을 수도 있다. AI 도구를 직접 다루며, 학생들은 AI 시스템을 탐색하고 AI가 생성한 결과물을 해석하며, 자신이 발견한 것들에 비판적 사고방식을 적용하는 방법을 배우게 된다.

8.6.2 교육자를 위한 AI 리터러시 자료

AI 리터러시를 교육 과정에 도입하려는 교육자가 활용할 수 있는 자료가 점점 더 많아지고 있다. 교사가 학생들에게 AI 리터러시를 소개하는 데 도움이 될 수 있는 주요 도구와 플랫폼 몇 가지를 소개한다.

티처블 머신: 구글이 개발한 간단한 도구로, 학생들이 머신러닝 모델을 훈련시켜서 이미지나 소리를 인식하도록 만들 수 있다. 이는 학생들에게 AI가 데이터로부터 학습하는 방법의 기본 원리를 소개하는 훌륭한 방법이다.

AI4ALL: AI 교육을 위한 무료 자료를 제공하는 단체이며, 특히 고

표 24 AI 리터러시 가르치기

과업	목표
AI 기본 교육	학생들에게 알고리즘, 머신러닝과 생성형 AI 처리 소개
AI의 한계와 편향성 인식	학생들이 AI 생성 콘텐츠에 편향과 부정확한 정보가 있을 수 있다는 것을 이해하도록 도움
AI 결과물 분석	학생들에게 AI가 내놓은 결과물의 관련성, 정확성, 품질을 비판적으로 평가하도록 독려
윤리적인 AI 이용	학생들에게 AI 사용 시 개인정보 보호, 지적재산권, 도덕적 의사 결정에 대해 가르치기
실습을 통한 AI 탐구	학생들을 AI 모델을 만들고 테스트할 수 있는 실용적 활동에 참여시키기
AI 자료 최신 상태 유지	AI4ALL과 구글의 AI 교육 플랫폼을 활용해 최신 교육 도구에 접속하기

등학생을 대상으로 한다. 그들의 교육 과정에는 AI를 윤리적이고 책임감 있게 사용하는 방법에 대한 수업 계획이 포함돼 있다.

MIT의 스크래치: 전통적으로 코딩 교육에 사용됐지만 스크래치는 학생들이 간단한 알고리즘을 구축하고 기계가 정보를 처리하는 방식을 이해하도록 돕는 방식으로 AI 개념을 소개하는 데도 활용할 수 있다.

AI4K12 이니셔티브[37]: K-12 교육자들이 다양한 학년 수준에서 AI 개념을 소개하는 데 도움을 주는 프레임워크다. 기초적인 AI 리터러시를 구축하는 수업 계획과 활동을 위한 자료들이 포함돼 있다.

---

37) Artificial Intelligence for K-12의 약자다. K-12(유치원부터 12학년까지의 학교 교육)를 위한 AI 교육을 목표로 하는 이니셔티브다.

AI의 최신 동향을 파악하는 것은 AI 리터러시 교육의 또 다른 중요한 요소다. AI는 빠르게 발전하는 분야로, 혁신적인 기술과 윤리적 도전 과제들이 지속적으로 등장하고 있다. 교육자들은 전문 개발 과정에 참여하거나 AI 관련 콘퍼런스에 참석하고, AI 연구 저널이나 뉴스레터를 구독하는 등의 방식으로 최신 정보를 습득할 수 있다. 예를 들어, 코세라나 에드엑스(edX) 같은 플랫폼은 AI에 초점을 맞춘 강좌를 개설해 교육자들이 AI에 대한 이해를 깊게 하고 최신 통찰력을 교실에 반영할 수 있도록 도와준다.

8.7 AI를 활용한 프로젝트 기반 학습 소개

프로젝트 기반 학습(PBL)은 학생들이 실습 프로젝트와 현실 세계의 과제를 통해 학습에 참여하도록 하는 교육적 접근 방식이다. PBL은 학생들이 비판적으로 생각하고, 창의적으로 문제를 해결하며, 다른 사람들과 협력하도록 장려한다. 이것들은 빠르게 변화하는 오늘날의 세상에서는 필수 역량이다. 교육자는 PBL에 생성형 AI를 도입함으로써 이런 학습 경험을 강화할 수 있다. AI가 중요한 역할을 하는 업무 환경을 시뮬레이션하고 학생들이 미래 업무 환경에 대비하도록 할 수 있다.

생성형 AI는 입력된 데이터에서 새로운 콘텐츠를 생성하는 기술이다. 이 기술은 학생들이 새로운 사고방식을 탐구하고 복잡한 문제를 분석하며, 혁신적인 해결책을 도출할 수 있도록 해 준다. 이 통합은 학생들이 비판적 사고와 문제 해결 능력을 키우면서도 AI의 능력과 한계를 더 깊이 이해하는 데 도움을 준다. PBL 활동은 AI와 함께하면서 더 역동적이 되었으며, 기술이 점점 더 중심적인 역할을 하는 현실 세계의 도전 과제의 성격을 더 많이 반영하게 됐다.

예를 들어, 프로젝트 기반 활동에 AI를 활용하면 학생들이 금융, 의료, 마케팅, 공학 같은 산업에서 수행되는 작업을 시뮬레이션한 예측 모델링, 데이터 분석, 콘텐츠 생성 프로젝트 작업을 할 수 있다. 이로써 학생들은 다학제적 협업과 적응력 기술을 키우는 AI 기반 작업을 접할 수 있다.

8.7.1 AI 활용 PBL 활동 설계: AI 기반 프로젝트 만들기

AI를 활용한 PBL의 잠재력을 극대화하기 위해선 학생들이 AI를 창의적이고 비판적으로 활용하도록 하는 활동을 설계해야 한다. 교육자들은 AI 기반 PBL 활동을 설계할 때 현실 세계의 문제를 반영한 의미 있는 과제 중심으로 프로젝트를 구성해야 한다. 이런 프로젝트에서 학생들은 미래 직업 환경에서 직면할 도전 과제를 시뮬레이션해야 한다. 미래 환경에서는 처리를 자동화하며, 데이터를 분석하고, 해결책을 만들어 내는 데 AI를 점점 더 많이 활용할 것이다.

AI 기반 PBL 활동 설계 전략

1. **현실 세계 문제 식별**: AI가 핵심 역할을 하는 산업 분야에서 관련된 문제를 식별하는 것으로 시작하라. 예를 들어, 의료 분야에서는 학생들이 AI를 활용해 환자의 건강 상태를 예측하거나, 건강 데이터를 분석해 추세를 탐지할 수 있다. 마케팅 분야에서는 AI 도구를 활용해 소비자 행동을 분석하고 타깃 캠페인을 설계할 수 있다.
2. **다양한 AI 도구 결합**: 콘텐츠 생성, 데이터 분석, 시나리오 시뮬레이션 등 다양한 기능을 갖춘 생성형 AI 도구를 활용하라. 예를 들어, 학생들은 수학적 모델링을 위해 울프람 알파 같은 AI 플랫폼

을 사용할 수 있으며, 챗GPT를 활용해 콘텐츠 생성과 연구 지원을 할 수도 있다. AI 도구가 더 다양할수록 학생들이 여러 가지 AI 응용 프로그램을 실험할 기회가 늘어난다.

3. **반복과 개선 장려**: AI 기반 프로젝트는 학생들이 작업을 반복하는 것을 장려해야 한다. AI가 생성한 결과물을 출발점으로 삼아 피드백과 추가 분석을 바탕으로 작업을 개선하도록 해야 한다. 이는 AI가 아이디어의 기본 틀을 만드는 데 자주 사용되는 현실 세계의 혁신을 그대로 반영한다. 그런 다음엔 인간이 개입해 그 아이디어를 강화하게 된다.

AI 기반 프로젝트 사례

비즈니스 데이터 분석: 학생들은 태블로나 구글 클라우드 AI 같은 AI 도구로 비즈니스 추세를 분석하고, 데이터에서 얻은 통찰을 바탕으로 기업이 정보를 바탕으로 한 의사 결정을 하도록 지원할 수 있다.

의료 분야 예측 모델링: 학생들은 AI 기반 예측 모델을 만들어 환자 데이터를 분석하고 유형을 탐지하며, 예방적 치료를 위해 건강 상태의 변화를 예측할 수 있다.

AI 강화 콘텐츠 생성: 저널리즘이나 디지털 마케팅 수업에서 학생들은 AI를 활용해 기사나 소셜 미디어 콘텐츠를 생성한다. 또 AI 생성 텍스트와 자신의 창의성 및 스토리텔링 간의 균형을 유지하는 방법을 배운다.

8.7.2 협업 기반 AI 프로젝트

PBL에 AI를 도입할 때는 학생과 AI 도구 간의 협업을 촉진하는 것이 또 다른 중요한 요소다. 미래의 직장에서는 인간과 AI의 협력에 점점 더 많이 의존하게 될 것이다. AI가 반복적인 작업을 수행하고 인간은 고차원적인 결정을 내리는 방식이다. 이런 역동적 요소들로 구성된 PBL 활동은 학생들이 이런 환경에 대비할 수 있도록 해 준다.

학생들은 협업 기반 AI 프로젝트를 할 때 팀 단위로 AI를 활용해 프로젝트의 다양한 부분을 해결할 수 있다. 예를 들어, 환경 친화적 건물을 설계하는 프로젝트에서 AI는 다양한 소재를 활용해 에너지 효율을 분석, 예측하는 데 활용될 수 있다. 학생들은 AI의 결과를 함께 해석한 뒤 건물 설계에 대한 결정을 내리게 된다.

AI와의 협력이 미래 업무 환경을 어떻게 반영하나

- **팀원 역할 하는 AI:** 학생들은 AI를 인간의 창의성을 대체하는 것이 아니라 가치 있는 협력자로 보는 법을 배운다. 전문가들이 데이터 처리나 선택 생성 등에 AI를 활용하는 것처럼, 학생들도 AI를 활용해 아이디어를 생성한 뒤 직접 다듬고 구현할 수 있다.
- **업무 분담:** 많은 산업에서 AI는 판에 박힌 일상 작업을 수행하고 인간은 복잡한 의사 결정을 담당한다. PBL에서 AI로는 데이터 수집이나 초기 디자인 생성 업무를 수행하고, 인간 팀원들은 결과물을 평가하고 개선하는 쪽으로 업무를 나눌 수 있다.
- **현실 세계 시나리오:** 학생들은 다학제 프로젝트를 수행하면서 데이터 분석이나 물류 같은 부문은 AI의 도움을 받을 수 있다. 반면 자신들은 창의적 문제 해결, 리더십, 소통에 집중할 수 있다.

8.7.3 AI 프로젝트를 통해 직업에 필요한 역량 키우기

PBL은 학생들이 미래 노동 시장에서 성공하기 위해 필요한 역량을 키우는 데 이상적인 환경을 제공한다.

입력된 데이터에서 혁신적인 해결책을 내놓는 능력을 갖고 있는 생성형 AI는 현실 세계의 문제를 해결하는 강력한 도구가 될 수 있다. PBL에서 AI를 사용할 때, 학생들은 단순히 AI에 대해서만 배우는 것이 아니다. 의료, 비즈니스, 교육 등 다양한 분야에서 문제를 해결하는 도구로 활용하는 것이다. 이런 실습 경험은 학생들이 연구, 분석, 창의적 문제 해결 같은 핵심 직업 역량을 개발하는 데 도움을 준다.

8.7.3.1 혁신과 기업가 정신 장려

AI 기반 PBL은 학생들에게 기업가처럼 생각하는 마음을 품게 할 수 있다. AI가 접목된 프로젝트를 통해 학생들은 현재 시장 수요나 사회적 문제와 관련한 혁신적인 해결책을 개발할 수 있다. 학생들에게 AI 기반 프로토타입이나 비즈니스 모델을 만들도록 장려하면 기업가적 사고방식을 키울 수 있다. 그들은 이런 작업을 통해 아이디어를 실제 행동에 옮길 수 있는 해결책으로 전환하는 법을 배우게 된다.

AI를 통한 혁신 사례

- **스타트업 프로젝트**: 학생들은 팀을 이루어 AI를 활용해 새로운 앱이나 서비스를 설계할 수 있다. 예를 들어, 중소기업이 재고 관리하는 데 도움을 주는 AI 기반 도구나, 이용자들을 지역 지속 가능성 이니셔티브와 연결해 주는 AI 기반 플랫폼을 개발할 수 있다.
- **프로토타입 개발**: 공학이나 디자인 과정에서는 학생들이 AI 도구

를 활용해 제품 프로토타입을 개발할 수 있다. AI는 재료 선택, 에너지 효율성, 비용 분석 등에 도움을 줄 수 있다. 반면 학생들은 사용자 친화적이고 지속 가능한 제품 디자인에 집중한다.

AI 기반 사회적 영향력 설루션: 학생들은 사회 문제를 해결하는 AI 도구를 설계할 수 있다. 이를테면 소외된 공동체에서 교육 접근성을 개선하거나, AI를 활용해 환경오염을 감독하고 감소하는 일 같은 것들을 꼽을 수 있다.

8.7.4 AI 기반 PBL의 효과 평가하기

학생들이 AI 기반 PBL 활동을 통해 미래에 대비하는 역량을 얼마나 잘 개발하고 있는지 평가하는 것은 꼭 필요한 일이다. 교육자들은 학생들이 기술적 지식을 습득했는지뿐 아니라 비판적으로 생각하고, 효과적으로 협력하며, 창의적으로 문제를 해결하는 능력도 평가해야 한다.

8.7.4.1 학생 성과 평가

AI 기반 PBL에서 학생의 성과를 측정하는 것은 전통적인 평가 방법보다 훨씬 더 복잡할 수 있다. 협업, 비판적 사고, 문제 해결 능력을 평가하는 도구와 프레임워크는 매우 중요하다.

미래 준비 역량 평가 기법

1. **협업 평가 기준**: 학생들이 AI 도구를 사용해 팀으로 작업할 때, 최종 결과물뿐 아니라 학생들이 얼마나 잘 협력했는지, AI 결과물을 작업에 어떻게 도입했는지, 의사 결정 과정에 어떻게 기여했는지 평가할 수 있도록 평가 기준을 설계할 수 있다.
2. **자기성찰**: 학생들이 프로젝트에서 AI를 어떻게 사용했는지 성

찰하도록 독려하면 소중한 통찰을 얻을 수 있다. 예를 들어, 학생들은 AI를 사용할 때 직면한 한계는 무엇인지, 그 문제를 어떻게 극복했는지 작성하도록 요청받을 수 있다.

3. **결과 발표**: 학생들에게 전문적인 환경에서 프로젝트 결과를 발표하도록 요청하는 것—AI 사용 방법, 해결한 문제, 내린 결정 등을 설명하는 것—은 복잡한 아이디어를 효과적으로 전달하는 능력을 평가하는 데도 도움이 된다.

8.7.4.2 PBL에서 AI 도입 성찰하기

성찰은 학습의 핵심 요소다. AI 기반 PBL 프로젝트를 완료한 후, 학생들은 AI와 협력한 경험에 대해 성찰하도록 독려받아야 한다. 이때 프로젝트 과정에서 깨달은 장점과 직면한 도전 과제를 논의해야 한다.

피드백 수집하기

학생: 학생들에게 AI가 프로젝트 결과와 학습 경험에 어떤 영향을 미쳤는지 피드백을 달라고 요청하면 교육자가 다음 프로젝트를 개선하는 데 도움이 된다.

교육자: AI 도구가 교육 과정에 얼마나 잘 녹아들었는지, 학생들이 의도한 학습 결과를 달성하는 데 도움이 되었는지 평가할 수 있다.

핵심 요점 정리

- 생성형 AI는 현실 세계의 도전 과제들을 시뮬레이션함으로써 PBL을 향상할 수 있다. 이를 통해 학생들이 비판적 사고, 창의성, 문제 해결 능력을 키울 수 있도록 돕는다.
- AI 기반 프로젝트는 AI 기반 업무 환경에서 직면하게 될 업무에

노출함으로써 학생들이 미래 직업에 대비할 수 있도록 한다.

• AI 도구와의 협업은 AI가 인간의 의사 결정을 보완하는 미래 업무 환경을 반영한다.

9장
생성형 AI 도입 과제 극복하기

생성형 AI 도입은 교육자와 기관이 극복해야 할 여러 가지 도전 과제를 수반한다. AI는 교육과 학습을 혁신할 수 있지만, 표절과 AI에 대한 과다한 의존, 공정성 문제 같은 중요한 장애가 남아 있다. 따라서 자원이 한정된 학교는 이런 기술을 효과적으로 도입하는 데 어려움을 겪는 경우가 많다.

이 장에서는 교육 분야에 생성형 AI를 도입할 때 수반되는 시급한 과제들을 다루고, 이런 장벽을 극복하기 위한 실천 전략을 제시한다. AI 도구를 윤리적이고 책임감 있게 사용할 수 있는 방법을 탐구하고, 자원이 한정된 학교를 위한 해결책도 함께 논의한다. 더불어 교육자가 자신들의 교육 실습에 자신 있게 AI를 도입할 수 있도록 역량을 강화하는 데 전문성 개발이 중요하다는 점을 강조할 것이다.

이 장을 마치면 다음과 같은 능력을 갖추게 될 것이다.

- 교실에 생성형 AI를 도입할 때 교육자들이 직면하는 주요 과제를 이해한다.
- 표절, AI에 대한 과도한 의존, AI 접근 불평등과 같은 문제를 완화하기 위한 전략을 개발한다.
- 자원이 한정된 학교에서 AI 기술을 성공적으로 도입할 수 있는

해결책을 도출한다.

- 교육자들이 AI 도입을 효과적으로 수행할 수 있도록 지원하는 전문성 개발의 역할을 인식한다.

이 장은 생성형 AI 도입에 대한 균형 잡힌 접근 방식을 제시한다. 교육자와 학생들이 어떤 도전 과제에 직면하든 AI의 변혁적 힘의 혜택을 충분히 받을 수 있도록 통찰력과 실행 가능한 해결책을 제시한다.

9.1 일반적인 우려 사항 해결: 표절, 과도한 의존, 공정성

교육 분야에 생성형 AI를 도입하는 것은 교육자와 기관이 헤쳐 나가야 할 여러 도전 과제를 몰고 온다. 이 섹션에서는 교실에 AI를 도입하는 것과 관련된 주요 우려 사항을 살펴본다. 특히 그중에서도 표절 위험, AI 도구 과다 의존과 공정성 문제에 초점을 맞춘다. 이러한 도전 과제를 깊이 있게 탐구하고 효과적으로 대응하기 위한 전략을 논의한다.

9.1.1 AI 도입의 위험성

첫째, 여기 말하기 껄끄러운 주제가 있다. 학문적 정직성이다. AI가 몇 초 만에 에세이를 뚝딱 완성하고 복잡한 문제를 풀 수 있는 세상에서, 학생들이 거짓 없이 학습하고 있다는 것을 어떻게 보증할 수 있을까? 이는 단순히 부정행위자를 적발하는 것이 아니라 교육의 본질 그 자체를 지키는 것에 관한 문제다. 챗GPT에 몇 가지 프롬프트만 입력하면 A+를 맞을 수 있는 과제를 부여받는 상황을 한번 생각해 보라. 그럴 경우 등급이란 것이 도대체 무슨 의미가 있을까?

하지만 우려는 여기서 그치지 않는다. AI에 대한 과도한 의존은 또 다른 걱정거리다. 학교에서 계산기가 처음 널리 보급되었을 때가 기억나는가? 학생들이 수학의 기본을 잊어버릴 것이란 우려가 있었다. 이제 그 우려를 1,000배로 늘려 보라. 단순히 곱셈 방법을 잊어버리는 이야기를 하는 것이 아니다. 비판적 사고 역량, 창의성, 문제 해결 능력을 잃을지도 모른다는 이야기를 하고 있다. 이는 매일 물고기 잡는 방법을 가르치는 대신 물고기를 주는 것과 같은 상황이다. 단기적으로는 편리하지만 장기적으로는 치명적일 수 있다.

그다음으로 공정성 문제가 있다. 이상적인 세상이라면 AI가 모든 학생에게 최상의 개인 교습과 자료를 제공함으로써 운동장을 평평하게 만들 것이다. 하지만 우리는 이상적인 세상에 살고 있는 게 아니다. 그렇지 않은가? 현실에서는 모든 사람이 AI 도구에 접속할 수 있는 건 아니라는 것이다. 일부 학생들은 최신 AI 글쓰기 도구를 손쉽게 사용할 수 있지만, 일부 학생들은 기본적인 인터넷 접근조차 힘겨울 수 있다. 어떻게 하면 학생들이 AI를 책임감 있게 사용하도록 가르칠 수 있을까? AI 시스템의 편향성에 대한 우려가 있다. 결국 이런 시스템은 인간이 생성한 데이터로 훈련을 받는다. 그런데 우리가 알고 있는 것처럼, 인간은 편향된 존재다.

편향된 데이터를 AI 시스템에 입력하고 그 시스템으로 우리 아이들을 교육하면 어떻게 될까? 도깨비 집 거울로 현실을 비추는 것처럼, 왜곡되고 해로울 수 있다.

개인정보 보호는 또 다른 큰 문제다. 학생들이 AI 도구를 사용할 때는 종종 자신의 데이터를 시스템에 입력한다. 이 데이터는 누가 소유할까? 그것은 어떻게 사용될까? 이는 낯선 사람을 집에 들여 집안일을 돕도록 하는 것과 같다. 유용하긴 하지만 동시에 약간 불안하게 만든다.

좀 더 광범위한 사회적 영향력도 잊지 말도록 하자. 우리는 AI가 점점 더 널리 퍼지는 세상을 위해 학생들을 준비시키면서 동시에 그들이 세상을 책임감 있게 만들어 나가도록 준비시키고 있는가? 이는 단순히 AI 도구를 사용하는 것만이 아니다. AI의 영향력을 이해하고 정보를 바탕으로 개발과 배포 관련 결정을 할 능력을 기르는 것이다.

이 문제는 괜한 걱정이 아니다. 실제 세계에 영향을 미친다. AI 기반 학습 도구에 대규모로 투자한 대학이 부정행위 사례가 급증한다는 사실을 알게 된 상황을 상상해 보라. 또는 개인 맞춤형 학습을 위해 AI를 도입한 교육구가 가정에서 안정적으로 인터넷에 접속하지 못하는 학생들을 본의 아니게 소외시키는 상황을 한번 떠올려 보라. 이런 시나리오는 먼 미래의 일이 아니다. 바로 지금 교육자들이 고심하고 있는 문제다.

그렇다면 해결책은 무엇일까? AI를 금지하는 것? 그것은 빗자루로 파도를 막으려는 것과 같다. 무의미할 뿐 아니라 역효과를 초래할 수 있다. 정책, 교육, 기술적 해결책을 결합한 종합적인 접근 방식으로 이 문제에 정면으로 맞서야 한다.

먼저, 평가 방식에 대한 접근 방식을 재고해야 한다. AI가 전통적인 시험과 에세이에서 뛰어난 능력을 선보일 수 있다면, 이제는 단순히 정보를 암기하는 능력이 아니라 진정한 이해력과 역량을 측정하는 평가 방법을 설계해야 할 때다. 이는 프로젝트 기반 학습, 구두시험, 또는 학생들이 자신의 사고 과정을 설명하도록 요구하는 평가 방식 같은 것들이 더 필요하다는 의미일 수도 있다.

AI 리터러시 교육에도 초점을 맞출 필요가 있다. 학생들에게 인터넷에서 가져온 정보를 비판적으로 평가하도록 가르치고 있는 것과 마찬가지로, AI의 능력과 한계를 이해하도록 가르쳐야 한다. 단순히 AI 도구를 사용하는 것만을 의미하는 것은 아니다. AI 도구가 어떻게 작동하며, 어떤 편향성을 가질 수 있는지, 언제 사용하는 것이 적절한지 등을 이해하는 것을 의미한다.

공정성 문제를 해결하려면 학교, 정책 입안자, 기술 기업이 혼신의 노력을 다해야 한다. 경제적 여유가 있는 학생뿐만 아니라 모든 학생이 AI 도구에 접근할 수 있도록 보장해야 한다. 학교가 AI 기능을 갖춘 기기를 제공하거나 기술 기업과 협력해서 학생들이 공짜로, 혹은 저렴한 비용으로 교육용 AI 도구에 접속할 수 있도록 해야 한다는 의미다.

윤리와 개인정보 보호 측면에서는 명확한 지침과 정책이 필요하다. 학교와 교육구는 AI 도구를 도입하기 전에 해당 도구가 엄격한 개인정보 보호 및 윤리 기준을 충족하는지 꼼꼼하게 검토해야 한다. 또 학생들에게 데이터 개인정보 보호와 AI 사용의 윤리적 함의에 대해 교육해야 한다.

하지만 가장 중요한 것은 우리의 사고방식을 바꾸는 것이다. AI는 사라지지 않을 것이다. 사실 우리의 일상생활과 업무에서 점점 더 중요한 부분을 차지할 가능성이 크다. 교육자의 역할은 학생들을 AI로부터 보호하는 것이 아니다. 오히려 그들이 AI를 책임감 있고 효과적으로 사용할 수 있도록 준비시키는 것이다. 이는 학생들로 하여금 AI를 자신들을 대신하는 것이 아니라 능력을 보완해 주는 도구로 보도록 가르치는 것을 의미한다.

여기 여러분이 고려해야 할 비유가 있다. 자동차가 처음 확산되기 시작했을 때 안전 문제, 공정성(모든 사람이 자동차를 구매할 수 있었던 것은 아니다), 말 타기 기술 상실 가능성에 대한 우려가 분명 있었다. 하지만 자동차를 금지하는 대신 사회가 적응했다. 교통 법규, 운전자 교육, 안전 기능을 개발했다. 이 새로운 기술을 지원하기 위한 기반 시설도 구축했다. 그리고 모든 사람이 자동차를 소유하지는 않지만, 대중교통 시스템을 개발해서 접근성을 높였다.

교육 분야의 AI 도입도 마찬가지다. 우리는 '교통법규'(정책과 지침), '운전자 교육'(AI 리터러시), '안전 기능'(개인정보 보호 및 윤리적 기준)을 개발해야 한다. AI의 책임 있는 사용을 지원하면서 공평한 접근을 보장하도록 지원하는 교육 인프라를 구축해야 한다.

이것은 쉬운 일은 아니다. 지속적인 연구와 실험, 적응이 필요하다. 우리는 AI가 교육에 미치는 영향에 대해 더 많이 배우면서 접근 방식을 유연하게 조정하고 변화할 준비가 되어 있어야 한다. 하지만 개인 맞춤형 학습, 효율성 향상, AI가 주도하는 세계에 대한 더 나은 준비 같은 혜택은 이런 도전을 감당할 가치가 있다.

표 25 AI 도입 시 위험 요소 이해

위험	특징	도덕적 함의	실용적 함의	완화 전략
AI 알고리즘의 편향	AI 도구는 학습 데이터에 있는 편향을 강화, 특정 학생 그룹에 대한 불공정한 처우로 이어질 수 있다.	특정 인구 집단에 대한 특혜를 통해 불평등을 조장할 수 있다.	소수 집단에 속한 학생들은 부정확한 평가나 추천을 받을 수 있다.	의사 결정을 할 때 다양한 데이터 세트를 이용하고, AI 결과물을 검사하며, 사람들의 감시를 적용한다.
개인정보 침해 우려	AI는 대규모 학생 데이터를 필요로 하며, 이는 데이터 보안과 개인정보 침해 우려를 제기한다.	데이터 유출 혹은 개인정보 남용 위험이 있다.	학생의 개인정보 혹은 학습 기록들이 노출되거나 동의 없이 사용될 수 있다.	데이터 보호 법률(GDPR)을 준수하며, 암호를 사용하고, 데이터를 익명 처리하며, 이용자 동의를 받도록 한다.
AI에 대한 과도한 의존	학생과 교육자들은 비판적 사고와 창의성이 필요한 작업을 할 때 AI에 의존하게 된다.	독립적으로 문제를 해결하는 역량이 감퇴한다.	학습 과정에 대한 참여도가 줄어들고 AI가 만든 해답에 의존한다.	AI 사용과 수작업을 균형 있게 활용하고, 인간 주도형 성찰적 학습을 장려한다.
평등과 접근성 문제	학교 내 AI 도구에 대한 불평등한 접속은 디지털 격차를 악화한다.	자원이 풍부한 학교와 부족한 학교 간의 교육 격차가 확대된다.	일부 학생들은 AI 기술에 대한 접속 부족 때문에 심각한 불이익을 받을 수 있다.	정부와 민간 부문 간 협력을 통해 AI 도구를 배포하고 무료 또는 저비용 AI 자원을 제공한다.
표절과 학문적 성실성	AI 도구는 기성 제작 콘텐츠를 생성할 수 있으며, 이는 표절과 창의성 결여 작품 생산의 위험을 증가시킬 수 있다.	학술적 정직성을 훼손하고 학생들이 진실한 학습을 회피하도록 조장한다.	평가의 가치 및 학생 작업의 진정성이 줄어든다.	표절 탐지 도구를 사용하며, 학술적 진실성 교육을 장려하고, 학생들에게 AI 생성 콘텐츠를 적절하게 인용하도록 요구한다.

우리는 몇 가지 핵심 질문을 계속 던져야 한다. AI의 힘을 학습을 대체하는 것이 아니라 강화하는 데 사용하는 방법은 무엇일까? AI가 교육에

존재하는 격차를 더 넓히는 대신 평등을 촉진하는 힘이 되도록 하는 방법은 무엇일까? 단순히 AI를 사용하는 것이 아니라 윤리적이고 책임감 있는 방식으로 AI의 발전을 이끌어 나가도록 학생들을 준비시키려면 어떻게 해야 할까?

이 질문들에 대한 답변이 AI 시대 교육의 미래를 형성할 것이다. 그것은 도전으로 가득 차 있지만, 잠재력 충만한 미래다.

9.1.2 AI의 윤리적 활용: 표절 해결과 지적재산권

AI가 교육 과정에 더욱 깊이 뿌리내리면서, 학술적 정직성이나 지적재산권(IP)과 관련된 복잡한 도전 과제들이 대두되고 있다. 학교에서는 이러한 문제에 집중해야 하며, AI가 가져오는 기회와 위험을 균형 있게 고려해야 한다.

AI로 표절과 전쟁 벌이기

콘텐츠의 독창성을 검증하는 AI의 능력이 표절 탐지에 혁명적 변화를 몰고 왔다. 터니틴과 그래머리 같은 도구는 방대한 데이터베이스를 훑어본 뒤 몇 초 만에 복사된 내용을 식별해 낸다. AI 기반 표절 탐지는 출처를 정확히 짚어 주고, 콘텐츠의 원본성을 반영한 백분율을 제시해 상세한 통찰을 제공한다. 이는 표절을 억제하지만, AI 지원 작업과 순수한 표절 간의 경계는 모호해진다.

사례 연구

모든 학과에 터니틴을 도입한 보츠와나 대학교는 표절 사례가 가파르게 줄어드는 것을 목격했다. 도입 첫해에만 40%가 줄어들 정도였다. 터니틴으로 생성된 보고서는 학생들이 인용 오류를 이해하고 수정하는 데 도움을 주는 등 피드백에 핵심적인 역할을 했다. 그 결과 인용 정확도가 향상되고 연구 활동이 강화됐다. 이런 적극적인 접근 방식 덕분에 학생들의 연구 역량이 크게 향상되는 한편 정직과 지적 작업을 존중하는 문화를 조성할 수 있게 됐다(Hampton University, 2021).

하지만 AI를 활용해 표절을 탐지하는 것은 여전히 어려운 과제로 남아 있다. 예를 들어 챗GPT 같은 도구는 독창적인 콘텐츠를 생성하기 때문에 표절 검사 도구로 잡아내기 어렵다. 학교는 AI 사용에 대한 명확한 기준을 세우고, 어디까지가 허용되는 도움이고 어디서부터 학문적 부정행위에 해당하는지 분명히 해야 한다.

9.1.3 지적재산권 보호

AI를 활용한 교육 환경에서 지적재산권 보호는 새로운 해결 과제다. 교육 기관은 콘텐츠 제작 때 AI 사용 문제를 바로잡는 정책을 수립해 혁신을 촉진하면서도 지적재산권을 존중할 수 있도록 해야 한다.

지적재산권 관리를 위한 기술적 해결 방안

어도비 디지털 에디션(Adobe Digital Editions) 같은 디지털 저작권 관리(DRM) 시스템은 디지털 콘텐츠에 대한 접근을 통제해 무단 공유나 복제를 방지하는 데 도움을 줄 수 있다. 스탠퍼드 같은 대학들은 지적재산권에 대한 워크숍을 도입해 학생들에게 학술 작업에서 디지털 콘텐츠를 윤리적으로 사용하는 문제를 이해시키고 있다.

9.2 표절과 학문적 정직성

이 섹션에서는 AI로 촉발된 표절이 제기하는 도전 과제를 탐구하고, AI 기반 세계에서 학문적 정직성을 유지하기 위한 전략을 제시한다.

9.2.1 생성형 AI가 표절을 촉진하는 방법

다음 상황을 한번 생각해 보라. 어떤 학생이 책을 펴거나 독창적인 문장을 단 한 줄도 쓰지 않고 불과 몇 분 만에 어떤 주제에 대해서나 깔끔한 에세이를 생산해 낼 수 있다. 챗GPT 같은 생성형 AI 도구는 정보에 접근하고 종합하는 방식을 혁명적으로 바꿨다. 이 도구들은 어떤 주제에 대해서도 일관성 있고 잘 구성된 텍스트를 생성할 수 있다. 많은 학생들의 수준에 필적하거나, 심지어 뛰어넘는 지적 수준을 보여 주기도 한다. 지치지 않는 초지능 연구 보조원을 하루 24시간 언제나 맘대로 부릴 수 있는 것과 같은 상황이다.

하지만 문제가 있다. 이 기술은 학습과 창의성에 믿기 힘들 정도로 놀라운 가능성의 문을 열어 줬지만, 동시에 학문적 정직성과 관련해 전례 없는 어려움을 초래한다. 어떻게? 그 문제를 자세히 살펴보자.

첫째, 편의성과 속도의 문제가 있다. 과거에는 학생이 표절을 하려고 해도 일정한 노력이 필요했다. 관련 자료를 찾고, 복사하고, 붙여야 했다. 그런 다음 표절 탐지를 피하기 위해 내용을 재구성해야 했다. 물론 부정 행위이긴 했지만 여전히 자료를 살피고 다루는 작업이 필요했다. 이젠 어떤 학생이 AI에게 "프랑스 혁명의 원인을 다룬 5페이지 분량 에세이를 써줘"라는 프롬프트를 입력할 수 있다. 그리고 보라! 불과 몇 초 만에 표절 탐지기가 베낀 것이라고 표시하지 않을 완전하고 독창적인 에세이를 손에 넣게 된다.

이것은 표절 탐지 어려움이란 두 번째 문제로 이어진다. 전통적인 표절 검사기는 제출된 텍스트를 기존 자료 데이터베이스와 비교하는 방식으로 작동한다. 하지만 AI가 생성한 텍스트는 완전히 독창적인 경우가 많다. 학생이 직접 작성하지 않았는데도, 어디에서도 베끼지 않았다.

부분적 사용 문제도 있다. 어떤 학생이 AI를 아이디어 구상이나 에세이 구조를 짜는 작업, 혹은 지식의 공백을 메우는 데만 사용한다면 어떻게 될까? AI 사용이 '연구 도구'에서 '부정행위'로 넘어가는 경계선은 어느 지점일까? 이는 정의하기 어려운 회색 지대다. 경찰에게 호소하기엔 더 어려운 문제다.

다음 시나리오를 고려해 보라. 두 학생이 기후 변화에 대한 보고서를 작성하라는 과제를 부여받았다. A 학생은 몇 시간을 연구한 뒤 정보를 종합하고, 자기 논리를 구성한다. B 학생은 AI에 에세이를 생성하라는 프롬프트를 입력한 뒤, 30분 동안 "자기에게 더 잘 어울리게" 수정한다. 두 과제 모두 잘 썼을 뿐 아니라 사실적으로 정확할 수 있다. 심지어 유사한 아이디어를 표현할 수도 있다. 하지만 아이디어와 씨름하기, 비판적 사고 개발, 글쓰기 역량 같은 학습 과정은 완전히 달랐다.

이것은 또 다른 중요한 문제를 두드러지게 한다. 기울어진 운동장이 대두될 가능성이다. AI 도구에 대한 접근성이나 활용 능력이 뛰어난 학생은 동료들보다 굉장한 우위를 점할 수 있다. 하지만 이 영향은 단순히 평가의 공정성 문제를 넘어선다. 학생들이 작업을 완료하기 위해 AI에 과도하게 의존할 경우, 중요한 학습 경험을 놓치게 된다. 에세이를 작성하는 것은 단순히 최종 결과를 생산하는 것이 아니다. 아이디어와 씨름하고, 정보를 종합하며 자신의 목소리와 관점을 발전시키는 과정이다. AI가 중추적인 역할을 대신할 경우, 학생들은 이러한 다양한 인지적 훈련 기회를 상실하게 된다.

게다가 과도한 AI 의존은 일종의 지적 게으름으로 이어질 수 있다. AI에게 설명해 달라고 하면 되는데, 굳이 복잡한 개념을 이해하기 위해 노력할 필요가 있을까? AI가 미리 준비된 논리를 제공해 줄 수 있는데, 논쟁의 여지가 있는 주제에 대해 자기 의견을 형성하느라 시간을 할애할 필요가 있을까? 이는 AI에 명령어를 입력하는 데는 능통하지만, 기본적인 비판적 사고와 분석 역량이 부족한 학생 세대의 양산으로 이어질 수 있는 위험한 경사길과 같다.

학생들이 자신의 능력에 대해 왜곡된 인식을 갖게 될 위험도 있다. AI로 생성하거나, AI의 지원을 받은 과제를 제출해서 계속 좋은 성적을 받으면, 자기 역량을 과대평가하게 될 수도 있다. 하지만 취업 시장이나 고등 교육 기관에 진출해 갑자기 자기 능력에 의존해야만 하는 상황이 되면 불편할 진실에 직면할 수도 있다. 이런 문제는 교육자들도 마찬가지다. 온전히 학생의 힘으로만 과제를 한 것이라고 확신할 수 없다면, 교사들은 어떻게 학생의 이해도와 역량을 정확하게 평가할 수 있을까? AI로 포화된 환경에서 지식을 의미 있게 평가하고, 학습을 촉진하는 과제를 어떻게 설계할 수 있을까?

AI는 학문적 정직성에 심각한 도전 과제를 던져 주기도 하지만, 이와 동시에 기회도 선사한다. AI 도구는 책임감 있게 사용만 한다면, 강력한 학습 보조 도구가 될 수 있다. 학생들이 아이디어를 구상하고 복잡한 개념을 이해하며 심지어 글쓰기 능력을 향상하는 데 도움을 줄 수 있다.

이러한 문제와 씨름하는 과정에서, 새로운 기술이 학문적 정직성에 미치는 영향에 대한 우려가 새로운 일이 아니라는 점을 기억하는 것이 중요하다. 인쇄기, 계산기, 인터넷이 발명됐을 때도 유사한 논쟁이 벌어졌다. 매번 교육은 학습의 토대를 허무는 것이 아니라 향상하는 쪽으로 이런 기술들을 품어 왔다.

현재의 과제는 AI에 대해서도 같은 접근을 하는 것이다. 여기에는 교육 과정 설계와 평가 방법, 그리고 AI 시대에 원본 작업이 무엇인지에 대한 개념 자체의 변화를 비롯해 다각적인 접근이 요구된다. 창의성, 유연성, 그리고 교육에 대한 우리의 기본적인 가정 중 일부를 새롭게 고민하려는 의지가 필요하다.

다음 섹션에서는 AI를 활용한 표절을 방지하고 새로운 환경에서 학문적 정직성을 촉진하기 위한 전략을 몇 가지 탐구한다. 하지만 이렇게 하면서 기억해야 할 것이 있다. 우리의 목표가 단순히 부정행위자를 적발하거나, 교육을 학생과 AI 탐지 도구 간의 고양이-쥐 게임(cat-and-mouse game)[38]으로 변모시키는 것이 아니란 점이다. 오히려 진정한 학습 문화를 만드는 것이 우리의 목표다. AI가 인간적 사고와 창의성을 대체하는 것이 아니라 강화하는 도구 역할을 하도록 하는 것이다.

9.2.2 AI 활용 표절 방지 전략

앞서 살펴본 바와 같이, AI를 동원한 표절은 학문적 정직성에 심각한 위협이 된다. 하지만 두려워하지 말라. 이 문제를 직접적으로 해결할 전략이 있다. 교육자들이 AI 시대의 학문적 정직성을 유지하는 데 도움이 될 접근 방법을 몇 가지 살펴보도록 하자.

---

38) 고양이가 쥐를 가지고 마음대로 희롱하면서 괴롭히는 것처럼 어떤 사람이 상대방을 마음대로 조종하면서 가지고 노는 상태를 의미하는 말이다.

1. 교육과 인식 제고

AI를 동원한 표절의 첫 번째 방어선은 교육이다. 많은 학생들이 AI를 사용할 때 어떤 행위가 표절에 해당하는지 제대로 이해하지 못할 수도 있다. 연구에 AI를 사용하는 것이 부정행위인가? 아이디어 구상에 사용하는 것은? 교정에 사용하는 것은? 명확한 지침이 필수적으로 요구된다.

다음과 같은 내용을 포함하는 'AI 윤리' 교과를 도입하는 문제를 고려해 보라.

- AI는 무엇이며, 어떻게 작동하는가. (기본적인 용어)
- AI 도구의 능력과 한계는 무엇인가
- 학술 연구를 할 때 AI를 언제, 어떻게 윤리적으로 사용할 수 있는가
- AI 사용 시 투명성은 왜 중요한가

예를 들어, 학교는 AI 도구를 사용할 때 허용 가능한 것과 허용되지 않는 것을 명확하게 정리한 'AI 사용 정책'을 수립할 수 있다. 이는 시험 중 인터넷이나 계산기 사용에 대한 기존 정책과 유사할 수 있다.

학생들에게 AI를 윤리적으로 사용하는 방법을 가르치는 것은 매우 중요하다. 학교는 표절, 지적재산권, 투명성 같은 쟁점을 다루는 AI 윤리 관련 워크숍을 열 수 있다. 교육자는 학생들이 AI를 인간적 사고와 창의성을 대신하는 것이 아니라 지원해 주는 도구로 인식하도록 장려해야 한다. 한 가지 효과적인 방법은 학생들이 AI의 도움을 받아 한 과제를 제출할 때 '설명문'도 함께 내도록 하는 것이다. 이 설명문에는 AI를 어떻게 사용했으며, AI가 과제에 기여한 부분은 무엇인지 기술해야 한다.

2. 과제 다시 설계하기

전통적인 에세이 및 보고서는 AI 생성 콘텐츠의 표적이 되기 쉽다. 그

렇다면 그것들을 확 뒤흔들어 버리는 게 어떨까?

다음은 몇 가지 아이디어다.

다단계 과제: 프로젝트를 몇 단계(조사, 개요 작성, 초안 작성과 수정)로 나누고 단계마다 과제를 제출하도록 요구하라. 이 방법은 AI로 단순히 최종 완성품을 생성하는 것을 어렵게 만든다.

개인 맞춤형 주제: 학생들에게 일반적인 에세이 주제 대신 자신의 경험과 의견을 말하도록 요구하라. AI는 개인적 일화나 진정성 있는 의견을 위조할 수는 없다.

수업 중 글쓰기: 중요한 평가를 할 때는 AI 사용을 감시할 수 있는 통제된 환경에서 학생들이 글을 쓰도록 하는 방안을 고려해 보라.

멀티미디어 프로젝트: 학생들에게 글로 된 보고서 대신 팟캐스트, 동영상, 프레젠테이션을 제작하도록 하라. AI는 스크립트와 함께 도움을 줄 수는 있지만, 최종 제품을 내놓기 위해선 인간의 창의성과 노력이 필요하다.

협업 프로젝트: 동료 평가를 포함한 그룹 작업은 개인이 온전히 AI에만 의존하는 것을 더 어렵게 만들 수 있다.

예를 들어, 역사 교사는 '제1차 세계대전의 원인'이라는 표준 에세이 과제 대신 다음과 같은 것을 학생들에게 요구할 수 있다.

1. 주요 사건을 조사하고 타임라인 작성하기 (AI가 이 부분을 도울 수 있다)
2. 병사나 민간인의 관점에서 허구적인 일기 기록 작성하기 (창의성과 공감 능력 신장)
3. 수업에서 원자료 문서 분석하기 (비판적 사고 역량 평가)
4. 전쟁의 원인이 현재의 세계 긴장과 어떤 관련이 있는지 집단 토론하기 (지식을 현대 쟁점에 적용)

5. 선택한 멀티미디어 형식으로 연구 결과 발표하기

이런 다각적인 접근 방식은 생성형 AI로 전체 프로젝트를 완성하는 것을 훨씬 어렵게 하면서도 학생들이 AI를 연구나 아이디어 구상 도구로 활용할 수 있도록 해 준다.

3. 결과보다 과정 강조하기

전통적으로 학업 평가에서는 최종 결과물(에세이, 보고서, 시험 등)에 초점을 맞췄다. 하지만 이제 학습 과정에 좀 더 초점을 맞추는 쪽으로 바뀔 필요가 있다. 다음과 같은 방법을 통해 가능하다.

1. 학생들에게 다양한 단계(개요/초안)마다 작품을 제출하도록 한다.
2. 학생들에게 연구와 글쓰기 과정에 대해 성찰하는 학습 일지를 작성하도록 요구한다.
3. 학생들이 진행 중인 작업에 대해 피드백을 주고받는 동료 평가 회의를 실시한다.
4. 시간 경과에 따라 학생의 작업과 진전을 보여 주는 포트폴리오 평가를 사용한다.

예를 들어, 문학 수업에서 소설에 대한 최종 에세이 대신 다음과 같은 것을 제출할 수 있다.

- 첫 몇 장을 읽은 후의 초기 반응과 질문
- 책 중간까지 읽은 후 등장인물 분석 워크시트 완료하기
- 에세이 초안 개요
- 초안에 대해 받은 동료들의 피드백
- 최종 에세이
- 이런 과정을 통해 책에 대한 이해가 어떻게 발전했는지 성찰

이런 접근 방식은 전체 과제를 위해 AI를 사용하는 것을 더 어렵게 만들 뿐 아니라 자료를 좀 더 깊이 있게 살펴보도록 독려한다.

4. AI 리터러시와 비판적 사고 함양

AI를 앞지르려고 노력하는 대신 학생들에게 효과적이고 윤리적으로 AI와 협력하도록 가르쳐야 한다. 이 작업엔 학생들에게 AI가 생성한 콘텐츠를 비판적으로 평가하는 방법을 가르치고, AI를 아이디어 구상 도구로 활용하도록 독려하고, 비판적 사고를 활용해 아이디어를 발전시켜 나가도록 장려하는 것이 포함된다. 그런 다음엔 학생들에게 AI가 제공한 정보에 대해 사실 확인하고 검증하도록 요구해야 한다.

이 점을 설명하기 위해 과학 교사는 학생들에게 복잡한 개념에 대한 AI 생성 설명을 배부한 후, 각 부분을 검증하고 오류를 수정하며, 독자적인 연구와 이해를 바탕으로 더 자세히 설명하도록 요청할 수 있다.

5. AI 탐지 도구 (신중하게) 활용하기

AI 탐지 도구는 완벽하지는 않지만 빠르게 발전하고 있다. GPT제로(GPTZero)나 오픈AI의 AI 텍스트 클래시파이어(AI Text Classifier) 같은 도구는 AI로 생성한 텍스트를 식별하는 데 도움을 줄 수 있다. 그러나 이런 도구는 신중하게 다른 전략과 결합해서 사용하는 것이 중요하다. 긍정 오류가 발생할 수 있으며, AI 도구에 과도하게 의존할 경우엔 교사와 학생 사이에 적대적인 관계가 형성될 수도 있다.

이 도구는 처벌용보다는 교육 보조 도구로 활용하는 것을 고려하라. 예를 들어, 학생들에게 AI가 생성한 텍스트를 탐지할 수 있다는 것을 설명하기 위해 이런 도구가 어떻게 작동하는지 보여 주면서 AI 글쓰기와 인간 글쓰기의 특징에 대한 토론 주제의 일부로 활용하라. 혹은 학생들이 그 도구들을 이용해 자신의 작업 중에 얼마나 많은 부분에 AI로 생성했다는 표시를 해야 할지 알아보도록 하라. 기억하라. 목표는 진정한 학습과 윤리적인 AI 사용을 장려하는 것이다.

6. 투명성과 적절한 인용 장려하기

학생들에게 출처를 인용하는 방법을 가르치는 것처럼, AI 사용에 대해서도 투명하게 밝히도록 가르쳐야 한다. 다음과 같은 방법으로 할 수 있다.

- AI 지원을 언급하는 표준 형식 만들기 (예: "챗GPT를 활용한 브레인스토밍")
- 학생들이 작업을 할 때 AI를 어떻게 사용했는지 설명하도록 장려하기
- AI를 사용한 경우 처벌하는 대신, 정직하고 투명하게 밝힐 경우에 보상하기

정책은 다음과 같이 명시할 수 있다. "작업에 명확하게 인용하기만 하면, AI 도구를 브레인스토밍, 연구 지원, 교정 등에 사용하는 것은 허용된다. 다만 작업에 명확히 인용되어야 한다. AI가 생성한 텍스트를 자신의 글로 제출하는 것은 허용되지 않는다."

7. 적응형 평가 기술

AI 기술이 발전함에 따라 평가 기술도 함께 발전해야 한다. 혁신적인 접근 방식에는 학생들이 자신의 사고 과정을 설명하는 구두시험이나 프레젠테이션, 통제된 환경에서 짧은 글을 작성하는 실시간 글쓰기 과제, 현실 세계 문제에 지식을 적용해야 하는 프로젝트 기반 평가, 학생들이 실시간으로 자신의 아이디어를 방어해야 하는 논쟁식 평가 등이 있다.

예를 들어, 역사 수업에서 서면으로 된 시험 대신 학생들은 '역사 핫시트(hot seat)'[39]에 참여할 수 있다. 이 활동에서 학생들은 역사적 인물의 역할을 맡아 동료와 교사의 질문에 답변한다.

8. 교육자를 위한 지속적인 전문성 개발

AI 환경은 빠르게 발전하기 때문에 교육자들도 보조를 맞춰야 한다. 학교는 다음과 같은 지원을 제공해야 한다.

- 최신 AI 도구와 교육적 영향에 대한 정기적인 훈련
- AI의 공세를 견딜 수 있는 과제 설계에 관한 워크숍
- 우수 사례 공유와 도전 과제 토론을 위한 포럼

교직원을 위한 '교육 AI(AI in Education)' 연례 콘퍼런스를 개최하면 모든 구성원이 최신 정보를 접하고 AI 정책과 실천 방안에 발맞추는 데 도움이 된다.

9. 기술 기업 및 연구자들과 협력

학교는 이 문제를 혼자 붙들고 있어서는 안 된다. 기술 기업이나 연구자들과 협력하면 다음과 같은 도움을 받을 수 있다.

- 학습을 촉진하면서 부정행위를 방지하는 교육 전용 AI 도구를 개발한다.
- 교육 환경에 적합한 좀 더 나은 AI 탐지 도구를 개발한다.
- 교육에서 AI 사용의 영향에 대한 연구를 수행한다.

---

39) 핫시트(Hot Seat) 게임은 의자에 앉아 있는 친구에게 팀원들이 영어로 해당 낱말을 설명하는 게임이다. 표정이나 동작으로 설명하는 셔레이드(Charades)와 달리 핫시트에서는 말로만 설명해야 한다.

예를 들어, 교육구는 지역 대학의 컴퓨터과학과와 협력해 AI 강화 학습 도구를 개발하고 테스트할 수 있다.

10. 명확한 정책과 처벌 조치

예방과 교육에 초점을 맞추는 것이 중요하지만, AI 기반 표절에 대한 명확한 정책과 처벌 조치는 여전히 필요하다.

- 명확하고 포괄적인 AI 사용 정책을 수립한다.
- 학생과 학부모가 정책을 이해하고 동의하도록 한다.
- 정책 위반 시 공정하고 일관성 있는 처벌 조치를 시행한다.
- 실수에서 만회하고 배울 기회를 준다.

예시 정책에는 단계별 처벌 체계가 포함될 수 있다. 처음 위반할 경우엔 AI 윤리 교육을 의무적으로 받도록 하며, 반복해서 위반하면 좀 더 엄격한 학문적 처벌을 내린다.

AI를 활용한 표절은 단순한 금지나 탐지를 넘는 다각적인 접근이 필요하다. 교육, 학습, 평가에 대한 접근 방식을 근본적으로 재고해야 한다는 의미다. 이러한 전략을 통해 AI의 이점을 수용하면서도 교육의 정직성과 가치를 유지하는 학습 환경을 만들 수 있다. 우리는 학생들이 AI와 효과적이고 윤리적으로 협력할 수 있도록 준비시키고 있다.

9.3 학습과 문제 해결 때 AI에 과도한 의존

교육 분야에서 AI를 수용하기 위해 급하게 움직이다 보면 자신이 만든 함정에 빠질 위험이 있다. 즉시 답을 얻고 노력 없이 문제를 해결하려는 유혹에 넘어가면 비판적 사고가 사라지고 진정한 학습이 효율성에 밀려나는 길에 다다를 수 있다. 이 섹션에서는 교육 분야에서 AI에 과도하게 의존하는 위험을 탐구하고, 균형 잡힌 AI 사용을 촉진하기 위한 전략을 제시한다.

9.3.1 과도한 의존의 위험

AI에 대한 과도한 의존이 몰고 올 가장 절박한 위험은 기본적인 인지 능력 퇴화다. 근육을 규칙적으로 사용하지 않으면 약해지는 것처럼, 사고 행위를 계속 AI에 떠넘기면 우리의 정신적인 기능이 퇴화할 수 있다.

비판적 사고, 문제 해결, 창의성은 타고난 것이 아닐 뿐 아니라, 변하지 않는 능력도 아니다. 연습과 노력으로 갈고닦는 역량이다. AI에 과도하게 의존해 AI가 우리 대신 생각을 하도록 하면 이런 중요한 능력을 날카롭게 다듬어 주는 경험을 스스로 박탈해 버리는 것이다.

수학 교육을 예로 들어 보자. 계산기가 널리 보급되자 학생들이 암산 능력을 잃을 것이라는 우려가 제기됐다. 이러한 우려는 완전히 근거 없는 것은 아니었다. 하지만 더 복잡한 문제를 해결하는 계산기의 이점이 이런 단점을 상쇄하고도 남았다. 이제는 단순히 계산만 하는 것이 아니라, 방정식을 세우고, 적절한 수학적 기법을 선택하며, 풀이 과정을 단계별로 설명해 주는 AI가 등장했다. 겉보기에는 수학을 어려워하는 학생들에게 큰 도움이 될 것 같지만, 오히려 수학 개념에 대한 피상적인 이해로 이어질 수도 있다. 학생들이 직접 수학적 아이디어와 씨름하면서 얻는 깊고 직관적인 이해 대신, 단순한 문제를 AI에 입력하는 데만 익숙해질 위험이 있기 때문이다.

이 시나리오는 수학에 한정되지 않는다. 문학 수업에서는 AI가 주제, 인물, 상징성에 대해 바로 분석해 줄 수 있다. 역사 수업에서는 사건을 요약하고 연결점을 찾아내며, 심지어 역사적 인과관계에 대한 논리를 구성할 수도 있다. 과학 수업에서는 복잡한 현상을 설명할 뿐 아니라 실험을 설계할 수도 있다. 이 모든 정보는 의심의 여지 없이 가치가 있다. 이런 통찰을 스스로 발견하는 과정은 학습의 중요한 부분이다. AI에 지나치게 의존하면 학생들이 적극적이고, 참여적인 학습자가 되는 대신 단순한 정보 소비자로 전락하는 위험에 빠질 수 있다.

과도한 AI 의존이 가져올 또 다른 심각한 위험은 지적 호기심과 회복력 상실이다. 한번 검색만으로 항상 답을 얻게 되면 탐구하고 궁금해하거나, 불확실하거나 모호한 상태와 씨름하려는 동기가 사라질 수 있다. 이해하려는 노력, 어려운 개념과 씨름하면서 경험하는 좌절감, 또는 마침내 이해되기 시작하는 유레카(Eureka) 순간은 학습의 부수적인 요소가 아니다. 깊고 지속적인 이해의 필수 구성 요소다. 학생들이 AI에 과도하게 의존하면 이런 중요한 경험을 상실할 수도 있다.

또 이런 과도한 의존은 잘못된 자신감으로 이어질 수 있다. 답을 찾을 때마다 AI로 눈을 돌리는 학생들은 자신의 이해력과 능력을 과대평가할 수 있다. 특정 업무 상황이나 고부담감 시험처럼 AI 지원이 불가능하거나 적절하지 않은 상황에 맞닥뜨리면 이처럼 과대평가된 자신감이 무너질 수 있다.

AI에 대한 과도한 의존이 몰고 올 영향을 분석하려면 그림 7을 참고하라. 이 다이어그램은 자기강화 사이클을 보여 준다.

- AI 설루션에 쉽게 접속
- 독립적인 문제 해결 노력 감소
- 비판적 사고 역량 퇴화
- AI 의존 증가
- 독립적인 문제 해결 노력 더 감소

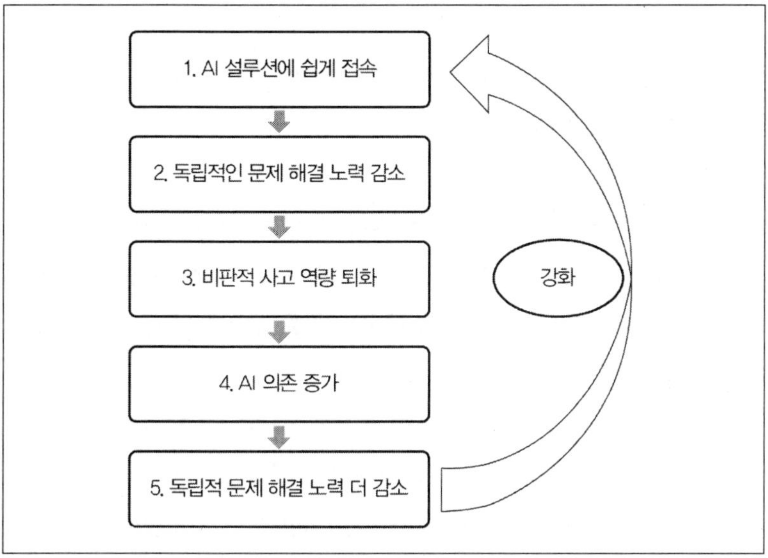

그림 7 AI 과다 의존의 영향

이 사이클은 학생들의 비판적 사고와 독립적 문제 해결 능력의 점진적인 저하로 이어질 수 있으며, 시간이 지날수록 AI 도구 의존도가 높아진다.

중요한 것은 이런 위험이 AI 사용 자체에 있는 것이 아니라 과도한 사용이나 오용 때문이란 사실을 유의해야 한다는 점이다. AI는 신중하게 사용하면 학습을 강화하는 매우 강력한 도구가 될 수 있다. AI의 장점을 적극적으로 활용하면서도, 진정한 배움과 지적 성장을 위해 반드시 필요한 기술과 태도를 함께 길러 내는 균형점을 찾는 것이 우리의 도전 과제다.

9.3.2 균형 잡힌 AI 활용 장려

AI에 대한 과도한 의존이 가져올 위험에 대해 간단하게 설명하고 나면 다음과 같은 질문이 제기된다. 교육 분야에서 AI의 힘을 활용하면서도 과잉 의존의 함정에 빠지지 않으려면 어떻게 해야 할까? AI 이용에 대해 균형 잡힌 접근을 하도록 장려하는 것이 핵심이다. AI를 인간 지능을 향상하는 도구로 보는 것이다.

첫째, 교육 분야에서 AI의 역할에 대한 인식을 전환해야 한다. AI를 답을 찾는 단축키나 생각을 대신해 주는 존재로 보는 대신, 학습 과정의 협력자로 생각해야 한다. 이런 관점 변화는 AI를 교육과 학습 실천에 도입하는 방식을 안내할 수 있다.

한 가지 효과적인 전략은 AI를 종착점이 아니라 더 깊은 탐구를 위한 도약대로 사용하는 것이다. 제1차 세계대전의 원인에 대해 공부하는 역사 수업을 예로 들어 보자. 학생들은 AI를 활용해 전쟁의 원인이 된 초기 사건 목록을 만들 수 있다. 하지만 교사는 여기서 멈추지 않고 학생들에게 이 목록을 비판적으로 평가하도록 권유할 수 있다. AI가 놓친 추가 요인을 연구하며, 다양한 원인의 상대적 중요성에 대해 자신의 논리를 구성하도록 유도하는 것이다. 이런 방식으로 AI는 연구 작업을 대신해 주는 것이 아니라, 연구의 출발점 역할을 한다.

또 다른 접근 방식은 학생들에게 AI를 자신의 사고를 향상하는 도구로 사용하는 방법을 분명하게 가르치는 것이다. 이는 단순히 AI 인터페이스를 조작하는 방법을 기술적으로 가르쳐 주는 것을 뛰어넘는다. 학생들에게 AI가 내놓은 결과물에 대해 비판적으로 접근하고, AI의 한계와 잠재적 편향을 이해하도록 가르치는 것이다. 또 AI를 자신의 인지 과정을 대신하는 것이 아니라 지원하도록 사용할 수 있게 가르치는 것도 포함한다.

예를 들어, 글쓰기 수업에서 학생들은 AI를 아이디어를 생성하는 브레인스토밍 도구로 사용하는 방법을 배울 수 있다. 그런 다음엔 그 아이디어를 비판적으로 평가하고 확장하며, 자신의 독창적인 논리에 통합하

표 26 학습에서 균형 잡힌 AI 사용을 위한 프레임워크

학습 활동	적절한 AI 사용	강조할 인간 중심 역량
연구	빠른 정보 수집, 관련 자료 찾기	자료 비판적으로 평가, 정보 종합, 독창적 연구 질문 수립
글쓰기	문법과 스타일 제안, 아이디어 생성	독창적 논증 개발, 개인적 목소리 만들기, 특정 대상에 적합한 맞춤형 소통
문제 해결	해결 전략 제공, 계산 확인	새로운 접근 방식 탐색, 실제 상황에 적용 가능한 해결책, 논리적 근거 설명
창의적 프로젝트	영감과 아이디어 생성	독창적 콘텐츠 생성, 아이디어의 혁신적 결합, 개인적 표현
협업	일정과 작업 관리	대인 간 소통

게 된다. 또 AI를 글쓰기 피드백 도구로 활용하도록 권할 수도 있다. 하지만 이때 학생들은 AI의 모든 제안을 무분별하게 그대로 따르기보다는 비판적으로 평가할 필요가 있다는 점을 이해해야 한다.

교육 과정 설계는 균형 잡힌 AI 활용을 촉진하는 데 중요한 역할을 할 수 있다. 과제와 평가는 AI가 쉽게 모방할 수 없는 역량을 요구하도록 설계해야 한다. 이를테면 창의적 문제 해결, 감정 지능, 윤리적 추론, 새로운 아이디어 생성 능력 같은 것들을 포함해야 한다. 이 점에서는 연구, 창의성, 협업, 지식의 실용적 적용 같은 것을 결합해야 하는 프로젝트 기반 학습이 특히 효과적일 수 있다.

표 26에 주목하라. 이 표는 학습의 다양한 측면에서 균형 잡힌 AI 사용을 위한 프레임워크를 요약해 준다.

이 프레임워크는 AI를 인간 역량을 대체하는 것이 아니라 지원하고 강화하는 수단으로 활용해야 한다고 강조한다. 교육자들은 이런 균형 문제를 놓고 학생들과 명확하게 논의하는 것이 중요하다. 그렇게 함으로써 언

제, 어떻게 효과적으로 활용해야 할지 알 수 있도록 도와줘야 한다.

균형 잡힌 AI 사용을 촉진하는 또 다른 핵심 요소는 학생들 사이에서 성장 마인드를 키우는 것이다. 학생들이 도전과 어려움을 맞닥뜨렸을 때 AI로 시선을 돌려 피하지 말고, 성장의 기회로 받아들이도록 독려해야 한다. 이를 위해선 결과만큼이나 노력을 중요하게 평가하는 교실 문화를 조성해야 한다. 실수를 학습의 기회로 보는 문화, 어려운 아이디어와 씨름하는 과정이 축하받는 문화가 필요하다는 의미다.

교육자들은 자신이 배우는 과정에서 겪은 어려움이나 불확실함까지 학생들과 솔직하게 나눔으로써, 이러한 학습 방식을 모범적으로 보여 줄 수 있다. 또 교육자는 의도적으로 학생들을 편안한 영역 바깥으로 내모는 학습 경험을 설계할 수 있다. 이를테면 AI에 입력해서 손쉽게 바로 해결할 수 없는 문제와 씨름하도록 독려할 수도 있다.

AI 사용의 윤리적 측면을 다루는 것도 중요하다. 학생들은 AI에 의존하는 것이 어떤 함의를 갖는지 고려하도록 교육받아야 한다. 이를테면 개인정보 보호, 데이터 보안, 그리고 AI가 편향을 지속하거나 더 강화할 가능성을 이해해야 한다. 이 윤리적 프레임워크는 학생들이 AI에 좀 더 세련되고 책임감 있게 접근하는 능력을 개발하는 데 도움이 된다.

마지막으로, 균형 잡힌 AI 사용을 장려하는 것은 일회성이 아니라 지속적으로 해야 한다는 점을 기억해야 한다. AI 기술이 발전함에 따라, 교육에 AI를 도입하는 전략도 함께 발전해야 한다. 교육자와 교육 기관, 학생 모두 지속적인 학습과 적응에 힘써야 한다. 교육에서 AI에 과도하게 의존하지 않으려면, 사용을 제한하는 데 초점을 두는 것이 아니라 깊이 있는 이해, 비판적 사고, 인간만이 가진 고유한 역량을 우선시하는 더 넓은 교육적 접근 속에 AI를 신중하게 도입하는 것이 핵심이다.

9.4 AI 강화 교육에서 공정성 보장하기

AI는 고품질 교육 자원과 맞춤형 학습 경험을 누구나 향유할 수 있도록 해 줄 잠재력을 갖고 있다. 반면 기존 교육 불평등을 악화하고 새로운 불평등을 조장할 위험이 있다. 이 섹션에서는 AI 강화 교육에서 공정성을 보장하는 과제를 탐구하고, 좀 더 포용적인 AI 기반 학습 환경을 창출하기 위한 전략을 제안한다.

9.4.1 디지털 격차 2.0: AI 접근성과 리터러시

디지털 교육에서의 공정성에 대한 대화는 종종 컴퓨터와 인터넷에 쉽게 접근할 수 있는 사람들과 그렇지 못한 사람들 사이의 간격인 '디지털 격차'에 초점을 맞춘다. 교육 분야에 AI가 도입되면서 우리는 '디지털 격차 2.0'이라고 부를 수 있는 것에 직면하게 된다. AI 도구 접근성과 활용 능력을 기반으로 한 교육 불평등의 새로운 전선이다.

새로운 격차는 여러 가지 방식으로 나타난다. 가장 기본적인 수준에서는 AI로 구동되는 교육 도구 접근 문제가 있다. 이런 도구를 사용하기 위해서는 고속 인터넷 연결, 최신 하드웨어, 그리고 때로는 비싼 구독 서비스가 필요하다. 이런 고급 학습 도구는 사용료가 너무 비싸 빈곤 지역 학교와 학생들은 접근하기 어려울 수 있다. 그 여파로 일부 학생들은 AI 강화 교육의 혜택을 받는 반면 다른 학생들은 뒤처지는 이중 구조를 초래한다.

하지만 단순한 접근성 격차에 그치는 것이 아니다. 학생들이 AI 도구에 접속하더라도 AI 시스템을 효과적이고 비판적으로 활용하는 능력인 'AI 리터러시' 문제가 남아 있다. 가정에서 일찍부터 AI 기술에 자주 노출

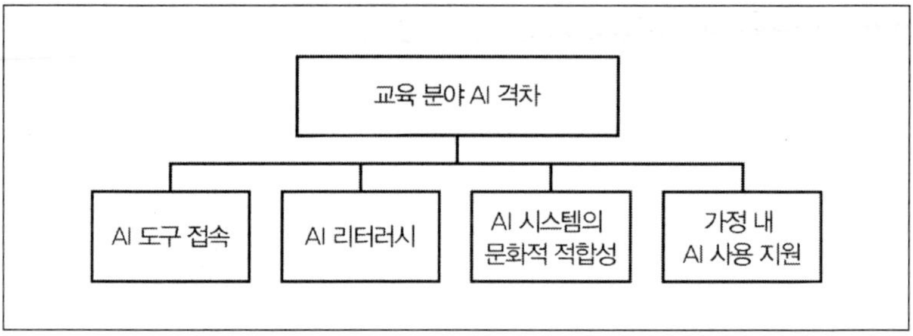

그림 8 교육 분야 AI 격차의 차원

된 특권층 학생들은 교실에서 처음으로 이런 도구를 접하는 동료들보다 상당한 우위를 점할 수 있다.

게다가 많은 AI 시스템은 주로 서구의(western), 교육 수준이 높고(educated), 산업화된(industrialized), 부유하고(rich) 민주적인(democratic) 집단, 즉 이상하다(WEIRD) 할 수 있는 특수한 인구 집단에서 수집된 데이터로 개발되고 훈련되었다. 이렇게 개발된 AI 도구는 다양한 문화적, 언어적 배경을 가진 학생들이 사용할 때는 덜 효과적이거나 심지어 편향된 결과를 나타낼 수도 있다.

이런 새로운 디지털 격차의 다면적인 특성을 보여 주기 위해 그림 8을 참고하라.

그림 8의 다이어그램은 AI 격차의 네 가지 핵심 차원을 보여 준다.

1. AI 도구 접근성
2. AI 리터러시
3. AI 시스템의 문화적 적합성
4. 가정 내 AI 사용 지원

이 중 어느 하나라도 적절히 해결되지 않으면 교육 불평등 조장에 기여할 수 있다.

9.5 비용 효율적인 AI 설루션 도입

학교가 교육에 AI를 도입할 때 직면하는 가장 큰 장애는 비용이다. 특히 자원이 부족한 지역의 학교들은 혁신적인 AI 기술을 도입할 예산이 부족할 수 있다. 그러나 이런 한계를 극복하고 비용 효율적인 AI 설루션을 도입할 수 있는 전략은 여러 가지가 있다. AI 기술에 공평하게 접근할 수 있도록 보장하는 것은 교육 경쟁을 하는 운동장을 평평하게 하고, 디지털 격차가 더 확대되는 것을 방지하는 데 필수적인 요소다.

9.5.1 오픈소스 AI 도구

무료로 제공되는 오픈소스 AI 도구를 활용하면 상당한 재정 투자 없이 교실에 고급 기술을 도입할 수 있다. 이런 플랫폼은 개별 학교와 학생의 교육적 요구에 적합하도록 맞춤형으로 제공될 수 있어 AI 교육을 더 접근하기 쉽게 만들어 준다. 이번 섹션에서는 다양한 오픈소스 생성형 AI 도구에 대해 논하고, 그것들을 교육적 목적으로 어떻게 사용할 수 있는지 살펴본다. 특히 학생들이 창의적 글쓰기, 시각 예술, 음악 생성 등을 탐구하는 데 AI가 어떻게 활용될 수 있는지 논한다.

오픈소스 AI 도구는 또한 모든 사회경제적 배경의 학생들이 이런 기술에 접근할 수 있도록 도와준다.

오픈소스 AI 도구 예시

GPT-네오(GPT-Neo): GPT-네오는 GPT-3 및 GPT-4와 같은 상용 모델의 대안으로 사용할 수 있는 무료 오픈소스 모델이다. 학교에서 창의적 글쓰기 연습, 챗봇 개발, 에세이 작성 등을 위한 텍스트 생성 도구를 도입하는 데 안성맞춤이다. 학생들은 대규모 언어 모델(LLMs)이 간단한 프롬프트를 통해 어떻게 일관되고 의미 있는 텍스트를 생성하는지 탐구할 수 있다.

수노 AI(Suno AI): 수노 AI는 생성형 음성 및 음악 모델을 제공한다. 미디어 제작이나 디지털 스토리텔링을 공부하는 학생들은 프로젝트에 음성 복제, 음악 생성, 내레이션 추가 등을 실험해 볼 수 있다. 수노 AI는 오디오 공학과 엔터테인먼트 산업에 AI를 적용한 사례를 보여-준다.

레오나르도 AI(Leonardo AI): 이 AI 도구는 실제 같은 시각 자료와 판타지 시각 자료를 생성하는 데 특화되어 있다. 디자인 프로젝트와 게임 개발용으로 아주 좋다. 레오나르도 AI는 학생들이 애니메이션, 비디오 게임, 기타 시각 미디어 프로젝트를 위한 콘셉트 아트(concept art)[40]를 생성할 수 있도록 지원하며, 혁신적인 AI를 통해 창의성을 촉진한다.

GPT4All: GPT4All은 사용자가 자신들의 기기에서 모델을 실행할 수 있는 오픈소스 AI다. 학교는 언어 처리, 에세이 작성, 코딩 과제 부여, 소규모 연구 프로젝트 등 교육 목적으로 활용할 수 있으며, 생성형 AI에 대한 폭넓은 실습 경험을 제공한다.

---

40) 콘셉트 아트는 영화, 비디오 게임, 애니메이션, 만화 등에서 사용하는 디자인, 분위기 등을 최종 제품으로 완성 전에 구상한 일러스트레이션의 한 형태다.

표 27 교육용 오픈소스 AI 도구

생성형 AI 도구	목적	교육 적용	비용
GPT-네오	텍스트 생성	에세이 쓰기, 창의적 글쓰기, 챗봇 생성	무료
달리 미니	텍스트-투-이미지 생성	예술과 디자인 프로젝트, 비주얼 광고	무료
딥드림	이미지 생성과 조작	디지털 예술, 창의적 비주얼 프로젝트	무료
리퓨전	이미지로부터 음악 생성	음악 생산, AI 기반 음성 디자인 탐구	무료
아트브리더	이미지 생성과 모핑[41]	시각 예술, 디자인, 창의적 미디어	무료
수노 AI	생성형 음성 및 음악 모델	오디오 스토리텔링, 음악 생산, 미디어 창작	무료
레오나르도 AI	콘셉트 예술을 위한 시각물 생성	게임 개발, 애니메이션, 시각 디자인	무료 (유료 옵션)
GPT4All	텍스트 생성, 코딩, 연구	코딩 과제, 에세이 쓰기, NLP 과제	무료

이런 오픈소스 생성형 AI 도구는 교육 환경에서 창의적 탐구를 위한 강력한 플랫폼이 되어 준다.

9.5.2 무료 또는 저가형 교육용 AI 자료

GPT-네오, 달리 미니, 레오나르도 AI 같은 오픈소스 도구를 교육 과정에 도입하면, 교사들은 산업을 변화시키고 있는 기술, 산업 현장에서 사용하

41) 생성형 AI 도구를 활용해 한 이미지에서 다른 이미지로 자연스럽게 변하는 영상을 만들거나 프레젠테이션에서 시각적 전환 효과를 만드는 기술을 의미한다.

는 것과 동일한 기술을 직접 체험할 기회를 학생들에게 선사할 수 있다. 예를 들면 다음과 같은 것들이 있다.

- **미술 수업:** 달리 미니나 아트브리더(Artbreeder) 같은 도구는 텍스트 프롬프트를 입력하면 독창적인 예술 작품을 생성할 수 있다. 이를 통해 창의성과 AI 생성 예술 과정에 대한 이해를 향상할 수 있다.
- **창의적 글쓰기:** 학생들은 GPT-네오를 활용해 텍스트를 생성하고 새로운 글쓰기 스타일을 탐구할 수 있다. 교사는 학생들이 AI가 생성한 제안을 출발점으로 삼아 독창적인 이야기, 에세이 혹은 대화를 발전시켜 나가도록 독려할 수 있다.
- **음악 제작:** 리퓨전(Riffusion)과 수노 AI는 음악과 AI가 만나는 지점에 대해 탐구할 기회를 안겨 준다. 이런 플랫폼을 통해 학생들은 AI 모델이 음악 창작과 음향 공학에 어떻게 영향을 미치는지 배울 수 있다.
- **게임 및 애니메이션 디자인:** 학생들은 레오나르도 AI를 활용해 비디오 게임, 영화, 애니메이션을 위한 콘셉트 아트를 제작할 수 있다. 이 과정을 통해 미디어 제작에서 AI가 창의적 워크플로를 가속화하고 향상하는 방법을 배울 수 있다.

교육용으로 특별히 설계된 AI 도구의 상당수는 무료나 소액의 비용만으로 이용할 수 있다. 이런 도구는 교육과 학습을 편하게 해 줄 뿐 아니라 학생들에게 미래에 접할 수 있는 실용적인 AI 응용 프로그램을 경험할 수 있게 해 준다.

구글 포 에듀케이션(Google for Education)은 교육 및 행정 업무를 모두 향상하는 데 사용할 수 있는 AI 기반 도구 세트 전체를 제공한다. 예를 들어 구글 시트는 AI 기반 데이터 분석 기능을 갖추고 있어 학생들이 실제 데이터 과학 프로젝트에 참여할 수 있도록 해 준다. 이 플랫폼은 또한 오토ML에 무료 접속할 수 있도록 해 준다. 따라서 학교는 이를 이용해 프로그래밍 경험 없이도 맞춤형 머신러닝 모델을 생성할 수 있다.

반면, 칸미고 같은 플랫폼은 AI를 활용해 학생들에게 개인 맞춤형 학습을 구현할 수 있다. 이 시스템은 개별 학생의 성적에 따라 수업을 조정하여 학생들이 어려움을 겪는 부분에 맞춤형으로 지원한다. 이러한 AI 기반 설루션은 무료로 사용할 수 있다. 교사들은 추가 소프트웨어 없이도 맞춤형 지도를 할 수 있다.

일부 학교는 AI 도구에 대한 공평한 접근을 보장하기 위해 정부 보조금 프로그램에 참여하거나 기술 기업들과 협력을 한다. 이를 통해 AI 도구 사용료를 할인받거나, 무료 접근 권한을 얻고 있다. 예를 들어, 미국에서 시행되는 '브로드밴드 부스트(Broadband Boost)' 보조금 프로그램은 농촌 지역 학교에 고속 인터넷 설치를 촉진하고 있다. 고속 인터넷은 클라우드 기반 AI 도구 접속을 위한 필수 단계다.

학교는 학생들에게 AI 실습 경험을 제공함으로써 학습을 더 흥미롭고 현실 세계 문제와 관련 있도록 만들 수 있다. 또 오픈소스 플랫폼은 학생들이 AI 기술을 독자적으로 탐구하고 실험하도록 장려함으로써 기술적 소양을 구축하는 기반이 되어 준다.

9.6 협력과 제휴

협업과 제휴는 예산이 제한적인 학교에서 AI 도구를 성공적으로 도입하기 위한 중요한 전략이다. 학교는 기술 공급업체, 지역 사회, 비영리 단체, 정부 기관과 협력함으로써 외부 자원을 활용할 수 있다. 이를 통해 학생과 교육자들은 AI를 효과적으로 활용하는 데 필요한 하드웨어, 소프트웨어, 교육에 접근할 수 있다. AI 기술에 대한 공평한 접근은 디지털 격차를 해소하는 데 핵심으로, 어떤 배경을 갖고 있는 학생이라도 기술적 진보의 혜택을 누릴 수 있도록 보장해 준다.

9.6.1 기술 제공업체와 제휴 맺기

많은 기술 기업이 학교가 AI 도구를 교육 과정에 도입할 수 있도록 교육 프로그램과 할인 서비스를 제공하고 있다. 이런 제휴는 학교에 필요한 AI 소프트웨어를 공급할 뿐만 아니라, 교사들이 교실에서 이런 기술을 효과적으로 구현하기 위해 필요한 교육까지 담당해 준다.

'학교를 위한 기술(Tech for Schools)' 이니셔티브는 이러한 제휴 관계가 어떻게 작동하는지 잘 보여 주는 좋은 사례다. 정부와 기술 기업 간의 이런 협력은 자원이 부족한 학교에 교사와 학생용 AI 도구가 설치된 노트북PC와 태블릿을 기증한다. 또 마이크로소프트의 '세상을 이롭게 하는 AI(AI for Good)'와 구글의 '다음 세대 교육자(Next-Gen Educators)' 같은 프로그램은 학교에 클라우드 기반 AI 플랫폼을 무료 제공한다. 이와 함께 교육자들을 위한 전문 개발 워크숍도 실시한다.

이런 제휴를 통해 학교에서는 AI 도입 비용을 전부 부담하지 않고도 필요한 기술 인프라를 구축할 수 있다. 또 이런 제휴에는 지속적인 교육과 지원이 수반되는 경우가 많다.

9.6.2 지역 사회 및 단체와 협력하기

학교는 AI 도입을 위한 자원을 확보하기 위해 지역 사회나 교육 단체와 협력할 수도 있다. 코드닷오알지(Code.org) 같은 많은 비영리 단체는 소외된 학생들이 기술 학습을 받을 수 있도록 설계된 AI와 컴퓨터 과학 교육 프로그램을 운영한다. 또 지방 정부는 보조금이나 인프라 개선을 지원한다. 예를 들어 브로드밴드 부스트 지원금(Broadband Boost Grant)은 학교에서 AI 응용 프로그램을 효과적으로 실행할 수 있는 고속 인터넷을 확보할 수 있도록 해 준다.

지역 단체와 제휴해 자원봉사 전문가를 유치할 수도 있다. 이들은 교사들에게 AI 사용 방법을 가르치거나, 학생들의 멘토 역할을 하는 등의 도움을 줄 수 있다. AI를 전공한 지역 자원봉사자나 대학생들은 AI 기반 프로젝트를 이끌어 주고 교사와 학생 모두에게 멘토링을 하는 등 소중한 지원을 제공할 수 있다.

9.7 한정된 자원 활용을 위한 창의적인 해결책

전통적인 자금 지원과 제휴 관계가 없을 경우에도 학교는 교실에 AI를 도입하기 위한 창의적인 전략을 실행할 수 있다. 이런 전략에는 AI로 구동되는 학습 실험실을 공유하거나, 지역 내 자원을 함께 이용하는 것, 기술 혁신을 통해 최소 비용으로 최대의 효과를 내는 방법 등이 있다.

9.7.1 AI로 구동되는 학습 실험실

자원이 부족한 학교에서 학생들에게 AI 도구를 공급하는 효과적인 방법으로는 AI로 구동되는 학습 실험실을 구축하는 것을 꼽을 수 있다. 이런 실험실에서는 텐서플로, 케라스(Keras), 사이킷-런(Scikit-learn) 같은 오픈소스 AI 소프트웨어를 실행하는 데 재활용 컴퓨터나 기부받은 하드웨어를 사용할 수 있다.

이 실험실에서는 모든 학생이 개인기기를 소유할 필요 없이 공유 방식으로 AI 기술을 이용할 수 있다. 교사는 다양한 수업에 특정 시간대를 할당해 줌으로써 모두가 실험실에 있는 AI 도구에 공평하게 접속할 수 있도록 해 준다.

이 실험실은 학생들이 머신러닝, 데이터 분석, AI 기반 애플리케이션 개발 등 AI 기반 프로젝트를 함께 작업할 수 있는 협업 환경을 제공한다. AI 구동 학습 실험실은 또 AI 기술에 대한 좀 더 깊은 이해를 촉진하며, 학생들이 통제된 환경에서 실험하고 혁신하는 것을 장려한다.

오픈소스 도구 활용, 기술 기업과의 협력, 지역 사회와의 파트너십 구축, AI 기반 학습실 같은 창의적 해결책 도입 등 통합 전략을 통해, 자원이 제한된 학교에서도 AI 도입에 따른 재정적 장벽을 극복할 수 있다. 기술 접근성을 향상하고 기술적 소양 기반을 갖춤으로써 교육자들은 학생들이 AI 기반 미래를 잘 준비하도록 해 줄 수 있다.

9.8 협업형 AI 프로젝트

오늘날과 같이 빠르게 변화하고 AI가 주도하는 세상에서, 협업은 단순히 기술이 아니라 꼭 필요한 역량이다. 일터에서 AI 기술이 더 널리 확산됨에 따라 교육기관은 학생들이 인간과 기계 모두와 효과적으로 협력할 수 있도록 준비시켜야 한다. 협업형 AI 프로젝트로 학생들은 팀을 이루어 AI 도구로 작업하는 역동적인 학습 경험을 누릴 수 있다.

이 같은 프로젝트는 AI 시스템과 협업이 전형이 되고 있는 현실 세계 상황을 그대로 반영한다. 하지만 우리는 어떻게 해야 AI가 인간 소통과 창의성을 압도하지 않고 보완하도록 할 수 있을까?

9.8.1 협동 학습에서 AI의 역할

AI는 그룹 프로젝트에서 촉진자, 보조자, 심지어 파트너 역할을 하면서 협업을 탈바꿈시킬 수 있다. AI 도구는 협업 환경에서 데이터를 분석하고 창의적인 해결책을 제안하며 실시간으로 피드백할 수 있다. 그러나 이런 프로젝트의 목표는 AI가 주도권을 잡는 것이 아니라 협업에서 소통, 문제 해결, 비판적 사고 같은 인간적 요소를 강화하는 것이다. AI는 효율성을 높이고 통찰을 보이며, 학생들은 창의성, 직관, 의사 결정 역량으로 기여한다.

9.8.2 교육에서 인간과 AI의 협력 육성하기

현대 사회의 노동에서 협업은 종종 인간 팀과 AI 시스템이 협력해서 작업하는 형태로 이루어진다. 교육자는 학생들이 동료들과 함께하는 것처럼 AI 시스템과 협력하는 프로젝트를 설계해 이런 현실에 대비하도록 할 수 있다. 이런 프로젝트는 학생들이 언제, 어떻게 AI를 효과적으로 이용할지 비판적으로 생각하도록 독려해야 한다.

예를 들어 의료 분야에서는 AI 시스템이 환자 데이터를 분석하고 패턴을 식별하며 진단을 제안하는 데 사용된다. 하지만 의료 전문가들은 환자 치료라는 더 넓은 맥락 내에서 AI의 제안을 평가해야 한다. 마찬가지로 협업 AI 프로젝트에서 학생들은 AI 도구를 사용하여 데이터를 분석할 수 있지만, 결과 해석이나 편향 식별, 최선의 조치 결정을 위해서는 서로 협력해야 한다.

9.8.3 AI 역량과 함께 소프트 스킬 개발하기

AI 도구는 계산 능력을 제공하지만, 협업 환경에서 특히 더 필요한 강력한 소프트 스킬(soft skills)[42]을 대체하지는 않는다. AI 기반 프로젝트에서 협력하는 것은 학생들이 소통 능력, 리더십, 적응력, 팀워크 역량 등을 개발하도록 해 준다. 그들은 AI를 협업 과정에 도입하면서도 상대와 협상하고, 업무를 분배하며, 다양한 관점을 경청하는 방법을 배운다.

예를 들어, 학생들은 기후 변화 분석 그룹 프로젝트를 하는 동안 구글 딥마인드(DeepMind) 같은 AI 도구를 사용해 환경 영향의 모형을 만들 수 있다. 이때 AI로 데이터 처리 작업에 도움을 받을 수는 있지만 발견한 결과가 사회적, 경제적으로 어떤 영향을 미치는지 결론 내리기 위해선 서로 협업해야 한다. 학생들은 이런 방법으로 자신들의 추천이 미치는 광범위한 영향을 평가하면서 협업과 윤리적 의사 결정을 연습하게 된다.

9.8.4 협업형 AI 프로젝트의 과제와 해결책

협업형 AI 프로젝트를 설계할 때 직면하는 핵심 과제 중 하나는 AI가 과정 전체를 지배하면서 인간 협업의 역할을 약화하는 일이 없도록 하는 것이다. 교육자들은 이런 현상을 완화하기 위해 인간이 의사 결정의 중심에

42) 소프트 스킬이란 개인이 독립적으로, 또는 다른 사람과 협력해서 효과적으로 업무를 수행할 수 있는 능력을 의미한다. 반면 대학교 학위, 외국어나 컴퓨터 활용 능력 등 흔히 '스펙'으로 불리는 것들은 하드 스킬(hard skill)이라고 한다.

표 28 협업형 AI 프로젝트를 위한 과제

과제	설명
AI 도구 선택	프로젝트 목표와 조화를 이루면서도 인간의 협업을 방해하지 않는 AI 도구를 선택한다.
역할 분배	각 팀원이 명확한 역할을 갖도록 한다. 이때 AI 도구와 상호작용 및 협업적 의사 결정을 포함한다.
인간 중심 의사 결정	학생들이 AI의 통찰을 바탕으로 의사 결정을 하지만, 인간적 판단이 뒷받침된 비판적 결정을 하도록 장려한다.
공평한 AI 리터러시	워크숍을 운영해 모든 학생이 사용하는 AI 도구에 동등하게 접속하고 그에 대한 이해력을 갖추도록 한다.
성찰적 평가	학생들이 협업을 할 때 AI가 담당한 역할을 평가하는 성찰 과제를 포함한다.

자리 잡을 수 있도록 프로젝트를 신중하게 구성해야 한다. 또 다른 과제는 AI 도구에 공평하게 접속하도록 하는 것이다. 일부 학생들은 이런 기술에 좀 더 익숙할 수 있으며, 이는 그룹 작업에서 불균형으로 이어질 수 있다.

해결 방안

1. **균형 잡힌 프로젝트 설계**: AI가 가치 있는 통찰력을 보여 주거나 기술적 작업을 자동화할 수는 있지만, 이런 통찰을 분석하고 행동으로 옮기는 주체는 학생이 되어야 한다. 모든 팀원이 AI 도구 및 다른 팀원들과 상호작용할 수 있도록 역할을 배분해야 한다.
2. **역량 강화 워크숍**: AI 리터러시 워크숍을 운영해 모든 학생이 프로젝트를 시작할 때 같은 출발선에 서도록 해야 한다. 이 세션에서는 AI 도구를 조작하는 기본 사항을 다루어서 어떤 배경을 갖고 있는 학생이라도 프로젝트에 완전하게 참여할 수 있도록 한다.

3. **성찰적 실천**: 학생들이 AI와 한 협업을 평가하도록 장려하는 성찰적인 실천을 포함한다. "AI가 우리 프로젝트에 어떻게 도움이 되었는가?"라든가 "인간의 판단에 의해 주도된 결정과 AI에 의해 주도된 결정은 무엇인가?" 같은 질문을 던지도록 하라.

문제는 우리가 어떻게 미래 일터의 요구를 반영한 이런 협업적 AI 프로젝트를 계속 발전시켜 나가느냐는 점이다.

9.9 AI 기반 프로젝트 만들기

AI 기반 프로젝트는 학생들이 AI의 힘을 활용해 복잡한 현실 세계의 문제를 탐구할 수 있는 둘도 없는 기회를 준다. 이런 프로젝트에서는 AI가 데이터 처리, 모델링, 초기 아이디어 구상을 담당하는 반면, 학생들은 비판적 사고, 창의성, 분석 기술을 적용하도록 권유받는다. 그렇지만 교육자들은 AI를 의미 있는 방식으로 도입하고, 학생들이 전체 과정을 통제할 수 있도록 하는 프로젝트를 어떻게 설계할 수 있을까?

9.9.1 의미 있는 AI 기반 프로젝트 설계

AI 기반 프로젝트를 설계할 때 핵심은 AI가 생성한 통찰력과 인간 해석 사이에 균형을 맞추는 것이다. AI는 학습을 촉진해야 하며, 답을 찾는 지름길이 되어서는 안 된다. 교육자는 프로젝트를 통해 학생들이 문제에 대해 깊이 고민하고 문제에 자신들의 지식을 적용하도록 해야 한다. 또 AI를 발견을 위한 도구로 사용해야 하며, AI가 게으름뱅이를 위한 보조 도구가 되지 않도록 해야 한다.

예를 들어, 학생들이 데이터 분석 프로젝트에서 전 세계의 빈곤 추세를 분석하는 임무를 맡을 수 있다. 태블로나 마이크로소프트 파워 BI 같은 도구는 방대한 데이터를 처리해 국가 간의 빈곤 유형과 추세를 찾아낼 수 있다. 그러나 그 데이터를 해석하고 결론을 도출하며, 해결 방안을 제안하는 것은 학생들의 몫이다. 그들은 "특정 지역 빈곤의 근본 원인은 무엇인가?" 또는 "경제 정책이 이런 추세에 어떤 영향을 미치는가?" 같은 질문을 던질 수 있다. 여기서 AI는 데이터를 제공하지만, 비판적 분석과 문제 해결 과정을 주도하는 것은 학생들이다.

9.9.2 AI는 답 내놓는 도구가 아니라 탐구 도구

AI의 강력한 측면 중 하나는 짧은 시간에 방대한 데이터 세트를 탐색하거나 다양한 해결책을 만들어 내는 능력을 갖추었다는 것이다. 하지만 학생들이 AI가 내놓은 결과를 심화학습을 위해 활용할 때 그 진정한 가치가 나온다. AI 기반 프로젝트에서 학생들은 AI의 결과물에 대해 의문을 제기하고, 다양한 시나리오를 테스트하며, 대안적인 해결책을 탐구해야 한다.

예를 들어, 경영학 과정에서는 학생들이 허브스팟(HubSpot)이나 IBM 왓슨 같은 AI 기반 도구를 사용해 고객 행동이나 시장 트렌드를 분석할 수 있다. AI는 특정 인구 통계군에 가장 효과적인 마케팅 전략을 찾아낼 수도 있다. 하지만 학생들은 "이 전략이 왜 통했는가?", "이 접근 방식을 다른 맥락에 어떻게 적용할 수 있을까?" 같은 질문을 던져야 한다.

학생들은 이런 과정을 통해 AI 리터러시를 개발할 뿐 아니라 비판적 사고, 창의성, 문제 해결력과 같은 미래 직업에 필수적인 핵심 역량을 기를 수 있다. 하지만 이는 다음과 같은 의문을 제기하기도 한다. 우리는 학생들에게 단순히 올바른 해답을 찾는 방법이 아니라, 올바른 질문을 하는 방법을 가르치고 있는 것일까?

9.9.3 AI 프로젝트에서 윤리적 고려 사항 다루기

학생들이 AI 도구를 활용할 때, 윤리적인 함의도 함께 고려해야 한다. 이는 AI 알고리즘의 편향성, 데이터 개인정보 보호 문제, AI 기술의 좀 더 광범위한 사회적 영향력에 대해 이해하고 있어야 한다는 의미다.

AI를 활용해 과거 데이터를 기반으로 범죄 행동을 예측하는 프로젝트에서 학생들은 편향성과 공정성 문제와 맞부딪히게 된다. 과거 범죄 데이터로 훈련한 AI 알고리즘은 사법 시스템 내에 존재하는 인종적, 사회경제적 차별 같은 편향성을 반영할 수 있기 때문이다.

학생들은 "AI가 도출한 해결책이 공정하고 정의롭다는 것을 어떻게 보장할 수 있을까?"라든가 "이처럼 민감한 분야에서 AI를 사용할 때 어떤 윤리적 안전장치가 필요할까?" 같은 질문에 대해 깊이 생각해 봐야 한다.

교육자는 학생들에게 AI의 한계와 위험에 대해 성찰하도록 요구함으로써 AI 기반 프로젝트에 이런 윤리적 논의를 녹여 넣을 수 있다. 이를 통해 학생들의 이해를 심화할 뿐 아니라 미래에 책임 있는 AI 기술 사용자와 개발자로 성장하도록 준비시킬 수 있다.

9.9.4 AI 기반 프로젝트를 통해 직업 준비 역량 개발하기

AI 기반 프로젝트의 진정한 가치는 직업 준비 역량을 개발하는 데 있다. 프로젝트 기반 학습에 AI를 도입함으로써 학생들은 많은 산업에서 필수 요소가 되고 있는 기술을 실습할 경험을 얻는다. 그들은 AI와 협업하는 방법을 배우고, 데이터 기반 통찰을 해석하며, 자신들의 지식을 현실 세계에 적용하는 방법을 배운다. 이것들은 모두 현대 일터의 고용주들이 찾고 있는 역량이다.

예를 들어 데이터 과학, 마케팅, 의료, 또는 공학 분야에서 일자리를 찾는 학생들은 일상 업무에서 AI 시스템을 접하게 될 것이다. 학생들은 AI 기반 프로젝트를 통해 이런 도구를 저위험 환경에서 실험해 볼 수 있다. 이와 동시에 복잡한 인간 중심 과제를 해결하기 위해 필요한 소프트 스킬도 키울 수 있다.

어떻게 하면 이런 프로젝트를 계속 발전시켜서 AI 기술 발전보다 한발 앞서 트렌드를 선도할 수 있을까?

9.10 AI 프로젝트를 통해 직업 준비 역량 키우기

세상이 AI 중심 경제로 계속 변화함에 따라 학생들이 직업을 준비하는 데 필요한 역량도 전통적인 기술을 넘어 계속 확장되고 있다. 업무 환경이 변화함에 따라 고용주들은 단순히 AI 기술 지식뿐 아니라, 그 통찰을 창의적이고 비판적이며, 협업적인 사고에 도입할 수 있는 인재를 점점 더 찾고 있다. AI 프로젝트를 통해 직업 준비 역량을 키우는 것은 교육자가 교실과 직장 사이의 격차를 메우는 효과적인 방법 중 하나다.

AI 기반 세계에서 직업 준비 역량은 기술에 대한 소양에 그치지 않는다. 학생들은 AI 시스템과 협력하는 방법을 배우고, AI 사용의 윤리적 함의를 탐구하며, AI 기반 통찰을 활용해 현실 세계 문제를 해결할 수 있어야 한다. 오늘날 고용주들은 비판적으로 생각하고 복잡한 문제를 해결하며 팀에서 조화롭게 협업할 수 있는 인재를 찾고 있다. 이런 능력은 정교하게 발전했음에도 불구하고 AI가 따라 할 수 없다. AI 프로젝트를 통해 학생들이 직장의 역동적인 도전 과제에 대비할 수 있는 이런 역량을 어떻게 개발할 수 있을까?

9.10.1 AI 프로젝트를 통해 강화되는 핵심 직업 준비 역량

1. 비판적 사고와 문제 해결

AI 기반 프로젝트는 학생들이 대규모 데이터 세트를 평가하고, 가설을 수립하며, AI가 만든 통찰을 바탕으로 정보를 토대로 한 의사 결정을 하도록 요구한다. 이 과정에서 학생들은 제시된 데이터에 의문을 제기하고, 있을 수 있는 편향을 찾아내며, 논리적인 결론을 도출해야 하기 때문에 비판적 사고와 문제 해결 역량을 키우게 된다. 예를 들어, 마케팅 AI 프로젝트에서는 학생들이 허브스팟과 세일즈포스 같은 도구를 사용해 소비자 데이터를 분석해야 할 수 있다. AI는 가공되지 않은 데이터를 제공하지만, 해당 데이터를 해석하고 대상 고객을 세분화하며 적절한 마케팅 전략을 설계하는 것은 학생들의 몫이다. 이러한 의사 결정 작업은 자동화될 수 없으며, 학생들에게 고차원 사고 기술을 활용하도록 요구한다.

2. AI 및 동료와의 협업

AI 시스템 및 인간 동료와의 협업은 오늘날의 업무 환경을 반영한다. 실제로 복잡한 목표를 달성하기 위해 직원들이 지능 시스템과 협업하는 경우가 적지 않다. AI 기반 협업 프로젝트에서 학생들은 기계와 인간 모두와 상호작용하는 방법을 배우며, 기술적 과제 수행과 인간 중심 의사 결정 사이의 균형을 익힌다. 이는 학생들이 팀워크 역량, 커뮤니케이션 능력을 개발하는 데 도움이 된다. 또 AI가 인간의 창의성을 보완하는 방식을 이해하는 효과도 있다. 트렐로 AI(Trello AI) 같은 AI 도구가 그룹 작업을 지원할 수는 있지만 최종 결정과 전략적 방향 설정은 여전히 학생들의 손에 달려 있다.

3. 윤리적 의사 결정

AI 프로젝트는 필연적으로 윤리적 질문을 제기한다. 학생들이 AI를 사용해 새로운 제품을 설계하거나, 소셜 미디어 데이터 분석을 할 경우에 AI의 추천이 미치는 윤리적 함의를 고려해야만 한다. 데이터는 편향되지 않았는가? AI는 민감한 정보를 어떻게 처리해야 할까? AI가 내놓은 결과물은 윤리적인 비즈니스 관행을 뒷받침하는가? AI 결정이 개인정보 보호, 공정성, 사회 정의에 영향을 미칠 수 있는 산업에서는 AI 윤리 이해가 필수적인데 이러한 논의가 바로 AI 윤리 이해를 촉진한다. 채용 과정에서 AI를 사용하는 방법을 탐구하는 프로젝트에는 학생들이 채용 도구에서 사용된 AI 알고리즘의 편향을 분석하는 활동이 들어 있을 수 있다. 이런 활동은 기술적 역량을 가르칠 뿐 아니라 미래 AI 전문가의 윤리적 책임감도 강조한다.

4. 창의성과 혁신

AI가 창의성을 억압한다는 믿음과 달리, 학생들은 AI 도구를 활용해 혁신을 도모하고 신선한 아이디어를 창출할 수 있다. AI는 브레인스토밍, 콘텐츠 제작, 심지어 예술적 표현까지 도와줄 수 있다. 이를 통해 학생들에게 문제에 접근하는 새로운 방법을 알려 준다. 캔바 AI나 챗GPT 같은 AI 도구는 학생들이 마케팅 캠페인을 개발하고 로고를 디자인하거나 작곡하는 작업을 도와줄 수 있지만 프로젝트를 주도하는 창의적 비전은 여전히 학생들의 몫으로 남아 있다. 이는 AI가 인간의 창의성을 대체하는 것이 아니라 향상해 준다는 생각을 강화하는 것이다.

9.10.2 직업 준비 AI 프로젝트의 실제 사례

AI 프로젝트가 직업 준비 역량을 어떻게 개발할 수 있는지 몇 가지 실제 사례를 같이 살펴보도록 하자.

1. 의료 분야 AI

의료 관련 AI 프로젝트에서 학생들은 AI 기반 분석을 활용해 환자 데이터를 해석하고 치료 선택 사항을 제안할 수 있다. 예를 들어, IBM 왓슨 헬스 같은 AI 도구는 의료 기록을 분석해 질병을 예측할 수 있다. 하지만 학생들은 협력해서 이런 예측을 검증해야 하며, 윤리 지침을 참고하고 치료 계획을 설계해야 한다. 이 프로젝트를 통해 학생들은 실제 문제에 AI를 적용하는 방법을 배우게 된다. 이와 동시에 비판적 사고와 윤리적 의사 결정 능력도 키울 수 있다.

2. 비즈니스 분야 AI

비즈니스 프로젝트에서는 AI 도구를 활용해 시장 트렌드를 예측하고 비즈니스 전략을 개발할 수 있다. 가령 마이크로소프트 애저 AI를 사용해 금융 데이터를 분석해 시장 변화를 예측한 뒤 기업 성과를 최적화할 수 있다. 그러나 이러한 예측을 인간적 직관, 창의성, 윤리적 고려와 균형 있게 결합해 비즈니스 해결 방안을 설계해야 한다. 이 과정에서 학생들은 데이터 분석, 비판적 사고, 전략적 계획 수립을 결합한 종합적인 역량을 개발하게 된다. 이는 그들의 경력에서 귀중한 자산이 될 것이다.

3. 환경 과학 분야 AI

환경 과학 분야 AI 프로젝트에는 학생들이 구글 어스 엔진 같은 도구를 활용해 산림 파괴나 기후 변화와 관련된 위성 데이터를 분석하는 것을 포함할 수 있다. AI 모델은 환경적 결과를 예측할 수 있지만 이러한 예측을 해석하고 정책적 함의를 탐구하며 개입 방안을 제안하는 역할은 학생들이 담당해야 한다. 학생들은 실제 환경 문제를 해결하는 과정에서 AI와 협력하며 비판적 사고 역량을 개발한다. 이런 종합적인 접근 방식으로 학생들은 교육 환경을 떠날 때 AI에 대한 이론적 지식뿐 아니라 AI 강화 산업에서 성공적으로 활동하기 위해 필요한 실용적인 직업 준비 역량을 갖출 수 있다.

9.11 프로젝트 기반 학습에서 AI 도입에 대한 성찰

성찰은 학습의 핵심 요소다. 특히 인간과 기계 지원 간의 경계가 모호해질 수 있는 AI 주도 프로젝트에서는 더욱 중요하다. 학생들은 프로젝트 기반 학습에서 AI 도입에 대한 성찰을 통해 AI가 학습 과정에서 담당하는 역할과 광범위한 사회적 영향력을 좀 더 깊이 이해하게 된다. 이 섹션에서는 교육자들이 학생들에게 경험을 성찰하고, AI의 윤리적 도전 과제를 이해하도록 장려하는 방법을 탐구한다. 이와 함께 학생들이 AI가 학업과 직업 경로에 어떤 영향을 미치는지에 대한 통찰을 얻도록 독려하는 방법에 대해서도 살펴본다.

9.11.1 AI 프로젝트에서 성찰이 중요한 이유

성찰은 학생들이 AI와 얼마나 효과적으로 협업했으며, 무엇을 배웠고, 미래에 유사한 문제를 만나면 어떻게 접근할지 평가하도록 해 준다. 이는 다음과 같은 질문을 깊이 생각하도록 장려한다. AI는 프로젝트에서 어떤 도움을 주었는가? AI 시스템의 한계는 무엇이었나? 인간의 통찰력을 통해 AI의 제안이 개선될 수 있을까?

예시

도시 계획에 대한 그룹 프로젝트를 완료한 후, 학생들은 시티엔지넷(CityEnginet) 같은 AI 도구가 도시 성장 모델을 만들고 교통 흐름을 최적화하는 데 어떤 도움을 주었는지 성찰할 수 있다. AI가 소중한 시뮬레이션을 제공했지만, 학생들은 환경적 지속 가능성보다 경제적 성장을 우선시했던 등의 결정을 내렸던 데 대해 성찰해야 한다. 이런 성찰 과정에서 학생들이 AI가 의사 결정에 도움을 줄 수 있지만, 인간적인 가치와 판단이 최종 결과를 이끌어야 한다는 사실을 이해한다.

9.11.2 AI 프로젝트를 위한 성찰형 질문

교육자들은 학생의 사고를 이끌기 위해 AI 프로젝트에 성찰형 질문을 포함할 수 있다. 몇 가지 예시로는 다음과 같은 것들이 있다.

1. **AI의 기여**: AI가 프로젝트에 어떻게 도움이 되거나 방해가 되었나? AI가 자동화한 작업은 무엇이며, 그것이 프로젝트에서 당신의 역할에는 어떤 영향을 미쳤나?
2. **윤리적 고려 사항**: 프로젝트 진행 중 윤리적 문제가 발생했는가? 이런 문제를 어떻게 해결했으며, AI는 이 과정에서 어떤 역할을 했는가?
3. **AI의 한계**: AI 시스템은 프로젝트에서 어떤 한계를 보였나? 이런 난제를 어떻게 극복했는가? 이때 인간은 어떤 역할을 했나?
4. **인간 대 AI 결정**: 인간 판단이 어디서 작용했나? AI가 생성한 통찰에 동의하지 않는 순간이 있었나? 이런 불일치를 어떻게 해결했는가?

이런 성찰 활동은 학생들이 자신의 학습 과정을 평가하는 데 도움을 줄 뿐 아니라 AI 시스템과 함께 작업할 때 윤리적, 창의적, 비판적 사고가 중요하다는 사실을 강조하는 데도 도움이 된다.

9.11.3 교육자의 성찰 촉진 역할

교육자는 학생들을 성찰 과정으로 안내하는 데 중요한 역할을 한다. 자신의 경험을 비판적으로 평가하도록 유도함으로써, 교육자는 학생들이 AI 기반 프로젝트에서 얻은 교훈을 내재화하는 데 도움을 줄 수 있다. 교육자는 AI가 생성한 통찰력과 인간의 판단, 창의성, 윤리를 균형 있게 조화시키는 것이 중요하다는 사실을 강조해야 한다.

예시

교육자는 소비자 행동을 예측하는 데 AI 도구의 도움을 받은 마케팅 프로젝트에 대해 학생들에게 성찰하도록 요청할 수 있다. 학생들에게 이러한 예측의 윤리적 함의, 이를테면 AI가 어떻게 편향을 강화했는지 같은 문제들에 대해 탐구하도록 안내함으로써 교육자는 비판적 사고와 함께 AI의 한계와 능력에 대해 좀 더 깊은 이해를 촉진할 수 있다. "윤리적 고려 사항을 바탕으로 AI의 예측을 어떻게 조정할 것인가?"라는 질문을 받음으로써 학생들은 AI가 내놓은 결과물에 무분별하게 의존하는 대신 스스로 책임감을 갖고 접근하게 된다.

9.11.4 성찰적 학습 환경 조성하기

성찰은 뒤늦게 덧붙이는 생각이 되어서는 안 된다. 학습 과정에 시작할 때부터 통합되어야 한다. 교육자들은 다음과 같은 방법으로 성찰적 학습 환경을 조성할 수 있다.

1. 프로젝트 중요한 단계에 성찰 추가

학생들이 AI 프로젝트를 진행하는 동안 정기 점검 시간을 마련해 그때까지 경험한 것을 성찰하도록 장려한다. 이것은 일지 작성, 그룹 토론, 자기 평가 체크리스트 등의 형태로 진행될 수 있다.

2. 성찰 프레임워크 제공

학생들에게 AI의 역할, 윤리적 고려 사항, 협업 과제, 결정의 결과 등에 대한 질문을 포함하는 성찰 프레임워크를 제공한다. 예를 들어, 성찰 체크리스트로 학생들은 프로젝트 전반에 걸친 비판적 사고, 팀워크, 문제 해결을 평가할 수 있다.

3. 개방적인 대화 촉진

학생과 교육자 간의 개방적인 대화를 장려하여 학생들이 자신의 어려움, 걱정, 윤리적 딜레마를 편안하게 논의할 수 있도록 한다. 이렇게 하면 깊이 있는 성찰의 필수 요소인 신뢰와 투명성을 갖춘 분위기를 조성할 수 있다.

9.11.5 지속적인 개선을 위한 성찰

성찰은 단순히 과거 프로젝트를 평가하는 것이 아니다. 지속적인 개선을 위한 도구이기도 하다. 학생들이 배운 내용을 미래의 AI 프로젝트와 직업적 맥락에 어떻게 적용할 수 있는지 깊이 생각하도록 장려해야 한다. 이런 미래 지향적인 성찰 과정을 거쳐 학생들은 학업 경험을 현실 세계 도전 과제나 직업적 성장과 연결할 수 있다.

예를 들어, AI 기반 공급망 프로젝트에 대해 성찰해 본 학생은 AI가 만들어 낸 해결책이 효율적이긴 하지만 지속 가능성이 부족했다는 점을 깨달을 것이다. 그들은 미래 프로젝트에서는 효율성과 윤리적 지속 가능성을 균형 있게 고려하며, 인간의 판단과 AI 통찰을 모두 적용해 더 나은 결과를 도출하는 것을 우선순위로 삼을 수 있다.

학생들은 구조화된 성찰을 통해 미래 직장 업무에 AI 시스템을 책임감 있고 창의적으로 활용하는 방법을 더 깊이 이해하게 된다. 이런 성찰 과정은 비판적 사고와 윤리적 인식을 강화할 뿐 아니라 역동적인 직업 환경에서 AI와 효과적으로 협력할 수 있도록 학생들을 준비시킨다.

핵심 요점 정리

- AI는 학습을 향상하는 도구로 간주해야 한다. 인간의 판단력, 창의성, 문제 해결 능력을 대체하는 존재가 아니다.
- AI 기반 프로젝트는 학생들이 협업, 윤리적 의사 결정, 혁신과 같은 미래 직장 환경에서 필수적인 핵심 역량을 개발하는 데 도움을 준다.
- AI 프로젝트에 윤리적 고려 사항과 성찰을 통합하면 학술적, 전문적 환경 모두에서 책임 있는 AI 사용이 보장된다.
- AI를 활용한 프로젝트 기반 학습은 팀워크를 장려하며, 인간과 AI의 협력이 핵심인 현실 세계 환경을 반영한다.

10장
생성형 AI 시대의 평가와 성과 측정

생성형 AI 도구의 등장으로 학생 학습에 대한 평가와 측정 방식이 변화하고 있다. 전통적인 평가는 여전히 의미가 있지만, 이제는 더 이상 현대의 요구를 충분히 충족하지 못한다. 새로운 시대에는 AI 기반 교육의 역동적 특성에 맞게 평가 전략도 재고할 필요가 있다.

10장에서는 전통적인 방법이 어떻게 현대 환경에 적응하고 있는지, 비판적 사고와 창의성, 문제 해결 능력을 더 효과적으로 평가하기 위한 새로운 지표를 어떻게 개발할 수 있을지 탐구한다. 또 AI를 활용해 평가를 설계하고, 제작하며, 심지어 채점하는 방법에 대해 논의할 것이며, AI 기반 평가에서 공정성을 확보하고 편향을 줄이는 것의 중요성도 다룰 것이다.

이 장을 다 읽을 때쯤이면 여러분은 다음과 같은 것들을 할 수 있을 것이다.

- AI 강화 학습에서 평가와 성과 측정의 변화하는 역할을 이해한다.
- 비판적 사고, 창의성, 문제 해결 능력을 평가하기 위한 새로운 측정 지표를 개발한다.
- 생성형 AI 도구를 사용해 효율적이고 효과적으로 평가를 작성하고 채점한다.

• AI 기반 평가 시스템에서 공정성을 확보하고 편향을 최소화하여, 평가 관행에서 형평성을 증진한다.

이번 장에서는 생성형 AI 시대에 변화하는 평가 환경을 탐색하는 데 필요한 통찰과 도구를 제공한다. 이를 통해 평가가 공정하고 정확하며 학생들의 진정한 능력을 반영하도록 보장한다.

10.1 AI **강화 환경에서 비판적 사고 평가를 위한 새로운 지표**

교육 분야에 AI를 도입하면서 전통적인 평가 지표를 새롭게 검토할 필요가 생겼다. AI 도구가 복잡한 문제를 해결하고 학습을 촉진하며 새로운 아이디어를 생성하는 세상에서는 표준화된 시험이나 암기 중심 시험 같은 전통적인 평가 방법으로는 더 이상 충분하지 않게 됐다. 그렇다면 이 새로운 AI 강화 환경에서는 성공을 어떻게 측정해야 할까? 성과 측정 방법을 다시 생각할 때가 됐다. 전통적인 평가 방법은 여전히 적절할까? AI가 어느 곳에나 존재하는 세상에서 학생의 비판적 사고 능력을 어떻게 제대로 측정할 수 있을까? AI 강화 환경에서 평가의 목표는 학생들의 비판적 사고 능력, AI와의 효과적인 협업, 그리고 학습 과정에 대한 성찰 능력을 측정하는 데 초점을 맞춰야 한다.

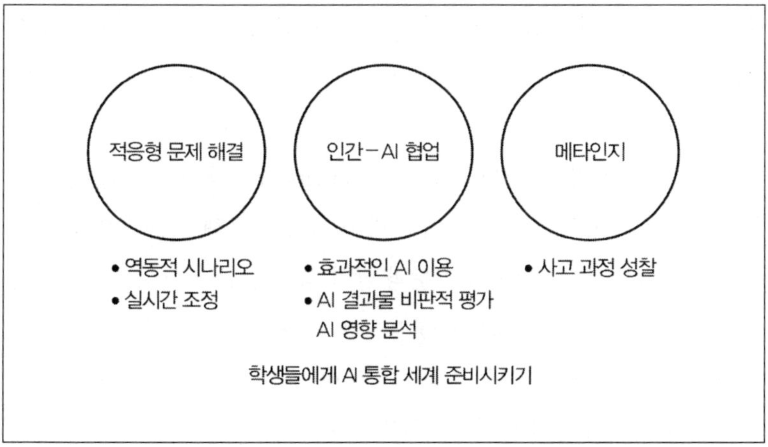

그림 9 AI 강화 환경에서 비판적 사고 평가하기

10.1.1 전통적 평가에서 AI 강화 평가로

역사적으로 교육 평가는 시험, 에세이, 프로젝트 등 학생들의 정보 기억력과 기본 문제 해결 능력을 시험하기 위해 설계된 방법에 크게 의존해왔다. 왜 변화가 필요한 걸까? 간단하다. 현실 세계는 다중 선택형 문제로 운영되지 않는다. 오늘날의 세상에서 성공은 문제 해결 역량, 적응력, 비판적 사고에 달려 있다. 우리는 이런 요구 사항을 반영하는 평가 기법이 필요하다.

AI는 이전까지 학생들이 수행하던 단순 암기 작업 중 많은 부분을 처리할 수 있다. 중요한 것은 비판적 분석, 창의적 문제 해결, 적응형 학습 같은 고차원적 사고 능력을 개발하고 평가하는 일이다.

고객 서비스 분야에서 AI 챗봇의 확산을 한번 생각해 보라. 전통적인 평가 방법에선 학생들에게 고객 서비스 프로토콜 목록을 암기하도록 요구할 수 있다. 하지만 현실 세계에서는 AI와 협력하는 방법을 이해해야 한다. 언제 자동화된 응답에 의존해야 하며, 언제 인간이 개입할 필요가 있는지 구분해야 하는 것이다. 우리의 평가는 이러한 복잡한 상황을 반영해야 한다.

예를 들어, 티처 대시보드(Teacher Dashboard)와 챗GPT 같은 AI 도구로 교사는 학생의 학습 여정에 따라 변화하는 독해 질문을 만들어 낼 수 있다. 이런 도구는 단순한 질문과 답변 형식을 넘어 학생들이 지식을 실시간으로 적용하는 방식까지 평가한다. 이를 통해 학생들의 사고 과정에 대한 더 복잡한 데이터를 수집하게 된다. 이런 접근 방식은 AI가 학생들이 현실 세계의 문제와 맞부딪치도록 독려하고 피드백을 토대로 방법을 조정하는 좀 더 역동적인 평가를 장려한다.

표 29 전통적인 평가 vs AI 강화 평가

측면	전통적인 평가	AI 강화 평가
형식	정적. 미리 정해진 질문	역동적, 적응형 시나리오
초점	암기와 기억 능력	비판적 사고와 문제 해결 능력
적응성	획일적	개인 맞춤형 난도
피드백	지연, 가끔 제한적	즉시, 포괄적
현실 세계 응용	자주 제한적	높은, 실제 시나리오의 시뮬레이션 이용
AI와 소통 평가	적용되지 않음	효과적인 AI 협업 측정
메타인지 평가	포함되는 경우가 거의 없음	평가의 핵심 부분

10.1.2 AI를 통해 비판적 사고 평가하기

교육의 역할은 항상 비판적 사고를 키우는 것이었지만, AI가 도입된 교실에서는 접근 방식이 달라졌다. 비판적 사고는 단순히 사실을 암기하는 것이 아니다. 정보를 활용하고, 정보를 바탕으로 의사 결정을 하며, 복잡한 문제를 해결하는 방법을 이해하는 것이다. AI는 이런 변혁 과정에서 굉장히 중요한 역할을 할 수 있다. 하지만 AI가 학습 과정에 포함될 때, 우리는 어떻게 비판적 사고력을 효과적으로 평가할 수 있을까?

10.1.2.1 적응형 문제 해결 역량

실시간 정보가 손끝에서 바로 제공되는 세상에서는 정보를 찾는 것이 아니라, 그것을 어떻게 활용할지 아는 것이 과제다. AI는 학생들이 지식을 역동적으로 적용해야 하는 복잡한 상황을 가상으로 재현할 수 있다. 예를 들어, AI 기반 플랫폼은 학생의 응답에 맞춰서 진화하는 과제를 제시할 수 있다.

학생이 문제를 성공적으로 해결하면 AI는 더 어려운 문제를 제시할 수 있다. 하지만 여기서 멈출 필요가 있을까? AI가 과제의 난도를 높인 이유를 설명해 줌으로써 학생들이 현실 세계 문제가 복잡하다는 사실을 이해하는 데 도움을 준다면 훨씬 더 유용하지 않을까?

의과대학 학생을 위한 AI 시스템을 예로 들어 보자. 일반적인 증상으로 환자를 진단한 후, AI는 희귀 질환이나 상충되는 데이터와 같은 새로운 변수를 추가해 사례를 격상할 수 있다. 이렇게 지속적으로 도전을 하면 학생들은 단순히 문제 해결 능력을 키우는 것뿐 아니라 지식을 실제 세계의 맥락에 맞게 적용하는 능력을 기르도록 훈련하게 된다. 하지만 학생들이 정말로 그 과목을 완전히 습득하고 있는 것일까? 아니면 단지 시스템을 요령껏 이용하는 방법만 배우는 걸까?

AI는 학생들이 변화하는 실제 세계의 맥락에서 지식을 적용하도록 유도하는 적응형 평가를 할 수 있게 해 준다. 정보를 단순 암기하는 것이 아니라 비판적으로 활용하는 방법을 이해하는 것을 의미한다.

10.1.2.2 인간-AI 협업 평가

현대 교육에서는 인간과 AI의 협업이 갈수록 더 중요해지고 있다. 하지만 학생들이 문제를 해결하기 위해 AI에 지나치게 의존하는 것은 아닐까? 이는 분명 타당한 우려다. 교육자는 학생들이 AI 도구를 버팀목이 아니라 협력자로 활용하도록 해야 한다. 학생들이 AI를 책임감 있고 비판적으로 사용하고 있는지 어떻게 평가할 수 있을까?

학생들이 AI가 도출한 분석 결과를 자신의 비판적 판단과 얼마나 잘 결합할 수 있을지가 인간-AI 협력을 평가하는 주요 척도 중 하나다. 어떤 학생이 에세이 아이디어 발상을 위해 AI 시스템을 사용한다면, 최종 결과물에 독립적인 사고가 얼마나 많이 반영되었는지 평가하는 것이 중요하다. 학생들은 AI를 자신의 아이디어를 강화하는 데 사용하는가? 아니면 AI의 제안을 그냥 따르기만 하는가? 교육자는 학생들이 자신들의 작업에 AI를 얼마나 효과적으로 도입하는지 평가하는 지표를 개발해야 한다. 이때 독립적인 사고가 학습의 주요 동력이 될 수 있도록 하는 것도 중요하다.

예를 들어, 어떤 학생이 과학 프로젝트를 위한 연구 질문을 만들기 위해 AI 도구를 사용한다고 가정해 보자. 교육자는 AI 제안의 품질과 함께 그 질문을 비판적으로 다듬는 학생의 능력을 함께 평가할 수 있다. 학생은 AI의 제안에 대해 얼마나 의문을 잘 제기하고 있는가? AI의 제안을 평가하고 있는가, 아니면 무분별하게 받아들이고 있는가?

10.1.2.3 메타인지와 성찰적 사고

비판적 사고에는 메타인지, 즉 자신의 사고 과정을 되돌아보는 것도 포함된다. 그렇다면 AI가 학습 과정에 함께할 때, 학생들은 자신의 학습에 대해 어떻게 성찰할까? AI 도구는 학생들에게 문제를 어떻게 해결했는지, 그 과정에서 AI가 어떤 역할을 했는지, 그리고 다음에는 무엇을 다르게 할 수 있을지 돌아보도록 유도할 수 있다.

예를 들어, 학생들이 AI와 함께 프로젝트를 완료한 후 자신들의 의사결정 과정을 평가하도록 할 수 있다. AI에 얼마나 의존했는가? AI 도구가 그들의 사고를 반박했는가, 아니면 그들의 가정에 좀 더 힘을 실어 줬는가? 이런 질문에 대해 성찰하면 더 깊은 학습을 촉진하고 학생들이 AI와 협력하는 방식을 좀 더 잘 이해할 수 있다. 하지만 오늘날 교실에서 메타인지가 효과적으로 평가되고 있을까? AI가 정말로 학생들이 자신을 더 잘 인식하도록 도울 수 있을까?

학생들에게 다음과 같은 맞춤형 성찰 질문을 할 수 있을 것이다. “AI가

표 30 AI 강화 교실에서 비판적 사고 평가를 위한 AI 도구

AI 도구	목적	이용 사례	비용
티처 대시보드	적응형 질문과 평가 기준표 작성	비판적 사고 과제를 위한 역동적이고 진화하는 질문 생성	무료
퍼플렉시티 AI	데이터 분석과 문제 해결	복잡한 문제 해결을 위한 적응형 평가 촉진	무료
챗GPT	콘텐츠 생성과 성찰형 프롬프트	협업 과제와 성찰형 프롬프트 생성	무료
매직 스쿨	평가 기준표 작성과 평가 생성	성과와 비판적 사고를 토대로 평가 기준표 자동 생성	무료/시험판

문제 해결 방법을 개선하는 데 도움이 된 사례와 AI의 제안에 동의하지 않았던 사례를 한 가지씩 제시해 보라. 이런 것들이 결과에는 어떤 영향을 미쳤는가?"

10.1.3 AI 강화된 교실에서 비판적 사고를 측정하는 도구

교육에 AI를 도입함에 따라 비판적 사고를 어떻게 효과적으로 측정할 수 있을까? 여러 AI 기반 도구로 교육자들은 학생의 진전 상황을 추적하고 다양한 과제에서 비판적 사고를 얼마나 잘 적용하는지 평가할 수 있다. 이런 도구는 실시간 데이터를 제공하여 교육자가 개인의 필요에 따라 조정해 가면서 학생들을 지도할 수 있다.

예를 들어, 플랫폼은 학생의 프로젝트 수행 결과를 분석하고 분석적 기술을 얼마나 잘 적용했는지 통찰을 보여 줄 수 있다. 학생은 단순 암기식 학습에 의존했는가? 아니면 비판적 · 창의적 사고 능력을 보여 주었는가? AI는 전통적인 평가 방법보다 더 세밀하게 평가할 수 있을까?

일부 도구는 비판적 사고 평가를 위한 평가 기준표를 만들지만, 교육자들은 이러한 기준표가 창의성, 분석력, 독립적 판단력 같은 역량을 평가하도록 해야 한다. 중요한 질문이 한 가지 있다. AI는 진정으로 비판적으로 생각하는 학생과 단순히 AI의 지시를 따르는 학생을 어떻게 구분할 수 있을까?

10.2 생성형 AI를 활용한 평가 및 채점

AI는 평가지 작성 및 채점 과정을 간소화하고 개선할 수 있다. 다중 선택형 문제나 에세이 같은 전통적인 평가 방법은 교육자들이 출제하고 채점하는 데 많은 시간이 소요될 수 있다. AI는 특정 학습 목표와 일치하는 맞춤형 평가를 생성하고 실시간으로 피드백을 할 수 있다. 하지만 AI가 생성한 이런 평가가 여전히 비판적 사고와 창의성을 촉진한다는 것을 어떻게 보장할 수 있을까?

10.2.1 AI 생성 평가

AI 도구는 다양한 이해 수준에 맞게 맞춤형 평가를 만들 수 있다. 이런 평가는 정적이지 않고 학생의 진전 상황에 따라 발전할 수 있다. 예를 들어, 학생이 기본적인 이해를 확인하는 질문에 답변하는 데 뛰어난 역량을 보인다면 AI가 자동으로 더 복잡하고 분석적인 질문을 만들 수 있다. 이렇게 하면 더 깊이 있는 학습을 장려할까? 아니면 단순히 필요한 기초를 다지지 않고 더 높은 수준에서 성과를 내도록 학생들에게 압박을 가중할까?

AI 생성 평가 도구는 이해, 적용, 종합 등 다양한 유형의 질문을 포함할 수 있다. 하지만 이런 평가가 어떻게 표면적인 지식이 아니라 진정한 이해도를 측정하도록 할 수 있을까?

10.2.1.1 AI 생성 평가의 맞춤화

AI 생성 평가는 천편일률적이지 않다. 교육자는 교육 과정의 학습 목표에 맞는 맞춤형 평가를 할 수 있다. 예를 들어, 교사가 학습 목표를 입력하면 AI는 학생이 각 개념을 제대로 이해했는지 평가하는 질문을 만들 수 있다. AI 시스템이 다중 선택형 문항을 출제한다면, 교사들은 지나치게 단순하지 않도록 질문을 조정해야 할까?

AI가 학생의 제2차 세계대전에 대한 지식을 토대로 에세이 질문을 생성하는 역사 수업을 한번 상상해 보라. 교사는 이런 질문을 검토하여 단순히 사실을 기억해 내는 것이 아니라 더 깊은 분석을 장려하도록 해야 할까? AI는 콘텐츠를 빠르게 생성할 수 있지만, 교육자들은 여전히 평가 내용과 난도에 대한 통제권을 유지해야 한다.

10.2.1.2 AI 기반 적응형 평가

AI로 생성된 평가의 가치 있는 측면 중 하나는 학생의 성적에 맞게 조정하는 능력을 갖췄다는 것이다. 적응형 평가는 학생이 얼마나 잘하느냐에 따라 난도를 다양하게 한다. 이는 학생들이 압도되지 않도록 하면서도 몰입하고 도전적인 자세를 유지할 수 있도록 한다. 하지만 AI가 학생들을 너무 빨리, 너무 멀리 밀어붙일 위험은 없을까?

적응형 평가는 개인 맞춤형 학습 경험을 안겨 준다. 예를 들어, 수학 수업에서 AI 시스템은 학생의 발전에 맞춰 더 복잡한 문제를 제시한다. 이렇게 함으로써 학생이 최적의 학습 구역 내에서 작업하도록 해 준다.

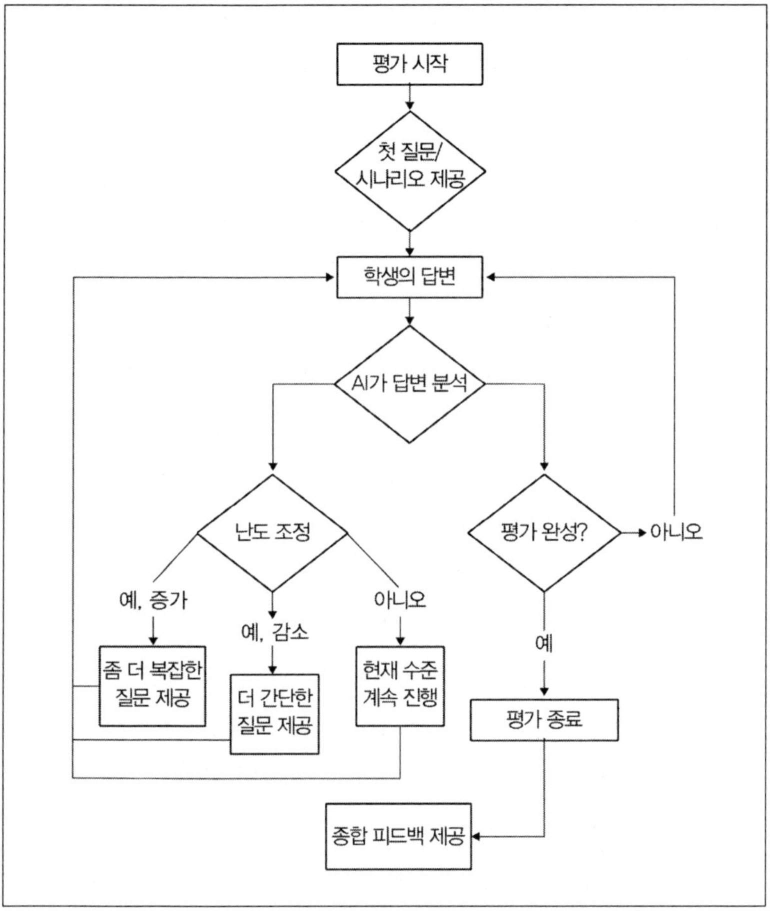

그림 10 AI 적응형 평가 플로차트

그렇다면 적응형 평가는 학생의 전체 능력 범위를 정확하게 포착할 수 있을까? 아니면 AI가 평가할 수 있는 것에도 한계가 있을까?

다음은 그림 10의 플로차트에 나타난 과정을 세분한 것이다.

1. **평가 시작**: 평가 개시와 함께 과정이 시작된다.

2. **첫 질문/시나리오 제공**: AI 시스템이 학생에게 첫 번째 질문이나 시나리오를 제시한다.

3. **학생의 답변**: 질문을 받은 학생이 답변을 제출한다.

4. **AI의 답변 분석**: AI가 학생의 답변을 평가한다.

5. **난도 조정**: AI가 답변 분석 결과를 바탕으로 질문의 난도를 조정해야 할지 결정한다.

    예, 증가: 학생이 정답을 제출했거나, 더 높은 수준의 역량을 보였을 경우엔 AI가 좀 더 복잡한 질문을 제시한다.

    예, 감소: 학생이 답변에 어려움을 겪은 것으로 나타나면 AI가 더 간단한 질문을 제시한다.

    아니오: 조정이 필요 없을 경우엔 현재 난도 수준의 질문을 계속 제시한다.

6. **평가 완료**: AI는 전체 평가 과정이 완료되었는지 확인한다.

    아니오: 평가가 완료되지 않았다면 현재 난도 수준에서 평가 과정을 계속 되풀이한다. 필요할 경우 난도를 조정한다.

    예: 평가가 완료되면 시스템은 마지막 단계로 진행한다.

7. **평가 종료 및 종합 피드백 제공**: 평가가 완료되면 AI는 과정을 종료하고 학생의 성적에 대해 상세하게 피드백한다.

이 시스템은 학생의 성적에 따라 평가를 역동적으로 조정할 수 있다.

10.2.2 AI 지원 평가 시스템

평가는 특히 대규모 강의에서는 노동 집약적인 작업이 될 수 있다. AI 지원 평가 시스템은 특정 유형의 평가 과정을 자동화해서 일관되고 객관적인 피드백을 제공할 수 있다. 그렇지만 에세이나 창의적 프로젝트 같은 좀 더 주관적인 평가에서는 AI를 얼마나 신뢰할 수 있을까?

비판적 사고 역량을 추적하고 평가하는 AI 기반 도구와 플랫폼은 '머신 러닝'이라고 부를 수 있는 것보다 훨씬 더 빨리 등장하고 있다. 이는 흔해 빠진 채점 프로그램이 아니다. 지금 우리는 복잡한 사고 과정을 분석할 수 있는 고급 시스템에 대해 이야기하고 있다.

싱크서카(ThinkCERCA)나 노레드잉크 같은 플랫폼을 예로 들어 보자. 이 AI 기반 도구는 정답 여부를 제공하는 단순한 수준을 넘어 학생들의 서면 답변을 분석한다. 논리 구조나 증거 활용, 논리적 흐름 같은 요소들을 꼼꼼하게 살펴본다. 모든 학생의 작업에 대해 상세하게 피드백을 줄 수 있는 지치지 않는 조교를 둔 것과 같다.

10.2.2.1 AI를 활용한 채점 자동화

AI는 다중 선택형 시험 같은 객관식 평가는 쉽게 채점할 수 있다. 단답형 질문이나 에세이같이 좀 더 복잡한 과제도 채점할 수 있다. 문장 구조, 문법, 심지어 논증의 품질에 대해 피드백을 할 수도 있다. 하지만 AI는 얼마나 제대로 이해할 수 있을까? 잘 구성된 논증의 미묘한 차이를 이해할 수 있을까? 혹은 문법과 구조 같은 표면적인 특징에 지나치게 집중할까?

교과서 각 장의 마지막에 나오는 이해력 질문을 기억하는가? AI는 이 질문들을 크게 개선했다. AI는 이제 학생의 이전 답변에 따라 진화하는 역동적, 적응형 질문을 만들 수 있다.

예를 들어, 코그니 가상학습 비서(Cognii Virtual Learning Assistant)는 AI를 활용해 학습의 다양한 단계를 평가하는 개방형 질문을 생성한다.

이 프로그램은 기본적인 기억력 질문으로 시작한다. 하지만 학생이 이해하고 있는 것으로 나타나면 분석, 종합, 평가가 필요한 질문으로 점차 난도를 높인다. 진행될수록 더 깊이 있고 생각하게 만드는 대화를 하는 것과 같다.

교육자는 AI의 피드백이 과제 학습 목표와 일치하도록 평가 과정에 계속 관여하고 있어야 한다. 예를 들어, AI는 에세이 문장 구조 개선을 제안할 수 있지만, 학생 분석의 독창성이나 깊이를 제대로 평가할 능력이 있을까?

10.2.2.2 실시간 피드백 제공

AI 지원 평가의 큰 장점 중 하나는 실시간으로 피드백을 할 수 있다는 점이다. 학생들은 성적표를 받기 위해 며칠, 혹은 몇 주씩 기다릴 필요가 없다. 즉시 피드백을 받을 수 있어 학습 전략을 조정하고 실시간으로 개선할 수 있다. 하지만 이 즉각적인 피드백을 통해 학생들이 실수로부터 제대로 배우는 데 필요한 깊이 있는 통찰을 도출할 수 있을까?

실시간 피드백은 학습 개선을 목표로 하는 형성 평가(formative assessments)[43]에 특히 유용하다. 형성 평가는 단순히 성적을 부여하는 것이 아니라 학습을 개선하는 것이 목표다. 그러나 교사들은 AI 피드백을 건설적인 형태로 이루어지도록 할 뿐 아니라 학습 목표와 일치하도록 해야 한다. AI 피드백에 지나치게 의존하면 깊이 있는 이해력을 발전

---

43) 형성평가란 학생의 성취 수준을 파악해 성취 정도를 분명히 하고 학습 과정 개선을 위한 정보로 활용하기 위한 평가를 의미한다. 학습 개선을 위한 평가이기 때문에 학생이 어떻게 학습하는지 평가하고 그 결과를 제공해 학습 개선을 돕기 위해 실시한다. 반면 학생의 학업 성취 달성 정도를 최종 확인하기 위한 평가는 총괄평가라고 한다.

시키는 것보다는 작은 실수를 바로잡는 데 더 집중할 우려가 생기지 않을까?

10.2.3 AI 생성 교육 자료와 평가 도구 만들기

교육자들은 교실에서 AI 활용 효과를 극대화하기 위해 다양한 학습자의 요구에 맞게 AI 결과물을 세련되게 조정하는 방법을 배워야 한다. 이 섹션에서는 교육자들이 GPT 기반 시스템과 같은 생성형 AI 도구를 활용해 교육 자료, 퀴즈, 사례 연구 같은 것들을 만들고 조정하는 단계별 지침을 마련한다.

교육자들은 이런 도구를 활용해 특정 과목에 맞는 콘텐츠를 생성할 수 있다. 난도 수준을 조정하고 퀴즈의 정답을 알려 주며, 각 결과물을 교육 기준에 맞출 수 있다. 아래는 교육자들이 이런 도구를 활용하는 방법에 대한 상세한 안내다. 여기에는 단계마다 개선을 위해 설계된 실제 사례와 프롬프트가 포함돼 있다.

1. 교육 자료 작성과 다듬기

교육 자료는 효과적인 교육의 기반을 이룬다. AI는 구조화된 수업 계획, 개요, 콘텐츠를 생성하는 데 도움을 줄 수 있다. 하지만 이때 수업의 학습 수준과 과목의 주안점에 적합하도록 자료를 정교하게 다듬는 것이 중요하다.

처음 프롬프트: "[학생 학년 수준]을 위해 [주제]에 관한 일주일간의 수업 계획을 작성하라.

> 예시: "10학년 생물학 학생들을 대상으로 일주일 분량 광합성 관련 수업 계획을 작성하라."

개선 프롬프트: "3일 차에 학생들이 그룹으로 식물 세포 모델을 만드는 상호작용 활동을 추가하라."

예시: "학생들이 식물 세포 모델을 만들고 엽록체의 역할을 설명하는 그룹 활동을 포함하도록 하라."

추가 개선: "매일 성찰 질문을 추가하라. 그리고 독서 난도를 10학년 수준에 맞도록 조정하라."

예시: "1일 차 독서 자료의 어휘를 단순화하고, 광합성을 일상 환경과 연결하도록 묻는 성찰 질문을 포함하도록 하라."

실제 사례: 중학교 지리 수업에서 어떤 교육자는 AI를 활용해 기후 변화에 대한 2주 과정의 수업 계획을 만들었다. 첫 수업 계획을 받은 후, 교육자는 기후 정책에 대한 토론을 포함해 내용을 개선했다. AI는 파리 협정과 최근 열린 기후 정상회담 같은 실제 사례를 추가하도록 제안해 토론의 주제 관련성을 높였다.

2. 독해 지문 작성과 다듬기

AI 도구를 사용하면 독해 지문을 빠르게 만들 수 있다. AI 도구로 교육자들은 교육 과정에 맞는 맞춤형 읽기 자료를 만들 수 있다. 이런 지문은 길이, 읽기 수준, 난도에 따라 조정될 수 있으며, AI 도구는 지문을 토대로 한 이해력 질문도 생성할 수 있다.

처음 프롬프트: "[학생 학년 수준]을 위해 [주제]에 대한 300단어 분량 독해 지문을 만들어라."

예시: "8학년 학생들을 위한 재생 에너지에 대한 300단어 분량 독해 지문을 생성하라."

개선 프롬프트: "문장을 200단어로 줄이고 다른 재생 에너지원보

다는 태양 에너지의 장점에 초점을 맞추도록 하라."

예시: "도시 환경에서 태양 에너지가 풍력 에너지보다 더 실용적인 이유를 설명하도록 지문을 조정하라."

추가 개선: "이 지문을 바탕으로 이해력 질문 다섯 개를 생성하라. 그중 두 개는 반드시 비판적 사유를 요구하라."

예시: "재생 에너지원을 비교하는 데 초점을 맞춘 이해력 질문을 생성하라. 그리고 학생들에게 태양 에너지가 개발도상국에 적합한 이유를 설명하도록 하라."

정답과 난도 포함: "각 질문에 대한 정답을 제공하고 난도 수준을 지정하라."

예시: "에너지원 비교에 대한 세 번째 질문을 '중간 난도'로 지정하고, 분석이 필요한 마지막 질문은 '고난도'로 지정하라.

실제 사례: 어떤 고등학교 역사 교사가 AI를 사용하여 제1차 세계대전 관련 지문을 만들었다. 교사는 그 지문을 학생들의 독서 수준에 맞게 다듬은 뒤 AI에게 이해력 질문을 생성하도록 요구했다. 교사는 학생들에게 전쟁의 경제적 원인에 대한 분석적 질문 두 개를 추가해 AI가 생성한 질문을 좀 더 최적화했다.

3. 퀴즈 및 다지선다형 문제 생성과 다듬기

AI를 이용하면 불과 몇 초 만에 퀴즈와 다지선다형 문제(MCQ)를 만들 수 있다. 하지만 문제가 적절한 난도를 충족하고 명확한 답변을 제공하며, 사실적 지식과 비판적 사고를 모두 평가할 수 있도록 개선할 필요가 있다.

처음 프롬프트: "[학생 학년 수준]을 위해 [주제]에 대한 다지선다형

문제 다섯 개를 만들어라."

예시: "12학년 역사 학생들을 위해 프랑스 혁명에 대한 다지선다형 문제 다섯 개를 생성하라."

개선 프롬프트: "질문 두 개는 원인-결과 관계에 초점을 맞춰서 더 어렵게 만들어라."

예시: "학생들에게 프랑스 혁명의 원인과 혁명이 유럽 정치에 미친 장기적인 영향을 평가하도록 하는 두 개의 고차원적인 질문을 생성하라."

추가 개선: "퀴즈 끝에 정답을 제공하라. 그리고 각 질문은 쉬움, 중간, 어려움 등으로 난도를 표시하라."

예시: "혁명 경제 원인을 묻는 4번 질문은 복잡하기 때문에 '어려움' 표시를 하도록 하라."

실시간 피드백 포함: "각 답변에 설명을 붙여서 학생들이 정답이나 오답인 이유를 이해할 수 있도록 하라."

예시: "바스티유 감옥 습격이 혁명에서 중요한 전환점이 된 이유를 명확하게 설명해 주라."

실제 사례: 대학의 한 경제학 교수는 AI를 활용해 세계 무역 협정에 대한 퀴즈를 생성했다. AI가 만든 다지선다형 문제에 학생들이 무역 정책의 장기적 영향을 분석하도록 요구하는 질문을 추가해 개선했다. 각 문제에 대한 정답과 상세한 설명을 제공했다.

4. 평가 기준표 작성과 다듬기

평가 기준표는 투명하고 공정한 평가를 위한 필수 요소다. AI로 만든 평가 기준표는 사전에 정해진 기준에 따라 학생의 작업을 평가하는 구조화된 방법을 제시한다. 하지만 개선 과정을 거쳐 평가 기준표를 특정 과제 목표와 일치하도록 만들 수 있다.

처음 프롬프트: "[주제]에 대한 그룹 프로젝트를 위한 평가 기준표를 만들어라."

예시: "재생 에너지 해결 방안에 관한 그룹 프로젝트 평가 기준표를 생성하라."

개선 프롬프트: "제시된 해결 방안의 창의성과 혁신성을 평가하는 섹션을 추가하라."

예시: "지속 가능한 에너지 해결책을 설계할 때 창의성에 20%의 점수를 할당하라."

추가 개선: "점수 배분을 명확하게 하고, 팀워크와 협업을 위한 항목을 추가하라."

예시: "팀워크에 15점, 문제 해결에 20점, 최종 발표의 명확성에 10점을 할당하라."

실제 사례: 고등학교의 한 문학 교사가 에세이 경진대회용 평가 기준표를 작성했다. 처음에 기준표가 너무 광범위했기 때문에 교사는 주제 문장, 증거 활용, 독창성 평가를 위한 구체적인 기준을 추가하는 방식으로 기준표를 정교하게 만들었다.

5. 사례 연구 및 프로젝트 생성과 다듬기

학생들이 지식을 실제 세계에 적용하도록 가상 시나리오를 재현하는 방식으로 사례 연구와 프로젝트를 생성할 수 있다. 이렇게 나온 결과물을 다듬어서 과목의 목표나 학생들의 역량 수준과 일치하도록 만들 수 있다.

처음 프롬프트: "[학생 학년 수준]을 위해 [주제]에 관한 사례 연구를 작성하라."

예시: "10학년 환경 과학 수업 학생들을 위해 수질 오염

과 오염이 생태계에 미치는 영향에 대한 사례 연구를 작성하라.”

개선 프롬프트: “학생들이 분석할 데이터 세트를 추가하고, 해결 방안을 요청하는 질문을 포함하라.”

예시: “다른 지역 세 곳의 수질 데이터를 포함하고 학생들에게 오염을 줄이기 위한 실용적인 해결책을 제안하도록 요청하라.”

추가 개선: “사례 연구를 자신들의 지역 환경과 연결하도록 장려하는 성찰형 질문을 끝부분에 포함하라.”

예시: “학생들에게 이 사례 연구에서 배운 교훈을 지역 수자원 보호에 어떻게 적용할지 물어보라.”

실제 사례: 사회 과목 교사가 AI를 사용해 도시화 관련 사례 연구를 생성했다. 교사는 인구 증가 통계 데이터를 추가하고 학생들에게 지속 가능한 도시 개발 전략을 제안하도록 요청하는 방식으로 사례를 개선했다.

10.3 AI **지원 평가에서 공정성 확보와 편향성 감소**

AI가 교육 환경, 특히 평가 분야에 점점 더 깊이 뿌리내리면서 공정성과 편향성 문제를 바로잡는 것이 중요해졌다. AI 시스템은 확장 가능하고 효율적인 평가를 제공함으로써 교육을 혁신할 잠재력을 지니고 있지만 동시에 편향성과 불평등 같은 위험 요소도 내포하고 있다. 이 섹션에서는 교육자와 기관이 이런 위험을 완화하는 방법을 탐구한다. 이를 통해 AI 기반 평가가 다양한 학생 집단에서 공정성과 포용성을 촉진하는 방

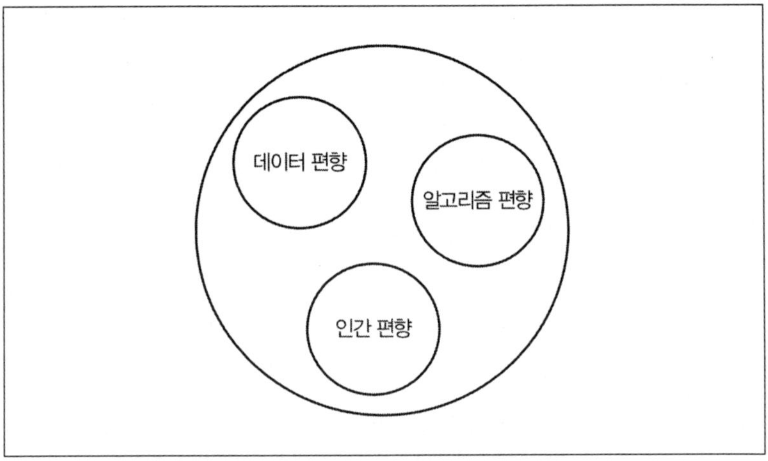

그림 11 AI 시스템의 편향 원인

안을 모색한다.

10.3.1 AI 시스템 내 편향 이해하기

AI 시스템은 강력하긴 하지만 편향으로부터 자유롭지 못하다. 정보원, 알고리즘 설계, 인간 영향 같은 여러 경로를 통해 시스템에 편향이 스며들 수 있다. 교육자들이 AI를 활용해 채점, 평가, 또는 피드백을 하게 되면 이런 편향이 불평등을 지속시키거나 새로운 형태의 차별을 유발할 우려가 있다. 그렇다면 AI 시스템에 어떻게 편향이 들어오게 되는 것일까? 그리고 편향이 실제 세계에서 미치는 영향은 무엇일까?

데이터의 정보원과 역사적 편향: AI 시스템에 편향이 유입되는 주요 경로 중 하나는 시스템 훈련에 사용된 데이터다. 예를 들어, AI

시스템이 역사 교육 데이터를 기반으로 훈련을 했다면 해당 데이터에 담겨 있는 체계적 편향이 그대로 반영될 수 있다. 특정 사회 경제적 배경의 학생들은 접근하기 쉽지 않기 때문에 지속적으로 낮은 성적을 보일 수밖에 없는 데이터 세트로 훈련받은 AI 시스템을 한번 생각해 보라. AI를 신중하게 조정하지 않을 경우엔 이런 패턴을 더 강화하게 되며, 결과적으로 학생들이 능력보다는 배경에 따라 불공정하게 불리한 상황으로 내몰리게 된다. 실제 사례를 예로 들어 보자. 채용 과정에 사용된 AI가 편향돼 있을 경우엔 여성과 소수 집단에 대한 차별로 이어진다. 교육 분야에서도 동일한 원리가 적용된다. 편향된 데이터로 훈련받은 AI는 편향된 결과를 만들어 낸다.

알고리즘 설계와 인간의 영향: 편향은 데이터뿐 아니라 AI 알고리즘 설계 방식 때문에 생길 수도 있다. 개발자가 무의식적인 편향을 가지고 있다면, 시스템 자체에 그 편향이 스며들 수 있다. 알고리즘에서 우선순위로 삼는 변수 선택조차 결과를 왜곡할 수 있다. 예를 들어, 에세이를 평가하는 AI가 내용보다 문장 구조에 더 큰 비중을 두는 상황을 한번 생각해 보라. 알고리즘이 언어 다양성이나 비표준 글쓰기 스타일을 고려하도록 설계되지 않았다면, 다른 언어적 배경을 가진 학생들은 불공정하게 불이익을 받을 수 있다.

실제 사례: 한 연구에서 영어 에세이를 평가하는 데 사용된 AI가 글의 품질이 비슷함에도 특정 방언을 다른 방언보다 낮게 평가한 것으로 나타났다(Gayed et al., 2022). AI의 학습 데이터는 공식 영어를 선호하도록 설계돼 방언을 사용하는 학생들이 불리한 상황에 처하게 됐다.

AI의 편향성은 광범위한 영향을 미칠 수 있다. 평가에 사용될 경우 불공정한 평가나, 학습 기회 접근의 불평등을 초래할 수 있다. 이는 서로 다른 사회경제적 배경이나 인종 그룹 학생들 사이에 성취 격차가 더 벌어지게 만들 수도 있다. 교육자들은 어떻게 하면 AI가 이런 문제를 지속시키지 않도록 할 수 있을까?

10.3.2 AI 지원 평가에서 편향 완화하기

편향을 줄이기 위한 첫 번째 단계는 AI 모델 훈련에 사용되는 데이터를 다양화하는 것이다. 다양한 인구 통계, 학습 스타일, 교육 배경을 반영한 데이터 세트로 훈련한 AI 시스템은 편향을 덜 드러낼 가능성이 많다. 교육 기관과 AI 개발자는 학습 데이터를 수집하고 큐레이션할 때 다양성을 최우선으로 삼아야 한다.

교육자들이 AI 평가와 인간 감독을 결합한 혼합 평가 모델을 채택할 수도 있다. 이 접근 방식에서는 AI를 다중 선택 문제나 문법 검사 같은 단순한 작업을 평가하는 데 사용하고, 좀 더 주관적인 평가(예: 에세이, 창의적 프로젝트)는 편향을 분간하는 훈련을 받은 인간 평가자가 담당해야 한다.

학생 에세이를 평가할 때 교육자들은 AI가 생성한 점수와 동료 평가나 교사 평가를 결합할 수 있다. 이렇게 하면 다면 평가를 할 수 있어 AI의 한계로 인해 왜곡될 가능성을 낮출 수 있다.

10.3.2.1 투명하고 윤리적인 AI 사용 보장하기

투명성은 AI 시스템에서 편향을 완화하는 효과적인 방법 중 하나다. 교육자는 알고리즘 작동 방식과 결과물 생성 방법을 명확히 정의한 AI 도구를 활용해야 한다. 성과 측정이든, 평가 생성이든, AI가 결론에 도달하는 방식을 이해하면 기술 자체에 대해 좀 더 비판적으로 평가할 수 있다.

- **책무성 메커니즘**: AI 시스템이 어떻게 결정을 하는지 추적하고, 어디서 편향이 나타나는지 식별하는 책무성 기능을 내장하고 있어야 한다. 예를 들어, 어떤 AI 시스템은 어떻게 특정 등급을 매기거나 평가를 하게 됐는지에 대한 통찰을 제공하는 '설명 가능한 AI' 기능이 있다. 이런 투명성이 있으면 시스템이 관련 없는 기준에 따라 학생들에게 부당하게 불이익을 주는 경우 교육자들이 개입할 수 있다. 예측 치안이나 신용 점수처럼 현실 세계에서 AI를 적용할 경우엔 편향된 결정을 방지하기 위해 책무성 메커니즘을 사용한다.

교육자들은 AI 도입 과정에 적극 참여함으로써 AI를 좀 더 윤리적으로 사용하도록 장려할 수 있다. 교사들은 개발자나 관리자에게 전적으로 의존하는 대신 자신의 교실에서 '공정성'의 의미를 규정하고, AI 공급업체와 협력해 이런 기준에 맞도록 도구를 조정할 수 있다.

10.3.2.2 다양하고 대표성 있는 데이터 사용하기

편향을 피하기 위한 핵심 전략 중 하나는 AI를 다양하고 대표성 있는 데이터로 훈련하는 것이다. 좁거나 균질한 데이터 세트로 학습된 AI 시스템은 특정 학생 집단에 불리하게 작용할 수 있는 편향을 더 많이 반영할 가능성이 있다.

- **다양한 데이터 세트**: 다양한 학생을 반영하는 광범위한 데이터로 AI를 훈련하면 교육자는 AI가 특정 그룹을 우대하지 않도록 막을 수 있다. 예를 들어, 언어 능력을 평가하기 위해 설계된 AI 도구는 다양한 문화적 배경과 언어 스타일을 가진 학생들이 쓴 글쓰기 샘플로 훈련해야 한다. 이는 영어를 제2언어(second language)[44]로

표 31 AI 지원 평가에서 편향을 줄이는 단계

단계	행동	실행 사례
학습 데이터 다양화	데이터 세트가 다양한 인종 및 학습 스타일을 포함하도록 한다.	AI에게 에세이 평가 훈련을 시킬 때는 다양한 문화적, 사회경제적 배경을 갖고 있는 데이터 세트를 이용한다.
하이브리드 모델 실행	AI에 인간 평가를 결합해 편향될 가능성이 있는 AI 평가에 대한 의존을 줄인다.	AI는 빠른 평가를 위해 사용하고, 에세이나 개방형 프로젝트 채점은 교사에게 맡긴다.
AI 시스템 정기 감사	정기 감사와 학생 피드백을 통해 AI가 내놓은 결과물의 편향을 지속적으로 점검한다.	AI로 평가한 과제물을 정기적으로 검토해 공정성을 확보한다.
교사 훈련 제공	교육자는 AI 결과물을 이해하고 평가에 내재된 편향을 인식할 수 있도록 교육을 받아야 한다.	교사 전문성 개발 프로그램의 일환으로 AI 편향성 관련 워크숍을 포함한다.
학생 피드백 포함	AI가 생성한 성적에 대해 학생들이 이의 제기나 질문을 할 수 있도록 허용해 투명성을 확보한다.	학생들이 AI 평가 결과에 이의 제기할 시스템을 갖추고, 해당 평가를 인간 교사가 검토하도록 한다.

사용하는 학생들이 원어민과 글쓰기 스타일이 다르다는 이유만으로 부당하게 불이익을 당하지 않도록 해 준다.

10.3.3 교실 내 공정한 AI 사용을 위한 실용적 단계

학교와 교육자들은 AI의 편향을 완화할 뿐 아니라 모든 학생 그룹이 AI 시스템을 공정하게 실행할 수 있도록 보장해야 한다. 이는 AI 도구에 공

44) 제1언어에 추가로 사용되는 언어를 의미한다. 제2외국어와는 다르다. 이를테면 한국어가 모국어인 한국 사람들에게는 학교에서 필수적으로 배우는 영어가 제2언어가 된다. 반면 그 외 선택적으로 배우는 독일어, 프랑스어, 일본어 등은 제2외국어다.

정하게 접속할 수 있도록 하며, 다른 학습 방식을 수용하고, 개인 차이를 고려한 평가 프레임워크를 수립하는 것을 포함한다.

투명성에도 초점을 맞춰야 한다. 학생들은 AI가 어떻게 결정을 내리며, 왜 그런 점수를 부여했는지, 불공정한 결과에 대해 어떻게 이의를 제기할 수 있는지 알 수 있어야 한다. AI가 자신들의 작업을 평가하는 데 사용한 데이터에 접근할 수 있도록 하면 학생들이 AI 채점 과정을 쉽게 이해하고 신뢰할 수 있도록 하는 데 도움이 된다.

10.3.3.1 AI를 통한 형평성 증진

AI는 교육 분야의 형평성 문제에서도 도전과 기회 요인을 동시에 제공한다. AI는 현명하게 사용하면 다양한 배경의 학생들에게 공평한 기회를 주는 강력한 도구가 될 수 있다. 이 섹션에서는 AI 도구에 평등하게 접근하게 하고 다양한 학습 요구에 맞는 개인 맞춤형 평가를 실시해 AI가 형평성을 증진할 수 있는지 탐구한다.

10.3.3.2 AI 도구에 대한 평등한 접근 보장

AI 지원 교육에서 시급한 걱정거리 중 하나는 디지털 격차다. 일부 학생들은 고급 도구와 기술에 접속할 수 있는 반면, 다른 학생들은 그렇지 못하다. 이 격차는 교육 불평등을 심화해 AI 기반 평가에서 특정 학생들을 불리하게 만들 수 있다.

오픈소스와 저비용 도구: 교육자는 이런 문제를 바로잡기 위해 학생들의 재정 상황과 무관하게 누구나 이용할 수 있는 오픈소스나 저렴한 AI 도구 활용을 적극적으로 지지하고 장려해야 한다. 텐서플로나 GPT-4All 같은 도구는 강력한 AI 기능을 무료로 제공한다. 따라서 예산이 부족한 학교의 학생들도 최신 기술의 혜택을 누릴 수 있다. 학교는 또 기술 제공업체와 협력해 고급 AI 도구 비용을 충당할 수 있는 보조금이나 기부금을 확보할 수 있다.

10.3.3.3 AI를 다양한 학습 요구에 맞추기

AI의 유망한 기능 중 하나는 개별 학습자의 요구에 적합한 개인 맞춤형 평가를 할 수 있는 능력이다. 모든 학생은 각자 학습 방법이 다르다. 따라서 천편일률적인 전통적 평가 방법은 다양한 학습자들의 진정한 능력을 파악하지 못할 수가 있다. AI는 학생의 성적에 따라 실시간으로 평가를 조정함으로써 이런 문제를 해결하는 데 도움을 줄 수 있다.

적응형 평가: AI 기반 평가는 학생의 이전 답변에 따라 문제의 난도를 조정할 수 있다. 그렇게 함으로써 모든 학생이 적절한 수준에서 의욕을 북돋울 수 있도록 해 준다. 예를 들어, 기본 수학 문제에서 우수한 성적을 내는 학생에게는 깊은 이해를 시험하는 좀 더 복잡한 문제를 제시할 수 있다. 반면, 어려움을 겪는 학생에게는 보충 지도를 하고, 더 쉬운 문제를 제시해 자신감과 역량을 키울 수 있다.

실제 사례: 핀란드의 초등학교에서는 적응형 AI 도구를 사용해 수학과 독서 능력을 평가한다. 이 시스템은 실시간으로 조정돼 각 학생은 자신의 속도에 맞춰 학습하고 개인 맞춤형 피드백을 받을 수 있다. 교사들은 이런 접근 방식이 학생들의 스트레스를 줄이고 개별 학생의 능력을 좀 더 정확하게 파악하는 데 도움이 된다고 보고했다.

10.3.4 AI 강화 교육의 형평성 증진을 위한 전략

교육 분야에서 AI 형평성 문제를 해결하기 위해선 단순히 기술에 접속할 수 있도록 해 주는 것을 넘어 다면적인 접근이 필요하다. 다음은 몇 가지 주요 전략이다.

보편적 접근 보장

형평성을 증진하기 위한 첫 번째 단계는 모든 학생이 AI 강화 교육 도구에 접속할 수 있도록 보장하는 것이다. 이는 단순히 하드웨어와 인터넷 접속을 확보하는 것만을 의미하지 않는다. 물론 이 문제도 중요한 건 분명하지만 말이다. 여기에는 예산 제약과 무관하게 모든 학교가 AI 기반 교육용 소프트웨어를 구비하는 것도 포함된다.

이는 교육 기관과 기술 기업 간의 협력을 통해 예산이 부족한 학교에 할인된 가격이나 무료로 AI 도구를 공급하는 것을 포함할 수 있다. 또 어떤 학교에서도 자유롭게 사용하고 용도에 맞게 수정할 수 있는 오픈소스 AI 교육 도구를 개발하는 것도 필요하다.

AI 리터러시 프로그램 개발

AI 도구에 접속하는 것만으론 충분하지 않다. 학생들은 AI 도구를 효과적이고 비판적으로 사용하는 방법을 배워야 한다. 어릴 때부터 교육 과정에 AI 리터러시 프로그램이 도입되어야 한다. 학생들에게 단순히 AI 인터페이스를 조작하는 방법뿐 아니라 AI의 능력과 한계를 이해하는 방법, AI가 내놓은 결과물을 비판적으로 평가하는 방법, AI를 윤리적으로 사용하는 방법까지 가르쳐야 한다.

이 프로그램은 형평성을 염두에 두고 설계해야 한다. AI에 대한 사전 지식이 없는 학생들을 가정하고, 학교 밖에서 이런 기술에 노출되지 않은 학생들을 추가 지원해야 한다.

문화적 감수성을 반영한 AI 개발

많은 AI 시스템에 포함된 문화적 편향을 해결하기 위해, 문화적 민감성을 좀 더 고려한 AI 도구 개발에 힘을 쏟아야 한다. 교육용 AI를 개발하는 팀의 다양성을 확대하고, 설계 과정에 다양한 관점과 경험을 반영하며, 좀 더 다양한 데이터 세트로 AI 시스템을 훈련시켜야 한다.

교육 기관은 AI 개발자와 협력해 피드백을 제공하고 다양한 학생 집단을 좀 더 포용하면서 효과적인 도구를 만들어 내는 데 기여할 수 있다.

개인 맞춤형 학습과 인간 감독 결합

개인 맞춤형 학습을 제공하는 AI의 능력은 형평성을 촉진하는 강력한 도구가 될 수 있다. 이를 통해 각 학생이 자신만의 속도와 방식으로 학습할 수 있기 때문이다. 그러나 이런 개인 맞춤형 학습을 위해 인간적 연결과 감독을 희생시켜서는 안 된다.

교사는 AI 시스템과 협력하면서 작업하도록 훈련받아야 한다. AI가 제공하는 통찰을 교육에 반영하면서도 교육에 꼭 필요한 인간적 접촉을 유지해야 한다. 인간적 감독은 AI 시스템의 편향이나 한계를 발견하고 수정하는 데 도움을 줄 수 있다.

지역 사회의 참여와 지원

AI 격차를 해소하려면 교실을 넘어선 참여가 필요하다. 학교는 학부모와 지역 사회에도 교육 분야 AI 사용에 대해 교육해야 한다. 또 학생들이 집에서도 AI 강화 학습을 계속할 수 있도록 자원과 지원을 제공해야 한다.

여기엔 학부모를 위한 워크숍을 개최하거나, 학생들이 방과 후에 사용할 수 있는 공동체 기술 센터를 만드는 방안이 포함될 수 있다. 혹은 학생들이 AI 구동 기기를 대여할 수 있는 프로그램을 개발할 수도 있다.

지속적인 감독과 조정

AI 강화 교육의 형평성 확보는 일회성 해결책에 그치지 않고 지속적으로 추진하는 과정이어야 한다. 학교와 교육구는 AI 도구가 여러 학생 집단에 미치는 영향을 계속해서 감독하는 시스템을 가동해야 한다. 이를 통해 성취도 격차 확대나 다른 형평성 문제가 생기는 조짐이 없는지 살펴야 한다.

이 데이터는 AI 구현 전략을 꾸준히 개선하고 조정하는 데 사용되어야 한다. 이때는 AI 도구가 기존 불평등을 악화하는 것이 아니라 경쟁 마당을 평평하게 만드는 역할을 해야 한다.

정책과 자금 지원

마지막으로, AI 강화 교육에서 형평성 문제를 해결하려면 정책적인 지원이 있어야 한다. AI 도입 비용을 책정하도록 교육 예산 배분 방식을 개정하거나, 학교에서 윤리적 AI 사용을 위한 지침을 수립하고, AI 리터러시 교육에 대한 국가 기준을 개발하는 것 등이 포함될 수 있다.

10.3.5 인간 감독과 지속적인 관찰

AI는 교육 평가에 많은 이점을 가져올 수 있지만, 그 과정에서 인간의 감독은 필수적인 부분으로 자리 잡고 있어야 한다. AI 시스템은 완벽하지 않다. 인간 개입이 없으면 편향을 지속시키거나 부정확한 평가를 내릴 수 있다.

10.3.5.1 AI 시스템의 지속적인 관찰

AI 시스템이 공정하고 효과적으로 작동하는지 지속적으로 관찰해야 한다. 교육자들은 AI 기반 평가 결과물을 정기적으로 검토해 편향이나 불공정한 패턴이 있는지 찾아내야 한다.

정기 감사: 학교는 AI 시스템에 대한 정기 감사를 실시해 학생 과제 채점 방식을 평가해야 한다. 평가된 과제 중 무작위 샘플을 뽑아 검토해서 일관성과 공정성을 확인해 보는 방법도 있다. 교육자들은 AI 시스템의 결과물을 시간을 두고 계속 관찰한 뒤 반복되는 문제를 찾아내고, AI 개발자와 함께 해결할 수도 있다.

10.3.5.2 AI 기반 평가에서 책임 의식 강화하기

AI는 채점과 평가의 많은 부분을 자동화할 수 있지만, 교육자들은 학생들에게 제공되는 최종 성적과 피드백에 대해 책임을 져야 한다. AI가 내놓은 결과물을 해석하고, 공정하게 적용하는 데 인간 판단은 필수 요소다.

교사 개입: AI 시스템이 일관성 없거나 불공정하게 성적을 매길 경우, 교사는 AI의 결정을 뒤엎을 권한을 가져야 한다. 예를 들어, 어떤 학생이 AI에 미리 프로그래밍 된 키워드와 일치하지 않는 답안을 제출해 낮은 성적을 받았다고 가정해 보자. 이때 교사가 학생의 논리에 정당한 근거가 있다고 인정한다면 적절하게 성적을 조정해야 한다.

AI는 교육의 품질을 향상할 잠재력을 갖고 있지만 그 혜택이 공평하게 분배되도록 주의 깊게 살펴야 한다. AI 격차를 해결하기 위해 적극적이고 포괄적으로 접근함으로써 AI가 평등 증진과 역량 강화의 도구가 되는 교육의 미래를 향해 나아갈 수 있다.

핵심 요점 정리

- AI는 학생들이 문제를 해결할 때 AI를 어떻게 활용하는지에 대

해 비판적으로 성찰하도록 유도함으로써 메타 인지적 사고를 기르는 데 도움을 줄 수 있다.

• AI 강화 평가 방법은 단순 암기나 기억 능력보다는 비판적 사고, 창의성, 실제 문제 해결 능력을 평가하는 데 초점을 맞춘다.

• AI 기반 평가 방법은 개인 맞춤형, 적응형 경험을 선사하며, 학생의 진도에 맞춰 능력을 다해 도전할 만한 과제를 제시한다.

• 교육자들은 학습 데이터를 다양화하고, 인간-AI의 하이브리드 평가 모델을 도입하며, 투명성을 확보하여 AI 평가가 형평성을 촉진하도록 해야 한다.

결론

생성형 AI는 이미 우리 주변의 세상을 변화시키기 시작했다. 교육 분야도 예외는 아니다. 교육 방법을 향상하고 행정 업무를 효율화하며 학습을 개인화하는 강력한 도구를 제공한다. 하지만 이런 변화는 교육자들의 능력을 향상하는 데 초점을 두고 있지, 교육자를 대체하는 것이 아니다. 이 책을 통해 생성형 AI가 교육에서 수행하는 다면적인 역할을 탐구했다. 그 잠재력을 살펴보고 교육자들이 이 기술을 활용해 학생들의 학습 성과를 증진하는 방법을 논의했다. 앞으로 나아가면서, AI가 선사하는 기회를 받아들이는 동시에 그 위험을 완화하기 위해서는 이런 통찰을 이해하는 것이 매우 중요하다.

교육 환경은 변화하고 있다. 문제는 AI가 교육의 일부가 되어야 할지가 아니라, 어떻게 하면 AI를 가장 잘 도입할 수 있는지에 있다. AI는 교육을 더욱 포용적이고, 개별 학습자의 수준에 맞게 조정되며, 흥미롭고 몰입감 있게 만들 가능성을 열어 준다. 하지만 이는 우리가 AI를 신중하고 윤리적으로 사용할 때만 가능한 일이다. 이 책에서 공유한 핵심 전략과 통찰을 되짚어 보면서 생성형 AI가 교육에 미칠 수 있는 영향을 탐구해 보도록 하자.

핵심 전략과 통찰 요약

1. 개인 맞춤형 학습 환경

생성형 AI는 각 학생 고유의 요구 사항에 학습 경험을 맞춰 주는 둘도 없는 능력을 갖추고 있다. 전통적인 교실 환경에서 교사들은 모든 학생에게 개별적인 관심을 기울이는 데 어려움을 겪었다. 하지만 AI가 등장하면서 개인 맞춤형 학습을 대규모로 할 수 있게 됐다. AI는 학생의 강점과 약점을 분석해 수준에 맞는 강의, 연습 문제, 도전 과제를 추천함으로써 학생의 성장을 도와줄 수 있다. 모든 학생은 서로 다르다. AI는 다양한 능력을 가진 학습자 간의 격차를 해소함으로써 각 학생이 자기 고유의 속도에 맞는 학습 경험을 누릴 수 있도록 해 준다.

예를 들어, 수학 분야에서 드림박스 같은 플랫폼은 학생의 성적에 맞춰 학습이 조정된다. 분수 계산에 어려움을 겪는 학생들은 더 많은 지원을 받으며, 대수학에서 우수한 성적을 내는 학생들은 진도를 더 나가게 된다. 이런 맞춤형 학습 방식은 모든 과목에 적용될 수 있다. 이로써 학생들이 콘텐츠에 더 깊이 몰입하고 자신의 속도에 맞춰 진도를 나갈 수 있다. 과거에는 꿈처럼 보였던 개인 맞춤형 교육이 이제 AI 덕분에 손에 잡히는 현실이 됐다.

개인 맞춤형 학습은 학생들에게 자율성을 부여한다. 학습자는 현재 이해 수준에 맞는 자료를 제공받으면 학습에 더욱 몰입하게 된다. 이렇게 되면 학습은 단순 암기가 아니라, 학습자에게 의미 있고 성취 가능하다고 느껴지는 방식으로 개념을 깊이 익히는 과정이 된다.

하지만 교육자들에게는 어떤 의미가 있을까? AI는 교사를 대체하지 않으며, 오히려 교사를 지원해 준다. 행정 업무와 반복적 업무를 덜어 줘 교사들이 학생들과의 고차원적인 소통에 집중할 수 있게 해 준다. 토론을 촉진하고, 심층적인 설명을 제공하며, 학생 멘토링 같은 활동에 초점을 맞출 수 있게 해 준다. AI는 교사의 역할을 축소하지 않는다. 오히려 교육자가 학생들과 의미 있는 관계를 구축하는 데 더 많은 시간을 할애할 수 있도록 함으로써 교사의 역할을 강화한다.

2. 향상된 교육 지원

주요 통찰 중 하나는 AI가 수업 계획 수립, 퀴즈 출제, 채점처럼 시간이 많이 드는 업무를 자동화함으로써 교사를 지원할 수 있다는 점이다. 생성형 AI 도구로 특정 학습 결과를 토대로 종합적인 수업 계획을 설계할 수 있어, 교사들은 부담을 줄이면서 고품질 콘텐츠를 제공할 수 있다. 시간을 절약한 교육자들은 자신들이 가장 필요한 곳, 이를테면 학생과의 소통, 토론 인도, 비판적 사고 촉진 등에 집중할 수 있다.

채점을 예로 들어 보자. 대규모 교실에서는, 특히 에세이 형식으로 평가를 할 때는 채점이 교사에게 매우 벅찬 과제가 될 수 있다. AI는 바로 그 작업을 자동화할 수 있다. 미리 정해진 평가 기준에 따라 퀴즈, 다중 선택형 시험, 심지어 에세이 응답까지 자동 채점할 수 있다. 단순히 점수를 부여하는 수준을 넘어 개인 맞춤형 피드백까지 할 수 있다. AI 도구는 오류를 찾아내고, 개선 방안을 제안하며, 수백 개의 학생 제출물에 대해 상세하고 일관되게 피드백한다.

실시간 피드백은 또 다른 중요한 고려 사항이다. 학생들은 짧으면 며칠, 길면 몇 주씩 학점을 기다리는 대신 AI 시스템으로부터 바로 피드백을 받을 수 있다. 이 신속한 응답으로 학생들은 실수를 이해하고 즉시 수정할 수 있다. 학생들이 연습, 피드백, 개선의 지속적인 루프에 참여함에 따라 학습 과정은 계속 진행된다. 즉각 피드백을 해 주면 학생들은 실수를 실패가 아니라 학습 기회로 받아들이는 성장 마인드를 육성하게 된다.

3. 학생을 위한 실시간 피드백

AI는 상세한 피드백을 즉시 제공할 수 있는 능력을 갖고 있어 교육 분야에 크게 기여할 것으로 예상된다. 지금까지 학생들은 자기 작업에 대한 피드백을 받기까지 며칠에서 몇 주를 기다려야 했다. 행동과 결과 사이의 연관성이 시간이 지날수록 약화되기 때문에 피드백 지연은 학습 방해로 이어질 수도 있다. 반면 AI는 학생의 작업을 즉시 평가한 뒤 실시간으로 수정과 제안 사항, 통찰을 알려 줄 수 있다.

예를 들어, 학생이 에세이를 작성한다고 가정해 보자. 전통적인 교실에서는 학생이 과제를 제출하고 나면 교사가 피드백을 할 때까지 기다렸다가 수정할 수 있다. 하지만 그래머리 같은 AI 기반 글쓰기 보조 도구를 사용하면 학생들은 글을 쓰면서도 문법, 문장 구조, 논리적 명확성에 대한 피드백을 바로 받을 수 있다. 학생들은 실수한 부분을 바로 확인하고 수정하며, 최종 평가를 위해 제출하기 전에 작업을 다듬을 수 있다. 이 과정에서 학생들은 실시간으로 글을 조정할 수 있어 학습이 강화되며, 특정 선택이 다른 선택보다 나은 이유를 이해할 수 있다.

피드백은 단순히 글쓰기에만 국한되지 않는다. 드림박스와 칸 아카데미 같은 도구는 수학이나 과학 같은 과목에서 즉시 지도를 해 준다. 어떤 학생이 문제를 잘못 풀 경우, AI는 오류를 설명하고 힌트를 주거나, 학생의 실력에 맞추어 후속 문제 난도를 조정한다. 이렇게 함으로써 학생들이 항상 도전적이긴 하지만 압도되지는 않는 근접 발달 영역 내에서 활동하도록 보장해 준다.

실시간 피드백의 진정한 가치는 학생들을 학습에 적극 참여하도록 유도하는 능력에 있다. 실수는 더 이상 막다른 길이 아니라 더 깊은 이해를 위한 발판이다. AI는 학습 과정에 직접 피드백을 통합함으로써 더욱 역동적이고 몰입도 높은 학습 환경을 만들어 준다.

4. 행정 업무 자동화

수업 계획 수립과 학점 평가뿐만이 아니다. 생성형 AI는 교육자의 시간 중 많은 부분을 잡아먹는 다양한 행정 업무를 간소화해 줄 능력이 있다. 출석 관리, 학생 진도 관리, 자료 정리 같은 업무는 모두 자동화할 수 있어, 교사들이 교육 활동과 학생과 소통에 좀 더 많은 시간을 할애할 수 있다.

예를 들어, AI 기반 플랫폼은 학생의 성적 데이터를 자동 추적하고 분석해 이전에는 놓칠 수도 있는 패턴을 식별할 수 있다. 특정 분야에서 지속적으로 어려움을 겪는 학생이 있다면 AI 시스템이 교사에게 알림을 보내 준다. 알림을 받은 교사는 문제가 더 심각해지기 전에 개입할 수 있다. 마찬가지로 AI는 우수한 성적을 내는 학생을 찾아내 좀 더 고급 과제를 부여해 계속 관심을 잡아 놓을 수 있다.

AI의 자동화 기능은 일정 및 자원 관리에까지 확장된다. 예를 들어, 교실 관리 시스템은 그룹 프로젝트를 자동 배정하며, 이때 학생의 선호도, 능력, 이전 협업 기록을 고려해 균형 있고 효과적인 팀을 구성할 수 있도록 해 준다. 직접 이런 작업을 해야 하는 부담을 던 교사는 학생과 상호작용을 촉진하는 데 좀 더 집중할 수 있다.

행정 자동화의 영향은 결코 적지 않다. AI가 관리 업무 시간을 줄여 줌에 따라, 교사들은 가장 잘하는 일인 학생 교육과 멘토링에 집중할 수 있게 된다. 교사들이 학생들과의 의미 있는 소통에 더 많은 시간을 할애할수록 학습 환경은 더욱 효과적으로 바뀐다.

5. 미래를 대비한 기술 개발

AI는 세상을 재편하고 있으며, 학생들은 이런 새로운 현실에 대비해야 한다. 교실에 AI를 도입하면 학생들을 AI 시스템과 지속적으로 협력하면서 일하게 될 미래에 대비시킬 수 있다. 그들은 AI가 생성한 콘텐츠를 평가하는 방법, AI가 내놓은 결과물에 비판적 사고를 적용하는 방법, AI 도구를 활용해 자신의 문제 해결 역량을 향상하는 방법을 알아야 한다.

예를 들어, 많은 기업은 이미 AI를 활용해 비즈니스 과정을 간소화하고, 데이터를 분석하며, 통찰을 이끌어 내고 있다. 교실에 구글의 오토ML 같은 AI 도구를 도입하면 학생들은 직장에서 접하게 될 기술에 대한 실전 경험을 쌓을 수 있다. 오늘날 AI와 협력하는 방법을 배우는 것은 학생들이 기술의 수동적인 소비자가 아니라, 미래를 만들어 가는 적극적인 참여자가 되도록 해 준다.

생성형 AI는 창의성, 비판적 사고, 협업과 같은 역량을 양성할 수도 있다. AI를 아이디어 생성, 문제 해결, 콘텐츠 제작에 활용하는 교실에서 학생들은 AI가 생성한 통찰을 평가하고 개선하며 자신의 창의성을 통합하는 방법을 배우게 된다. 이 역동적인 과정은 더 깊은 수준의 참여를 촉진하며, 학생들이 AI에 의존하지 않고 AI를 의미 있게 활용하도록 준비시켜 준다.

AI는 많은 일을 할 수 있지만 인간의 판단력, 직관, 창의성을 대체할 수는 없다. 이런 것들은 미래 취업 시장에서 학생들을 차별화해 줄 역량이다. AI는 믿기 힘들 정도로 강력한 도구다. 하지만 진정으로 성공을 결정하는 것은 비판적 사고와 창의성을 활용하는 학생의 능력이다.

미래 준비 역량 개발: 교육 과정에 생성형 AI 도입하기

생성형 AI는 의료부터 마케팅에 이르기까지 전 세계 산업 분야의 토대로 빠르게 자리 잡고 있다. 학생들이 AI가 모든 직업의 필수 요소가 될 미래에 대비하도록 하기 위해서는 교육 과정에 AI를 도입하는 것이 굉장히 중요하다. 이런 역량은 AI에 기술적으로 숙달되는 수준을 넘어선다. 학생들은 AI가 협력 작업을 통해 어떻게 결과물을 생성하는지 비판적으로 생각하는 법을 배워야 한다. 또 AI의 결과물을 해석하며, 기계의 추천보다 인간의 판단을 더 신뢰해야 하는 시점을 판단하는 능력도 필요하다. 예를 들어, 비판적 사고 역량은 학생들의 응답에 맞게 적응하는 AI 도구와 실시간 소통을 통해 연마되며, 학습자들이 점점 더 복잡한 과제를 해결하도록 해 준다.

협업은 AI를 통해 향상되는 또 다른 핵심 역량이다. 학생들은 그룹 프로젝트, 아이디어 브레인스토밍, 데이터 분석 등에서 AI를 파트너로 활용할 수 있다. 하지만 학생들이 AI가 생성한 통찰을 자신의 지식 및 동료의 기여와 통합할 때 진정한 학습이 이루어진다. 이런 인간-AI 협업은 전문직 세계와 유사하다. 전문직 세계에서 AI 도구는 인간 팀이 더 나은 결정을 내리고 과정을 단순화하는 작업을 도와준다.

또 다른 중요한 역량인 적응력은 AI의 역동적 특성을 통해 길러진다. AI가 발전함에 따라 그로 인해 제기되는 도전 과제도 함께 발전한다. 교육자는 학생들에게 AI 기술의 지속적인 발전에 적응하는 방법을 가르침으로써, 학습이 결코 멈추지 않는 노동 시장에 학생들이 대비할 수 있도록 해 준다. 새로운 도구와 시스템에 신속히 대응할 수 있는 능력은 소중한 자산이다.

생성형 AI 도입을 위한 최선의 실천 방법

교육에서 생성형 AI를 도입하는 것은 교사를 기계로 대체하는 것이 아니다. AI와 결합을 통해 전통적인 교육 방법을 향상할 방법을 찾는 것이다. 더불어 학습에 의미를 부여하는 인간적 요소를 희생하지 않고도 교육을 좀 더 효율적이고 효과적으로 만드는 것이다. 하지만 신중하고 점진적으로 도입하는 것이 굉장히 중요하다.

신중한 도입 강조하기

중요한 최선의 실천 방법은 작은 규모로 시작하는 것, 그리고 AI 도구가 전통적인 교육 방법을 대체하는 것이 아니라 보완 역할을 하도록 하는 것이다. 교육자는 AI 기반 교육에 무작정 뛰어들기보다는 AI가 가장 많은 가치를 제공할 수 있는 분야를 찾아내는 것부터 시작해야 한다. 여기엔 다중 선택형 평가의 채점 자동화, 학생별 개인 맞춤형 학습 계획 수립, 학습 안내 같은 보조 자료 생성이 포함될 수 있다.

예를 들어, 교사는 AI를 사용해 전체 수업 계획서를 전부 만드는 대신 AI가 생성한 퀴즈로 학생들의 이해도를 평가하면서, 대면 수업에서는 해당 주제에 대한 비판적 토론을 촉진하는 데 집중할 수 있다. 교실에서 AI는 언제나 지원 도구 중 하나가 되어야지, 교사를 대체하는 역할을 해서는 안 된다.

AI와 인간 상호작용 간의 균형 유지하기

AI를 도입할 때 중요한 한 가지 우려 사항은 학생들이 교사로부터 멀어지게 만들 수 있다는 점이다. 하지만 AI의 진정한 잠재력은 인간 상호작용을 약화하는 것이 아니라 강화하는 데 있다. AI 도구는 채점 같은 반복 작업을 처리할 수 있기 때문에 교사들은 자유롭게 더 의미 있는 활동에 집중할 수 있다. 이를테면 일대일 멘토링, 심층적인 토론 지도, AI가 흉내 낼 수 없는 개인 맞춤형 피드백 등을 꼽을 수 있다.

예를 들어 역사 수업에서 AI는 사실 확인 퀴즈를 생성하거나 역사적 사건에 대한 배경 연구를 제공할 수 있다. 이때 교사는 학생들이 해당 사건에 대해 비판적으로 생각하도록 유도하고 현재 쟁점과 유사한 점을 찾아내도록 하며, 자신의 관점을 형성하도록 하는 토론에서 중심 역할을 한다. AI는 학생과 밀접한 관계를 맺는 교사의 능력을 강화하는 도구 역할을 해야 한다. 비판적이고 창의적인 사고를 하는 사람으로 키우는 교사의 역할을 대신하도록 해서는 안 된다.

생성형 AI 도입을 위한 첫걸음 떼기

학교와 교사들에게 AI를 도입한다는 생각은 벅차게 느껴질 수 있다. 하지만 교육 분야의 다른 큰 변화와 마찬가지로, AI 도입 역시 관리 가능한 작은 변화부터 시작해 점차 확장해 나가는 것이 중요하다.

전략적 계획으로 생성형 AI 수용하기

AI 도입을 위한 첫 번째 단계 중 하나는 AI가 교육 목표 달성과 학생 성과 개선에 기여할 수 있는 부분은 어디인지 파악하는 것이다. 교육자들은 "AI가 어떤 과정을 간소화할 수 있을까?"와 "AI가 인간 개입을 줄이지 않으면서 학습을 향상할 수 있는 부분은 어디인가?" 같은 질문을 던져야 한다. 일상적인 업무 자동화나 개인 맞춤형 과제 생성 등 특정 목표에 집중함으로써 교육자들은 학습 경험을 직접 개선하는 방향으로 AI를 활용할 수 있다.

예를 들어, 영어 교사는 AI를 활용해 학생들의 독서 수준에 맞는 어휘 목록과 퀴즈를 생성할 수 있다. 이를 통해 각 학생이 적절한 부담을 느낄 수 있는 개인 맞춤형 학습 경로를 형성할 수 있다. 대신 교사는 학생들에게 텍스트에 대한 문헌 분석과 심층 토론을 안내하는 역할에 집중할 수 있다.

AI 도입을 위한 명확한 목표를 설정하고 정기적으로 그 영향을 평가하는 것은 매우 중요하다. AI는 학생들에게 어떤 도움을 주고 있나? 학습 성과는 개선되고 있는가? 지속적인 평가를 통해 AI 도구가 학교의 교육 목표와 일치하도록, 학생들의 필요에 따라 발전할 수 있도록 해야 한다.

전문성 개발과 협업

교육자가 AI 도구 사용 역량과 자신감을 갖추는 것은 굉장히 중요하다. AI 리터러시에 초점을 맞춘 전문성 개발 프로그램으로 교사들은 AI 기술에 익숙해지고 그 한계를 이해하며, 교실에서 AI를 직접 경험할 수 있다.

학교는 워크숍을 개최하거나 기술 제공업체와 협력해 교육을 운영할 수 있다. 이때 교사들에게 AI 도구 사용법을 가르칠 뿐 아니라 자신의 교육 방법론에 AI가 어떻게 적용되는지 비판적으로 고민하도록 장려할 수 있다. 이 프로그램에서는 교육자, 기술 전문가, 행정가 간의 협력을 강조하고, 최선의 실천 사례와 성공 사례를 공유해야 한다.

협력이 핵심이다. AI 도입을 팀워크 문화로 정착시킨 학교는 지식 공유를 통해 더 빠른 발전을 이루게 될 것이다. 예를 들어, 한 교사가 AI를 활용해 피드백을 자동화하는 데 성공하면 다른 교사들에게 자신의 교실에서 기술을 실험해 보도록 영감을 주어 혁신의 파급 효과를 창출할 수 있다.

윤리적이고 포용적인 AI 생태계 구축하기

교육에 AI를 도입할 때 윤리적 고려 사항은 최우선 순위가 되어야 한다. AI 도구를 책임감 있게 사용하기 위해선 데이터 개인정보 보호, 공정성, 포용성 같은 쟁점을 경계해야 한다.

책임 있는 AI 사용에 대한 약속

교육 분야에서 AI 도구는 학생 데이터 처리 방식을 투명하게 공개해야 한다. 학교는 학생 사생활을 보호하고, AI 시스템이 편향이나 불평등을 강화하지 않도록 하는 엄격한 정책을 도입해야 한다. 예를 들어, 학교는 의사 결정 과정에 대해 투명하게 공개하면서, 편향성 방지 기능을 내장한 AI 도구를 선호해야 한다.

또 교육자들은 교실에 AI가 배치되는 방식도 주의 깊게 살펴서 모든 학생에게 균등하게 혜택이 돌아가도록 해야 한다. AI 도구는 소외된 지역 학생들을 뒤처지게 하는 방식으로 디지털 격차를 악화해서는 안 된다. 학교는 형평성을 진작하기 위해 오픈소스나 저비용 AI 솔루션을 우선 사용함으로써 모든 학생이 AI 강화 학습의 혜택을 누릴 수 있도록 보장해야 한다.

AI 자원 접근의 공정성 증진

학교는 모든 학생이 AI 강화 교육의 혜택을 받을 수 있도록 하는 자원을 확보함으로써 디지털 격차를 해소하는 데 적극 나서야 한다. 이는 기술 기업과 협력 강화, 기술 인프라 지원금 확보, 또는 학생들이 교실 밖에서 AI 도구에 접근할 수 있는 지역 사회 기반 자원에 투자하는 것 등을 포괄할 수 있다.

교육 분야의 AI는 기존 불평등을 심화해서는 안 된다. 그보다는 경쟁의 장을 평평하게 하는 데 기여해야 한다.

미래를 향해 나아가기: 교육 분야 AI 활용을 위한 균형 잡힌 접근법

우리가 교육의 미래를 향해 나아가면 AI는 점점 더 중요한 역할을 하게 될 것이다. 그러나 교육 분야에서 AI의 성공은 균형에 달려 있다. AI는 인간 교육을 강화하고 보완할 수 있지만 교육의 인간적 요소를 대체해서는 안 된다. 교사들은 공감, 창의성, 현실 세계의 경험을 교실에 가져온다.

이런 것들은 AI가 따라 할 수 없는 특성이다.

생성형 AI의 잠재력을 최대한 활용하려면 교육자들이 그 과정에 적극적으로 참여하고 있어야 한다. AI를 교육 효과 증대 수단으로 활용하되 학생들이 여전히 필요로 하는 개별 지도, 멘토링, 지원은 계속 받을 수 있도록 해야 한다. 목표는 기술이 교육을 압도하지 않으면서도 가르침을 효과적으로 지원할 수 있도록, AI와 교사가 협력하는 동반자 관계를 만드는 것이다.

교육에서 AI의 역할은 단순히 기술에 관한 것만이 아니다. 모든 학생을 위해 더 포용적이고 개인화되며 흥미로운 학습 환경을 만드는 것이다. 그러나 AI를 윤리적으로, 책임감 있으며 신중하게 사용하도록 보장할 때만 이런 변혁이 성공할 수 있다.

혁신 문화 조성

교육에 AI를 성공적으로 도입하기 위해선 지속적으로 탐구하는 마음가짐이 필요하다. 학교는 AI 실험을 장려해야 하며, 교육자들에게 새로운 도구를 시도하고 새로운 방법을 테스트하며 동료들과 결과를 공유할 수 있는 자유를 부여해야 한다.

교육자들이 교실에 AI를 도입할 때는 학생들의 필요에 유연하고 신속하게 대응하는 것이 중요하다. AI는 경직되게 사용되어서는 안 된다. 교육 환경의 변화에 맞춰 진화하는 도구 세트의 한 부분으로 활용되어야 한다.

참고문헌

Atkinson, L. (2024, February 7). Ethical considerations of using AI technology in the classroom. *PAGE.* https://www.pageinc.org/post/ethical-considerations-of-using-ai-technology-in-the-classroom

Boston University. (n.d.). AI in the classroom. *Center for Teaching & Learning.* https://www.bu.edu/ctl/ctl_resource/ai-in-the-classroom/

Chul-Hyun, H. (2023). AI in reading comprehension: Enhancing literacy through personalized learning. *Journal of Educational Technology, 12*(3), 45-58.

Dubey, P., & Geanakoplos, J. (2003). Information and efficiency in generalized Vickrey auctions. *Economic Faculty Publications*, (87). https://scholarworks.gsu.edu/cgi/viewcontent.cgi?article=1087&context=econ_facpub

Gayed, J. M., Carlon, M. K. J., Oriola, A. M., & Cross, J. S. (2022). Exploring an AI-based writing assistant's impact on English language learners. *Computers and Education: Artificial Intelligence, 3*, 100055. https://doi.org/10.1016/j.caeai.2022.100055

Global Business School. (2023). AI in higher education: Enhancing engagement and understanding in market dynamics. *Business Education Today, 15*(7), 12-21.

Hampton University. (2021). Plagiarism: Overview and consequences. https://home.hamptonu.edu/wp-content/uploads/sites/67/2021/03/plagiarism.pdf

Hülya Kartal, H. (2023). AI-driven reading tools: Impact on struggling readers in elementary classrooms. *Language and Literacy Journal, 34*(2), 67-85.

Los Angeles Unified and All Here Partner to Launch AI-Driven Learning Acceleration Platform. (2024, March 26). *The Journal.* https://thejournal.com/Articles/2024/03/26/Los-Angeles-Unified-and-AllHere-Partner-to-Launch-AI-Driven-Learning-acceleration-Platform.aspx

Los Angeles Unified School District. (2024). *Ed: AI-driven math program evaluation results*. https://www.lausd.org/site/default.aspx?PageType=3&DomainID=4&

ModuleInstanceID=4466&ViewID=6446EE88-D30C-497E-9316-3F8874B3E108&RenderLoc=0&FlexDataID=168886&PageID=1

OSPI. (2024, June). Ethical considerations for AI: A framework for responsible use. https://ospi.k12.wa.us/sites/default/files/2024-06/ai-guidance_ethics.pdf

Rottmeier, S. (2023, November 16). Good prompts — How do I say it to my students? *Lehblick – ZHW Uni Regensburg.* https://doi.org/10.5283/ZHW.20231116.EN

Stanford University. (n.d.). Defining AI for educators. *Stanford Teaching Commons.* https://teachingcommons.stanford.edu/professional-development/workshops-programs/do-it-yourself-workshop-kits/defining-ai-educators

Taylor Institute. (n.d.). *Maximizing learning with effective Gen AI prompt writing.* Retrieved from https://taylor-institute.ucalgary.ca/resources/maximizing-learning-with-effective-genai-prompt-writing

Tec, C., & Kyung, L. (2023). Odinga English: Integrating AI for enhanced language learning in elementary education. *Language Learning and Technology, 11*(5), 109-122.

UNESCO. (2023). *ChatGPT and Artificial Intelligence in higher education: Quick start guide.* https://unesdoc.unesco.org/ark:/48223/pf0000385146.locale=en

van Leusen, P., Cunningham, J., & Johnson, D. P. (2020). Designing and teaching adaptive+active learning effectively. *Current Issues in Emerging eLeaning, 7*(1), Article 2. https://scholarworks.umb.edu/ciee/vol7/iss1/2/

Wu, J. (2024). AI tools in writing instruction: A comparative study of AI-based writing platforms. *Journal of Artificial Intelligence in Education, 9*(1), 33-47.

XQ Institute. (2023). Using generative AI in high school classrooms. *XQ Institute.* https://xqsuperschool.org/education-policy/using-generative-ai-in-high-school-classrooms/

Xu, Z., & Ouyang, Y. (2022). Al tutoring systems for STEM education:

Personalized learning pathways and problem-solving enhancement. *International Journal of STEM Education*, *74*(4), 88-101.

Yu, P., Xu, H., Hu, X., & Deng, C. (2023). Leveraging generative AI and large language models: A comprehensive roadmap for healthcare integration. *Healthcare (Basel, Switzerland)*, *11*(20), 2776. https://doi.org/10.3390/healthcare11202776

역자 후기

생성형 인공지능(AI)이 몰고 온 바람이 예상보다 훨씬 거세다. 정보기술(IT) 분야뿐 아니라 사회 전반에 엄청난 충격을 던져 주고 있다. 미리 설정된 알고리즘대로 작동했던 기존 AI 시스템과 달리 생성형 AI는 창의적인 콘텐츠 생산 능력까지 보여 주면서 인간의 영역에 도전하고 있다.

교육계도 AI 열풍으로부터 자유롭지 못하다. AI는 잘 활용하면 교육에 많은 기회를 줄 수 있다. 무엇보다 교육을 더 포용적이고, 흥미롭게 만들 수 있을 것이다. 대중 교육 시대가 되면서 불가능했던 개인 맞춤형 학습도 가능해진다. 채점, 일정 관리, 과제 생성 같은 일상 행정 업무를 덜게 된 교사들은 학생과의 대화나 토론에 더 많은 시간을 할애할 수 있어 좀 더 인간적인 교육이 가능해질 수도 있다. 물론 이를 위해선 AI를 비판적으로 잘 활용한다는 전제가 성립돼야 한다.

이런 변화는 교육에 대한 오랜 상식에 도전장을 던지고 있다. 전통적인 교육과 평가 방식으로는 생성형 AI와 함께 살아갈 인재를 제대로 키워내기 힘들어졌다.

우르비 고시의 『AI 혁명과 비판적 사고 학습: 교사와 학생을 위한 실천 가이드』는 교육이란 프리즘을 통해 생성형 AI가 몰고 온 바람을 분석한다. 저자는 "생성형 AI는 교사를 대신하는 것이 아니라 그들의 역할을 새롭게 만들고 있다"라고 주장한다. 교사들은 제공자에서 학습 촉진자로 진화 발전해야 한다고 진단한다. 토론을 이끌고 비판적 사고를 함양하며, 학생을 멘토링하는 데 좀 더 집중할 필요가 있다는 것이다. 저자는 또 생성형 AI를 활용해서 학생 개인의 수준과 성향에 맞는 맞춤형 교육을 구현하는 사례와 방법도 소개하고 있어 교육 종사자들이 많은 도움을 받을 것으로 예상된다.

이 책에서 저자가 특히 강조하는 것은 '비판적 사고'다. 비판적 사고 능력을 가지고 있으면 AI가 만든 결과를 그냥 받아들이지 않고, 출처의 품질에 의문을 제기하고, 사실을 교차 확인하게 된다. AI가 내놓은 결과물을 늘 의심하고, 잘못된 부분은 없는지 확인하는 과정을 통해 비판적으로 수용하는 것이다.

저자가 비판적 사고를 강조하는 이유는 분명하다. 비판적 사고가 "복잡한 정보를 소화하고, 정보에 입각한 의사 결정을 내리며, 현실 세계의 문제에 대한 혁신적인 해결책을 개발하도록 도와준다"는 것이 저자의 주장이다. 이런 문제의식을 바탕으로 생성형 AI를 활용해 학생들의 비판적 사고 능력을 키울 수 있는 여러 가지 방법을 제시해 준다.

이 책 번역 작업이 한창 진행되고 있을 때 흥미로운 뉴스가 들려왔다. 오픈AI가 챗GPT 공부 모드(study mode)를 선보였다는 소식이었다. 공부 모드는 학생들의 질문에 바로 정답을 내놓는 대신 대화와 토론을 통해 함께 답을 찾아가는 방식으로 작동한다. 이를 통해 학생들이 스스로 답을 찾는 훈련을 하도록 이끌겠다는 것이다. 이 책이 강조하는 비판적 사고를 기술적으로 해결하려는 시도라고 해도 크게 그르지는 않을 것 같다.

역자 후기에 책 내용을 자세하게 소개할 필요는 없을 것 같다. 저자가 서문과 결론에서 잘 요약해 주고 있기 때문이다. 책의 전체적인 구성을 알고 싶은 분들은 목차와 함께 저자의 서문과 결론부터 먼저 읽어 보면 큰 도움이 될 것이다. 여기서는 책 내용보다는 번역 과정을 함께 나누는 것이 더 큰 의미가 있을 것 같다.

한국언론진흥재단은 처음 이 책 번역을 의뢰하면서 "생성형 AI를 직접 활용하는 것이 어떻겠냐"고 제안했다. 지난해 『인공지능 데이터 리터러시, 데이터 과학 속으로』 번역 작업을 할 때 한번 활용해 본 경험이 있었기 때문에 흔쾌히 동의했다. 실제로 그 책 번역을 할 때 생성형 AI의 도움을 크게 받은 기억이 있다. 이번에는 그때보다는 좀 더 입체적으로 생성형 AI를 활용해 보기로 했다.

번역 과정에서 생성형 AI는 크게 두 단계로 활용했다. 초벌 번역을 할 때는 주로 딥엘(DeepL)을 사용했다. 딥엘 유료 버전을 사용하면 파일 전체를 한꺼번에 번역할 수도 있다. 하지만 그렇게 할 경우 자칫 인간 번역자와 생성형 AI 간의 주종 관계가 바뀔 우려가 있었다. 그래서 문단 단위로 생성형 AI에게 초벌 번역을 시킨 뒤 원문 대조하면서 수정하는 방식으로 번역 작업을 진행했다.

덕분에 번역에 걸리는 시간을 대폭 줄일 수 있었다. 이번 번역은 원서 기준으로 270쪽에 이르는 책을 3개월 내에 우리말로 옮겨야 하는 작업이었다. 전업 번역가가 아닌 입장에선 만만한 일정이 아니었지만 생성형 AI의 도움을 받은 덕분에 시한 내에 번역을 끝낼 수 있었다.

딥엘의 번역 실력은 생각보다 뛰어났다. 정확한 의미를 제대로 전달하는 데는 전혀 손색이 없었다. 물론 아쉬운 점도 있었다. 뜻은 비교적 정확하게 옮겼지만, 손댈 필요 없는 깔끔한 한국어 문장으로 만들어 주지는 않았다. 가끔씩은 맥락에 맞지 않는 번역문을 제시하기도 했다. 이런 오류나 한계들을 일일이 가려내면서 한국어 문장으로 바꾸는 작업이 생각보다 훨씬 성가셨다.

저자는 시종일관 "생성형 AI가 내놓은 결과물을 비판적으로 받아들여라"라고 충고한다. 생성형 AI로 번역하면서 저자의 이런 충고를 충실히 따르려고 노력했다. 딥엘의 번역 문장을 일일이 원문과 대조하면서 '나만의 번역문'으로 만들어 나갔다.

초벌 번역보다 더 중요하면서도 어려운 것이 수정 작업이다. 번역문과 원문을 꼼꼼하게 비교하면서 독자 친화적인 문장으로 탈바꿈시켜야 하기 때문이다. 이 작업을 할 때는 챗GPT를 주로 사용했다. 챗GPT가 제시해 준 여러 가지 사례 중에서 적합한 것을 고른 뒤 내 방식대로 최적화하는 방식으로 작업했다. 이 과정을 통해 거칠고 가독성 떨어지는 원고를 상당 부분 개선할 수 있었다. 이 작업을 할 때는 챗GPT에게 좀 더 구체적으로 질문했다. 예를 들면 다음과 같은 방식이다.

> "This book is dedicated to my children, who cheered me on during late nights and celebrated every milestone.
> 책 헌사에 나오는 문장인데 특히 'celebrated every milestone' 부분을 좀 더 분명하게 번역해 주면 좋겠어."

그러자 챗GPT는 이렇게 답변해 줬다.

> "이 책을, 늦은 밤에도 저를 응원해 주고, 작은 성취 하나하나를 함께 기뻐해 준 제 아이들에게 바칩니다."
> 이 문장에서 'celebrated every milestone' 번역 포인트를 몇 가지로 정리했습니다.
> 직역: "모든 이정표를 축하해 주었다"
> 자연스러운 의역: "작은 성취 하나하나를 함께 기뻐해 주었다", "과정의 모든 순간을 함께 축하해 주었다"
> 헌사 문맥에서는 milestone을 '중요한 순간/성취/과정의 이정표'

> 로 부드럽게 풀어 주는 것이 좋습니다. 따라서 "모든 이정표를 축하했다"보다는 "작은 성취 하나하나를 함께 기뻐해 주었다"가 좀 더 따뜻하고 자연스럽습니다.

이런 질문과 대화를 통해 좀 더 자연스럽고 부드러운 번역문을 만들 수 있었다. 챗GPT를 번역 동반자로 활용하면서 "생성형 AI를 잘 쓰려면 질문을 잘해야 한다"는 말의 의미를 제대로 이해할 수 있었다. 이런 과정을 통해 초벌 번역문보다는 좀 더 자연스러운 문장으로 다듬을 수 있었다.

이를테면 'enhancing understanding and retention'이란 문장을 번역하면서 살짝 고민에 빠졌다. retention이 무슨 의미인지는 알겠는데, 정확한 우리말이 잘 떠오르지 않았다. 그래서 챗GPT에게 "retention을 어떻게 번역하면 좋을지 고민해 줘"라고 요구했다. 그러자 챗GPT는 "보통은 기억 유지, 기억 지속력을 의미하지만, 교육학 맥락이라면 학습한 내용을 오래 기억하고 활용하는 능력 정도로 풀어서 표현하면 더 독자 친화적이다"라고 답변했다. 그래서 "이해도와 기억 지속력을 높일 수 있다"라고 번역했던 문장을 "학습한 내용을 이해하고, 오래 기억해서 활용하는 능력을 향상할 수 있다"로 바꾸었다.

이 책에서 저자는 "AI는 인간 교육을 향상하고 보완할 수 있지만 교육의 인간적 요소를 대체해서는 안 된다"라고 충고한다. 분야는 다르지만 번역도 마찬가지라고 생각한다. 생성형 AI를 번역 동반자로 활용하는 내내 '주체적 결정'을 하려고 노력했다. 따라서 이 책에 여전히 남아 있을 오역과 비문은 전적으로 번역자인 내 책임이다.

생성형 AI와 함께하는 번역 작업은 꽤 흥미로웠다. 조금 과장해서 비유하자면, '먼저 온 미래'를 경험하는 느낌이었다. 이런 멋진 경험을 할 수 있도록 제안해 준 한국언론진흥재단에 감사한다. 책을 읽어 줄 모든 독자들께도 고맙다는 말을 미리 전한다.

저자 소개

우르비 고시(Urbi Ghosh)

콜로라도 주립대학교(글로벌) 과학부 교수인 우르비 고시 박사는 학생들에게 과학에 대한 열정을 불어넣어 준다. 교육학 박사이며 과학적 배경(생화학 석사 학위)과 경영학 배경(MBA)을 갖고 있는 고시는 혁신적인 학습 경험을 창출한다. 25년 이상 경력을 쌓는 동안 고시 박사는 생물학, 미생물학, 생화학, 인간 병리생리학, 화학, 공중보건 등 다양한 분야에서 배움의 즐거움을 북돋아 주었다. 온라인 학습과 기술 활용의 강력한 옹호자인 고시 박사는 이것들이 교육을 모든 사람에게 접근 가능하게 만들고 학습의 미래를 형성하는 데 기여할 수 있다고 믿는다. 과학 교육에 대한 혁신적인 접근 방식 덕분에 이 책은 AI, 온라인 학습, 기술에 대해 좀 더 깊이 있는 이해와 실용적 접근을 추구하는 교육자들에게 소중한 자료가 될 것이다. 그녀는《타임스 고등 교육지(Times Higher Education)》에 여러 편의 글을 싣는 등 저술 활동을 해 왔다.

고시 박사는 교육자로서 자신의 여정과 과학 교육 경험에서 이 책의 영감을 얻었다. 그녀는 교육 과정에 AI를 도입하는 것에 대해 교육자들이 느끼는 불안과 기대감을 지속적으로 목격했다. 많은 교육자들은 AI 기술이 익히기 어려울 뿐 아니라, AI를 도입하면 본래의 교육 목표를 해칠 수 있을 것이라고 우려했다. 그러나 협업 노력과 전략적 계획 수립을 통해 그녀는 이러한 도전 과제들을 성장과 혁신을 위한 기회로 바꿀 수 있었다.

이 책의 핵심 목표는 교육자들에게 AI를 이해하기 쉽게 설명하고, 이 기술을 교육 실천에 효과적으로 도입해 학생들의 비판적 사고 능력을 향상할 수 있는 실용적인 전략을 제공하는 것이다.

역자 소개

김익현

지디넷코리아 미디어연구소장이다. 《전자신문》, 디지틀조선일보, 아이뉴스24 등에서 기자 생활을 했다. 2008년 성균관대학교에서 언론학 박사 학위를 받았다. 저서는 『페이스북과 저널리즘』(2021), 『웹 2.0과 저널리즘 혁명』(2007), 『인터넷신문과 온라인 스토리텔링』(2003) 등이 있다. 『언론사 숏폼 콘텐츠 전략 사례와 이용 연구』(2023), 『언론사의 독자/이용자 소통 전략 및 연구』(2022), 『데이터시대의 언론학 연구』(2017) 등의 연구서를 공동 저술했다. 『인공지능 데이터 리터러시, 데이터 과학 속으로』(2024), 『저널리즘, 가짜뉴스 & 허위정보』(2020), 『증발』(2019), 『비욘드뉴스, 지혜의 저널리즘』(2015), 『데이터 저널리즘: 스토리텔링의 과학』(2015), 『글쓰기 공간』(2010), 『하이퍼텍스트 3.0』(2009) 등을 번역했다. 『글쓰기 공간』으로 2010년 한국방송학회 번역상을, 『하이퍼텍스트 3.0』으로 2016년 한국언론학회 번역상을 받았다.

감수자 소개

최지향

이화여자대학교 커뮤니케이션 · 미디어학부 소속 부교수로 저널리즘과 정치커뮤니케이션 관련 과목을 가르치고 있다. 연세대학교(학사), 인디애나대학교(석 · 박사)에서 수학했으며 한국일보사에서 다년간 언론 실무를 경험했다.

변화하는 미디어 환경이 이견 노출, 양극화, 참여 등 시민들의 정보 획득, 정치 관련 태도 형성 및 행동에 미치는 영향, 언론 및 제도에 대한 신뢰, 허위정보생태계 등에 대해 연구하고 있다. 저널리즘, 커뮤니케이션 분야에서 인용지수가 높은 *Digital Journalism*, *Journalism and Mass Communication Quarterly*, *New Media & Society* 등 주요 저널에 관련 논문을 발표하고 있다.